호구의 심리학

호구의 심리학

— Fool Proof —

테스 윌킨슨 라이언 지음 | 김하린 옮김

한문화

차 례

이 책에 등장하는 주요 용어

호구(sucker, mark, dupe, fool, chump)
순진하게 상대방을 믿다가 손해를 보는 바보 같은 사람이다. 다른 시각에서 보면 착하고 너그러운 사람일 수도 있다. 그러나 이 책에서 호구는 진짜 피해자라기보다는 '자기가 피해자라고 느끼는 사람'을 가리킬 때가 많으며, 실제로는 사회적 강자이면서도 자신의 지위를 유지하기 위해 '선량한 피해자'를 자처하는 권력자를 가리키기도 한다.

사기꾼(operator, schemer, hustler, fraud, scammer)
속임수를 쓰거나 반칙을 해서 다른 사람으로부터 부당하게 이득을 취하는 사람 혹은 그렇게 했다고 의심받는 사람이다. 이 책에서 사기꾼은 사회적 강자가 오히려 가해자로 내몬 사회적 약자일 때도 있다.

호구 프레임(sucker rhetoric, sucker narrative, sucker construct)
상대를 악랄한 사기꾼으로 몰고 자신은 호구 잡힌(혹은 잡힐 뻔한) 피해자라고 주장하는 정형화된 이야기 패턴이다. 사회적 지위가 더 높은 사람이 자기 지위를 위협받는다고 느낄 때 자신의 위치를 공고히 하기 위해 호구 프레임을 무기 삼아 사회적 약자를 비난하고 공격한다.

호구 공포증(sugrophobia)
자신이 호구가 될지 모른다는 두려움이다. 때때로 올바른 의사결정을 방해하는 요인이다.

호구가 넘쳐나는 세상에서도
당당하고 진정성 있게 사는 법

부모님 댁에 방문하거나 가족 휴가를 다녀온 뒤 다시 길을 나설 때면 어머니는 나를 배웅하며 등 뒤에서 늘 이렇게 외쳤다.

"조심해서 가. 낯선 사람이 사탕을 준다 해도 절대 따라가지 말고!"

어머니는 아마도 자신이 어릴 적 외할아버지에게서 들었던 당부의 말을 농담처럼 이야기하셨을 테지만, 장난스런 이 한마디에는 자식을 걱정하는 부모의 마음('부디 조심하렴. 제발 아무 일 없기를')이 담겨 있다.

호구, 바보, 멍청이, 봉, 얼간이, 밥, 패배자 등 남에게 이용당하는 사람들을 가리키는 단어는 생각보다 다양하다. '한 번 속지 두 번 속냐'는 말도 있고, 트로이의 목마, 양치기 소년, 벌거벗은 임금님, 헨젤과 그레텔까지 바보 같이 남에게 속아 넘어가 된통 당한 호구의 이야기도 차고 넘친다.

"그 말을 믿어? 너 그러다 대동강 물도 사겠다."

"그 남자 만나지 마. 결국 그 사람이 원하는 건 딱 하나뿐이야."

"사람을 너무 믿지 마. 그렇게 순진하면 이용당하기 쉬워."

이런 말 속에는 언제든 누군가의 속임수에 당할지 모른다는 두려움과 바보처럼 속아 넘어가지 말라는 경고가 담겨 있다. 속은 기분을 느끼는 것이 대체 뭐가 그리 나쁠까? 속아 넘어갈 때 생기는 마음의 상처는 왜 이렇게도 쓰라리고 오래도록 낫지 않을까?

사람들은 속임수에 넘어가서 심한 두려움과 모멸감을 느끼게 될 조짐이 보일 때 큰 충격을 받는다. 사회적, 문화적, 개인적 차원에서 우리는 이런 두려움에 관해 생각해 볼 수 있다. 그러나 이렇게 누구나 이해할 수 있을 만큼 익숙하고 직관적인 경험인 데 비해 '속임수에 당할지도 모른다는 두려움'은 하나의 일관적인 현상으로는 주목받지 못했다.

사실 사기당하지 않는 방법을 다룬 책과 글은 많지만, 이 책은 그런 책이 아니다. 이 책은 우리가 속고 속일 때 작용하는 심리적 메커니즘을 중점적으로 탐구하는 한편, 개인의 자아와 사회 질서의 측면에서 '무엇을 가리켜 사기라 하고, 누구를 호구라 부르는가?' 하는 문화적 동기에 의문을 던진다. 이 책의 목표는 속임수를 잡아내는 것이 아니라 과연 무엇이 속임수인지 그 의미를 재정의하는 것이다.

사람들은 대부분 어떻게 해야 성공적이면서도 선한 삶을 살지 끊임없이 고민한다. 하지만 속임수에 당할지 모른다는 두려움은 성공한 삶과 선한 삶이라는 두 가지 목표를 모두 방해할 뿐만 아니라, 성공하는 동시에 착하게 산다는 건 불가능하다고 우리에게 속삭인다. 이 책은 이 속삭임의 볼륨을 높여 더욱 명확하게 듣고, 우리가 이 속삭임을 언제는 귀담아듣고 언제는 무시해야 할지, 또 무엇을 지키고 무엇을 놓아줘야 할지 결정할 수 있도록 도울 것이다.

호구가 되는 경험이 특이한 이유

코로나19 유행 초기, 우리 가족은 이따금 집 밖으로 나가기 위해 온갖 구실을 붙여 드라이브에 나섰다. 가족 모두 난생처음 겪는 상황에 갈피를 못 잡고 걸핏하면 짜증을 냈다. 아이들은 헤드폰을 낀 채 뒷좌석에 앉았고, 나는 그다지 볼거리도 없는 장소에 아이들을 데리고 다녔다. 어느 우중충한 봄날, 브로드 스트리트를 따라 집으로 가는데 열두 살 먹은 아들이 내 등 뒤에 대고 대뜸 이렇게 말했다.

"나는 사람들한테 속아서 '닥터 필 쇼(일반인이 출연해 다양한 고민을 상담하는 미국의 유명 토크쇼-옮긴이)'에 나가는 게 세상에서 제일 무서워."

요즘 부쩍 유튜브를 많이 본다 싶더니 아무래도 그 영향으로 이렇게 냉소적인 말을 한 것 같았다. 아무리 그래도 설마 진심으로 한 말은 아니었을 거라 믿고, 부디 우리 아들이 그보다는 도덕적 상상력이 풍부하기를 바라지만 어쨌든 아이가 무슨 말을 하고 싶었는지 이해는 갔다. 그러자 여덟 살치고는 생각이 깊은 편인 딸아이가 창밖의 도로를 멍하니 바라보며 말했다.

"남들에게 속는 것도 무섭지만, 내가 다른 사람을 속여서 아프게 할까 봐 무서워."

신기하게도 이날 아이들은 인간이 경계하는 두 가지(남에게 속아 넘어가는 호구가 되는 것과 남을 속이는 사기꾼이 되는 것)를 정확히 짚어냈다.

호구는 조작된 게임의 희생양이자 사기꾼의 표적이며 자기혐오에 빠지기 쉬운 독특한 유형의 피해자다. 1900년대 중반까지만 해도 '호구는 살살 진정시켜야 한다'라는 표현을 썼다. 머리끝까지 화가 난 호구가 자칫 게임판을 몽땅 뒤엎어 버릴 수도 있기 때문이다. 그만큼 사기당하는 기분은 끔찍하다. 속아 넘어간다는 상상만으로도 몸이 움츠러들기 마련이다.

호구가 되는 경험이 대체 어떤 면에서 특이한지 간단한 실험을 통해 알아보자. 어느 날 오후, 수상쩍은 곳에서 당신의 계좌로 20달러 50센트를 청구했다는 은행 알림이 울린다. 요금을 청구한 곳은 'EZGamezzzz. com'이라는 웹사이트다. 생전 듣도 보도 못한 곳이었으니 당신이 직접 그 웹사이트에 신용카드 정보를 입력했을 리는 만무하다. 은행 고객센터 직원은 분명 가짜 회사일 것이고, 해커들이 여러 숫자를 무작위로 돌리는 과정에서 우연히 당신의 카드번호와 일치하는 숫자가 얼어걸렸을 거라고 말한다. 은행에서는 해당 거래를 취소하기로 하고, 다행히도 당신은 한 푼도 잃지 않는다. 휴, 얼마나 다행인가!

이번에는 살짝 다른 상황을 가정해 보자. 당신이 마트에서 장을 보고 나서는 길이었다. '국제 아동 기금'에서 나왔다는 싹싹하고 인상 좋은 청년 하나가 슈퍼 앞에 좌판을 펼쳐 둔 채 행인들에게 20달러 50센트씩 기부해 달라며 호소했다. 이 모금 행사는 '아동 빈곤 종식하기 캠페인'의 일환이라고 했다. 평소 같으면 그냥 지나쳤겠지만, 사진 속 굶주린 아이들의 모습이 그날따라 너무 가여워 보인 데다 캠페인을 벌이는 상냥한 청년이 마음에 든 당신은 아동 빈곤을 종식하는 데 자연스럽게 동참한다. 이후 은행에서 자선 모금 행사 사기에 관한 주의 문자를 받고 나서야 무언가 잘못되었다는 사실을 깨닫는다. 가난한 아이들을 돕겠다며 기꺼이 지갑을 열었으나 결국 사기꾼의 배만 불려준 꼴이 되었다. 당신은 은행에 자초지종을 설명하고, 이번에도 은행은 요금이 빠져나가는 것을 막아주기로 한다. 결과적으로 돈은 하나도 잃지 않았다.

두 경우 모두 실질적으로 발생한 손해는 은행 고객센터에 전화하느라 걸린 시간 몇 분과 약간의 번거로움이 전부였다. 무작위로 얻어걸려 개인정보를 해킹 당했든, 스스로 사기꾼에게 협조하는 호구 짓을 했든 당신의 은행 잔액에는 아무런 이상이 없다. 그러나 사람들은 대부분 이 두 가지 경우를 전혀 다르게 받아들인다. 개인정보를 해킹당했다면 조금 귀찮고 짜증스러울지언정 자책하거나 부끄러워하지는 않을 것이다. 그러나 사기를 당했다면 훨씬 더 뼈아프고 복잡한 고통을 느낄 것이다. 이때 받은 마음의 상처는 은행 기록을 바로잡은 뒤에도 오래도록 교훈으로 남는다. 사기당한 사람은 모든 것을 자기 잘못처럼 느끼며 '내가 대체 무슨 생각으로 그랬을까? 어떻게 그렇게 멍청한 짓을 할 수가 있지?'라고 자책한다. 속임수에 당한 바보는 사람들에게 동정보다는 조롱을 더 많이 받는다. 자기가 바보였음이 드러날 때 혹은 그럴지도 모른다는 예감이 들 때, 우리는 어딘지 몹시 불편한 감정을 느낀다.

'배신'과 '사기'라는 문제에 주목하다

우리가 문단속을 철저히 하고 평생 모은 노후 자금을 현관에 떡하니 두지 않는 데는 그만한 이유가 있다. 가치 있게 여기는 대상을 지키기 위해서다. 이와 비슷한 맥락으로 가짜 사이트에 개인정보를 해킹당하거나 속아서 텔레비전 쇼에 출연하는 등 아픈 경험을 하고 나면 우리는 다음에는 같은 일을 당하지 않도록 조심해야겠다는 교훈을 얻는다. 불에 데고 나면 다음부터는 불에 섣불리 다가가지 않는 것과 마찬가지다. 그러나 우리는 오히려 속임수에 당하는 것을 지나치게 경계해서 생기는 문제는 잘 언급하지 않는다. 하마터면 사기꾼에게 당할 뻔했을 때 우리는 과연 어떤 교훈을 마음에 새길까? 그리고 이 교훈은 다음번에 우리가 마음을 열고 누군가에게 무언가 베풀려는 순간 우리 마음에 어떤 그림자를 드리울까?

심리학 박사 학위가 있는 법학자로서 나는 사람들이 배신이라는 문제에 상당히 민감하게 반응한다는 사실을 잘 안다. 애초에 계약 분쟁이란 어떤 거래가 결렬되었을 때 호구가 된 사람들 혹은 자기가 호구 잡혔다고 느끼는 사람들 사이에서 발생한다. 혹여나 자기가 사기꾼에게 당하는 얼간이가 될까 초조해하는 사람들을 나는 일터에서 매일 마주한다. 그러나 내가 호구라는 주제에 처음으로 관심을 가지게 된 계기는 따로 있다. 나는 2005년에 법학대학원 과정을 마쳤지만 곧바로 변호사 시험을 치고 변호사가 되지는 않았다. 법학대학원에 다니는 동안 나는 '사람들이 자신의 법적 권리와 의무를 어떻게 이해하는가?'라는 문제에 점점 빠져들었다. 그래서 졸업하고 바로 취업하는 대신, 학교에 남아 3년간 실험심리학을 공부하고 박사 학위를 취득했다. 나는 사람들이 어떻게 자신의 도덕적 신념과 충돌하는 법규를 받아들이기로 결정하는지 궁금했다. 사람들은 이 문제를 어떻게 해결하고, 그 해법에 대해 과연 어떤 감정을 느낄까?

법학대학원에 다니면서 여러 번 논의했던 주제 중 하나는 계약을 깨는 사람들이 범법자는 아니라는 것이었다. 계약에 관해 철학, 법학, 경제학적으로 토론할 때는 계약 위반을 가리켜 좋다, 나쁘다는 식의 도덕적인 용어로는 거의 표현하지 않는다. 법학대학원을 졸업할 때쯤 되면 이렇게 무감각한 접근법이 당연하게 느껴진다. 그러나 법조계에 있지 않은 사람 가운데 자기 계약에 중립적인 태도를 보이는 사람은 단한 번도 본 적이 없다. 사람들은 대체로 계약 위반이 곧 약속 파기이며 대단한 도덕상의 문제라고 여긴다. 이렇게 법적 추론과 일반적인 도덕적 추론의 차이를 발견한 후로는 이것이 내 연구와 경력의 핵심이 되었다. 처음에는 사람들에게 무작정 이렇게 물었다.

"계약 위반에 대해서 어떻게 생각하세요?"

나는 온라인 설문 참여자, 법학대학원 재학생 혹은 대학 주변의 사람들 등 다양한 피험자 집단에 여러 가지 가상의 계약 사례를 보냈다. 먼저 나는 사람들에게 짧은 이야기 하나를 읽게 했다. 이야기 속 가상의 인물인 '밥'은 한 고객의 건물 바닥을 새로이 손질해 주기로 계약을 맺었다. 그런데 이때 새로운 고객이 나타나 훨씬 나은 조건을 제시하며 일을 맡기려 한다. 밥은 기존의 계약을 위반할지 말지 결정해야 하는 선택의 갈림길에 섰다. 나는 피험자에게 이렇게 물었다. 만약 아직 돈이 오가지 않은 시점에서 밥이 기존의 거래를 파기한다면, 법원은 밥에게 계약 위반의 대가로 기존 고객에게 얼마를 배상하라고 판결해야 할까?

사람들은 일단 밥이 기존 고객에게 배상금을 꽤 많이 지급해야 한다고 생각했다. 어떤 사람들은 답을 적는 칸에 일단 숫자를 하나 입력하고는 나머지 공백을 죄다 0으로 꽉꽉 채워 넣기도 했다. 게다가 피험자들은 밥이 피해자에게 배상금을 지급하는 것은 물론, 계약 위반자로서 처벌까지 받아야 한다고 여겼다. 그들은 한결같이 밥이 일반적인 법적 기준을 훨씬 상회하는 액수의 배상금을 물어야 한다고 답했다.

자기 생각을 더 직접적으로 드러낸 피험자도 있었다. 각 설문지의 맨 마지막 문항은 '덧붙이고 싶은 말이나 질문이 있으면 기록해 달라'는 통상적인 자유 답변 문항이다. 내가 이 문항을 넣은 본래 목적은 혹여 웹페이지에 무슨 문제가 있거나 설문 문항 중 헷갈리는 부분이 있다면 피험자가 남긴 의견을 듣고 문제를 해결하기 위해서였다. 그러나 상당수의 응답자는 해당 문항에 대한 답변으로 기술적인 문제를 적는 대신, 계약 위반은 생각만 해도 치가 떨린다며 분노를 표출했다. 그들이 남긴 장문의 내용은 대략 이런 식이었다.

"밥은 고객을 배신했어요. 미국이 이래서 문제라니까요. 전에는 한번 말한 건 꼭 지켰고 그게 곧 사람들 간의 의리였는데, 요즘 사람들은 도무지 서로 존중할 줄을 몰라요."

사람들은 계약 위반을 속임수처럼 느꼈고 사기꾼이 응당 그 대가를 치르기를 원했다. 내가 제시한 글은 별 재미도 없는 데다 가상의 이야기에 불과했다. 그런데도 사람들이 이렇게까지 격분하는 반응을 보였으니 나로서도 상당히 놀랄 수밖에 없었다. 놀라는 동시에 흥분되기도 했다. 무언가 중요한 사실을 하나 발견한 것만 같았기 때문이다.

'호구'의 정의는 유동적이다

사람들에게 멸시받는 호구의 심리는 20세기의 가장 유명한 사회 행동 관찰자 중 한 명인 어빙 고프만Erving Goffman이 관심 있게 다룬 주제였다. 고프만은 단순한 전제 하나를 바탕으로 전체 이론을 구축했다. 이 전제는 바로 '사람들이 대인관계에 지장이 생기는 것을 극도로 싫어한다'는 것과 '속임수를 발견하는 것이 인간관계에 몹시 심각한 지장을 초래한다'는 것이었다.

심리학계에서 고프만은 뜻밖의 영웅인 셈이다. 그는 사실 심리학자가 아닌 사회학자였기 때문이다. 게다가 그는 자신의 이론 대부분을 연극에 대한 지대한 관심을 바탕으로 정립했다. 고프만의 '연극학적 사회생활 모형'은 그가 캐나다에서 아마추어 배우들과 보냈던 어린 시절에서 영감을 얻어 만든 것이다. 그는 평생 동안 사람들이 창피를 당하지 않으려고 어떻게 하는지, 혹여 하지 말아야 할 말을 해서 분위기를 망치지 않기 위해 얼마나 노력하는지 관찰하고 연구하는 데 몰두했다.

한편 그는 이렇게 사회적 역할을 중요하게 생각해서 주변 사람들 사이에서 갈등을 일으키지 않으려고 노력하는 사람들이 오히려 사기꾼의 표적이 되기 쉽다는 사실도 발견했다. 그들은 남에게 순순히 동조하고, 꼬치꼬치 캐묻는 대신 예의 바르게 고개를 끄덕인다. 그러다가 결국 가짜 자선단체에 돈을 기부하거나 미심쩍은 타임쉐어(한 휴가 시설을 공동소유자 여러 명이 돌아가면서 이용하는 회원권. 미국에서는 한때 타임쉐어 판매 사기가 극성을 부렸다.-옮긴이)를 사들이는 실수를 저지른다.

1952년, 대학원생이었던 고프만은 짧은 논문 하나를 발표한다. 논문에서는 표적이 사기를 당한 후 겪는 여파를 하나의 이야기에 빗대어 표현했다. 이 이야기에는 사기꾼, 표적, 쿨러cooler(직역하면 '식혀주는 사람'으로 사기에 당한 표적이 분노하고 좌절할 때 그를 달래고 진정시키는 역할이다.-옮긴이)가 등장한다. 사기꾼은 표적을 하나 점찍고, 상황은 사기꾼의 뜻대로 흘러간다. 이후에 표적에게는 어떤 일이 벌어질까? 고프만의 논문은 다음과 같이 시작한다.

"사기 범죄의 피해자는 그동안 당연시했던 지위와 안정감의 기반을 잃은 상황에 재빨리 적응해야 한다고 느낀다."

고프만은 인간이 느끼는 핵심적인 불안을 지적했다. 사람들은 바보처럼 속임수에 당하는 것은 창피한 일이라고 생각한다. 그러나 살다 보면 속임수에 당하는 일이 생기기 마련이다. 그렇다면 우리는 어떻게든 이 상황에 적응해야 한다. 하지만 과연 어떻게 해야 잘 적응할 수 있을까? 그 답은 바로 '진정시키기' 작업에 돌입하는 것이다. 고프만은 사기꾼이 '쿨러라고 부를 만한 동료 뒤에 숨어 표적에게 위로의 기술을 선보인다'라고 기록했다. 쿨러는 이미 벌어진 일에 그럴싸한 명분을 붙여 현실을 보는 대안적 시각을 제시함으로써 표적이 현실을 수용하고 다시 앞으로 나아갈 수 있게 한다. 고프만은 '표적은 자신을 진정시키는 위로의 말을 듣고 도저히 받아들일 수 없었던 상황을 점차 받아들이기 시작한다'라고 설명한다.

고프만의 논문에 등장하는 쿨러는 호구를 부드럽게 단념시키는 역할을 맡은 인물이다. 그는 표적이 속임수에 당하고도 아무 말도 하지 못하도록 살살 꼬드긴다. 그러고는 상심한 표적의 아픔을 조금이나마 덜어주기 위해 다음에는 몇 퍼센트 정도 할인해 주겠다며 쿠폰처럼 작은 위로의 선물을 건넨다. 위로받은 호구는 아픔을 딛고 다시금 앞으로 나아간다. 문제를 해결했고 상황은 종료된다. 사기 수법도 여전히 건재하다.

사회학자인 고프만의 눈에는 진정시키기 현상이 남을 교묘하게 조종하는 작업처럼 보였던 모양인지 다소 냉소적인 태도를 보인다. 그러나 나는 심리학자로서 고프만과는 약간 다른 의견을 제시하고자 한다. 속임수에 넘어간 사람이 아픔을 위로받는 과정을 꼭 경멸하듯 볼 이유가 없고, 그 과정이 반드시 사람과 사람 사이에서 일어난다는 법도 없다. 나는 가끔 조금 손해를 보더라도 상황을 대수롭지 않게 넘기려고 한다. 어쩌면 사촌에게 돈을 빌려주고 돌려받지 못할 수도 있다. 그러면 배신감은 좀 들겠지만 그래도 사촌을 도울 수 있어 다행이라고 여길 것이다. 또 때로는 나 스스로 호구가 된 기분에서 벗어나고 싶을 때도 있다. 내가 호구라는 해석이 내게 별 도움이 되지 않거나 더 중요한 목표를 이루는 데 방해가 될 때 나는 나를 위로하고 스스로 진정함으로써 기존의 해석을 거부하고 새로운 해석을 채택한다. 굳이 내가 호구라고 느껴야 할 필요가 없는데, 왜 그래야 한단 말인가?

호구의 정의는 그때그때 다르고 우리가 각자 생각하기 나름이다. 도로에서 다른 차가 내 앞으로 급히 차선 변경을 시도할 때 양보해 주면 나는 얼간이일까? 길거리에서 구걸하는 사람에게 돈을 주면 멍청이일까? 불확실한 투자처에 큰맘 먹고 투자했는데 일이 잘못된다면? 물론 내가 호구일 수도 있다. 하지만 어쩌면 느긋한 장거리 여행자일 수도 있고, 인정 많은 기부자 혹은 큰 위험을 감수하는 성향의 투자자일 수도 있다. 이처럼 내가 호구가 아닐 수도 있다는 불확실성은 우리에게 약간의 숨 쉴 틈을 마련해 주기도 한다. 이러한 일상적 딜레마는 수시로 툭툭 튀어나오기 마련이고, 자칭 호구 전문가로서 나는 삶에서 일어나는 자잘한 사기극을 여럿 보고 들었다. 하루는 내가 호구에 관해 이야기하는 것만 적어도 15년 정도는 들어온 여동생 아이비가 내게 전화를 걸어 '자신을 진정시킨' 전형적인 사례를 들려줬다.

버몬트주에 사는 아이비는 어느 날 친구들 몇 명과 함께 장거리 자전거 여행에 나섰다. 자전거 여행의 강도는 아이비의 예상을 훌쩍 뛰어넘었다. 아이비도 의사치고는 신체 조건이 매우 우수한 축에 속했지만, 함께 간 사람들은 철인 3종 경기에도 거뜬히 출전할 만큼 체력이 좋았다. 아이비 일행은 부드럽게 자전거를 몰아 작은 동네에 들어선 뒤 간식거리를 사러 슈퍼에 들렀다. 아이비는 기진맥진해서 목이 탔고 약간 어지러울 지경이었다.

"그래서 가게에 들어갔는데 일반적인 편의점이 아니더라고. 보니까 무슨 버몬트에만 있는 대단한 특산품 가게처럼 꾸며놓은 거야. 나는 그냥 게토레이나 한 병 사려는데 웬걸, 가격이 6달러나 된다는 거 있지."

아이비는 분개했다. 버몬트에 방문한 관광객이라면 게토레이 한 병에 6달러를 지불할 용의가 있을 수도 있다. 하지만 버몬트 주민씩이나 되는 아이비가 멋모르는 관광객처럼 호락호락하게 당할 수는 없었다.

"그래도 어쨌든" 하고 아이비가 말을 이었다. "그때 게토레이 한 병은 나한테 100달러만큼의 값어치가 있었어. 그러다 문득 언니가 한 얘기가 생각나는 거야. 그 순간 '내가 뭘 그렇게까지 열을 냈지?' 싶더라니까."

그렇게 자신을 진정시킨 '호구 아이비'는 결국 게토레이 한 병을 6달러에 사서 집으로 돌아갔다고 한다.

우리의 인식을 조정하는 '호구 프레임'

호구의 딜레마는 단순히 6달러짜리 게토레이나 20달러어치 모금 사기에 그치는 문제가 아니다. 고프만에 따르면 속임수에 당하는 일은 곧 '지위와 안정감의 기반을 상실하는 것'을 의미한다. 미국인은 대체로 사회적 지위나 계층에 관한 의문을 터놓고 이야기하지 못하는 편이다. 지위와 계층을 언급하는 순간 미국이 평등 사회라는 보편적인 인식에 반할뿐 아니라, 자신이 얄팍한 사람처럼 느껴지기 때문일 것이다. 그러나 막상 자신이 호구나 얼간이, 꼭두각시, 봉의 위치에 놓인다면 어떨까?

사람들은 지위를 위협받으면 자기 존재가 위협받는 것처럼 느낀다. 따라서 속임수에 넘어간 바보 취급을 받는 것은 매우 심각한 사안이다. 스스로 명예를 실추한 데다 자신의 사회적 지위를 떨어뜨리는 데 일조하기까지 한 셈이기 때문이다. 특수하고 분명한 사기이든 은근하게 널리 퍼져 있는 사회구조적 사기이든, 문득 주위를 둘러보다가 이런 의문이 스치는 순간 등골이 서늘해질 것이다.

'잠깐, 지금 여기서 내가 호구인 건가?'

이렇게 스멀스멀 밀려오는 두려움은 의도치 않게 더욱 광범위한 정치적, 사회적 역학을 움직이는 강력한 자극제로 작용할 수도 있다. 말로 하는 비난이나 모욕은 공공연하게 드러나지만, 사람을 호구로 만드는 위협은 보통 잠복해 있는 경우가 많아서 드러내 놓고 공격하는 전쟁이라기보다는 이리저리 치고 빠지는 은밀한 속임수에 가깝다. 호구 위협이 일으키는 두려움은 강력하면서도 눈에 띄지 않게 숨겨져 있으므로 정치적, 사회적 무기로 쓰기에 딱 알맞다. 21세기 초 미국 정치를 봐온 사람이라면 정치에 호구 위협을 활용하는 사례가 매우 익숙할 것이다.

도널드 트럼프는 자기 자신도, 미국도 결코 호구가 되지 않겠다는 강력한 의지를 정치적 가치로 꾸준히 내세웠다. 트럼프는 선거 유세를 하면서 가수이자 민권 운동가인 오스카 브라운 주니어가 쓴 곡 '뱀(The Snake)'의 가사를 인용해 대중을 선동하기를 좋아했다. 이 노래는 본래 인종주의에 대항하고자 쓰였으나, 트럼프는 노래 속 이야기를 가져다가 전혀 다른 메시지를 전하는 데 사용했다. 가사의 내용은 이렇다. 한 여자가 다친 채 추위에 떨고 있는 뱀을 발견한다. 뱀은 여자에게 자기를 집에 좀 들여보내 달라고 애원한다. 여자는 뱀의 부탁을 승낙하고, 승낙이 떨어지기가 무섭게 뱀은 여자를 콱 물어버린다. 뱀은 죽어가는 여자를 나무라며 이렇게 말한다.

"내가 뱀이라는 건 날 들여보내 주기 전부터 이미 알았잖아."

트럼프의 논리에 따르면 어린아이, 망명 신청자 등 살기 위해 몰려온 사람들에게 도움의 손길을 뻗어봤자 우리는 성자가 아닌 호구가 될 뿐이다. 트럼프는 이 노래를 통해 우리 주변에 있는 뱀 같은 사람을 조심하라는 경고의 메시지를 전했다. 하지만 이쯤에서 트럼프가 말하는 뱀이 과연 누구를 가리키는 것인지 곰곰이 생각해 봐야 한다. 트럼프가 뱀이라고 지칭한 사람은 사기 범죄자도 아니고, 노동자를 착취하는 악덕 기업주도 아니었다. 오히려 가난하고 절박한 가족들, 어린 자녀와 함께 인도주의적 망명을 요구한 사람들이었다. 이들에게는 경제적, 정치적 힘도 없었고 그럴듯한 물질적 수단도 없었다. 아무리 봐도 이런 사람들이 미국에 위협이 될 리는 만무하다. 그런데도 약자를 '잠재적 사기꾼'으로 모는 이유는 여론을 자신에게 유리한 방향으로 끌고 가기 위해서다. 사람들은 자신의 지위가 위협받고 기존의 사회 계층 구조가 위태롭다고 느낄 때 두려움에 떨며 아우성치기 때문이다.

이 책의 각 장에서는 사기와 사기에 당하는 호구에 관한 이야기를 넘어서서 사회적 권력과 도덕적 주체성을 다룬다. 호구 프레임에는 계층 구조를 위협하는 기능이 있다. 또 사람들이 어떻게든 그런 위협을 잠재움으로써 기존의 계층 구조를 지키려고 반응하게 만드는 힘이 있다. 호구 공포증은 쉽게 촉발되고, 한번 촉발되고 나면 무시하기도 어려우므로 사람들의 인지 과정과 사회적 협력에 큰 영향을 미친다. 트럼프는 배은망덕한 사기꾼인 뱀의 이야기를 들먹여 인간의 동정심이 마치 멍청하고 순진한 마음인 양 보이게 했다.

어떤 사람에게 속을지도 모른다는 두려움을 느끼느냐에 따라 우리는 누구를 신뢰하고 누구를 멀리할지 결정한다. 이런 두려움에 사로잡힐 때 우리는 계층 구조에서 눈을 떼지 못하고 두려움에 따라 사회 내 권력과 지위의 분배를 규제한다. 호구 공포증은 다른 공포와 구조적으로 유사하다. 우리가 사기의 낌새를 느꼈다고 해서 곰을 만났을 때처럼 냅다 달리지는 않겠지만, 본능적인 '투쟁-도피 반응'은 기본적으로 동일하게 일어난다. 투쟁 반응은 직감적으로 일어나며, 실험실에서 위험한 도구를 다룰 때나 배우자가 폭력을 행사할 때, 무력 분쟁이 벌어질 때 등 언제 어디서나 나타난다.

　인간은 호구가 될지 모르는 위험에 처하면 기존의 사회 질서를 위협하는 공격을 저지하고자 맞받아친다. 하지만 더 큰 문제는 겁에 질린 호구가 투쟁이 아닌 도피 혹은 회피로 대응할 때다. 도피나 회피는 맞서 싸우는 것보다는 별일 아닌 것처럼 보이지만, 지나치게 겁에 질리고 회의주의에 빠진 나머지 누군가를 믿지 못하거나 무언가를 섣불리 시도하지 못한다면 이 또한 심각한 결과를 초래하기는 마찬가지다. 호구가 될까 두려워서 어떤 일에 발을 들이지 않고 물러난다면 좋은 기회를 놓칠 수도 있고, 협력하기를 멈출 수도 있으며, 도움이 필요한 이들에게 너그러이 베풀던 친사회적 욕구조차 억눌릴 수 있기 때문이다. 혹시라도 호구 잡힐까 불안한 마음에 후퇴하려는 경향은 의료 보험, 복지, 이민 정책 등에도 영향을 끼친다.

　사기꾼, 호구, 지위, 권력, 주체성, 회피 등 이 책에서 반복해서 등장하는 심리학적 주제는 우리에게 익숙한 정치적 논란과 문화 저변에 깔린 서사를 내포한다. 미국 사회를 둘러보면 속임수에 당한 호구의 이야기가 곳곳에 퍼져 있다. 호구 역학은 일종의 분석 렌즈로서 우리가 성性을 바라보는 관점까지 결정한다. 우월함과 연약함, 순진함과 영리함의 의미는 성별에 따라 달라진다. 호구 역학은 인종적 적대감 속에도 스며들어 있으며 인종에 따른 위계질서를 고집하게 한다. 인종에 따라 누구를 믿고 누구를 두려워하며 누구를 경멸할지가 결정된다. 인종차별주의자들은 걸핏하면 사기꾼과 호구의 이야기를 들먹인다. 한편으로는 유색 인종이 지적으로 열등한 호구라면서 비웃다가도 다른 한편으로는 그들이 백인을 지배하고 백인의 돈을 빼앗으려 드는 사기꾼이라며 경고한다.

사기 의혹이 대두되면 복지나 진보 등 사회적인 이슈를 바라보는 인식도 달라진다. 우리는 경기장이 모두에게 평평해지도록 땅을 고르는 것일까? 아니면 '복지 여왕(일하지 않고 정부의 복지 혜택에 기대어 살려는 게으른 수혜자를 경멸적으로 이르는 말-옮긴이)'을 양산하는 것일까? 소외된 취약 계층에게 호구 잡힐지 모른다는 공포가 고조되면 결국 가장 힘없는 사람들을 가장 철저하게 의심하고 감시해야 할 대상으로 여기는 결과로 이어진다. 저소득자는 '근로소득 세액 공제(EITC)'를 신청했다가 감사를 받고, 흑인은 '흑인인 주제에' 운전하다가 딱지를 떼며, 노동자는 일하는 모습을 CCTV로 감시당한다.

참 이상하게도 이와는 대조적으로 어떤 사기는 호구가 스스로를 달래고 진정하게 만드는 역할을 한다. 적어도 미국의 경제 체제 안에서는 그렇다. 때로는 알면서도 두고 볼 수밖에 없는 속임수도 많다. 이 각박한 세상에서 살아남으려면 부당한 처사도 수없이 감내해야 하기 때문이다. 속임수가 있어도 이것이 현상을 유지하고 강화하는 쪽으로 작용한다면 우리는 속임수를 속임수라고 부르지 않을 것이다.

대학생 사교 클럽에 가입하는 과정에서 신입 회원이 신고식을 가장한 괴롭힘을 당하면 이것은 괴롭힘이 아니라 전통이다. 팬데믹이 온 지구를 덮쳤을 때 아마존 창업자 제프 베조스Jeff Bezos가 수십억 달러를 챙기면 그는 이기주의자가 아니라 천재다. 은행이 교묘한 방법으로 과도한 수수료를 청구하면 그것은 비열한 속임수가 아니라 으레 일어나는 일이다. 묘하게도 호구가 될지 모른다는 두려움에 빠지면 착취적인 시스템을 착취적이라고 지적하기조차 어렵다. 그도 그럴 것이, 만일 능

력주의가 사기라면 그동안 이것만 믿고 착실히 노력해 온 우리는 뭐가
되겠는가?

도덕적 주체성을 잃지 않는 것이 목표다

내 것을 남에게 나눠줘야 할까? 이 사람을 믿어도 될까? 위험을 감수
해야 하나? 복잡한 경제적, 도덕적, 사회적 딜레마 상황에서 어떤 가치
를 지키겠느냐고 물으면 사람들은 대체로 '주체성'과 '진정성'을 지키
겠다고 답할 것이다. 그렇다면 무엇을 선택해야 지킬 수 있을까? 말은
쉽지만 실제로는 어려운 문제다. 주체성과 진정성은 복잡한 가치이고,
이것을 지키려면 많은 자원이 필요하다. 아동 빈곤 종식 캠페인에 기
부해야 할까? 사촌에게 돈을 빌려줘야 할까? 도덕적 가치관이 명백한
내가 가족으로서의 의무감을 느끼는 상황에 처했으나, 상황은 복잡하
고 결과는 오로지 확률에 맡겨야 한다면 어쩔 줄 몰라 갈팡질팡할 것
이다. 도덕적 딜레마의 상황에서는 어떤 선택을 하든 일이 잘못될 가
능성이 크다.

　이와는 대조적으로 척 보면 누가 지배자의 위치에 있고 누가 누구
를 어떻게 속이는지 알 수 있을 때도 있다. 많은 이들이 그렇듯 나 역시
어떤 공간 내의 지위 역학을 한눈에 알아차릴 수 있다. 40년 넘게 사회
의 일원으로 생활하다 보니 이제 누가 내 이름을 기억하거나 내 자리
를 맡아 줄지, 주목받고 싶어 하는 사람은 누구이고 별달리 노력하지
않아도 주목받을 사람은 누구인지 쉽게 추측하고 파악할 수 있다. 심

리학적으로 보면 나는 미처 의식하지 못한 채로 '무엇이 내 도덕적 헌신을 보상해 줄 것인가?' 하는 어려운 문제를 '무엇이 내 지위를 더 높여줄까?' 하는 쉬운 문제로 바꿔버릴 수도 있다. 누군가 돈을 빌려달라는 부탁을 하면 나는 거절할 것이다. 사람들이 나를 멍청이로 보기를 바라지 않기 때문이다. 누군가 내게 용서를 구하면 쌀쌀맞게 굴기도 할 것이다. 내게 잘못을 저지른 사람이 내 선의를 이용하도록 내버려둘 수 없기 때문이다.

혹은 그렇게 하지 않을 수도 있다. 우리가 지키고자 하는 가치 체계의 중심이 황금률('남에게 대접받고자 하는 대로 남을 대접하라'는 예수의 가르침-옮긴이)이든, 다른 무엇이든 간에 호구 문제를 정면으로 마주할 때 우리는 비로소 도덕적으로 행동할 수 있다. 호구가 될지 모른다는 무시무시한 위협을 진지하게 받아들이되 이것을 파멸과 수모로 가는 급행열차가 아닌, 그저 여러 변수 중 하나로 취급함으로써 우리는 위협의 크기를 적정한 수준으로 줄일 수 있다. 또 이런 위협이 사회 발전을 가로막는 무기로 작용함을 인지하고 무기를 해체할 수도 있다. 호구 공포를 무시하지 않고 직시할 때 도덕적 주체성을 발휘할 가능성도 훨씬 커진다.

이미 여러 연구를 통해 증명된 바에 따르면 마음속에 품은 두려움을 터놓고 이야기하는 것은 실제로 긍정적인 효과가 있다. 이것은 인지행동치료, 마음 챙김 훈련, 혹은 심지어 '비용-편익 분석 기법'의 기반이기도 하다. 호구가 될 수도 있다는 위협은 보통 정확히 포착하기도 어렵고 손으로 잡을 수 있는 형태도 아니다. 마치 연기처럼 머릿속에 가득히 퍼져나가면서도 자기 존재를 뚜렷이 드러내지는 않는다. 그러다 보니 복잡한 딜레마에 봉착하면 진정성에 기반해서 올바르게 판단하기는커녕 일관성 있게 판단하기조차 쉽지 않다. 하지만 때로는 일관적인 패턴 하나가 나타나고, 그 순간 불협화음을 이루던 문제들이 제자리에 딱딱 들어맞으면서 사회적 의미를 지닌 무언가로 재탄생하기도 한다. 이제 이것은 그저 혼란스러운 공포심도 아니고 뒤죽박죽된 수치심도 아니다.

이제 저 멀리 바다에서 '사기'라는 이름의 배가 들어오는 것이 보인다. 속임수에 어떻게 대처하고 행동할지는 우리 손에 달려 있다. 이 책은 먼저 속임수가 무엇인지 정의하고 그 영향력이 왜 그렇게도 강력한지 심리학적으로 밝힌다. 또 심리학, 사회학, 경제학, 철학에 이르기까지 여러 학문 분야의 연구를 통해 '속임수에 당할지 모른다는 두려움'을 낱낱이 파헤친다. 그리하여 호구가 될지 모른다는 두려움에 빠지면 개인은 어떻게 반응하고 사회에는 어떤 갈등과 편견이 나타나는지 예측 가능한 행동 패턴을 살펴볼 것이다. 마지막으로 어떻게 해야 호구 프레임에서 벗어날 수 있고 그로부터 무엇을 얻을 수 있는지도 생각해 볼 것이다.

팬데믹이 2년 차에 접어든 겨울이었다. 5학년이 된 딸아이는 아홉 살, 열 살짜리 여자아이들로 구성된 지역 농구 리그의 선수로 활동했다. 이 시즌에는 아이들, 가족들, 코치들 모두 너 나 할 것 없이 행복해했다. 당시 상황은 농구 경기를 하기에 좋은 조건이라고 보기는 힘들었다. 아이들은 중간 중간 휴식 시간에 물을 마실 때를 제외하고는 마스크를 쓰고 뛰어야 했다. 그러나 아이들은 그다지 개의치 않았고, 학부모들 역시 아이들이 밖에 나와 마음껏 뛰노는 모습을 너무 오랜만에 본 나머지, 농구를 할 수 있다는 것만으로도 무척 감사히 여겼다. 우리 부부는 KN95 마스크를 끼고 안경에는 뿌옇게 김이 서린 채로 관중석에서 경기를 지켜보면서 들뜬 엉덩이를 주체하지 못하고 들썩였다. 함께 간 아들도 덩달아 신이 났다. 여동생이 자유투에 성공하자 아들은 자리를 박차고 일어나 주먹을 불끈 쥐고 환호성을 질렀다.

선수 중 절반이 농구를 처음 접하는 아이들이었다. 처음에는 서툴던 아이들이 경기를 거듭하면서 농구 규칙을 점차 익혀가는 것이 눈에 보였다. 심판은 다행히도 관대한 편이었다. 아마도 트래블링이나 더블 드리블 같은 자잘한 반칙이 발생할 때마다 지적했다가는 도저히 경기를 진행할 수 없었기 때문일 것이다. 그래도 이따금 심판이 파울을 선언하는 경우가 발생했다. 경기 초반에는 파울을 범한 선수가 규칙을 어겨서 미안하다며 코치나 심판에게 사과하는 일이 잦았다. 파울과 부정행위를 혼동한 귀여운 행동이었다.

딸이 속한 팀의 코치는 파울의 개념을 설명하는 한편, 선수들이 파울을 다른 시각으로도 볼 수 있도록 열심히 설명했다. 하지만 경기가 불공정하다고 느낄 때면 아이들은 짜증을 냈다. 심판이 푸싱 혹은 이 나이대 선수들에게는 허락되지 않는 전략인 더블팀(수비수 두 명이 공격수 한 명을 막는 전략-옮긴이) 파울을 선언하지 않고 지나가면 벤치에 앉은 선수들 사이에서는 불만이 터져 나왔다. 그럴 때면 코치는 이렇게 말했다.

"이건 너희가 아니라 내가 걱정할 문제야. 이 문제는 그만 잊어버려도 돼. 그렇게 하는 게 맞아."

딸은 코치의 가르침을 신뢰했다. 또 충고를 마음에 새긴 덕분에 한결 가벼운 마음으로 뛸 수 있었다고 한다. '상대편 선수들은 정정당당하게 경기하고 있나? 이게 과연 공정한 걸까? 쟤네가 규칙을 지킨 거 맞아?'라는 걱정은 할 필요가 없었다. 키가 제일 큰 상대편 선수를 멋지게 수비한 아이는 집에 돌아오는 길에 이렇게 말했다.

"엄마, 그거 알아요? 상대편 애들은 내가 자기들한테 나쁜 감정이 전혀 없다는 걸 모르더라고요. 우리 틱톡 친구 맺었어요."

아이의 팀은 결승전에서 15대 16으로 진 상황이었다. 여기서 핵심은 상대에게 속았다는 기분을 느낄 수도 있지만 반드시 그럴 필요는 없다는 것이다. 속임수의 위협이 실제로 존재하느냐 아니냐는 중요치 않다. 중요한 것은 그중에서 내가 주의를 기울일 만한 속임수가 무엇이냐이다. 속임수에 당할지 모른다는 가능성을 실존적 위협처럼 느껴야 할 이유는 없다. 호구 역학을 알아보는 능력을 통해 우리가 감수할 만한 가치가 있는 위험은 무엇인지, 의미 있는 인간관계는 무엇인지, 내 것을 남과 나눌 때는 언제이고 호락호락하게 당하지 않고 이의를 제기해야 할 때는 언제인지 판단할 수 있기를 바란다. 다시 말해 호구가 넘쳐나는 세상에서도 당당하고 진정성 있게 사는 법을 깨달을 수 있기를 바란다.

호구 잡히는 경험이
이토록 공포스러운 이유

외할아버지는 1908년에 태어나셨고 그로부터 거의 한 세기가 흐른 뒤, 뉴햄프셔주 콩코드에 있는 작은 집에서 외할머니와 단둘이 지내셨다. 자녀들은 연로한 부모님 걱정에 이런저런 잔소리를 늘어놓았다. 아흔을 훌쩍 넘긴 외할아버지 부부가 갈수록 거동이 불편해지고 인지 기능이 떨어지는 모습을 보면서 딸 여섯과 아들 하나의 걱정은 점점 커져만 갔다.

할아버지는 정신보다는 몸이 문제였다. 반면 할머니는 신체적으로는 충분히 활력이 넘쳤으나 알츠하이머성 치매 진단을 받은 상태였다. 부부는 둘이서만 따로 생활했고 운전은 주로 할머니가 담당했다. 할아버지는 걸걸한 목소리로 "몸 쓰는 건 이본이 하고, 머리 쓰는 건 내가 하지."라고 말씀하셨다.

할머니는 자꾸 무언가를 잊어버리기 일쑤였다. 한번은 전자레인지에서 뚜껑을 따다 만 참치통조림이 썩은 내가 진동하는 채로 발견되기도 했다. 할머니가 빨래하는 모습도 어딘가 조금 이상했다. 할머니는 다리미판을 거실로 옮기더니 방송이 흘러나오는 텔레비전 앞에서 셔츠를 무더기로 다렸다. 그렇게 한참 다림질을 하다가 초인종이 울려 현관문을 열 때면 큼직한 남자 스웨터 두세 장을 겹쳐 입고 나타나기도 했다.

할머니 댁에 방문한 우리 부모님은 평소 할머니가 그야말로 생명줄이나 다름없이 여기던 주방 전화기를 쓸 줄 몰라 쩔쩔매는 모습을 목격했다. 결국 아버지가 나설 수밖에 없었다. 아버지는 할머니 옆에 앉아 수화기를 집어 들었다.

"여보세요? 장모님, 장모님 전화네요."

아버지는 아무렇지 않은 듯 유쾌하게 말하더니 할머니에게 수화기를 건넸다. 이 역할극이 할머니의 근육 기억을 끌어낸 건지, 할머니는 안심한 표정으로 수화기를 귀에 갖다 댔다.

몸과 정신이 온전치 못한 상황에서도 외할아버지 부부에게는 이렇다 할 미래 대비가 없었다. 어쩌다 할아버지가 "그냥 헬렌한테 가서 살련다."라고 겁주듯 말한 것이 전부였다. 할아버지의 누나인 헬렌은 당시 막 102번째 생일을 맞은 분이었다.

할아버지는 척추유합술을 받은 이후로 고개를 잘 돌리지 못했다. 교차로의 교통상황을 확인할 수 없어서 운전면허 시험을 통과하지 못했다. 그래서 직접 운전하는 대신 조수석에 앉아 할머니에게 호통을 치며 지시를 내렸고, 할머니는 대체로 시기적절하게 지시에 따랐다. 이 부부의 자녀 연합은 교통안전 지침을 벽에 써 붙이는 한편, 할머니를 병원에 모시고 갈 담당자로 어머니와 이모를 지명했다. 병원에서는 지금의 2인 1조 운전 체제가 안전하지 않다고 판단했다. 이에 따라 자녀들은 운전기사를 고용하고 생활에 필요한 물품을 배달시키는 등 필요한 조치를 취했고, 어머니는 할머니에게 곧 다시 오겠다는 약속을 남기고 떠났다.

일주일 뒤 콩코드에 도착했을 때, 어머니는 부모님이 자신을 '노인사기 혐의'로 의심한다는 사실을 깨달았다. 할아버지와 할머니는 현관문을 굳게 잠근 채 집안에서 바깥을 쏘아보고 있었다. 어머니가 일단 문부터 열어 달라고 아무리 호소해도 소용없었다. 할아버지는 온 동네가 어머니의 속셈을 다 안다고 소리쳤다.

"신문에도 났다, 제인." 문 너머로 할아버지의 불호령이 떨어졌다. 처음에는 대체 이게 무슨 소리인지 도통 알 수 없었지만, 어머니는 마침내 흩어진 퍼즐 조각을 맞추는 데 성공했다. 어머니와 이모는 할머니의 주치의를 꾀어냈다는 혐의를 받았다. 유혹에 넘어간 의사가 자매의 사기에 가담해 할머니의 의료기록을 위조하고 운전할 권리를 부당하게 빼앗으려 했다는 것이다. 비록 나는 우리 어머니나 이모와 함께 사랑의 도피를 떠나는 의사가 있다면 꽤 운이 좋은 사람이라고 생각하겠지만, 그들은 남자를 유혹하는 여자와는 거리가 멀었다. 어머니와 이모는 두 분 모두 경험 많은 심리치료사로, 오랫동안 결혼생활을 유지하며 장성한 자녀를 두고 있었다. 게다가 할아버지의 이야기에는 허점이 한두 개가 아니었다. 대체 콩코드의 어떤 신문이 이런 종류의 사건을 보도한단 말인가? 그러나 그들은 의심의 늪에 사로잡혀 좀처럼 빠져나오지 못했다. 딸들이 의사와 상담했다면 필시 의사와 작당하고 음모를 꾸민 것이었다. 당신들이 더는 운전할 수 없다면 그것은 흉계가 틀림없었다. 조부모님이 지어낸 이야기는 사실보다는 그저 느낌에 입각한 소설에 불과했다.

　같은 시기에 이들 부부는 식사를 가져다주는 배달 기사도 경계하기 시작했다. 그뿐 아니라 간병인이 주방에서 물건을 훔친다고 의심했다. 부부는 바짝 경계하면서 방문 간호사 역시 사기꾼이라 여기고 자녀들의 돌봄 또한 속임수라고 생각했다. 결국 피해망상은 병적인 수준에 이르렀다. 치매의 흔한 증상이었다. 비록 할아버지는 알츠하이머병을 직접 앓지는 않았으나 평소의 예민하고 회의적인 성향 때문에 이 '감응성 정신병(정신질환자의 망상이 주변인에게 전염되는 현상-옮긴이)'에 걸리기 딱 좋았다.

'호구 딜레마'가 발생하는 이유

——

누구나 곧 사기를 당할 것만 같은 예감에 갑자기 오싹한 공포에 사로잡힌 경험이 있을 것이다. 호구가 될지 모른다는 두려움은 거의 모든 사람이 이해하는 문화적 현상이자 매우 인간적인 경험이다. 이런 두려움의 한쪽 극단에는 우리 조부모님이 그랬듯 비이성적인 데다 심지어 정신질환으로 진단받을 만한 수준의 편집증이 존재한다. 그러나 우리가 이미 잘 알듯이 호구의 경계심에는 이로운 면도 분명 존재한다.

　조부모님의 의심과 지나친 보호 본능도 사실은 신중과 검약이라는 가치를 지키고자 한 것이었다. 조부모님은 평생 "바보는 돈을 잃기 마련이다."라는 말을 염두에 두고, 혹여 사기를 당해서 애먼 데 돈을 날리지는 않을까 경계하며 살아오셨다. 이렇게 조심스러운 태도는 편집증이라는 진단명을 받기 전까지만 해도 무척 합리적이고 심지어 권장할 만한 태도로 여겨졌다.

호구 잡힐지 모른다는 두려움은 피해망상 혹은 신중함이라는 양극단으로 깔끔하게 나눠지는 듯하지만, 이것은 현실의 극히 일부만을 보여줄 뿐이다. 실생활에서 일어나는 호구의 딜레마는 피해망상과 신중함 사이 그 어딘가에서 일어나기 때문이다. 처음 본 사람을 믿으면 호구일까? 친구의 회사라는 이유로 미덥지 못한 신생기업에 투자한다면? 세금 신고 때 자잘한 항목까지 빠짐없이 기재하면 바보일까? 속아 넘어갈지 모른다는 두려움은 대체로 완전히 비합리적이지도 않고 완전히 합리적이지도 않다. 우리의 일상은 기회와 더불어 속임수로 가득하고, 둘을 구분할 수 있는 경고 표지 또한 어디에도 존재하지 않는다.

최근 들어서야 호구 공포증을 다룬 체계적인 연구에서 이것을 일관성 있고 뚜렷이 구별되는 하나의 심리 현상으로 간주하기 시작했다. 실험심리학자인 로이 바우마이스터Roy Baumeister와 두 명의 동료는 2007년 '착취'와 '공포'에 해당하는 라틴어를 결합해 '호구 공포증'이라는 용어를 만들어 냈다. 그들은 자신들의 논문에서 호구에 관한 대단히 중요한 이론을 내놓았다. 사기 당할지 모른다는 두려움은 인간의 고유한 감정이며, 이 두려움이 어떤 심리적 메커니즘을 거쳐 촉발되고 그에 따라 어떤 결과가 발생하는지 예측할 수 있다는 것이다. 우리는 어떤 상황에서 가시를 세우고 경계 태세를 갖추는가? 바로 협력하기 위해 모험해야 할 때, 상대방이 배신할 위험이 있을 때, 상대의 손을 덜컥 잡았다가 모든 책임을 덮어쓸지 모른다는 불길한 예감이 들 때이다.

호구 공포증을 다룬 대표적인 실험

호구 공포증을 촉발하는 원인이 무엇인지 초기 사회심리학 실험을 통해 알아보자. 뉴욕시립대학교 대학원생이었던 샘 개트너Sam Gaertner는 피험자의 호구 공포증을 자극하기 위해 사람들이 경계심을 품을 만한 장소인 공중전화와 고속도로를 활용하기로 했다. 1971년 개트너의 실험 계획안에 따라 브루클린 유권자 중 무작위로 추출된 피험자들이 낯선 사람에게서 전화 한 통을 받았다. 전화를 건 사람은 상대가 전화를 받았다는 사실에 안도하며 이렇게 외쳤다.

"여보세요. 랠프 자동차 정비소죠? 조지 윌리엄스입니다. 제가 지금 도로 한복판에서 움직이질 못하고 있거든요. 이쪽으로 와서 제 차 좀 봐줄 수 있습니까?"

이 전화를 받은 브루클린 유권자 중 자동차 정비소를 운영하는 사람은 없었으므로 피험자들은 저마다 "죄송하지만 잘못 거셨습니다."라는 식으로 대답했을 것이다. 하지만 전화를 건 사람은 포기하지 않고 대본에 따라 끈질기게 도움을 요청했다.

"귀찮게 해서 대단히 죄송합니다. 그런데 제가 고속도로에서 오도 가도 못하고 있는 데다 10센트짜리 동전도 다 떨어져서요. 너무 죄송하지만 제가 자주 이용하는 정비소에 연락해서 제가 여기에 있다고 좀 전해주실 수 있을까요? 정비소 번호를 알려드리겠습니다. 조지 윌리엄스라고 하면 그쪽에서도 알 겁니다."

지금으로서는 상상하기 어렵지만 그 시절에는 일일이 전화번호부를 뒤적이며 번호를 찾아야 했고, 10센트짜리 동전 하나면 공중전화 한 통을 걸 수 있었다. 나는 고등학교 3학년 때 자동차를 중고로 구매했는데, 그때는 자동차 전화를 텔레비전에서나 봤을 뿐 직접 본 적은 없었다. 적어도 내가 살던 지역에서는 그랬다. 1971년 당시 조지 윌리엄스의 상황도 충분히 있을 법한 일이었다. 물론 조지 윌리엄스는 가명이고 그가 말한 번호는 랠프 자동차 정비소로 연결되지 않았으니 그의 이야기는 명백한 거짓말이었다. 전화는 랠프 자동차 정비소 대신이 연구에 참여한 접수원에게 연결되었고, 접수원은 전화를 받아 피험자가 전해준 정보를 입력했다.

30년 뒤, 노스캐롤라이나주 교외에서는 다른 심리학 연구팀이 비슷한 연구를 시도했다. 순진한 피험자들은 수상쩍은 상황을 맞닥뜨려야만 했다. 다만 이번에는 '도와 달라'는 간청보다는 '이리 와보라'는 유혹에 가까웠다. 연구 조교들은 쇼핑몰 푸드 코트에서 테이블을 하나 펼쳐 놓고 '1달러를 그냥 드립니다'라고 쓴 커다란 표지판을 내걸었다. 그리고 몇 명이 테이블로 다가오고 몇 명이 그냥 지나치는지 수를 셌다. 연구팀은 호구 공포증을 다룬 논문에서 이 연구를 고전적인 호구의 딜레마 사례로 인용했다.

위에서 언급한 두 연구는 표면상으로는 서로 다른 측면의 인간 심리를 다룬다. '랠프 자동차 정비소 연구'는 사실 인종과 정치 이념에 관한 상당히 복잡한 이론을 바탕으로 이뤄졌다. 전화를 거는 사람의 인종과 전화를 받는 사람의 나이 및 지지 정당에 따라 행동의 양상이 어떻게 변화하는지를 알고자 한 것이다.[1] 한편 '공짜로 돈을 드립니다'

---

1) 실제로 전화 발신자의 인종과 수신자의 연령 및 지지 정당에 따라 행동의 양상이 달라졌다. 개트너는 다양한 인종의 연구 조교가 조지 윌리엄스를 연기하게 했고, 사전 실험을 통해 피험자들이 전화 목소리만으로도 발신자의 인종을 알아챌 수 있다는 사실을 미리 확인했다. 실험 결과 흑인 연구 조교가 전화할 때 부탁을 거절당하거나 전화가 끊기는 경우가 잦았고, 피험자의 연령대가 높고 보수적일수록 흑인 발신자보다 백인 발신자를

연구는 '공짜'가 지닌 심리적 위력을 탐구한 일련의 실험 중 일부였다. 하지만 두 연구의 공통점은 연구자가 피험자의 직관에 교묘하게 영향을 미쳐 그들이 유혹을 느끼면서도 한편으로는 경계심을 품게 하고, 그 두 가지 마음 사이에서 선택의 갈림길에 서게 했다는 것이다. 설령 이것이 구체적으로 무슨 연구인지는 모르더라도 우리가 피험자였다면 어떤 의사결정 과정을 거쳤을지 상상해 볼 수 있다. '이걸 해, 말아?' 하는 고민은 자연스럽게 '이게 사기면 어떡하지?'라는 걱정으로 이어졌을 것이다.

내가 피험자와 같은 상황이었다면 어떻게 결정을 내렸을지 상상할 수 있다. 조지 윌리엄스의 전화를 받는다면 나는 아마 간단한 분석을 통해 내 목표는 무엇이고 목표를 이루려면 어떤 비용을 치러야 하는지부터 따져봤을 것이다. 이 경우 도덕적인 계산은 오히려 쉬운 편이다. 나는 남을 돕기를 좋아한다. 다른 사람을 너그러이 대하는 것은 분명 내가 중요하게 생각하는 가치 중 하나다. 물론 내 시간도 소중하지만 어차피 다른 날과 마찬가지로 그날도 상당한 시간을 낭비했을 테고, 조지 윌리엄스에게 부탁을 받았다면 잠시 짬을 내서 랠프 자동차 정비소에 전화했을 것이다. 하지만 사실 이렇게 말하면서도 이게 사기가 아닐까 의심하긴 했을 것이다. 다른 사람들도 마찬가지일 것이다. 이 실험에서 무작위로 뽑힌 브루클린 유권자 중 4분의 1에서 3분의 1이 20초짜리 통화라는 위험을 감수하기 두려워서 조지 윌리엄스의 전화를 끊거나 부탁을 거절했다.

선호하는 경향을 보였다. 실험 결과에 내포된 인종차별은 우연의 일치가 아니다. 호구 공포증을 유발하는 상황에서 선택을 내릴 때 인종에 따른 편견이 나타나는 패턴은 5장에서 더 깊게 다룬다.

그렇다면 공짜로 돈을 준다는 테이블을 본다면 어땠을까? 기본적인 선호만 따지자면 나는 돈이란 많으면 많을수록 좋다고 생각한다. 길에 1달러가 떨어져 있다면 주울 것이고, 마트에서 1달러짜리 시식 샘플을 주면 받을 것이다. 그러니 당연히 공짜 1달러도 받는 것이 논리적으로 타당해 보인다. 그러나 그날 쇼핑몰에 있었던 다른 많은 사람처럼 아마 나 또한 '공짜로 돈을 드립니다' 테이블을 바로 지나쳤을 것이다. 실제로도 테이블을 그냥 지나친 사람이 90퍼센트 이상이었다. 나중에는 지급 금액을 50달러까지 높였지만, 그때조차 가던 길을 멈추고 정말 돈을 주는지 묻는 사람은 4분의 1도 되지 않았다.

무료 체험 제안을 수락했다가 결국 몇 년에 걸쳐 필요도 없는 서비스를 억지로 구독해 본 사람이라면 공짜라는 것이 실은 절대 공짜가 아니라고 의심할 것이다. 만약 내가 '공짜로 돈을 드립니다' 테이블을 본다면, 겨우 1달러를 받겠다고 호구처럼 얌전히 앉아서 원하지도 않는 상품 구매 권유를 듣거나, 메일 주소를 요구하고 뉴스레터를 구독해달라는 말에 은근한 압박을 느끼고 싶지는 않을 것이다. 하지만 이 실험에는 그런 속임수가 없었다. 연구 조교들은 테이블에 다가와 돈을 달라고 한 사람들에게 아무런 대가 없이 돈을 나눠줬다.

두려움은 의사결정에도 영향을 미친다

'랠프 자동차 정비소 실험'과 '공짜로 돈을 드립니다' 실험은 우리에게 상당히 익숙한 딜레마를 보여준다. 누군들 '제발 도와달라'는 수상쩍은 애원을 무시하거나 너무 좋아서 오히려 의심스러운 제안을 거절해 본 경험이 없겠는가? 하지만 호구 잡힐지도 모른다는 두려움이 과연 피험자들에게 유익한 감정이었는지는 분명하지 않다. 연구자들은 대신 전화해 달라는 부탁을 승낙하거나 1달러를 거저 준다는 제안을 수용할 때 드는 비용을 의도적으로 최소화했다. 혹여 1달러를 준다는 말이 거짓이었다면 돈을 받지 않고 가던 길을 가면 그만이다. 랠프 자동차 정비소가 실제로 존재하지 않는다면 내가 쓴 비용은 단지 걸지 않아도 됐을 전화를 한 통 건 것에 불과하다.

사실 우리가 치르는 진짜 비용은 돈도 시간도 번거로움도 아니다. 아주 잠깐이나마 사기에 말려들 때 치러야 하는 비용은 바로 '자신의 바보 같은 모습을 직면해야 하는 심리적 비용'이다. 많은 사람이 혹시 도움이 될까 하는 마음에 자동차 정비소에 전화할 것이고, 정말 돈을 그냥 주는 게 맞는지 확인하고 싶을 것이다. 그런데도 주저하는 이유는 두렵기 때문이다. 우리는 위험을 감수했다가 혹여 잘못되기라도 하면 자신이 바보처럼 느껴질까 봐 두려워한다. 그리고 이런 감정은 혹시 모를 이익을 포기할 만큼 끔찍하다.

심리학자들은 호구 공포증을 다룬 15년 전 논문에서 우리가 호구가 되었을 때 느끼는 감정을 심리학계에서 아주 잘 파악하고 있다고 지적했다. 그중에서도 특히 배신감, 후회, 수치심 등 각종 사회적 정서에 관해서는 문헌이 풍부한 편이다. 그런데도 우리는 호구 잡힐지 모른다는 두려움을 인간의 의사결정과 행동을 이끄는 하나의 일관된 개념으로 보지 않는다. 잠재적 호구(사실상 누구나 잠재적 호구라고 할 수 있다)의 인지 작용과 정서가 복잡한 것은 사실이다. 그러나 분석하자면 얼마든지 분석할 수 있고, 또 그래야만 다음과 같은 핵심 질문에 답할 수 있다. '우리는 곤경에 처한 사람에게 친절을 베풀고 싶으면서도 왜

머뭇거리다가 결국 전화를 끊을까?' '나에게 이익을 줄 수 있는 매력적인 기회를 왜 쉽게 포기할까?' '대체 우리는 정확히 무엇을 두려워하는 것일까?'라는 질문이다.

호구 공포증은 개인적이고 본능적인 두려움이다

——

나는 진드기와 뱀을 무서워한다. 이것이 내 건강이나 지갑 사정 혹은 사회생활에 실질적인 손해를 끼치는가에 상관없이 단지 눈앞에 마주한다는 상상만으로도 몸서리가 쳐진다. 이론상으로 보면 뱀을 향한 두려움의 핵심은 뱀에게 물릴지 모른다는 것이므로 만약 이빨 빠진 뱀이나 철창에 갇힌 뱀을 마주친다면 아무렇지 않아야 정상이다. 하지만 장담컨대 나는 전혀 괜찮지 않을 것이다. 철창에 갇힌 뱀과 같은 공간에 있다는 생각만 해도 가슴 깊숙한 곳에서 본능적인 두려움이 치솟는다.

호구 잡힐지 모른다는 두려움도 이와 비슷하다. 호구가 될지 모를 가능성이 보일 때, 사람들은 아주 작은 위험과 사소한 상처조차 피하려고 할 만큼 두려움에 사로잡힌다. 심지어 의식적으로 따져봤을 때 두려워할 것이 전혀 없다는 결론이 나와도 마찬가지다. 내가 동물원에서 파충류관을 관람하지 못하는 정도야 사는 데 그리 큰 문제가 아니지만, 호구가 될지 모른다는 두려움 때문에 진정으로 가치 있게 여기는 인간관계나 기회, 경험을 놓친다면 이것은 상당히 심각한 손해다. 호구가 되면 인간은 극도로 피하고 싶은 감정인 후회와 소외감을 느낀다. 우연이든 문화적 요인이나 진화적 적응 때문이든 '자기 비난(후회)'

과 '사회적 고립(소외)'은 사람들이 다른 고통을 감수하고서라도 피하려고 할 만큼 심한 고통을 유발한다.

우리가 느끼는 후회의 핵심

늦은 밤까지 잠을 이루지 못할 때면 내 머릿속에서는 영상 하나가 저절로 재생된다. 인생 최고의 순간을 담은 하이라이트 영상일까? 아니다. 사실 이 영상은 후회의 순간을 담은 것이다. 수없이 많은 기억 더미 속에서도 나의 뇌는 잔인할 정도로 정확한 검색 엔진을 활용해 후회스러운 기억은 무엇이든 그 날짜와 배경까지 즉각적으로 찾아낸다. 물론 우리가 후회하는 이유는 가지각색이므로 누군가에게 속아 넘어가는 것만이 후회를 일으키는 유일한 계기는 아니다. 그러나 남에게 속아 넘어가면 거의 열에 아홉은 후회하기 마련이다. 호구가 되었을 때 정말 고통스러운 점 중 하나는 아무것도 모르고 스스로 무덤에 걸어 들어간 자신의 모습이 뇌리에 남아 자꾸만 떠오른다는 것이다. 속임수에 당한 사람은 꼼짝없이 후회를 떠안는다. 사기꾼에게 협력하지 않으면 애초에 호구가 될 가능성도 없으므로 순진하게 협력한 사람만 자기 비난으로 가는 열차에 올라타는 셈이다.

이 책의 서두에서 나는 개인정보를 해킹당해 돈이 빠져나갈 뻔한 상황과 가짜 자선단체에 후원할 뻔한 상황을 비교했다. 두 경우 모두 잠깐 기분이 나쁘기는 해도 어쨌거나 실제로 돈을 잃지는 않았으니 별문제 없이 상황이 마무리되었다. 그러나 그중 한 경우는 다른 경우와 달리 수치스러운 잔상을 남긴다. 예를 들어 내가 개인정보를 해킹당해 은행에서 알림을 받는다고 한들 후회스럽지는 않을 것이다. 좀 짜증스럽기도 하고 해커가 내가 아닌 다른 사람의 번호를 골랐다면 어땠을까 생각하기는 하겠지만, 어쨌든 비난의 초점을 해커의 행동에 맞출 것이다. 나 자신에 대해서는 나쁘게 생각할 이유가 하나도 없다. 후회는 내가 선택한 일에 대해서만 느끼는 감정인데, 이 상황은 오로지 범죄자인 해커의 선택으로 인해 벌어졌기 때문이다.

그러나 자선단체 사기의 경우, 내 잘못된 판단에 초점을 맞출 것이다. 자선단체 사기꾼도 개인정보 해커만큼이나 비난받아 마땅하지만, 다른 누구도 아닌 내가 이 사기극에 협력했다는 사실이 비난의 화살을 내게로 돌린다. 내가 스스로 발을 들여놓았다면, 몇 번이고 곱씹게 되는 것은 사기꾼의 행동이 아닌 나 자신의 행동이다. 거리에서 소매치기를 당하거나 차량 절도를 당한다고 해도 '가방 지퍼를 잘 잠갔어야 했는데' '여기에 주차하지 말았어야 했는데'라며 후회할 수는 있지만 이러한 후회는 그 무게감이 다르다. 속임수에 넘어가 후회할 때보다는 정도가 심하지 않고 피해자가 심각한 자기 비난에 사로잡히지도 않는다. 그러나 스스로 사기에 동조한다면, 그것은 '나를 발로 차 주세요!'라고 쓴 종이를 자기 등에 스스로 붙이고 다닌 것이나 마찬가지다. 이것이 바로 속임수에 당한 호구가 느끼는 후회의 핵심이다.

후회는 학습을 촉진하고 교훈을 남긴다

우리가 호구처럼 행동하는 데 부정적인 감정을 느끼는 것은 개인적 차원에서나 인간이라는 종 전체의 차원에서 볼 때 어떤 점에서 유익할까? 원론적으로 답하자면 후회와 같은 부정적인 감정은 '학습'을 촉진한다. 아이 둘을 키우는 부모로서 나는 후회의 경험이 몹시 불쾌하다는 사실이 고마울 때가 많다. 뜨거운 가스레인지에 손을 데고도 또다시 손을 대려고 하거나, 고양이의 꼬리를 잡아당기고 이번엔 어떻게 되나 보려는 유혹에 빠진 아이에게 후회는 아주 좋은 선생님이다.

사기를 당했을 때도 우리는 학습한다. 다만 불이나 사자처럼 다른 명백한 위협 요소와 달리, 사기의 경우 이 상황이 덫인지 아닌지 파악하려면 어느 정도 경험이 쌓여야 한다. 사기는 말 그대로 사기이기 때문에 겉으로 봐서는 쉽게 분간할 수 없다. 따라서 무엇이 사기인지 포착하는 법을 학습하면 유용하다. 사람들은 자신이 통제할 수도 있었던 일에 후회를 느끼기 때문에 할 수 있는 한 나쁜 결과를 피하는 방법을 학습하기 마련이다. 반면 자신이 통제할 수 없는 대상은 두려워해 봐야 그다지 생산적이지 않다. 어떻게 대처해야 하는지도 알 수 없고 이런 두려움에는 뚜렷한 경계선도 없기 때문이다. 애초에 예측할 수도 없는 주가 하락을 걱정하기보다는 다단계 금융사기에 투자하지 않도록 심사숙고하는 편이 현명하다. 주가 하락 걱정에 골몰한다고 한들 아무런 학습 효과도 얻을 수 없지만 다단계 금융사기를 조심하는 것은 그렇지 않기 때문이다.

후회의 가치는 우리에게 교훈을 준다는 데 있다. 그러나 잔인하고 지독한 선생님인 후회가 같은 교훈을 귀에 못이 박히도록 반복할 때, 우리는 결국 지나치게 조심스러워질 수밖에 없다. 그래서 사람들은 수치스러운 기억으로 남을 실수에 매우 민감한데, 가장 큰 위험 신호는 누군가가 협력해달라고 간청하는 상황이다. '랠프 자동차 정비소 실험'과 '공짜로 돈을 드립니다' 실험은 구조상 피험자가 나중에 자책에 빠질 미래를 예견하도록 만든 것이다. 두 연구 모두 사람들에게 선택하게 했다. 응해도 되고 응하지 않아도 되는 선택적인 거래에 자진해서 나서게 한 것이다. 선택 하나만으로도 피험자는 일이 잘못되면 어떻게 흘러갈지 정확히 예측할 수 있었다. 물고기가 미끼를 물면, 낚시꾼이 낚아챈다. 제대로 걸려든 물고기에게는 후회만 남는다.

우리가 후회하는 진짜 이유
———

사기는 강도와는 다르다. 강도는 피해자의 의지와 관계없이 발생하는 반면, 사기는 피해자가 자발적으로 자기 돈을 내어주는 것처럼 보인다. 꼭 드러내 놓고 사기 행각에 협력하지 않았더라도 어떤 식으로든 능동적으로 협력했다면 이 또한 자발성으로 간주될 수 있다. 예를 들어, 내가 회비를 내야 하는 어떤 모임의 일원이라고 하자. 몇 년에 걸쳐 성실하게 회비를 납부해 온 나는 어느 날 몰랐던 사실을 알게 된다. 그간 다른 회원들은 회비를 제대로 내지 않았을 뿐 아니라, 그나마 꼬박꼬박 내던 일부 회원조차 정해진 금액보다 적게 납부했던 것이다. 성실한 납세자로서 정직하게 수입을 신고해 온 사람이 정작 자기보다 더 부유한 사람들은 수입을 정직하게 신고하지 않았다는 사실을 뒤늦게야 알아차렸다고 상상해 보라. 이런 상황에서는 다양한 반응이 나올 수 있다. 셈에 똑똑하지 못했던 것을 한탄하며 절망할 수도 있고, 다른 납세자의 탐욕스러운 행동을 비난할 수도 있다. 적잖은 사람들이 그동안 자기가 말 그대로 패배자이자 얼간이였음을 깨닫고 밀려드는 감정의 폭풍에 휩싸일 것이다.

후회는 여러 감정 중에서도 매우 강력하다. 실제로 겪을 때 끔찍한 것은 물론이거니와, 가정과 상상 속에서는 더 크고 무시무시한 그림자를 드리우기 때문이다. 우리는 매 순간 후회를 경험하기 때문에 후회를 잘 안다고 생각하지만, 사실 사람들이 후회에 관해 잘 알지 못하는 중요한 비밀 하나가 있다. 후회는 애초에 후회를 일으킨 원인이나 피해에서 따로 떨어져 나와 스스로 독립적인 감정적 지위를 차지한다는 점이다.

앞선 실험에서 도로에서 난처한 상황에 처한 조지 윌리엄스 역을 맡은 학부생들이 피험자를 설득하려고 애쓰는 동안, 피험자는 이미 조지 윌리엄스의 부탁을 들어줬을 때 자신이 마주할 결과를 머릿속으로 그려보고 있었다. 이 부탁을 들어주면 발생할 수 있는 문제는 무엇일까? 혹은 반대로 부탁을 무시하면 무슨 문제가 생길까? 호구 공포증을 자극하는 상황에서 피험자가 느끼는 부정적인 감정은 그 영향력이 상당했고, 실제로 발생하는 손해와는 놀라울 만큼 아무런 관계가 없었다. 두 연구 모두 협력했을 때 겪는 실질적 손해는 거의 없었으나, 상황 자체만으로도 피험자가 곧 후회하리라고 예상하는 데는 충분했다.

내가 바위에서 햇볕을 쬐는 뱀을 보고 다가가서 쓰다듬기로 했다고 가정해 보자. 뱀이 내 손을 물고, 물린 손은 따끔거린다. 이 선택으로 인해 후회한 나는 다음부터는 섣불리 뱀을 쓰다듬으려 하지 않을 것이다. 바로 이때 후회가 진가를 발휘한다. 경험적으로 봐도 사람들은 뱀에 물리거나 가스레인지에 손을 덴 이후로는 뱀이나 가스레인지를 피하려고 한다. 다만 예상 밖의 문제가 있다면 사람들의 행동이 단순히 위험한 대상을 피하는 수준을 넘어선다는 것이다. 사람들은 실질적인 손해를 입지 않으려고도 하지만 그와 별개로 어떻게든 후회하지 않으려고 애쓴다. 후회라는 감정은 뱀에게 물린 통증과 관계없이 그 자체만으로도 톡 쏘듯 얼얼하기 때문이다.

우리 머릿속에는 후회 감지기가 있다

당신은 아마도 나쁜 선택을 할수록 그만큼 더 많이 후회한다고 생각할 것이다. 예를 들어 도박에서 10달러를 잃었을 때보다는 100달러를 탕진했을 때 더 후회스러워야 정상이라는 식이다. 이것은 꽤 그럴듯한 추측이지만 현실에서는 어떨 때 더 후회가 밀려올지 예측할 수 있는 경고 표지가 없다. 사실 극심한 후회 반응은 꼭 몹시 나쁜 상황에서만 나타나지는 않는다. 만일 내가 적절한 자리에 주차하고 차 문을 잘 잠갔는데도 밤새 차량털이를 당했다면, 나는 화를 내거나 슬퍼할지언정 그다지 후회하지는 않을 것이다. 대체 뭘 더 어떻게 해야 했단 말인가? 또 내가 복권을 사지 않았다면 다른 사람이 복권에 당첨되었대도 기분이 나쁘지는 않을 것이다. 내가 사려다 만 복권이 당첨될 복권이었을지는 어차피 영영 알 수 없기 때문이다.

　우리는 과거의 자신이 달리 행동했더라면 더 나은 결과를 얻었으리라는 사실이 눈에 훤히 보일 때 후회한다. 어떤 상황에서는 '만약 이랬다면 어땠을까?' 하는 자책에서 도무지 헤어 나오지 못한다. 속임수에 말려들 때는 후회를 겪을 위험 부담이 커지는 경향이 있다. 후회에 대한 두려움, 즉 '후회 회피'는 나중에 후회를 덜 느낄 만한 선택지를 선호하게 함으로써 우리의 행동을 실제로도 크게 바꿔 놓는다. 내가 바로 이 방법에 설득당하는 바람에 차를 빌리면서 비싼 자동차 보험에 가입했다.

"그렇지만 손님, 혹시라도 차가 망가지고 나서 '아, 그때 보험에 가입했더라면 수리비를 받을 수 있었을 텐데!' 하고 후회하면 기분이 어떻겠어요?"

후회는 잘못된 선택 자체가 아니라 어쩌면 나쁜 일을 겪지 않을 수도 있었다는 자각에서 나온다. 잠시 '공짜로 돈을 드립니다' 실험으로 돌아가 보자. 이 실험에서 피험자의 상황이 결국 후회로 끝나는 경우의 수는 두 가지다. 하나는 테이블에 다가갔는데 공짜로 돈을 준다는 말이 사기인 경우다. 그들은 고작 1달러를 주면서 주민등록번호와 메일 주소를 요구한다. 이런! 잘못 선택했다. 다른 하나는 테이블을 그냥 지나쳤는데 테이블에서 정말 공짜로 돈을 나눠주는 경우다. 역시 나쁜 결과이긴 하지만 이전 상황과는 분명 다르다. 두 경우 모두 원치 않는 결과라는 점에서는 같지만 후회의 정도는 동등하지 않다. 테이블을 발견하는 순간 우리는 두 가지 선택지 중 단 하나만이 진짜 후회로 이어질 수 있는 선택지임을 알아차린다. 만약 테이블을 그대로 지나친다면 공짜로 돈을 준다는 말이 사실이었다 한들 진실은 아마 절대 알수 없을 것이다. 마찬가지로 조지 윌리엄스의 전화를 끊어버린 뒤에는 고속도로 한복판에서 오도 가도 못한다던 운전자가 나중에 어떻게 됐을지 영영 알 수 없다. 어쩌면 잘못된 선택을 했을지 모른다는 찜찜한 마음이 들 수는 있으나 어차피 확인할 길은 없다. 반면 공짜로 돈을 준다는 테이블로 걸어가 그들의 제안을 수락하려 한다면 우리는 자신이 바보였는지 아닌지 만큼은 확실히 알게 될 것이다.

후회 회피와 과도한 호구 공포증은 건전한 의사결정을 방해하고,

우리가 마음속 깊이 원하는 것이나 지키고자 하는 가치를 선택하지 못하게 한다. 예를 들어 사촌이 내게 전화를 걸어 500달러를 빌려달라고 부탁한다고 하자. 사촌은 다음 달 월급을 받는 대로 돈을 갚겠다고 약속한다. 내게는 500달러가 있고 사촌을 돕고 싶은 마음도 있다. 단, 사촌이 약속대로 다음 달에 바로 돈을 갚아야만 나도 문제없이 생활할 수 있다. 여기서 내가 피하고자 하는 실수는 두 가지다. 첫째, 사촌을 실수로 믿으면 안 된다. 무턱대고 돈을 빌려줬다가 되돌려 받지 못하면 안 된다. 둘째, 사촌을 믿지 않아도 마음이 불편하다. 돈을 돌려받을 수 있는데도 지레 겁을 먹고 돈을 빌려주지 않아서도 안 된다. 도덕적으로 보자면 나는 돈을 빌려주지 않느니 차라리 돌려받지 못하더라도 빌려주는 쪽을 택할 것이다. 그러나 후회 회피를 연구한 자료에 따르면 대부분은 돈을 빌려주지 않는 쪽을 택할 가능성이 컸다. 후회는 우리가 실수했다는 사실을 확실히 알 수 있을 때 우리를 가장 지독하게 괴롭히기 때문이다.

사람들은 어떤 시나리오에 따랐을 때 나중에 후회할 가능성이 더 큰지 예측한 다음 해당 선택지를 회피한다. 만약 돈을 빌려준다면 나는 내가 속았는지 아닌지 확실히 알 수 있을 것이다. 돈을 빌려주고 난 뒤의 결과는 사촌이 돈을 갚거나 갚지 않거나 둘 중 하나이기 때문이다. 그러니 돈을 빌려준다면 나는 후회할 가능성이 있는 상황에 스스로 나 자신을 몰아넣은 것이다. 그러나 돈을 빌려주지 않는다면 과연 사촌이 돈을 갚았을지 아닐지는 아마 영원히 알 수 없을 것이다. 상황이 그대로 종료되기 때문이다. 내가 거절하면 사촌은 다른 방법을 찾을 테고, 나는 이후에 사촌이 어떻게 했는지 전해 듣지 못할 수도 있다.

조금 마음이 불편할지는 모르겠지만, 내가 잘못된 선택의 결과를 직면할 일은 없다.

　돈을 빌려 달라거나 동업을 하자거나 자기 회사에 투자해달라는 등 누군가가 협력을 요청하면 사람들의 머릿속에서는 후회 감지기가 작동한다. 후회 감지기에 '누군가가 자기를 믿어달라고 한다'라는 정보가 입력되면 이러한 인식은 자동으로 '이 일이 잘못되면 후회가 막심할 거야'라는 결괏값으로 이어진다. 또 심리학 연구에 따르면 우리는 단지 손해를 걱정하는 데 그치지 않고, 혹여 믿지 말아야 할 사람을 잘못 믿는 호구가 되지 않을까 가장 두려워한다.

사회적 협력과 호구 역학의 상관관계

후회를 연구한 간단한 실험에서 심리학자들은 피험자에게 자기가 투자금 100달러를 가지고 있다고 상상하도록 한 뒤, 예상되는 투자 결과를 설명했다. A라는 회사에 투자하면 원금을 그대로 회수할 가능성이 80퍼센트, 원금을 두 배로 불릴 가능성이 15퍼센트, 원금을 모두 잃을 가능성이 5퍼센트다. 참가자 중 한 집단에게는 원금을 모두 잃는 5퍼센트의 가능성이 알고 보니 '회사 설립자가 사기꾼인 경우'라고 설명했다. 한편 나머지 참가자들은 원금을 잃는 5퍼센트가 '단순히 회사 설립자가 소비자 수요를 과대평가한 경우'라는 설명을 들었다. 어느 쪽이든 원금을 잃을 가능성은 5퍼센트로 동일했지만, 회사 설립자가 소비자 수요를 과대평가할 위험이 있다고 들은 참가자들은 60달러를 투자하겠다고 결정한 반면, 회사 설립자가 사기꾼일 위험이 있다고 들은 참가자들은 37달러만 투자하겠다고 대답했다. 이처럼 사람에게 배신 당할 위험이 있을 때 투자자들은 투자를 꺼린다.

사촌에게 돈을 빌려주기로 하든 투자 기회에서 발을 빼든 이러한 결정은 개인이 나름대로 복잡하게 계산기를 두드린 결과다. 하지만 중요한 사실은 개개인의 결정이 모여 '사회적 협력'이란 결말로 이어진다는 것이다. 따라서 호구가 될지 모른다는 두려움은 개인뿐만 아니라 인간관계, 공동체, 사회 전체에도 실질적인 영향을 미친다. 누가 누구를 어떤 구조적 맥락에서 신뢰하느냐가 곧 사회 질서를 결정짓기 때문이다.

사회적 협력에는 호구의 역학이 복잡하게 얽혀 있다. 이 문제는 1833년 영국의 경제학자 윌리엄 포스터 로이드William Forster Lloyd가 공동 목초지에서 규제 없이 가축을 방목하는 사례를 들어 '공유지의 비극'으로 알려진 개념을 소개하면서 공식 이론으로 정립되었다. 공공재인 공동 목초지는 사용을 제한해야만 잘 유지할 수 있다. 이곳에 가축을 지나치게 많이 방목했다가는 풀이 부족해져 결국 아무도 쓸 수 없는 황무지로 변하기 때문이다. 이 간단한 구조에서 저마다 목초지를 더 누리려고 경쟁하는 개개인의 비뚤어진 동기가 생겨난다. 공유지는 모든 사람이 적절한 수준으로 이익을 얻을 때 자원으로서의 기능을 다할 수 있다. 그중 한 사람이 양을 한두 마리 더 데려다가 몰래 풀을 뜯기면 전체 목초지는 훼손되지 않을 것이다. 하지만 너무 많은 사람이 똑같이 행동한다면 결국 풀이 바닥나서 목초지가 망가진다. 이것이 바로 '호구의 딜레마'를 보여주는 전형적인 사례다. 빼앗을 것인가, 빼앗길 것인가?

경제학자들은 이런 상황에서 어떤 결과가 나타나는지 이론적으로
예측했고, 실제로 사람들을 대상으로 실험한 자료도 있다. 공유지의 비
극은 주로 '공공재 게임'이라고 불리는 게임 구성을 활용한다. 공공재
게임은 다른 경제학 게임과 마찬가지로 사익을 극대화하는 선택과 공
익을 극대화하는 선택 사이에서 사람들이 어떤 결정을 내리는지 질문
하는 데서 시작한다.

사람들이 협력하기를 망설이는 이유

실험에서 시행하는 게임은 사람들의 거래 과정을 간소화하여 뼈대만
남김으로써 겉으로 드러난 행동만 보고도 사람들의 선호와 의도를 추
론하기 쉽게 만들었다. 이러한 게임은 호구의 딜레마 연구에서 자주
등장하며 몇 가지 일관적인 특징을 가진다. 먼저 학생 혹은 지역 주민
으로 이뤄진 피험자들은 앞으로 어떤 방식으로 거래가 이뤄지는지 게
임 규칙을 듣는다. 참가자들은 보통 서로를 보지 못하고, 혹여 볼 수 있
더라도 자기 팀에 누가 있는지는 알지 못한다. 의사소통은 익명의 종
이봉투나 컴퓨터를 통해 이뤄진다. 참가자는 게임에서 오가는 돈이 실
제 돈이며, 참가자 가운데 참가자인 척 연기하는 실험자는 없다는 사
실을 인지한 상태다. 공공재 게임의 핵심적인 특징 중 하나는 실험자
가 피험자인 척 속이는 '실험자 속임수'가 없다는 것이다.

공공재 게임에서 참가자들은 네 명씩 한 팀을 이룬다. 각 참가자
는 1달러 지폐를 10장씩 담은 봉투를 기본금으로 받은 뒤 돈을 어떻게
할지 선택한다. 참가자는 0달러에서 10달러까지 어느 금액이든 통에

넣을 수 있고, 통에 모인 돈은 공동 자금이 되어 나중에 모든 참가자가 공평하게 나눠 갖는다.[2] 모든 참가자가 자기 결정에 따라 돈을 넣고 나면 통에 모인 금액에 1.5를 곱한다. 전체가 부분의 합보다 커지도록 설계한 것이다. 예를 들어, 모든 참가자가 10달러를 넣으면 통에 모인 40달러는 60달러로 불어난다. 이 60달러를 마지막에 균등하게 나눠 가지므로, 각 참가자는 15달러씩 받는다. 또 만일 각 참가자가 통에 5달러씩 넣는다면 게임이 끝날 때 12달러 50센트씩 받을 수 있다. 통에 모인 20달러에 1.5를 곱하면 30달러가 되고, 30달러를 참가자 수인 4로 나누면 한 사람당 받는 돈은 7달러 50센트와 통에 넣지 않은 5달러를 더해 총 12달러 50센트가 되기 때문이다. 여기서 1.5라는 배수는 사람들이 잉여가치를 창출할 만큼 충분히 협력한다면 모든 사람이 자원에 접근할 수 있다는 의미에서 '공공의 이익'을 나타낸다.

이제 공공재 게임을 공유지의 비극에 대입해 보자. 공공재 게임에서 참가자 전원이 최대한 협력하는 상황은 모든 사람이 기본금 전액을 통에 넣는 경우다. 이는 모든 사람이 목초지를 망가뜨리지 않는 선에서 가축을 최대한 많이 방목하는 것과 같다. 이렇게 협력할 때 공동 목초지를 최상의 조건으로 유지할 수 있다. 한편 공공재 게임에서 통에 5달러만 넣듯이 각각 적당한 수준으로만 협력한다면, 가축에게 풀을 조금 더 뜯길 수 있을지는 몰라도 목초지 상태는 눈에 띄게 나빠질 것이다. 또 공공재 게임에서 아무도 통에 돈을 넣지 않을 때처럼 공유지에

---

2) 같은 공공재 게임이라도 각 실험에 따라 참가자들이 돈을 교환하는 방식, 각자 내놓은 금액을 보여주는 방식, 게임을 시작할 때 받는 기본금의 액수 등 세부 사항은 다르다. 더 알기 쉽게 설명하기 위해 이 책에서는 기본금을 10달러로 설정하고, 돈을 교환할 때는 봉투에 넣어 물리적으로 교환하는 방식을 예로 들었다. 물론 최근 연구에서는 참가자끼리 돈을 교환할 때 대체로 컴퓨터 프로그램을 활용한다.

서 다들 지나치게 풀을 뜯긴다면, 결국 모든 이들이 공유지를 잃고 다시 사유지에서만 풀을 뜯길 수밖에 없게 된다. 공유지는 황폐해지고 공공의 이익도 사라진다.

당신이라면 무엇을 선택하겠는가? 어떤 결과를 바라고, 어떤 결과를 두려워하겠는가? 내가 무임승차하는 유형의 사람이라고 하자. 나는 커다란 허머 자동차를 몰고 1년 내내 에어컨을 빵빵하게 틀면서도 나 외에 다른 이들이 에너지를 절약해 준 덕택에 오염되지 않은 지구에서 살 수 있다. 공공재 게임으로 치면 나는 나를 제외한 모두가 통에 돈을 넣기를 바라는 사람이다. 다른 참가자 세 명이 통에 10달러씩 넣을 때, 나는 내 기본금을 그대로 쥐고 통에 넣지 않는다. 그러면 30달러가 모일 것이고 거기에 1.5를 곱한 금액인 45달러를 나눠 가질 수 있다. 각 참가자는 45달러의 4분의 1인 11달러 25센트를 가진다.

나는 돈을 넣지 않았으므로 11달러 25달러뿐 아니라 기본금 10달러까지 그대로 갖는다. 혼자서 무려 21달러 25센트나 받는 것이다. 다른 참가자보다는 10달러를 더 받고 기본금인 10달러의 두 배 이상을 얻는다. 다른 사람이 모두 협력할 때 혼자서 협력하지 않은 사람이 가장 큰 이익을 얻는다. 게임이론에서는 이 이기적인 행동을 가리켜 '배반'이라고 한다. 전략적으로 보면 다른 참가자가 협력하든 하지 않든 나는 배반하는 편이 낫다. 만약 다른 참가자가 협력한다면 나는 쥐고 있던 기본금에 더해 그들이 협력한 결과물까지 누릴 수 있다. 혹여 다른 참가자가 협력하지 않는다고 해도 역시 협력하지 않는 편이 낫다. 다른 참가자가 자신의 기본금을 공유하려 하지 않는다면 나 또한 내 기본금을 굳이 다른 사람과 나눌 이유가 없기 때문이다.

안타깝지만 이런 시나리오가 내게 이득이라면 이것은 다른 이들에게도 마찬가지다. 따라서 모든 사람이 합리적으로 행동할 때 일어나는 일을 이론적으로 예측한 결과는 상당히 절망적이다. 게임이 시작되면 모두 10달러씩 받는다. 아무도 통에 돈을 넣지 않는다. 게임은 그대로 끝난다. 경제학을 '암울한 학문'이라고 부르는 데는 그럴만한 이유가 있다.

1970년대 중반, 경제학자와 심리학자들이 실제로 참가자를 모집해 공공재 게임을 시행하자, 한 가지 사실이 곧바로 명확해졌다. 참가자 가운데 통에 돈을 넣은 사람이 대부분이었고 그 금액도 상당했다. 까놓고 보니 실제 상황은 그리 음울하지만은 않았다. 많은 사람이 다른 참가자를 믿고 공공의 이익을 창출하려 했다. 하지만 참가자 대부분이 일정 금액은 통에 넣지 않고 남겨뒀고, 게임을 거듭할수록 통에 넣는 금액도 점점 줄어들었다. 연구자들은 궁금해졌다. 사람들이 협력을 망설이는 이유는 욕심이 많아서일까? 아니면 두려워서일까?

경제학자들은 '욕심'이 주된 동기일 것으로 예상했다. 사람들이 자기 이익을 최대화하는 한편, 다른 사람이 순진하게 협력해 주기를 바랄 것이라 여겼다. 그러나 연구를 진행할수록 예상과 다른 결과가 나왔다. 피험자들은 내심 협력하고 싶어 했지만, 막상 협력했다간 자기가 바보처럼 보일까 봐 걱정했다. 오리건 대학교의 연구자 로빈 도스Robyn Dawse와 두 명의 동료는 이기심과 호구 공포증을 구별하는 탁월한 방법을 고안했다. 세 연구자는 각 참가자에게 두 가지를 질문했다.

(1) 여러분이라면 어떤 선택을 하시겠습니까?

(2) 다른 참가자는 어떤 선택을 할 것으로 생각하십니까?

각 참가자는 자기가 예상한 결과를 적어 제출했다. 연구자들은 게임을 할 경우 호구 공포증의 원리가 이기주의의 원리와 다르게 작동한다는 사실을 발견했다. 만약 당신이 욕심 많은 참가자이고 다른 참가자가 모두 협력하리라 예상한다면 지금이야말로 다른 모두를 제치고 승리를 거머쥘 기회이다. 만일 참가자들이 욕심에 따라 움직였다면, 다른 사람들이 협력하리라 예상할 때 자신의 이익을 최대화하기 위해 기여 금액을 줄였어야 한다. 그러나 실제 실험 결과는 그렇지 않았다. 예상과 달리 참가자들은 다른 참가자가 협력하리라 생각할 때 오히려 자신의 기여 금액을 늘렸다. 피험자는 자신이 호구가 될지 모른다는 두려움에서 벗어날 때 더 적극적으로 협력하는 경향을 보였다.

연구팀은 이에 더해 뜻밖의 관찰 결과를 내놓았다. 참가자들은 다른 참가자가 자기를 바보 취급했다는 사실을 알면 이성을 잃고 불같이 화를 냈다. 경제학 이론과 달리 참가자들은 비난을 감수하면서도 도박하는, '감정 없이 합리적이기만 한 행위자'가 아니었다. 인색한 참가자는 배신자 혹은 사기꾼 취급을 받았다. 이 광경을 보고 어리둥절했던 연구팀은 다음과 같이 기록했다.

피험자들은 이 상황을 극도로 진지하게 받아들였다. "우리를 배신한다면 평생 그 대가를 치러야 할 겁니다." 같은 말이 심심치 않게 들렸다. 자기를 배신한 '못돼먹은 놈들'은 꼴도 보기 싫다며 실험이 끝나면 뒷문으로 나가겠다고 하거나, 다른 피험자에게 분노하고 심지어 눈물을 흘리는 사람도 많았다.

한 피험자는 함께 실험에 참여한 친구들이 8달러를 얻은 반면, 자신은 8달러를 잃자 몹시 화가 나서 친구들을 더는 보려고 하지 않았다.

어떤 협력자는 배신자들을 향해 "당신들 때문에 내가 지금 얼마나 소외감을 느끼는지 알기나 해?"라고 소리치기까지 했다. 사실 연구팀은 참가자끼리 대면해서 상호작용하는 다른 유형의 공공재 게임도 시행하려고 계획했으나, 참가자들의 감정이 격해지는 것을 보고 실험을 중단했다. 경제학 실험 하나 때문에 이렇게까지 참가자들의 감정을 상하게 하는 것은 윤리적이지 않다고 판단한 것이다.

호구 공포증 안에 존재하는 '지위 불안'

'모노폴리', '카탄의 개척자' 같은 게임과 마찬가지로 공공재 게임의 구조 또한 사회의 축소판과 같다. 사람들은 서로 협력하고 거래하면서 자신의 선택에 따라 개인적 성취와 공동의 성취를 체험한다. 때로 연구자들은 그저 일종의 비유에 불과한 가상의 게임을 현실 세계처럼 인식하는 피험자를 보면서 놀란다. 함께 모노폴리 게임을 하던 형제자매나 사촌들이 잔뜩 골이 나서 게임판을 뒤엎은 적이 있다면 아마 이 상황에 공감할 것이다. 공공재 게임의 간결하고도 명쾌한 특징은 협력에 관한 각 개인의 계산이 모이고 모여 사회 질서를 형성하는 과정을 보여준다는 것이다. 공공재 게임에서 적은 금액밖에 얻지 못한 참가자가 충격을 받은 이유는 돈을 잃어서가 아니라 자기 팀에서 배신당하고 소외당했기 때문이었다.

인간의 본능을 깊숙이 들여다보면, 사람을 호구로 만드는 요인은 물질적 보상이나 결과가 아니라 사회적 지위와 존중이라는 사실을 알 수 있다. 게임에서 순수하게 협력한 사람들, 즉 호구들은 자신이 사회에서 버림받았다고 느꼈다. 현실과 무관하게 단지 사회생활을 모방해 만든 가상 세계 속에서도 타인에게 외면받거나 지위를 강등당한 고통은 매우 강렬했다. 이제는 익숙한 '지위 불안'이라는 용어를 만든 작가 알랭 드 보통Alain de Botton은 자신의 책 《불안》에서 지위가 사랑의 일종이라고 말한다.

"우리는 주목의 대상이 될 때 자기가 사랑받는다고 느낀다. 남들이 우리의 존재를 알아차릴 때, 우리의 이름을 명부에 기록할 때, 우리의 견해에 귀 기울일 때, 우리의 결점을 너그러이 이해할 때, 우리가 도움이 필요한 순간에 도움을 줄 때 우리는 사랑을 눈으로 확인한다."

알랭 드 보통에 따르면 인간은 자기가 소속된 사회에서 사랑받는지 아닌지에 관심을 가지며, 이것이 바로 '물질적 측면뿐 아니라 정서적 측면에서도 우리가 이 사회에서 어떤 위치에 있는지 염려하며 전전긍긍하는 이유'다. 높은 지위에 있는 사람들은 무의식적인 인지 과정에서조차 시각적 주목을 더 많이 받는다. 다시 말해 사람들은 높은 지위에 있는 사람을 바라보고 그들의 시선을 좇을 가능성이 크다. 또한 평범한 사람들보다 지위가 높은 사람을 더 흥미롭게 여기고 잘 기억한다.

전 세계적 차원에서든 특정 영역에서든 우리는 자신의 위치를 잘 알고, 이것에 매우 신경을 쓴다. 예를 들어 내가 법학대학원의 강의실에서 나와서 아들의 고등학교 급식실로 간다면 나라는 사람의 주가는 급격히 하락할 것이다. 물론 지위 같은 건 무시해 버리고 싶을 때도 있다. 신경 쓰기에는 지나치게 모호하고 얄팍한 개념이 아닌가. 실제로 높은 지위를 노골적으로 추구하는 사람을 가리켜 '지위를 의식하는 사람', '권력을 좇는 사람'이라며 경멸적으로 표현하기도 한다.

하지만 정작 속내를 들여다보면 사람들은 지위에 굉장히 신경을 많이 쓴다. 때로는 긍정적인 방향보다 부정적인 방향으로 생각해 볼 때 지위의 중요성을 더 이해하기 쉽다. 만약 직장에서 사무실을 더 작은 곳으로 옮기게 되거나 중요한 회의에 초대받지 못한다면, 이 일을 웃어넘기지 못할 것이다. 사회적 지위 강등은 너무나 굴욕적이어서 마치 한꺼번에 여러 사람에게 차이는 것과도 비슷한 충격을 안긴다.

속임수는 권력 싸움에 가깝다

후회가 피하고 싶은 감정이라면 굴욕은 그야말로 무시무시한 감정이다. 그래서인지 공포 장르에서 특히 굴욕감을 무척 실감 나게 표현하곤 했다. 고등학생 시절 영화 수업 시간에 공포영화 '캐리'를 감상했다. 원작자인 스티븐 킹은 호구가 되어 굴욕을 당할 때 느끼는 섬뜩한 공포를 선명하게 그려냈다. 수많은 영화, TV 프로그램, 문학 작품에서 굴욕을 주제로 다루지만 주로 특정 인물이 웃음거리가 되고 손가락질 받는 모습을 조명하는 반면, 스티븐 킹은 굴욕이 주는 공포의 어두운 핵심을 꿰뚫었다. 캐리는 집에서 학대당하는 동시에 염력이라는 초능력까지 발현되면서 다사다난한 청소년기를 거치는 중인 사회 부적응자다. 어느 날 뜻밖에도 학교에서 인기가 많은 남학생이 그녀에게 다가와 졸업 무도회 파트너가 되어 달라고 부탁한다. 캐리는 미심쩍어하면서도 제의를 수락한다. 캐리는 파트너와 좋은 시간을 보내고, 혹여 질 나쁜 장난이 아닐까 두려웠던 제의가 진심이었음을 깨닫는다.

파트너의 진심을 알고 안심한 캐리는 안타깝게도 자신과 파트너가 파티의 퀸과 킹으로 선출되는 순간에도 진짜 속임수를 알아차리지 못한다. 대관식을 하기 위해 무대에 오른 캐리의 머리 위에는 돼지 피가 담긴 양동이가 걸려 있다. 잔인한 동급생들은 양동이를 기울여 캐리의 드레스를 피로 흠뻑 적신다. 그 광경을 본 사람들은 초경의 수치심을 떠올리고, 캐리가 사람들과 어울려 즐겁게 보낸 그날 밤이 결국 캐리를 골탕 먹이려는 동급생들의 계략이었음이 드러난다. 속임수에 당한 캐리는 돼지 피를 뒤집어쓴 탓에 사회의 일원으로 남기에는 물리적으로 부적절한 상태(오염된 상태)가 되고 만다.

사회에서 거부당할 때 겪는 고통은 겉으로는 진짜 고통이 아닌 정서적이고 은유적인 고통처럼 보일 수 있지만, 실제로는 그렇지 않다. 굴욕감을 주는 행위는 사실상 폭력과 다름없으며 피해 당사자 역시 그렇게 느낀다. 이것은 신경학적 관점에서도 사실인 것으로 드러났다. 2013년 두 네덜란드 사회심리학자가 피험자에게 'EEG 캡(사람의 머리에 씌워 뇌파를 측정하는 도구-옮긴이)'을 씌워 두개골에 전극을 연결하는 방식으로 신경생리학적 활동을 측정했다. 두 연구자는 피험자에게 여러 가지 감정을 일으키는 다양한 이야기를 들려줬다. 실험 결과, 행복이나 슬픔, 분노보다도 '굴욕'이 더 강력한 정서적 경험을 일으키는 것으로 드러났다. 굴욕은 분노 위에 자기 비난까지 더해진 잔혹한 감정이었다. 연구자들은 "굴욕은 적어도 부분적으로나마 열등감에서 기인하는 개인적 체험이다."라고 기록했다.

공개적으로 망신을 주는 행위는 단지 망신당한 사람의 지위를 적극적으로 재조정하는 차원에서 그치지 않는다. 이것은 권력을 쥔 사람이 누구인지 뚜렷이 상기시킴으로써 기존의 계층 구조를 재확인하고 공고히 다지는 과정이기도 하다. 고등학교 용어로 '일진'이라 불리는 아이들은 미식축구팀 주장을 표적으로 삼지 않는다. 누군가 표적이 되었다면 그 사람이 약자라는 뜻이다. 잘나가는 엘리트에게는 아무도 사기를 치려고 시도조차 하지 않는다.

호구의 역학은 매우 강력해서 눈에 보이는 손해가 전혀 없더라도 끔찍한 것은 마찬가지다. 내가 고등학교에 다닐 때는 다정한 태도 뒤에 잔인함을 감춘 장난이 유행했다. 이를테면 시끄러운 파티장 같은 곳에서 인기 많은 남학생이 여학생에게 다가가 몸을 기울이고 이렇게 속삭인다.

"너 나랑 춤출래?"

이 제안에 여학생이 뭐라고 대답하든 상관없이 남학생은 큰 소리로 이렇게 말한다.

"아니, 너 그 바지 입어서 엄청 뚱뚱해 보인다고. 너 진짜 내가 너랑 춤추고 싶어 한다고 생각한 거야? 내가? 너랑?"

춤을 청하는 것처럼 시작된 대화는 얼마 지나지 않아 모욕이자 속임수로 드러난다. 고약하게도 이 장난은 춤추자는 제안을 여학생이 거절한다 해도 문제없이 잘 통한다. 중요한 건 승낙 여부가 아니라 여학생이 자기가 춤출 상대로 선택받았다는 사실을 즐겼다는 것이기 때문이다.

속임수는 승자와 패자가 있다는 점에서 일종의 '권력 싸움'에 가깝다. 적어도 인간의 정서적 상호작용의 맥락 안에서는 그렇다. 꼭 누군가가 돈을 요구하거나 대동강 물을 주겠다고 약속하지 않더라도, 분명 거래는 일어나고 무언가를 잃을 위험에 처하며 승자와 패자가 나뉜다. 이때 거래되는 것은 사회적 권력이다. 모욕적인 말은 누구든 내뱉을 수 있지만, 같이 춤추자는 거짓 찬사가 남학생의 권력을 키우는 동시에 표적인 여학생을 피해자이자 호구로 만들어 버린다. 최악의 시나리오라면 여학생은 남학생이 보인 호감에 기뻐하기까지 할 것이다. 목표는 여학생을 모욕해서 펀치를 날리고, 타인을 속여 넘기는 데서 오는 일시적 만족감을 만끽하는 것이다.

어떤 집단의 일원으로 인정받았다고 생각했으나, 사실 그게 아니었을 때 느끼는 고통에 관해서는 사회적 자본 외에는 거래할 만한 자본을 갖지 못한 청소년들이 가장 깊이 공감할 것이다. 10대 청소년처럼 물질적 부나 지위를 뽐낼 만한 자리를 누리지 못하는 어른도 마찬가지다. 앞에서 이야기한 장난은 행위자 사이에 오가는 것이 사회적 지위뿐이라는 점에서 호구 역학의 핵심을 담고 있다. 호의를 가장해서 미끼를 던졌다가 "하하, 속았지!"라며 손바닥 뒤집듯 말을 바꿔 물고기를 휙 낚아챈다. 호구 딜레마의 중심에는 언제나 사회적 관계가 있고, 호구의 게임에서는 지위가 곧 규칙이자 보상이다.

호구가 되는 것이 이토록 무시무시한 이유는 온몸을 강타하는 굴욕감과 소외감 때문이다. 호구 공포증은 명확히 표현하기 어려울 뿐 아니라, 그다지 인정하고 싶은 감정도 아니다. 인간은 후회를 싫어하고 사회적 추락을 극도로 두려워한다. 미국처럼 겉으로는 평등주의를 표방하는 사회에서는 사회적 지위와 계층에 관해 솔직하지 못할 때가 많아서 누군가 이에 대한 의문을 제기하면 빈정거리거나 반쯤 농담으로 치부하는 경우가 많다. 그러나 정작 자기가 호구 취급을 받으면 사람들은 이것을 무척 심각하게 받아들인다. 우리는 캐리처럼 돼지 피를 뒤집어쓸

일은 없더라도 분명 모욕감을 느끼는 순간과 여러 차례 맞닥뜨릴 것이다. 전화 사기처럼 별것도 아닌 장난질 때문에 전전긍긍하고 싶은 사람은 아무도 없지만, 사실상 대부분은 작은 위험에도 민감하게 반응한다.

살다 보면 종종 과도한 영향력을 가진 자극에 노출되기 마련이다. 1951년 심리학과 대학원생인 존 가르시아John Garcia는 대학원을 중퇴하고 캘리포니아주에 있는 미국 해군 방사능 방위 연구소의 동물 실험실에 취직했다. 그곳에서 가르시아는 초기 연구의 일환으로 쥐를 단맛이 나는 물과 방사선에 동시에 노출하는 실험을 설계했다. 쥐는 단맛을 아주 좋아하지만, 방사선은 쥐에게 심한 메스꺼움을 일으킨다. 그렇게 몇 주가 지나자 일명 '가르시아 쥐'는 모든 종류의 단맛을 거부했다.

식중독에 걸리거나 심한 숙취에 시달린 경험이 있다면 아마 공감할 것이다. 심리학자들은 새로운 맛을 보는 순간에 일시적으로나마 메스꺼움을 느끼면 이 맛을 강하게 혐오하게 되는 현상을 가리켜 '베어네즈 소스 효과(Sauce Bearnaise effect, 식초, 와인, 타라곤, 샬롯을 졸인 후 달걀노른자를 넣고 버터로 유화시켜 만든 부드럽고 고소한 정통 프랑스 소스-옮긴이)'라고 이름 붙였다. 이런 경험은 흔히 과잉 학습으로 이어진다. 사회적으로 망신을 당했을 때도 마찬가지다. 굴욕과 자기 비난은 끔찍하다. 뇌는 어떻게든 이 사건을 이해하고자 정신없이 돌아가고, 다음 위협에 대비해서 인지 영역을 확장한다. 그 결과 모든 일에 의심과 경계를 늦추지 않으려 할지 모른다. '누구에게도 협력하면 안 돼. 모든 게 의심스러우니까.'라고 말이다.

호구 공포증은
우리를 어떻게 조종하는가

나는 메인주 남부 소도시의 비포장도로 부근에서 자랐다. 꽤 시골이기는 했어도 너무 외진 곳은 아니었고, 주변 도로는 대부분 아스팔트로 잘 포장되어 있었다. 하지만 우리 집 바로 옆의 도로만은 포장되지 않고 그대로 남겨져 있었다. 여기까지 길을 닦고 나면 외부에서 주민들 일에 간섭하기가 쉬워진다는 의견에 지역주민 다수가 동의했기 때문이다. 메인주 사람들은 기질적으로 남을 잘 믿지 않는다. 개인주의 성향이 매우 강한 데다 엘리트 계층이나 공공기관, 특히 정부가 하는 일에 회의적이다. 부당한 거래에 당했다거나 믿지 못할 외지인 피서객을 만났다는 이야기를 들으면 이들은 고개를 저으며 이렇게 말할 것이다.

"그 사람들은 늘 그렇게 우리를 속여먹는다니까."

내가 유언과 신탁을 주제로 강의하던 때였다. 한 사례집에서 아루스투크 카운티(주 밑의 행정구역 단위-옮긴이) 출신의 독신남 조지 포르니어의 유산 상속 문제가 등장했다. 포르니어의 허술하기 짝이 없는 유산 상속 계획을 보자, 내 마음속에도 메인주 사람 특유의 의구심이 일었다. 가구 연간 중위소득이 약 3만 달러인 지역에서 '절약 정신이 투철한' 독신남 조지 포르니어는 수십만 달러를 모아 자기 집 근처에 숨겨 뒀다. 변호사나 상속인을 포함해 그 누구도 포르니어가 그 많은 재산을 어떻게 축적했는지는 알지 못했다. 생의 마지막 날이 다가오자 그는 각각 현금 20만 달러가 든 상자 두 개를 꾸려서 평소 자신이 가장 신뢰하던 이웃에게 보냈다. 자기가 죽으면 이 상자를 어떻게 처리하면 좋을지 부탁하는 말도 덧붙였다. 그러나 포르니어가 사망한 뒤, 이웃들은 정작 돈을 어떻게 해야 할지 몰라 우왕좌왕했고 사건은 결국 법정에까지 이르게 되었다. 참으로 아이러니한 결과가 아닐 수 없었다. 어느 모로 보나 정신이 멀쩡하고 금전적으로도 특히 영리했던 포르니어가 어떻게든 은행이나 법정의 개입을 피하려고 안간힘을 쓴 결과가 결국 법정 소송이었으니 말이다.

포르니어는 금융 기관을 신뢰하지 못했으므로, 재산을 자기 손이 닿는 곳에 유동 자산으로 두기를 선호했다. 그는 정부 역시 믿지 않았다. 그래서 혹여 정부가 유언장을 검인해서 자기 재산에 간섭하지 못하게 하려고 자신의 치밀한 계획을 단 한 글자도 종이에 적어두지 않았다. 심지어 자기 변호사에게조차 숨겨 둔 현금 상자에 관해 입 한 번 뻥긋하지 않았다. 포르니어는 그야말로 의심의 요새 안에 자신을 가둔 꼴이었다.

다른 많은 이들과 마찬가지로 나 역시 은행에 돈을 맡기지 않는 은둔자와 멋모르고 은행을 철석같이 믿는 호구 사이 그 어딘가에 있다. 나는 조지 포르니어가 무엇을 걱정했는지 어느 정도는 이해한다.

또 비록 나와 생각이 다르기는 해도 그가 진지하게 고심하고 우려했던 부분도 존중한다. 포르니어에 비하면 나는 남을 더 잘 믿거나 혹은 그저 어느 정도는 체념한 채 위험을 감수하며 사는 사람인지도 모르겠다. 나는 구글과 트위터는 사용하지만, 상대적으로 개인정보 유출 우려가 큰 페이스북은 사용하지 않는다. 또 자산운용사 뱅가드에 노후 자금을 맡기지만, 인덱스 펀드(초과 수익을 목표로 공격적 운용전략을 세우는 대신 상대적으로 안정적인 시장수익률에 따라 운용되는 소극적 펀드-옮긴이)에만 투자한다. 나는 고용주가 나를 속이고 있다고는 생각하지 않지만 대학 평의원들도 그런지는 확신하지 못하겠다. 그러니 우리에게 사기를 치려는 사람이나 우리를 항상 지켜보는 빅 브라더(조지 오웰의 소설 《1984》에서 국민을 철저하게 감시하는 독재자-옮긴이), 워싱턴의 엘리트, 주류 언론, 검은돈을 경계하는 것도 무리는 아니라고 생각한다.

호구 공포증을 일으키는 주체는 누구인가?

—

누가 누구를 속인다는 '착취 프레임'은 계층과 정당을 막론하고 여기저기서 떠돈다. 우파 성향의 〈폭스 뉴스〉 시청자들은 앤서니 파우치Anthony Fauci(미국 국립보건원 산하 알레르기전염병 연구소의 전 소장이자 바이든 대통령의 전 수석 의료자문관-옮긴이)나 조지 소로스George Soros(소로스 펀드 매니지먼트사의 회장. 막대한 자금력을 바탕으로 미국 대선 때마다 민주당 후보를 후원했다.-옮긴이) 같은 진보주의 엘리트가 속임수를 쓰지 않을까 의심할 것이다. 반면 바이든 지지자들은 〈폭스 뉴스〉 자체가 소름 끼치는 사기극이 아닐까 의심할 것이다. 흔히 착취와 권력을 둘러싸고 이런 논란이 불거진다. 믿을 수 있는 사람은 누구인가? 누가 누구 덕을 보는가? 누가 더 많이 받기로 약속했는가?

정치 토론 현장에서 우리는 누가 권력을 부당하게 휘두르는가를 두고 갑론을박을 벌인다. 대표적으로 마르크스는 자본주의가 애초에 착취적인 경제 체제라는 주장을 펼치며 혁명적인 정치 운동을 이론화했다. 그리고 아마 사람들 대부분은 자신이 권력을 쥔 이들에게 착취당한 경험을 터놓고 말할 수 있을 것이다. 우리는 착취당한 경험을 이야기함으로써 공동의 경험을 이해하는 데 필요한 틀을 구성할 수 있다. 특히 권력을 장악한 이들을 가리켜 '빅 파마Big Pharma(정치, 경제, 사회에 영향력을 행사할 만큼 거대한 제약 회사 집단-옮긴이)'나 '빅 타바코Big Tobacco(거대 담배 회사-옮긴이)'처럼 약칭으로 부르면서 서로가 서로에게 실질적인 위험을 경고할 수도 있다.

대중문화도 우리에게 경고한다. 국민 가수 돌리 파튼Dolly Parton의 히트곡 '9시에서 5시까지(9 to 5)'를 생각해 보라. 이 곡에서 파튼은 야망 있는 직장인을 향해 "당신은 그저 상사가 밟고 오르는 사다리 한 단에 불과해요."라고 외친다. 이 가사는 얼마든지 계층의 사다리를 오를 수 있다고 약속해 놓고 정작 사람들이 사다리를 오르려고 하면 그들을 짓밟고 지배하려는 미국의 사회 질서를 고발한다.

누구는 정당한 보상을 받고 일하고, 누구는 돈도 얼마 못 받으면서 죽어라 일하는가? 선택은 누가 하고, 결과에 대한 책임은 누가 지는가? 이 질문에 대한 답이 곧 부와 권력을 분배하는 위계질서의 바탕을 이룬다. 착취를 둘러싸고 담론을 벌여 강자가 어떻게 약자를 조종하는

지에 관해 '공유 지식'을 형성하는 것은 사회적, 정치적으로 매우 중요하다. 조금 과장해서 말하자면 우리는 꾸준한 담론을 통해서 사회 변화를 일으키고 강자에게 저항할 수 있다.

그런데도 약자가 강자에게 착취당할 때 느끼는 심리적 위협은 의외로 놀라울 만큼 미미한 수준이다. 많은 사람이 정부로부터 압박을 받는다고 느끼지만 그렇다고 정부에 완전히 속았다고 생각하지는 않는다. 직장에서도 착취당한다고 느낄지언정 사기를 당했다고 생각하지는 않는다. 표면적인 시민 가치 체계에 따르면 강자가 약자를 해치는 것은 중대한 문제다. 약자의 믿음을 저버리는 것 자체가 심각한 폐단이기 때문이다. 하지만 정작 마음속에서 '호구 공황 5급 경보'를 울리는 주체는 따로 있다. 진짜 호구 공포증은 불법침입자, 사기꾼, 하류층 사람들을 그대로 뒀다간 그들이 나를 타고 기어오르리라는 위협을 은연중에 느낄 때 발현된다.

호구 프레임을 무기로 삼는 사람들

호구 공포증이 조금 아리송하면서도 괴상한 이유는 엄밀히 말해 이 공포가 '착취자'를 향한 두려움이 아니기 때문이다. 호구 공포증은 근본적으로는 '내가 바보가 되면 어쩌나 하는 두려움'이다. 이런 공포를 느끼는 사람이 두려워하는 대상은 자기를 호구로 만드는 가해자가 아니라 가해자의 속임수로 인해 '내가 무엇이 되느냐'이다. 이렇게 구별하면 정확히 어떤 경험이 공포 반응을 유발하는지 알 수 있다. 사람들은 기존의 계층 구조에 이미 익숙한 탓에 혹여 정부나 부자처럼 힘 있는 존재에게 당한다고 해도 이것을 모욕으로 여기지는 않는다. 그러나 만일 나와 동등한 사람 혹은 심지어 나보다 아랫사람에게 이용당한다면 나는 대체 뭐가 되겠는가? 체면이 말이 아닐 것이다.

사실 가부장제, 귀족 정치, 심지어 능력주의조차 적어도 부분적으로는 속임수를 써서 권력을 쥐는 구조적 착취의 한 형태다. 그러나 호구 공포증은 이와는 정반대 방향으로 '강자를 바보로 만드는 약자'에게 화살을 겨눈다. 복지 사기나 이민 사기를 생각해 보라. 호구 공포증을 무기로 삼는 사람들은 착취 프레임을 조금 더 미묘하게 사용한다. 약자를 계속해서 약자로 남게 하려면 약자가 음모를 꾸미고 있다는 말을 항간에 퍼뜨리면 된다. 약자에게 기만당할지 모른다는 두려움을 사람들 사이에 슬그머니 불어넣으면 두려움은 사람들을 조종하는 무기가 된다.

실제로 최근 정치계에서는 호구 프레임을 무기화하여 대중을 선동하는 정치적 실험을 자행했다. 도널드 트럼프는 2011년부터 '미국 백인 남성들이 속고 있다'는 주장을 펼치기 시작했다. 이러한 주장은 곧 트럼프의 대표적인 이론으로 자리잡았다. 그는 처음부터 '인종 간의 적개심'이라는 비옥한 토지에 자신의 정치적 야망을 심었다. 2017년 시사주간지 〈애틀랜틱〉에서는 트럼프를 가리켜 '흑인은 자신들이 세운 나라의 시민이 될 자격이 없다는 미국의 낡은 계율의 현대판인 버서리즘birtherism(버락 오바마 미국 전 대통령이 사실 미국 출생이 아니라는 음모론-옮긴이)을 지지하며 정치를 시작한 첫 번째 백인 대통령'이라고 표현했다. 버서리즘은 카리스마 넘치고 충분히 자격을 갖춘 데다 성공한 정치인인 버락 오바마가 사실은 유권자를 속이고 있다는 주장을 둘러싸고 일어난 움직임이었다. 버락 오바마가 사기꾼이라는 분노 섞인 주장에는 대중을 선동하려는 의도가 깊이 뿌리박혀 있다.

> 버락 오바마가 트럼프를 지지하는 음모론자들의 요구에 못 이겨 출생증명
> 서를 공개한 뒤에도 트럼프는 오바마 대통령의 대학 성적표까지 요구하며
> 5백만 달러를 내걸었다. 그는 오바마가 아이비리그 대학에 갈 만큼 똑똑했
> 을 리 없으며, 사람들에게 호평받는 오바마의 자서전 《내 아버지로부터의
> 꿈》을 사실 빌 아이어스라는 백인 남성이 대필했다고 주장했다.

트럼프는 자기 생각처럼 다른 많은 이들도 호구가 될지 모른다는 두려
움을 품고 있으리라 판단하고, 이런 두려움을 활용해 상대를 치명적으
로 압박하는 방법을 찾아냈다. 오바마를 깎아내리는 트럼프의 터무니
없는 주장은 엄청난 파급 효과를 일으켰다. 트럼프는 단지 오바마가
대통령이 될 자격이 없다고 말한 것만이 아니었다. 그보다 한술 더 떠
서 흑인 대통령이 자기가 미국인이라 거짓말하고 똑똑한 척하면서 백
인 국민 모두를 바보로 만들었다고 주장했다.

　호구 잡히는 것에 대한 본능적이면서 강력한 혐오는 트럼프 정권
에서 유일하게 일관된 정치적 신념이었다. 대선을 앞두고 진행한 TV
토론에서 당시 민주당 후보였던 힐러리 클린턴이 트럼프를 가리켜 러
시아에 조종당하는 '푸틴의 꼭두각시'라고 칭하자, 트럼프는 "내가 꼭
두각시라고요? 아뇨, 꼭두각시는 당신이겠죠."라며 다급하게 응수했다.
트럼프는 자신의 지지층(특히 백인 노동자 계층)을 향해 그들이 건방진 흑
인 한 명에게 기만당할 수도 있다는 불안감을 불어넣으면, 그로부터 강
력한 동력을 끌어낼 수 있다는 사실을 이용했던 것으로 보인다.

지위 계층 붕괴에 대한 두려움

도널드 트럼프의 정치 이력을 통해 우리는 호구 프레임이 얼마든지 무기로 쓰일 수 있음을 확실히 알 수 있다. 옆구리를 살짝 찔러 주기만 하면 사람들은 그 순간부터 납세라는 당연한 행위를 마치 사기극에 놀아나는 것처럼 느끼기 시작한다. 트럼프는 '옳은 일은 얼간이들이나 하는 짓'이라며 선동하기를 그치지 않았고, 사람들의 연약한 도덕규범은 공격에 쉽게 무너지고 말았다. 트럼프가 "멕시코는 쓸 만한 사람은 미국으로 보내지 않는다."라는 경멸적인 발언을 내뱉는 순간, 인도주의적 망명은 마치 제도를 속여서 얻는 보상처럼 느껴진다.

저널리스트 앤 애플바움Anne Applebaum이 말했듯 트럼프 정권은 '도덕은 패배자들이나 지키는 것'이라며 비록 직관에는 반하지만, 정치적으로는 매우 효과적인 입장을 취했다. 트럼프가 있지도 않은 사기극과 속임수를 강박적으로 경계한 덕에 어린이들은 철창에 갇혔고(트럼프 정부는 미국에 망명한 이민자 중 어린이를 부모에게서 강제로 분리하여 구금했다.-옮긴이), 중국과는 무역 전쟁이 벌어졌다. 이렇듯 사기에 대한 강박적 경계는 트럼프의 정치적 선전에서 적지 않은 부분을 차지했다. 그는 마치 손가락으로 멍든 상처를 꾹꾹 누르듯 수치스러운 두려움을 자극했다.

트럼프가 단지 정부에 대한 불신만 조성해서 성공한 것은 아니다. 그는 '연약하고 동정심 많은 정부가 당신을 멍청하고 여성스러운 패배자로 만들 것'이라는 경고를 발판 삼아 성공을 거뒀다(여기서 '당신'은 주로 백인 남성을 가리킨다). 트럼프주의는 오바마가 국민을 속인 사기꾼이라고 주장한다. 스티브 배넌(트럼프 정부의 수석 전략가-옮긴이)의 지배 철학에서는 성차별적이면서도 인종차별적인 조롱이 생생히 드러난다.

백인 남성이 오바마 정권에 굴복한 것은 마치 흑인 남성에게 굴복해 제 아내를 빼앗기는 것처럼 '등신 같은 짓'이라는 것이다. 버서리즘의 목적은 백인 남성으로 하여금 자신이 호구가 될 가능성을 상상하게 만드는 것이었다. 아무리 슈퍼 정치 활동 위원회(Super PAC, 미국에서 자신들의 정치적, 사회적 목표를 달성하는 데 부합하는 후보와 정책을 지지하기 위해 정치 자금을 모금하는 단체-옮긴이)에 대해 경고한들 버서리즘만큼 백인 남성에게 호구 공포증을 일으킬 수는 없을 것이다. 오바마에게 쏟아진 비방은 중립적인 태도를 견지하는 사람들을 향해 외치는 경고였다.

트럼프는 가장 무서운 사기꾼이 바로 '노력하는 사람들'이라고 생각했다. 호구가 될지 모른다는 두려움은 근본적으로 지위 계층 구조가 무너질지 모른다는 두려움이고, 계층 구조는 나와 비슷한 계층이나 하위 계층의 사람이 속임수를 쓸 때 가장 처참하게 무너지기 마련이다. 동료 혹은 나보다 못한 사람이 속임수를 써서 내 위에 올라선다는 이야기는 비록 상사가 나를 사다리 삼아 밟고 올라간다는 비유보다는 조금 더 미묘해서 알아채기 어렵지만, 여전히 사기꾼이나 약장수를 조심하라는 이야기 곳곳에 스며들어 있다.

트럼프의 관점에서 전형적인 협잡꾼은 어떤 사람일까? 바로 상류층 바보의 돈을 빼앗기 위해 거짓말을 일삼는 하류층 사람들이다. 즉, 백인을 속이는 흑인이나 남성에게 사기를 치는 여성이다. 이를테면 영화 '5번가의 폴 포이티어'의 윌 스미스(윌 스미스가 연기한 폴은 상류층인 척 사람들을 속이는 사기꾼이다.-옮긴이)나 실리콘밸리 투자자들을 농락한 테라노스의 창업자 엘리자베스 홈스가 있다. 이른바 꽃뱀, 사기꾼, 약장수는 사회의 주변부에서 사람들에게 사기를 쳐서 재산을 가로채는 이들이다. 물론 힘 있는 사람이 그렇지 않은 사람을 착취하는 것도 정말 화나고 분명히 맞서 싸워야 할 일이지만 동시에 그것은 어느 정도는 으레 일어나는 당연한 일이기도 하다.

생각해 보면 고전적인 사기극은 언제나 권력을 좇는 사람과 침입자, 즉 상류층인 척 계층의 사다리를 오르려 하거나 주류인 척 은근슬쩍 끼어드는 사람의 이야기였다. 대표적으로 영화 '티파니에서 아침을'의 주인공 홀리 골라이틀리는 상류사회를 동경하며 명품 보석상 티파니에서 쇼핑하는 척했고, 영화 '리플리'의 주인공 톰 리플리는 명문 프린스턴대학교의 졸업생인 척하며 주류층과 어울렸다. 찰스 폰지(신규 투자자의 투자금을 기존 투자자에게 지급하는 다단계 사기 행각을 벌였다.-옮긴이)도 사실 하류층의 노력파였다. 반면 폰지처럼 다단계 금융사기를 벌인 버니 메이도프는 처음부터 주류층에 가까웠던 사람이었다. 그래서인지 메이도프는 수십 년이 지나도록 들키지 않고 사기 행각을 이어갔다. 주류층이라는 신분 덕에 피해자들의 호구 공포증 레이더가 작동하지 않았던 것이다.

속임수를 감지하는 우리의 머릿속 레이더는 왜 어떨 때는 작동하고 어떨 때는 작동하지 않을까? 때로는 누군가 호구의 역학을 노골적인 말로 드러내며 대놓고 도화선에 불을 붙이기도 한다. 예를 들어 트럼프는 전쟁 영웅을 패배자라고 조롱하고 명망 신청자를 사기꾼이라 부르는 등 엉뚱한 맥락에서 계속해서 호구와 사기꾼 이야기를 들먹였다. 그러나 굳이 호구라는 표현을 직접적으로 쓰지 않아도 사기당할 위험이 눈에 빤히 보일 때도 있다. 우리는 과거의 경험을 통해 어떤 상황에서 무슨 위험을 감수해야 하는지 이미 잘 알기 때문이다. 만약 내가 중고차 판매장에서 자동차를 구매한다면 다른 때보다 정신을 바짝 차릴 것이다. 중고차 판매상의 목표가 자동차를 적정 가격보다 더 비싼 값에 판매하는 것임을 익히 알기 때문이다. 만일 내가 불법적인 상품을 판매한다면 나는 혹시 속임수가 있지는 않은지 경계할 것이다. 구매자가 물건을 사는 대신 나를 경찰에 찔러 넣어 포상금을 받으려 할 수도 있기 때문이다. 그러나 우리가 일상에서 흔히 마주하는 상황은 대부분 모호해서 어느 쪽으로든 해석할 여지가 열려 있다. 버서리즘은 '하와이에서 태어난 흑인 남자가 대통령이 되려 한다'라는 단순한 사실에 온갖 음모론을 덧붙여 그것이 마치 불길한 징조인 양 느껴지게 하는 데 성공했다. 버서리즘을 믿는 사람들은 오바마에게 국적을 공식적으로 증명하라고 요구했고, 급기야는 그가 국적뿐 아니라 종교까지 속인다며 빈정거렸다. 이러한 행위는 흑인 미국인이 '사실은 외국인에 가깝다'고 주장하는 오랜 인종차별에 계속해서 불을 붙였다.

'호구 스키마'란 무엇인가?

—

왜인지 찜찜한 기분을 쉽사리 떨칠 수 없을 때든, 알 수 없는 불길한 예감이 불쑥 찾아들 때든, 속임수의 위협은 항상 실제보다 크고 무섭게 다가온다. 그리고 과연 무엇이 우리의 호구 공포증을 자극할지 예견하기 어려울 수도 있다. 사람들은 각자 정보를 인지하고 처리하는 방식에 따라 경험을 달리 해석한다. 잠시 뒤로 물러나서 생각해 보자. 보통 사람들은 상황을 해석할 때 '내가 무엇을 보고 있지?' '사람들이 내게 기대하는 것은 무엇일까?' '여기서 무슨 일이 일어났지?'라고 질문하며 자신이 지각한 자극(감각 정보)을 심성 모형(mental model)과 일치시킨다. '새' 혹은 '자동차'라고 하면 으레 떠오르는 형상이 있듯, 속임수에도 '이런 것이 속임수다'라는 심성 모형이 존재한다. 심리학계에서는 이것을 가리켜 '스키마schema'라고 부른다.

스키마란 어떤 현상에 관련된 정보를 체계화하고 이해하기 위한 틀이다. 우리는 먼저 감각 기관을 통해 사물을 보고 듣고 느낀 뒤, 기존의 심성 모형을 활용해 결론을 도출하거나 판단을 내린다. 예를 들어 내가 어떤 동물을 보고 그 동물이 새인지 아닌지 알고자 한다면(이 과정은 대부분 무의식적으로 일어난다), 나는 '새 스키마'에 입각해 정보를 처리할 것이다. 만일 어떤 동물에게 깃털과 부리가 있음을 인식하면 내 머릿속에서는 새에 관련된 심성 모형 전체가 활성화될 것이다. 깃털과 부리를 보았다면 다음은 이 동물이 하늘을 날고 알을 낳는지 확인할 차례다. 우리는 동물을 구별할 때 동물이 지닌 모든 특징을 매번 하나하나 살피지는 않는다. 일단 깃털과 부리를 봤다면 그때부터는 '무슨 동물이지?'가 문제가 아니라 '새는 새인데 무슨 새지?'가 문제다.

놀라운 점은 실제로 우리 뇌의 신경망도 이와 같이 작동한다는 것이다. 일단 깃털을 떠올리면 북슬북슬한 털이나 매끈한 비늘보다는 새가 하늘을 나는 모습이나 새의 알이 더 빠르게 떠오른다. 이미 생각하던 대상에 관련된 것을 떠올릴 때 뉴런의 전기 신호가 더 빨리 전달되기 때문이다. 어떤 사람에게 알에 관한 글을 읽게 한 뒤 '_EATHER'의 빈 칸에 알맞은 알파벳을 넣어 단어를 만들게 하면, 이 사람은 'L'을 넣어서 'LEATHER(가죽)'라는 단어를 만들거나 'W'를 넣어서 'WEATHER(날

씨)'라는 단어를 만드는 대신, 'F'를 넣어 'FEATHER(깃털)'라는 단어를 만들 확률이 높다. 만일 새가 움직이는 모습을 본다면 새가 걷고 있다고 인식하기보다는 날고 있다고 인식할 가능성이 크다. 설령 해당 시각 자극에 달리 해석할 여지가 있어도 마찬가지다. 스키마는 복잡한 세상을 체계화하고 단순화하는 데 큰 역할을 수행한다.

이와 같은 심리적 예측과 패턴은 스키마가 묘사하는 대상이 새나 알처럼 상대적으로 형태가 뚜렷한 것이든, 기하학이나 우정처럼 형태가 없고 복잡한 개념이든 똑같이 작동한다. 아무래도 지금 마주한 상황이 사기라는 생각이 들면 사람들은 분명 다르게 해석할 수도 있는 모호한 정보 속에서도 속임수, 악의, 모욕을 더 빠르게 포착한다. 스크립트script라고도 불리는 스키마는 다양한 인간관계 안에서도 존재한다. 내 머릿속에는 식당에 가면 어떤 상황이 펼쳐질지 예상하는 심성 모형이 있다. 내가 식당에 들어가 자리에 앉으면 앞치마를 맨 여자가 메모 패드를 들고 다가올 것이다. 심성 모형에 따라 이것이 주문을 받는 상황임을 인지한 나는 음식을 골라 주문한다. 나는 앞치마를 맨 여자에게 나와 어머니의 관계를 이야기하거나 시내까지 차로 태워 달라고 부탁하지 않는다. 그렇다고 돈을 건네지도 않는다. 밥값은 당연히 낼 테지만 이 시점에 바로 밥값을 치르는 것은 스크립트와 다르기 때문이다. 이 상황에 알맞은 스크립트는 (1) 음식을 주문한다, (2) 음식을 먹는다, (3) 음식의 값을 치른다일 것이다.

'음식 주문'에 해당하는 스키마가 있듯이 '속임수에 당하는 것'에 대한 스키마도 있다. 몇 가지 일관적인 특징을 지닌 호구 스키마가 활성화되면 사람들의 생각과 행동에 실질적인 변화가 일어난다. 호구 스키마를 활성화하는 것, 즉 사람들이 어떤 상황을 특정 프레임으로 해석하게 하거나 누군가를 호구로 규정하는 것은 곧 강력한 무기를 휘두르는 것과도 같다.

호구 스키마가 작동하는 원리

우리 아이들이 아주 어렸을 때 여동생인 아이비를 만나러 세인트루이스로 가족 여행을 떠난 적이 있다. 딸아이는 고작 두 돌을 넘겼고 아들은 여섯 살이었다. 우리 가족이 사는 필라델피아 시내는 여동생이 사는 세인트루이스와 비슷하게 도심 인접 지역에 주거 지구가 빽빽하게 들어선 곳이었다. 그러나 우리가 사는 연립 주택은 양쪽에 담장이 서 있고 현관에서부터 집 앞 인도를 향해 계단이 나 있었다. 반면 세인트루이스에서는 집과 집 사이의 간격이 좁기는 해도 한쪽으로 진입 차로가 나 있고 잔디가 잘 손질된 앞마당이 있었다. 그 모습이 꽤 인상적이었는지 함께 인도를 따라 걷던 아들이 이렇게 말했다.

"여기 사람들은 다 자기만의 공원을 가졌네."

그리고 딸아이는 뒤뚱거리며 잔디밭에서 이리저리 걸어 다니려 애썼다. 아이들은 도시의 인도 옆에 평평하게 잘 깎인 잔디밭이 있는 것을 보고 '공원 스키마'를 활성화했다. 아들은 그래도 제법 컸다고 이 잔디밭이 일반 공원과 달리 개인의 녹지 공간임을 어느 정도 눈치챘지만, 딸은 그저 신이 나서 돌아다녔다. 머릿속에서 공원의 개념이 활성화되자 딸은 그에 따라 상황을 해석하고 행동했다. 공원에서는 엄마 손을 잡지 않고 마음껏 뛰어다녀도 된다는 규칙을 떠올렸고 지금이 놀이 시간이라고 여긴 것이다.

아이들과 달리 남편과 나는 같은 잔디밭을 보고도 '공원'이 아닌 '남의 집 앞마당'을 떠올렸다. 잔디밭은 꽤 좋아 보였지만 우리는 그다지 신이 나지도 않았고, '나 잡아봐라' 놀이를 하려고 하지도 않았다. '잔디'나 '도시'라는 시각 자극을 인식하면 우리는 이것이 무슨 의미인지 추론한다. 그리하여 특정 의미가 머릿속에서 활성화되면 스키마가 우리의 행동과 감정을 이끈다. 자극 자체는 여러 방식으로 해석할 여지가 있고, 우리는 각자 자기가 해석한 바에 따라 행동한다.

고작 이 간단한 '잔디'의 의미를 두고도 서로 의견이 일치하지 않을 수 있다면 복잡한 사회적 상호작용에 관해서는 말할 것도 없다. 사회 역학은 저절로 정의되지 않으므로 그때그때 해석하기 나름이다. 그래서 우리는 어떨 때는 조그마한 위험 신호만 감지해도 이 상황이 속임수라고 여기지만, 어떨 때는 같은 상황에서도 호구 공포증을 느끼거나 경계하지 않는다. 우리가 어떤 상황을 속임수로 인식하느냐 아니냐는 일관적이지 않으면서도 중대한 사안이다. 이것이 중요한 문제인 이유는 우리의 심리와 행동에도 큰 영향을 미치기 때문이다.

호구 위협이 사람 사이를 갈라놓는다

'조지 파커'라고 하면 사람들은 곧바로 유명한 사기극을 떠올릴 것이다. 1800년대 후반, 경찰은 브루클린 브리지에 요금소를 설치하려던 순진한 호구 몇 명을 끌어내야 했다. 그들은 하나같이 자기가 파커에게서 브루클린 브리지를 산 진짜 구매자라고 주장했다. 그중에는 피같은 돈 수백 달러를 주고 이 다리를 샀다는 사람도 많았다. 그러나 파커에게 브루클린 브리지를 팔 법적 권리가 있을 리 없었다. 뻔뻔스러운 거짓말을 능구렁이처럼 해대는 세일즈맨과 멋모르고 나서서 망신을 자초한 호구들이 등장하는 이 이야기는 그야말로 '호구의 전형'을 보여준다. 그러나 머릿속 호구 공포증 레이더가 울리더라도 성별, 인종, 정치, 사랑 등 우리가 주의를 기울이는 영역에서의 호구 공포증은 전형적인 모습을 띠지 않을 가능성이 크다. 자극 그 자체는 결정적인 단서가 되지 못한다. 우리에게 어느 곳에 집중하라고 일러주는 상황 신호와 각자의 경험 및 생활 습관에 따라 같은 상황도 얼마든지 다르게 해석할 수 있기 때문이다.

직장에서 누군가로부터 일상적인 요청을 받는 경우를 떠올려 보자. 나는 교수이므로 학생에게 부탁받는 경우를 예로 들겠다. 어떤 학생이 내게 메일을 보낸다. 학생은 가족 중 한 분이 돌아가셔서 수업에 결석한다고 알린다. 장례를 치러야 하니 기말 보고서 제출 기한을 미뤄달라고 요청한다. 나는 본능적으로 일단 어떻게 적절한 위로의 말을 전할지 고민할 것이다. 가족을 잃었다는 학생 앞에서 교수로서 내가 해야 할 역할은 무엇일지 스스로에게 질문을 던질 것이다. '먼저 학생에게 유감을 표하고, 보고서 마감 기한을 늦춰준 다음, 혹여 다른 도움이 필요하다면 학과사무실에 찾아가도록 안내해야겠다.'라고 결론을 내릴 것이다.

이 학생을 만나기 전에 나는 한 동료 교수에게 자초지종을 이야기한다. 그러자 동료는 어이없다는 듯 웃는다.

"나 참, 편리한 우연이 다 있네요. 그 학생 말이 진짜면 내 손에 장을 지지겠습니다."

동료의 말을 듣고 나니 마음속에서 경계심이 삐죽 솟아오른다. 대대로 딱딱하고 엄격한 남자 교수가 넘쳐나는 학과에서 보기 드문 친절한 여자 교수라고 학생이 나를 만만히 본 것은 아닐까? 나는 절대 학생들에게 만만해 보이고 싶지 않은데 말이다. 동료의 말 한마디로 인해 호구 스키마에 발동이 걸렸다. 이제 나는 새로운 마음가짐을 장착한 채 정신을 바짝 차리고 학생을 만난다. 이 상황에서 책임감 있는 교수로서 내가 수행해야 할 역할은 무엇일까? 상대평가로 학점을 매기는 수업에서 일부 학생이 편법을 쓴다면 모두에게 불공정한 일이다. 그래도 학생 앞에서 의심하는 티를 내지는 않는다. 여전히 친절한 태도로 학생에게 가족의 사망 사실을 증명할 서류를 제출하라고 이야기하고, 기말 보고서 제출 기한을 조정할 수 있는지는 공식적인 학교 정책을 찾아보고 알려주겠다고 말한다. 증빙 서류를 요구하고 학교 규정을 따지느라 정신 없는 와중에 나는 정작 학생에게 위로의 말을 전하는 것을 잊고 만다. 나는 부디 내가 학생에게 속은 것이 아니기를 바라면서 대화를 마무리 짓는다. 한편 학생은 '이렇게 의심받으면서까지 보고서 마감 기한을 연장해야 했을까?' 하는 생각에 씁쓸한 뒷모습을 보일 것이다.

호구 스키마를 자극하니 상호작용의 바탕이 되는 대인관계 기술이 '위로'에서 '증거 서류 제출'로 완전히 달라졌다. 내가 알아차리든 알아차리지 못하든, 이제 나와 학생은 둘 다 존중받지 못하고 소외되었다고 느낀다. 사람 사이에서 일어나는 상호작용은 매우 다양하게 해석할 수 있다. 그러나 누군가 해석의 프레임을 바꿀 수 있다는 사실을 짚어주지 않는다면, 우리는 아마 같은 상황을 달리 해석할 수 있다는 생각조차 하지 않을 것이다. 속임수에 당할까 걱정하지 않았다면 나는 어떻게 행동했을까? 학생을 친절히 대하는 것과 학생 앞에서 영리하게 구는 것 가운데 무엇이 내게 더 중요할까?

　이처럼 호구 위협은 사람과 사람 사이를 갈라놓는다. 그리하여 우리가 마치 주변인의 눈에 보이지 않는 투명 인간이 된 것처럼 느끼게 한다. 나를 은근히 업신여기는 동료 교수의 조언이 명백한 신호다. 그는 이런저런 말을 늘어놓으며 '아무래도 당신이 속고 있는 거 같은데요?'라는 메시지를 전한다. 이와 동시에 자기는 똑똑하고 나는 어수룩하다는 메시지를 넌지시 내비쳐서 나와 자신 사이의 관계 역학도 바꾼다. 이제 나는 학생이 나를 만만히 보고 거짓말을 꾸며내는 것은 아닌지 걱정한다. 학생 역시 내가 자신을 믿지 않는다는 사실을 알아차린다. 증빙 서류를 달라는 말 뒤에는 혹시 거짓말한 것 아니냐는 의심이 숨어 있기 때문이다. 결국 나도, 학생도 이 관계에서 존중받지 못한 것이다. 이처럼 호구 위협은 사람 사이의 신뢰를 깨뜨리는 엄청난 무기로 사용될 수 있다. 또한 호구 위협은 관계의 패러다임을 협력에서 의심으로, 신뢰에서 검증으로 전환한다.

'죄수의 딜레마'에 숨은 권력 역학
——

학생과 나 사이에는 각자의 역할에서 오는 권력 역학이 존재한다. 그러나 다른 맥락에서는 앞서 공공재 게임에서 보았듯이 지위가 위태로워지거나 힘으로 상대를 압박하는 상황도 일어날 수 있다. 1965년 수학자 존 내쉬John Nash는 고전적인 호구 이론을 실험해 보기로 했다. 내쉬는 게임이론의 기본 개념인 '내쉬 균형'으로 잘 알려져 있다. 내쉬 균형은 게임에서 각 참가자가 단독으로 전략을 변경해서는 더 나은 결과를 얻을 수 없을 때, 참가자가 자신의 선택을 바꾸지 않는 최적의 상태를 가리키며 '게임이 해결되었다'라고 정의한다. 당시 내쉬는 랜드 연구소란 곳에서 일했으므로 실험 대상으로 모집하기에 가장 좋은 대상은 연구소의 비서들이었다. 내쉬를 비롯한 경제학자들은 비서들을 모아 역대 가장 유명한 경제학 게임 중 하나인 '죄수의 딜레마' 실험을 진행했다.

경제학 이론상 죄수의 딜레마는 독립된 두 참가자가 보수 행렬(게임에서 참가자가 특정 전략을 선택했을 때 얻는 보상을 표로 나타낸 것-옮긴이)에 따라 선택을 내리는 게임으로, 일종의 치킨 게임(두 행위자 중 어느 한쪽이라도 겁을 먹고 양보하지 않으면 양쪽 다 극단적인 결과를 맞는 게임-옮긴이)이라고도 할 수 있다. 보수 행렬의 구조상, 참가자는 상대방에게 이용당할까 두려워서 상대와 협력하려는 충동을 억누를 수밖에 없다. 각 참가자는 상대방이 어떤 전략을 취하든 관계없이 상대와 협력하기보다는 배반할 때 더 나은 결과를 얻기 때문이다. 이 이론이 더욱 생생하고 직관적으로 와 닿도록 학자들은 이 상황을 죄수 두 명이 맞닥뜨린 딜레마에 비유했다. 이 이야기에는 범죄를 저질렀다는 혐의를 받는 두 명의 공범이 등장한다. 용의자들은 따로 심문을 받는다. 검사는 각 용의자에게 그들이 저지른 범죄의 표준 형량은 10년이지만 지금으로서는 증거가 불충분하므로 유죄를 선고할 수 없다면서 한 가지 거래를 제안한다.

"공범의 범죄 사실을 증언하면 공범은 10년을 복역하겠지만 당신은 바로 풀려날 겁니다. 만약 둘 다 입을 다물면 증거가 불충분하니 각자 2년 형을 선고받을 테고요. 하지만 만약 둘 다 증언하면 각자 감형을 받아 5년 형을 선고받을 겁니다."

그리하여 연구소의 경제학자들은 비서들을 각각 다른 방에 들어가게 하고 사원 번호에 따라 무작위로 둘씩 짝을 지은 뒤, 협력과 배반 중 무엇을 선택할지 물었다. 물론 피험자가 실제 죄수는 아니었으므로 게임 결과에 따른 보상은 감형이 아닌 금전적 보상으로 지급되었다. 경제학자들은 각 피험자가 무엇을 선택할지 안 봐도 뻔하다고 생각했다. 죄수의 딜레마에서는 상대방이 무엇을 선택하든 상대의 범죄 사실을 증언하는 편이 어느 참가자에든 더 유리하기 때문이다. 만일 상대가 나를 배신한다면 나 역시 상대를 배신하고 5년만 복역하는 편이 낫다. 상대가 배신할 때 나만 침묵한다면 혼자서 10년을 통째로 복역해야 하기 때문이다. 이번에는 상대가 침묵하는 경우를 따져보자. 상대가 침묵할 때 나도 침묵한다면 나는 2년을 복역해야 한다. 그러나 상대의 잘못을 증언하면 감옥살이를 할 필요가 없다. 역시 배반하는 편이 더 낫다. 따라서 죄수의 딜레마에서 내쉬 균형은 두 죄수 모두 상대를 배반하고 각자 5년씩 복역하는 것이다.

그러나 실험에 참여한 사람들의 선택은 학자들의 예상을 거듭 빗나갔다. 참가자들은 계속해서 입을 꾹 닫은 채 협력하기를 반복했고, 급기야 연구자 중 한 사람은 참가자들이 게임 규칙을 일부러 어기는 것 아니냐며 의심하기까지 했다. 아마도 실험에 참여한 사람들은 선택에 따르는 결괏값을 다음의 규칙처럼 계산한 것으로 보인다.

(1) 상호 협력하면 다른 선택을 할 때보다 양측이 얻는 이익의 총합이 더 크다. 협력하면 양측 모두에게 유리할 수 있다.

(2) 그러나 개인의 이익은 서로 협력하기보다 상대의 협력을 이용

할 때 더 커질 수 있다.

(3) 협력 관계에는 위험 부담이 따른다. 상대방이 내 협력에 '무임 승차'하고 나를 '배신할' 가능성은 언제나 있다.

사람들 대부분은 서로 협력해서 양쪽 모두에게 최선의 결과를 내는 선택지에 매력을 느낀다. 그러나 위험을 감수하고 협력했다가 혹여 '상대가 나를 배반하고 개인의 이익을 취하지 않을까' 하는 두려움에도 사로잡힌다. 나도 협력하고 상대방도 협력하면 내가 생각하는 최선의 결과를 얻는다. 그러나 나만 협력하고 상대는 나를 배반하면 나는 최악의 결과를 맞이한다. 그러니 누가 위험을 감수하려 들겠는가? 대체 누가 공공의 이익에 한 가닥 희망을 걸고 호구가 될 위험을 감수하겠는가?

호구 프레임이 무기로 쓰이기 쉬운 이유

비서들로 이뤄진 피험자 집단이 학자들의 예상에 반기를 든 지 40년 후, 심리학자들은 죄수의 딜레마를 다시 한 번 실험했다. 다른 게임에서와 마찬가지로 연구자들은 피험자에게 평범한 보수 행렬이 인쇄된 종이를 나눠줬다. 보수 행렬에 따르면 참가자는 협력함으로써 일정 부분 이익을 얻을 수 있지만, 상대를 배반하면 더 큰 보상을 얻을 수 있었다. 그러나 이번 실험의 피험자에게는 각자 배정된 집단에 따라 게임의 이름을 '공동체 게임' 혹은 '월스트리트 게임'이라고 소개했다. 공동체 게임이란 이름은 대체로 70퍼센트 가량의 높은 협력 비율을 끌어냈다. 반면 월스트리트 게임이란 이름에서 협력한 비율은 공동체 게임의 절반에 그쳤다. 똑같은 게임에 포장지만 달리했을 뿐인데 확연히 다른 결과가 나타났다.

게임 이름을 '월스트리트 게임'으로 붙인다고 해서 이 게임의 참가자가 '자기 이익만 생각하는 이기주의자'라고 몰아세우는 것은 아니지만, 결과적으로는 이와 같은 효과가 나타났다. '월스트리트 게임'이라는 명칭은 '펌프에 마중물을 붓다'라고 할 때 바로 그 마중물 역할을 했다. 하나의 개념을 제시함으로써 이와 관련된 개념이 덩달아 떠오르게 하는 것이다. '월스트리트'라는 표현은 욕심이나 자본주의를 떠올리게 하고 머지않아 사기극이 벌어질 것을 은연중에 경고한다. 속고 속이는 호구의 게임은 협력 게임과 규칙이 다르므로 참가자들은 서로 협력해서 공공의 이익을 추구하기보다는 상대에게 호구 잡히지 않으려고 애썼을 것이다. 한편 공동체 게임을 했던 피험자들과 연구소의 비서들은 이기적으로 굴지 않고 상호 협력하는 태도가 도덕적인 선택, 곧 옳은 선택이라는 데 의견을 모았을 것이다.

그렇다고 해서 '호구 잡히지 말라'는 것이 잘못된 조언은 아니다. 이러한 까닭에 호구 프레임은 무기로 쓰이기 쉽다. 호구 프레임은 애초에 우리가 게임의 규칙을 잘못 이해했다면서 이 게임의 진짜 규칙은 '연민'이 아닌 '영리함'이라고 속삭인다. 프린스턴대학교의 심리학자 데일 밀러Dale Miller와 레베카 래트너Rebecca Ratner가 '이기심의 규범'을 연구한 바에 따르면 영리함의 규칙은 연민의 규칙과 다르다. 밀러와 래트너는 우리 사회가 똑똑한 데다 심지어 이기적이기까지 한 사람을 은근히 우러러보고 높이 평가한다는 사실을 발견했다.

한편 이기심의 규범이라는 개념을 둘러싸고 약간의 논란이 일었다. 비평가들은 대체 왜 이기심을 두고 '규범'을 이야기해야 하느냐고 의문을 던졌다. 이기심에도 규범이 있다는 말은 마치 '수분 보충의 규범이 있어서 사람들이 물을 마신다'는 말과 다르지 않다는 것이다. 사람들이 물을 마시는 이유는 자연히 목이 마르기 때문이다. 그러니 여느 사회 현상과 달리 물을 마시는 행위는 이것을 강제하기 위해 규범을 세울 필요가 없다. 마찬가지로 우리는 사람들이 자신의 물질적 이해관계에 따라 행동하는 이유가 당연히 누구나 게임에서 이기거나 이익을 얻고 싶어 하기 때문이라고 생각할 수 있다. 그것은 두말할 필요도 없이 자명한 사실 아닌가. 우리가 구태여 '자기가 대접받기를 원하는 대로 남을 대접하라'는 계명을 가르치고, 이것을 황금률이라고 부르는 이유는 사람들이 '이기주의'라는 자연스럽고 본능적인 성향대로 행동하지 않게 하기 위해서다.

그러나 래트너와 밀러의 가정을 호구의 맥락에서 생각해 보면 이것 하나만은 명백해진다. 아무 말에나 잘 속고, 남의 제안을 흔쾌히 승낙하고, 인정 많은 호구는 바보일 뿐 타의 본보기가 되는 선인善人이 아니다. 인색하면 안 된다는 강력한 규범은 있을지 모르지만 사회는 여전히 영리한 사람을 추앙한다. 사람들은 스스로 호구 짓을 해서 경제적 착취의 먹잇감이 되었다가는 속았다는 절망 혹은 속은 것 아닌가 하는 의심에 빠지거나 명예가 실추될까 두려워할 것이다.

서로에 대한 의심은 커지고 선한 동기는 사라진다

이기심의 규범은 놀라운 방식으로 우리의 행동에 영향을 미친다. 미국인들은 기본적으로 선의를 베푸는 데 상당히 관대하면서도 자신이 기부하는 동기가 이타심 때문이라고 솔직하게 말하기보다는 이기심 때문이라고 둘러대는 쪽을 더 편안하게 느낀다. 그들은 자신의 공헌이 개인적 투자인 것처럼 말한다. 이를테면 가족 중 하나가 특정 질병으로 고생하고 있어서 의학 연구에 자금을 기부한다는 식이다. 프린스턴대학교의 사회학자 로버트 우스노우Robert Wuthnow는 저서 《동정적 행위(Acts of Compassion)》에서 실제로는 이타적이면서도 자기가 이타적이지 않다며 부인하는 사람들에 관해 언급했다. 자원봉사자 가운데 상당수는 자기가 인정이 많아서 선행을 베푸는 것이 아니라고 주장하며 괜한 핑계를 댄다.

"어차피 할 일도 없는데 잘됐다 싶어서요."

"이거라도 해야 집 밖으로 좀 나오죠."

사람들은 자기가 남들 눈에 '지나치게 동정심이 많은 사람'이나 '자선을 베풀겠답시고 이리저리 들쑤시고 다니는 사람'으로 비칠까 봐 불안해했다. 래트너와 밀러에 따르면 집단에서 내린 결정, 즉 사회적 맥락 안에서 내린 결정이 개인의 결정보다 대체로 더 이기적인 성향을 띤다고 한다. 이기심의 규범을 중시하는 사람은 다른 사람들과 함께 있으면 사회적 압박을 받지 않을 때보다 일부러 더 이기적으로 행동했다. 죄수의 딜레마에 '월스트리트 게임'이라는 명칭을 붙이자 피험자들이 이 게임에서 중요한 규범이 무엇인지 저절로 감지하고 호구가 되지 않으려고 애를 쓴 것처럼 말이다.

호구 프레임은 우리에게 '만약 정직하고 선하게 행동하는 것이 더 나은 선택이 아니라면 어떡할래? 정직하고 착하게 살아 봤자 얼간이 취급만 받으면 어쩔 거야?'라고 질문한다. 우리는 매일 사회적 가치를 내포한 수백 가지의 결정을 내린다. 내 것을 나눠줘야 할까? 내 것을 베풀어야 할까? 남에게 자리를 내줘야 할까? 언제는 착하게 살랬다가 언제는 호구 잡히지 말라면서 사회 규범을 고무줄 늘이듯 그때그때 다르게 적용하면 사람들의 행동에도 변화가 생길 수밖에 없다. '너 그러다 사람들한테 바보 취급 받는다'라는 말을 들은 사람은 어떻게 행동할까? 고속도로에서 차선을 변경하려는 차를 끼워주지 않거나 종업원에게 팁을 조금만 주고, 일찍 퇴근하는 동료의 일을 대신해 주지 않을지도 모른다. 이렇게 일상 속 사소한 선택의 갈림길에서 무엇을 택하느냐가 결국 사회, 문화, 정치적 수준에서 벌어지는 일을 상징적으로 나타낸다.

속임수에 당할까 두려워하는 사람은 다른 나라에 인도주의적 지원을 베푸는 정책을 어떻게 생각할까? 사정이 어려워서 어쩔 수 없이 망명을 신청하는 사람들에 대해서는? 호구 공포증에 사로잡힌 사람들은 재분배 정책을 보면 복지 사기를 걱정하고, 선거권을 부여한다고 하면 투표자 사기를 우려한다. 또 교육 영역에서는 부모들이 주소를 허위로 등록해서 자녀를 좋은 학교에 보내려 한다고 의심한다. 시민 의식이 있어야 할 자리에 호구 공포증이 떡하니 자리 잡은 결과다. 자격 없는 수혜자 한 명이 나머지 사람 전부를 호구로 만들지 모른다는 두려움은 사회적 약자를 배려하고 보호하려는 선한 동기를 가로막는다.

속임수는 일종의 강력한 생물학적 무기다. 속임수가 끼어들면 공감과 신뢰로 똘똘 뭉쳐야 할 가족 관계도 어느새 불신으로 얼룩진다. 아들이 열 살 때였다. 아이는 새로운 학교에서 5학년 생활을 시작했다. 학교 숙제를 버거워하지도 않았고 선생님들도 곧잘 따랐다. 학년 부회장 선거에 나갔는데 5학년 전체가 다 자기 반이라도 된 것처럼 반응이

뜨거웠다며 재잘재잘 자랑하기도 했다. 또 비틀즈의 열렬한 팬인 음악 선생님을 좋아해서 중학교 합창단에도 입단했다.

10월이 되자 아이는 아빠와 함께 메릴랜드 서부로 캠핑을 떠났다. 그로부터 몇 주 뒤, 아이는 장염에 걸려 학교에서 조퇴하고 집으로 돌아왔다. 그러나 며칠이 지나도록 자리를 털고 일어나지 못했다. 11월 말까지 아이는 응급실을 세 번이나 들락날락했고 입원하여 검사도 받았다. 매일같이 학교를 빠지거나 보건실에 누워 있다가 집에 전화하는 일이 부지기수였다. 아니면 학교에서 버티다가 창백한 얼굴로 식은땀을 흘리며 버스를 타고는 휘청거리는 걸음으로 집에 돌아왔다.

병원을 열 곳도 넘게 방문했지만 어디서도 이렇다 할 진단을 내리지 못했다. 의사들은 진단명 대신 아주 너그럽게 표현하자면 '자녀 양육에 대한 조언'을 늘어놓기 시작했다. 어떤 의사는 아이가 아프다고 호소해도 우리가 너무 걱정하는 티를 내면 안 된다고 했다. 그러면 아이가 계속해서 '아픈 척'을 할 수 있다는 것이다. 혹은 아이가 학교에서 스트레스를 너무 많이 받는 건 아니냐고 묻기도 했다. 성적 때문에 불안하면 배가 아프다는 아이들이 많다나 뭐라나. 어떤 의사는 아이의 배를 쿡 찔러 보더니, 아이가 얼굴을 찡그렸다 폈다 하자 나와 남편을 향해 눈썹을 치켜 올리면서 이거 보라는 듯이 눈짓했다.

이런 식의 진료를 몇 번 겪고 나니 그제야 내 머릿속에도 어떤 그림이 그려졌다. 의사들은 나를 '자기 아들에게 속는 호구'로 본 것이다. 그들은 5학년짜리 아들이 의식적으로든 무의식적으로든 나를 속이고 있다고 여겼다. 의사들의 오만한 태도 덕에 나는 호구 공포증에 제대로 사로잡혔다. 바보짓을 한 사람처럼 겸연쩍었고 괜히 위축되었다. 심지어 아이에게 지금 몸이 좀 어떠냐고 묻지 말라는 의사도 있었다. 자꾸 물어보면 아이가 '자신이 아파야 한다는 것'을 다시 떠올린다는 이유였다.

아픈 아이를 바라보며 나는 마음속에 한순간 의심이 이는 것을 느꼈다. 이 세상에서 내가 완수해야 할 일은 단 한 가지, 바로 아이들이 성인이 될 때까지 잘 길러내는 것이다. 그러나 의사 말만 듣고 아이를 의심하는 사이, 나는 내 본분을 잠시 잊을 뻔했다. 그래도 결국에는 그들이 한 말을 털어버릴 수 있었다. 우리는 다시 아들의 병명을 찾아 나섰다. 새로 찾아간 의사는 10월에 다녀왔던 캠핑과 진드기, 관절 통증에 관해 더 자세히 물었다. 이런저런 검사를 거쳤고, 의사는 혈액 검사 결과를 놓고 한참을 골똘히 생각하더니 아이에게 항생제를 투여했다. 그러자 아이는 서서히 몸을 회복하기 시작했다.

항생제 하나로 고칠 수 있었던 아이를 거의 잃을 뻔했던 때를 생각하면 아직도 머리가 아찔하다. 만일 내가 나를 호구로 보던 시선을 마음에 계속 담아두고 병에 대한 답을 찾는 일을 그만뒀다면 어떻게 되었을까? 그 순간 그 누구보다 엄마가 필요했을 아이를 거짓말쟁이로 의심했다면 어떻게 되었을까?

의심받기 쉬운 사람은 누구인가?

사기꾼으로 주로 의심받는 사람이 이민자, 여성, 졸부, 죄수인 것은 우연이 아니다. 이들은 비록 실질적으로는 그렇게 큰 위협을 가할 힘이 없지만, 이들에게 사기를 당하는 사람은 사회적 지위가 엄청나게 흔들

리거나 자존심에 큰 상처를 입을 수 있다. 경제학 게임에 따르면 호구가 되는 두려움은 문화적 지표나 사회적 지위를 차치하더라도 보편적인 현상인 것처럼 보인다. 하지만 자칫 잘못하면 사람이 누구에게나 동일한 수준의 공포를 느낀다고 오해할 가능성이 있다. 실제로는 잠재적 사기꾼이 누구냐에 따라 착취에 대한 두려움은 그 정도가 확연히 달라진다. 우리가 사기 위협을 마주할 때, 원초적인 감정 수준에서 나오는 반응은 다음과 같다.

"네가 어떻게 **감히**?"

그러나 같은 문장의 강조점을 달리 생각해 볼 수도 있다.

"**네가** 어떻게 감히?"

자녀 혹은 학생처럼 자기보다 지위가 낮은 사람에게 속아 넘어가면 그 사람은 패배자가 된다. 우리는 얼간이, 꼭두각시, 바보, 멍청이 등 호구를 가리키는 말을 들으면 본능적으로 움찔한다. 어떻게든 자신과 호구의 밑바닥 인생 사이에 거리를 두려는 욕구가 있기 때문이다. 호구라는 비난, 그 언어적 무기에는 이 일에 관련된 모든 사람을 모욕하고 멀어지게 하는 힘이 있다. 눈짓 하나만으로 의사가 내게 '당신의 아이는 거짓말쟁이고, 당신은 바보 같이 속은 겁니다'라고 말한 것처럼 말이다.

특정 인종에게만 가혹하게 쓰이는 무기

호구 프레임은 놀라울 만큼 정교한 무기이기도 하다. 앞서 언급했던, 장례식에 가야 하는 학생의 예시를 생각해 보자. 만약 학생이 나를 속이면 나는 스스로를 바보 같이 느낄 것이고, 나 자신이 만만해 보인다는 사실을 깨달을 것이다. 학생이 나를 속일 수 있다는 위협감은 적어도 심리적으로는 내게 무척 심각하게 다가올 것이다. 교수로서 내 지위가 크게 위협받기 때문이다. 나는 내가 이끌어야 할 대상인 학생들보다 약해 보이고 싶지 않고, 학생에게 속는 것은 교무처장이나 은행에게 속는 것보다 본능적으로 더 큰 문제처럼 느껴진다.

이처럼 일련의 사건을 머릿속에 미리 그려보고 나면, 나는 학생들이 나를 속여 내 위신을 떨어뜨릴까 염려할 수밖에 없다. 그래서 분명 똑같은 학생들인데도 이전과 다른 태도로 대할 것이다. 교수와 학생의 관계에서는 어느 모로 보나 교수가 학생보다 우위에 있다. 이러한 권력관계와 권력관계를 형성하는 행위 간의 상호작용은 마치 논리적 증명처럼 거의 수학적인 형식으로 쓸 수 있다. 먼저 사기꾼과 표적 두 사람이 있다고 가정해 보자.

1. 사기꾼이 표적을 속이는 데 성공하면 두 사람의 권력관계 구도가 달라진다. 사기꾼의 지위는 올라가고 순진한 표적의 지위는 낮아진다.
2. 속임수를 쓰기 전 사기꾼의 지위가 표적보다 낮으면 낮을수록 속임수는 표적에게 더욱 위협적으로 다가온다. 낮은 지위의 사기꾼에게 속을수록 표적의 지위가 그만큼 더 많이 추락하기 때문이다.
3. 만일 더 위협적인 사기를 방지하는 데 더 많은 자원이 투입된다면, 높은 지위의 사기꾼보다는 낮은 지위의 사기꾼을 막는 데 더 많은 자원을 투입해야 할 것이다.

이 세 가지 사실을 종합하면 다음과 같이 가정할 수 있다. 사람들은 호구 공포증에 빠지면 경제적, 정치적으로 힘이 없는 하류층의 습격에 대비해 자신을 단단히 방어하려 한다. 이것은 개인의 수준에서도 그렇고 사회 전체의 수준에서도 마찬가지다. 사회 구조상 미국에서 제도를 편법으로 이용한다고 의심받는 사람들은 권력자가 아니다. 의심의 대상은 수입이 적어 근로소득 세액 공제를 신청하는 사람들이다. 이들은 연봉이 2만 달러에도 채 못 미치지만 감사받을 확률은 백만장자보다 높다. 그들은 배송 업무 중 생체 정보를 통해 감시당하는 아마존(미국의 인터넷 종합 쇼핑몰-옮긴이) 노동자이다. 또한 인종차별로 악명 높은 미주리주 퍼거슨시의 주민들이다. 법무부 발표에 따르면 이 지역은 흑인 주민을 대상으로 한 경찰 감시가 매우 삼엄한 곳이다. 미국의 인종 계층 구조는 이러한 권력 역학이 두드러지게 나타나는 전형적인 사례이므로 이후에 더 깊이 있게 다룰 것이다. 그러나 굳이 긴말하지 않아도 백인 우월주의를 지키기 위한 미국의 제도적 노력 덕에 흑인은 일상적인 활동 하나하나에도 끈덕진 의심의 눈초리를 받고 있다는 사실만은 분명하다.

열심히 일하는 직장인이 '그저 상사가 밟고 오르는 사다리의 한 단에 불과하다'고 했던 돌리 파튼의 노랫말을 다시 떠올려 보자. 사회학자 트레시 맥밀런 코텀Tressie McMillan Cottom은 누가 직장에서 유연하게 일할 권리를 누리는지 다음과 같이 설명했다.

"사무직에 종사하는 중산층 흑인 여성에게 직장에 전화해서 오늘은 재택 근무하겠다고 말하기가 얼마나 간단하고 쉬운지 물어보라. 그리고 상대가 당신을 어떤 눈빛으로 바라보는지 확인하라. 이전 부서에 있을 때 나는 저서와 논문을 가장 많이 낸 성공한 교수였다. 그런데도 어느 날 학교 복도를 걷다가 한 백인 남자 인턴 학생에게서 '사무실 문을 열어놓고 일하라'는 말을 들었다. 내가 일을 제대로 하고 있는지 봐야겠다는 이유였다."

흑인이면 상사에게 자기가 뭘 하고 있는지 끊임없이 증명해야 한다거나 교수가 흑인이라는 이유로 인턴 학생이 미국에서 가장 유명한 현대 사회학자의 사무실을 들여다볼 자격이 있다고 생각하는 등 개별적인 일화는 흑인에게만 유독 가혹하고 과도한 감시 체계를 미시적으로 보여준다. 학술적, 문화적으로는 이러한 경험을 가리켜 보통 '흑인이면서 살아가는 것'(Living While Black, 자매품으로 '흑인이면서 쇼핑하는 것,' '흑인이면서 운전하는 것'도 있다)이라고 부른다. '흑인이면서 살아가는 것'은 흑인이라면 덮어놓고 의심하면서 인종차별적 계층 구조를 강화하는 사회 풍조를 상기시킨다.

대놓고 사기꾼으로 몰리는 것 자체가 소외감을 느끼게 하는 일이다. 앞의 예시에서 상을 당한 학생이 결석 사유를 증명하기 위해 서류를 제출해야 한다는 말을 들으면, 학생은 자신이 의심받는 위치에 있음을 깨달을 것이다. 내가 무심히 던진 의심의 한마디가 학생에게는 자신이 존중받고 신뢰받는 부류에 속하지 못한다는 말로 들릴 수도 있다. 자기보다 아랫사람에게 호구 잡힐지도 모른다는 두려움이 고조되면 사회 구조상 권력을 적게 행사하는 사람을 오히려 더 끈질기게 의심하고 감시하는 뒤틀린 결과가 나타난다. 이렇게 '호구 프레임 무기화'의 마지막 논리적 연결 고리가 등장한다. 감시라는 행위 자체가 곧 감시하는 사람과 감시당하는 사람의 지위가 동등하지 않음을 드러내는 수단이라는 점이다.

4. 만일 감시 대상이 지위가 낮은 사람이 저지르는 사기라면, 감시 당하거나 의심받는 것 자체가 곧 사회적 모욕이 된다. 누군가가 감시당한다면 그것은 사회가 그 사람에게 노골적으로 압력을 행사해도 될 만큼 그가 가진 사회적 자본이 부족하다는 뜻이다.

권력을 이용한 감시와 압박

인종 문제를 연구하는 사회학자들은 더 광범위한 구조적 문제를 세심하게 하나하나 지적한다. 학자들은 과도한 감시가 흑인의 지위를 깎아내리는 수단으로 쓰인 사례를 여러 차례 보고했다. 감시는 사회 통제를 위한 무기로 쓰인다. 감시 대상이 되는 사람들은 식료품 구매, 직장 업무, 운전, 집에 들어가는 것 등 아무런 문제가 없는 사회적 활동을 하는 와중에도 '제도를 악용하려는 것이 틀림없다'는 의심을 받는다. 평소 같으면 타인을 과도하게 감시해야 한다는 데 찬성했을 사람들도 정작 카메라가 자신들을 향하면 감시에 내포된 '당신은 지위가 낮으니 감시받아 마땅해'라는 메시지를 곧바로 알아차린다.

2014년 미주리주 퍼거슨시에서 흑인 청년 마이클 브라운이 살해당하고 뒤이어 시위가 벌어지자, 법무부는 조사를 실시하고 퍼거슨시의 경찰력 남용을 고발하는 장문의 기소장을 제출했다. 여러 어이없는 사례 중에서도 보고서에는 한 경관이 사소한 구실을 핑계 삼아 한 가족의 차를 멈춰 세운 뒤 그들에게 횡포를 부리며 분노한 일화가 실렸다.

아이의 어머니는 휴대전화로 경관을 찍기 시작했다. 경관은 격분해서 "찍지 마!"라고 외쳤다. 경관이 '아동방임' 혐의로 아버지를 구류한 채 차를 몰고 가버리자, 어머니는 뒤따라 운전하면서 계속해서 영상을 촬영했다. 그러자 경관은 차를 세우고 어머니를 교통 법규 위반으로 체포했다. 아버지가 경관에게 한 번만 봐달라고 애원하자, 경관은 "이 여자가 날 찍으려 했으니 더는 못 봐줘."라고 대답했다.

이 사례에 등장하는 부부는 자녀를 방임하지 않았고, 교통 법규를 위반하지도 않았다. 그러나 사건 현장에서 경찰은 마치 트럼프가 분노에 차서 허무맹랑한 버서리즘을 주장한 것처럼 노발대발하며 무자비하게 반응했다. 감시는 그 자체로 누가 의심받는 대상이고 누가 의심하는 주체인지 모두에게 상기시킴으로써 호구의 역학을 무기화한다. 백화점에서 보안 요원을 여럿 보내 쇼핑객 한 사람을 따라다니게 하는 것, 경찰이 사소한 꼬투리를 잡아서 길 가던 운전자에게 차를 세우라고 지시하는 것, 회사의 사무용품 보관함을 감시하는 것 등 사람들을 잠재적 범죄자로 모는 행위는 권력을 이용한 압박에 가깝다. 어떤 속임수는 경제 체제와 사회 체제에 깊이 뿌리박혀 있는 탓에 부당한 일임에도 전혀 규제조차 받지 않는다. 우리는 감시당하는 사람들이 사회적 자본이 부족한 취약 계층임을 잘 알고 있다. 그래서 말 그대로 집행자의 위치에 있던 경관이 '감히' 자신을 촬영하던 아이의 어머니를 체포하며 이렇게 말할 수 있었던 것이다.

"아무도 나를 찍지 못해."

호구 공포증은
협력에 대한 태도를
어떻게 바꾸는가

청소년 자녀를 키우는 부모인 나는 사회의 특정 부류를 가리키는 새롭고 흥미로운 표현을 다양하게 접할 기회가 많은 편이다. 최근 가장 마음에 드는 말은 '열심히 사는 사람(try-hard)'이다. 하지만 이 표현은 사실 무엇이든 열심히 하려는 사람들을 비꼬거나 냉소적으로 이르는 말에 가깝다. 잘 모르는 사람 눈에 열심히 사는 사람은 그저 '성실한 샌님'으로 비칠 수 있다. '열심히 사는 사람'은 뭐든 열심히 해야 한다는 기성세대의 잔소리에 반기를 드는 표현이기도 하다. 십 대 청소년들은 이기려고 기를 쓰고 노력하는 사람이 사실은 가장 처참한 패배자라 생각한다.

기본적으로 호구는 무엇이든 열심히 한다. 무언가에 투자하고, 어떤 일에 끼어들고, 위험을 무릅쓰고, 전심전력을 다한다. 호구는 남들이 다 쉽게 가는 동안, 혼자서 묵묵히 규칙을 지키는 순진한 협력자다. '열심히 사는 사람'이라는 조롱에서 벗어나려면 이 모욕에 담긴 논리를 그대로 따라가면 된다. 바보는 무조건 열심히 한다. 그러니 바보가 되고 싶지 않으면 열심히 하지 않고 언제든 발을 뺄 준비를 하면 된다. 애초에 어떤 일에 관여하지 않으면 호구가 될 일도 없다.

사람들은 대부분 합리적인 판단을 거쳐 의도적으로 위험을 회피한다. 예를 들어, 내 메일함에는 수익성 좋은 국제 금융 상품 광고, 자선 벤처 광고와 국제 연애 광고가 수두룩하다. 수익이나 자선에는 관심이 가지만 나는 언제든 이 메일을 삭제할 것이다. 설령 풍력 발전이나 비트코인처럼 관심사에 부합하는 분야의 권유를 보더라도 다단계 금융사기의 냄새가 혹 끼쳐오기 때문에 내가 그 제안을 받아들일 염려는 없을 것이다. 그러나 어떨 때는 위험을 회피하려는 욕구가 의도적이고 논리적이라기보다는 충동적이고 본능적으로 솟구치기도 한다. 몸이 두려움에 먼저 반응해 투쟁 혹은 도피로 대응하는 것이다.

한번은 가족끼리 메릴랜드 서부로 여행을 떠난 적이 있다. 당시 나는 미니밴을 운전하다가 기다란 검은 뱀이 비포장도로 한쪽에 똬리를 틀고 있는 것을 목격했다. 약 9미터 전방에 있던 뱀은 꼬았던 몸을 서서히 풀기 시작했다. 나는 급히 브레이크를 밟고 자동차 창문을 모두 올렸다. 놀란 가슴을 가까스로 진정시키며 우리가 지나가든 말든 신경도 쓰지 않는 뱀 옆으로 천천히 차를 몰았다. 남편과 아이들은 그런 나를 보며 필라델피아로 돌아오는 내내 웃고 놀리기에 바빴다.

퓨마, 곰, 뱀 같은 야생 동물을 마주할 때 일어나는 아드레날린 반응은 속임수의 징조를 포착할 때도 비슷하게 나타난다. 비록 '투쟁-도피 반응'이라는 용어에서는 '투쟁'이 먼저 등장하지만, 실제로는 일단 본능이 '여기서 날 좀 내보내 줘!'라고 외치므로 도피 반응이 나타날 때가 훨씬 많다. 사람들이 일상에서 모금 행사나 메일 사기를 마주할 때 실제로 '걸음아 날 살려라' 하며 달아나지는 않는다. 도망치거나 반대편 길로 건너는 대신 그 일에 관여하거나 동조하지 않고 아예 아무런 반응도 보이지 않는다. 두려워서 온몸이 오싹해질 때 우리는 재빨리 한 걸음 물러선다. 경계심이 강한 사람은 공공재 게임에서 공동 자금을 모으는 통에 자기 돈을 넣으려 하지 않을 것이다. 의심 많은 사람은 데이팅 앱에서 지나치게 좋은 프로필을 가진 상대를 보고 본능적인 경계심을 품을 것이다. 그러나 호구 공포증 때문에 우리가 취약해질 수 있는 상황을 전부 회피한다면, 그 부작용은 개인과 사회 모두에서 나타날 수 있다. 문제는 단지 비트코인에 투자하지 않는 정도에 그치지 않는다. 호구 공포증에 빠지면 사람들은 사회적 차원에서 어려운 이들을 지원하거나 시민으로서 마땅히 협력해야 할 때도 이를 거부한다. 호구 공포증은 개인적으로나 정치적으로나 협력에 대한 우리의 선호를 왜곡한다.

호구 공포증이 협력을 방해한다

사회과학적 관점에서만 보면 '평범한 회피'와 '호구 공포증에 의한 도피'를 구별하기 어려울 수도 있다. 심리학의 기능 중 하나는 하나의 현상에 대해 여러 가지 설명이 가능할 때, 그중 타당하지 않은 설명을 미리 걸러내는 것이다. 특히 관찰한 현상이 '누군가가 어떤 행위를 하지 않았다'라는 것이라면, 일어나지 않은 일에 대해서는 여러 가지 타당한 설명이 가능할 수 있다. 예를 들어 이웃 대학의 한 교수가 내게 메일을 보내 자신이 편집 중인 계약법 서적의 일부를 써보면 어떻겠냐고 제안했다고 하자. 나는 아직 답장하지 않고 메일을 그대로 둔 상태다. 이 책의 편집자는 보수를 받지만 기고자는 돈을 받지 않는다고 가정하자. 게다가 그쪽에서 내게 연락한 이유가 내 연구에 특별히 관심이 있어서라기보다는 책 표지에 여성 저자 이름 몇 개쯤은 들어가야 구색이 맞을 듯해서인 것 같다면 어떨까?

그렇다면 내가 이 제안에 답변하지 않은 이유는 너무 바빴기 때문일까? 내가 책 쓰기를 좋아하지 않아서일까? 아니면 아무래도 호구 잡힐 것 같은 예감이 어렴풋이 들어서일까? 이 중에서 진짜 이유가 무엇이었는지는 밝히기 어려울 수 있다. 심지어 나 자신조차 내가 그렇게 행동한 이유를 정확히 말할 수 있으리라 장담할 수 없다. 의사결정 과정 중 일부는 무의식 수준에서 일어나므로 행동의 동기를 확실히 짚어내기가 매우 까다롭다.

호구가 되느니 차라리 실패를 선택하는 심리

무작위 실험을 잘 설계하면 행동의 동기가 겉으로 드러나도록 조작함으로써 언뜻 타당해 보이지만 잘못된 설명을 제거할 수 있다. 예를 들어 내가 책을 쓰는 데 관심이 있고 시간이 있는데도 경계심을 풀지 못해 제안에 답하지 않았다는 사실을 밝히는 것이다. 이렇게 인과 추론을 해내겠다는 목표를 염두에 두고, 1983년 심리학자 노버트 커Norbert Kerr는 인간이 호구 공포증에 사로잡히면 대인관계에서 아주 미묘한 신호만 감지해도 협력 행동을 철회할 수 있음을 밝히고자 했다. 커는 누구나 흔히 겪는 호구의 딜레마인 '조별 과제'를 활용해 실험을 진행했다. 당신이 단 한 번이라도 만만찮은 팀의 일원이었던 적이 있다면 이 실험 구성이 어딘가에서 본 것처럼 익숙하게 느껴질 것이다. 당신은 동급생 혹은 동료와 힘을 합쳐 조별 발표를 해야 한다. 당신은 성실히 과제에 임한다. 이 일을 잘하고 싶은 마음도 있다. 그러다 문득 주변을 둘러보니 일은 혼자서 거의 도맡아 하고, 다른 사람들은 전부 설렁설렁 일하는 시늉만 한다. 당신은 진심으로 좋은 성적을 받거나 회사에서 칭찬받고 싶었다. 그러나 일이 돌아가는 모습을 보고 있자니 마음 한구석에서 의문이 뭉게뭉게 피어오른다.

나까지 일을 내팽개치면 잘 해내고 싶었던 프로젝트를 망치겠지만 무임승차자를 골탕 먹이는 것도 그만한 가치가 있지 않을까? 물론 단지 다른 사람의 잘못을 갚아주겠다는 이유로 일의 우선순위를 바꿔서 실은 잘 해내고 싶었던 프로젝트에 열심히 참여하지 않는 것은 다소 속 좁은 처사일 수 있다. 커는 '호구가 되기 싫어 일을 게을리하는 경우'를 포착하기 위해 조별 과제에 열심히 임했을 때와 그러지 않았을 때의 비용과 보상을 실험적으로 조작했다. 물론 단지 피험자의 반응을 관찰하겠다는 목적으로 성적을 매기는 조별 과제에서 어떤 학생에게는 열심히 참여하도록 하고, 어떤 학생에게는 건성으로 하라며 무작위로 지정하는 것은 실험 윤리에 어긋난다. 그래서 커는 통제된 실험에 단순하면서도 적절한 대안 과제를 고안했다.

실험 절차는 다음과 같았다. 커는 자신의 연구실로 학생들을 불러 커튼으로 가려진 부스에 각각 한 명씩 들어가 앉도록 했다. 커는 학생들에게 일정한 동작 과제를 잘 수행하면 돈을 벌 수 있다고 말한 뒤, 커튼을 걷어 탁자 위에 놓인 초소형 컴퓨터(실험 당시는 1983년이었다는 사실을 기억하라)와 음향기기, 유량계라고 쓰인 상자를 보여줬다. 상자에는 색깔이 다른 두 개의 호스가 부착되었고, 각 호스의 끝부분에는 둥그런 고무 손잡이가 달려 있었다. 학생들은 호스를 한 개씩 배정받은 뒤 실험을 함께할 파트너를 만났다. 이때 실험 파트너는 같은 피험자인 척하지만 사실 대본대로 행동하는 연기자였다.

먼저 실험자는 학생들에게 고무 손잡이를 눌러서 30초 안에 공기를 최대한 많이 주입하라고 지시했다. 자전거 바퀴에 바람을 넣을 때처럼 학생들이 고무 손잡이를 여러 번 쥐었다 폈다 할수록 공기가 더 많이 주입되었다. 호스 위쪽에 있는 상자에는 피험자별로 노란 등이 하나씩 달려 있었다. 피험자가 과제에 성공할 때마다 불빛이 반짝거리게 설계된 것이었다. 게임 규칙에 따라 피험자가 공기를 350밀리리터 주입하면 과제에 성공한 것으로 간주했고, 해당 목표치에 도달하면 추가금을 지급하기로 했다. 각 피험자는 자신과 파트너의 불빛을 볼 수 있었으므로 불빛의 깜박임을 통해 서로 어떻게 과제를 수행하는지 알 수 있었다.

피험자들은 본 게임에 돌입하기 전 연습 게임을 네 번 시행했다. 진짜 피험자, 즉 실제 관찰 대상이자 자기 의지대로 자연스럽게 반응하는 사람들은 지시대로 잘 이행했다. 그러나 연기자들은 대본대로 행동했다. 어떤 연기자들은 과제를 믿음직하게 수행하여 연습 게임 네 번 중 목표치를 세 번 달성했다. 나머지 연기자들은 과제를 제대로 수행하지 말라는 지시대로 네 번 중 한 번만 성공했다. 그 결과 순진한 피험자 중 절반은 자신의 파트너가 목표치를 달성할 능력이 있다고 여기며 본 게임에 들어갔고, 나머지 절반은 파트너가 원래 힘이 약해서 과제를 잘 수행하지 못한다고 생각하며 본 게임에 들어갔다. 이렇게 파트너에 관한 배경지식을 습득한 뒤, 피험자는 본 게임의 규칙을 들었다.

두 파트너는 연습 게임 때처럼 동시에 공기를 주입해서 30초 안에 350밀리리터 목표치에 도달해야 했다. 다만 이번에는 열 번의 기회가 주어졌다. 이때 가장 중요한 규칙은 회차마다 두 명 중 한 명이라도 목표치에 도달하면 두 사람 모두에게 추가금이 지급된다는 것이었다. 따라서 만일 나 혼자 목표를 달성하거나, 나는 실패하고 파트너 혼자 성공하거나, 둘 다 성공하면 추가금을 받을 수 있었다. 추가금을 받지 못하는 경우는 두 명 모두 목표치에 도달하지 못했을 때뿐이었다.

실험 설계상 목표치만큼 공기를 주입하는 건 크게 어렵지 않았다. 파트너를 만나기 전 학생들에게 최대한 열심히 과제를 수행하게 하자, 성공률은 90퍼센트를 웃돌았다. 그러므로 협조적인 파트너를 만나든 비협조적인 파트너를 만나든 대부분이 거의 매번 추가금을 얻을 수 있었다. 한 사람만 목표치를 달성해도 추가금을 받기 때문이다. 그러나 커는 '피험자가 파트너의 행동에 따라 노력하는 정도를 조절할 것'이라는 가설을 세웠다. 이 가설을 시험하기에 알맞은 조건을 갖추기 위해 커는 연기자들에게 본 게임에 들어가면 피험자에게 협조하지 말라고 지시했다. 달리 말하면 일부러 과제에 실패하라는 것이었다.

모든 사람이 혼자서도 추가금을 얻을 만큼 공기를 충분히 주입할 수 있었으므로 이론상으로는 어떤 파트너를 만나든 혹은 파트너가 있든 없든 그것은 아무런 문제가 되지 않았어야 한다. 그러나 커는 피험자가 파트너의 행동에서 속임수를 포착하면 호구 공포증을 느끼고 이

전보다 덜 노력할 것으로 예측했다. 일부 피험자는 연습 게임과 본 게임에서 한결같이 힘이 약한 파트너를 만났다. 그러나 나머지 피험자는 연습 게임에서는 잘만 하다가 본 게임에 와서 갑자기 실력이 줄어든 파트너를 만났다. 만일 당신이 그런 파트너를 만났다면 파트너가 갑자기 왜 그런다고 생각하겠는가?

커의 직감이 옳았다. 애초에 연약한 파트너와 함께한 사람들은 혼자 했을 때와 비슷한 비율로 추가금을 얻었다. 그러나 연습 때는 잘하다가 본 게임에서 갑자기 책임을 회피하는 파트너를 만난 피험자는 아예 추가금을 받으려는 시도조차 하지 않았다. 게임에 승리한들 자기는 호구가 될 테니 승리할 가능성을 회피한 것이다. 게으른 파트너가 이말도 안 되는 공기 주입 과제를 '호구의 게임'으로 바꿔버리자, 피험자들은 호구가 되어 심리적 비용을 지불하느니 차라리 추가금을 안 받고 말겠다는 생각에 발을 빼고 물러났다. 내가 뱀을 보고 황급히 자동차 창문을 닫았던 것처럼 이들은 열심히 고무 손잡이를 쥐었다 폈다 하던 손을 멈춘 것이다.

호구 공포증이 투자를 막는다

———

어떤 면에서 커의 실험에 참여한 사람들은 운이 좋은 편이다. 그들은 협력이라는 물에 발가락부터 조금씩 담가 보면서 과연 파트너와 협력할 수 있을지 추이를 지켜볼 수 있었기 때문이다. 그러다가 아무래도 아닌 것 같다 싶으면 너무 늦어서 된통 당하기 전에 재빨리 발을 빼고 물러설 수 있었다. 그들은 굳이 파트너의 성실성을 믿지 않아도 괜찮았다. 파트너가 게으르게 나오면 그 즉시 자기도 열심히 하지 않음으로써 '눈에는 눈 이에는 이'로 갚아주면 그만이었다.

호구가 될 위험 부담은 잠재적 호구가 먼저 수를 둬야 할 때 더욱 커질 수밖에 없다. 금융 투자, 직업적 투자, 개인 투자 등 대부분의 투자는 한쪽에서 먼저 상대를 믿고 투자하면 상대방이 그에 대응하는 구조다. 이런 일은 일상에서도 비일비재하다. 자녀를 어린이집에 처음 맡긴 날, 부모는 아이가 밥도 잘 먹고 기분 좋은 상태로 돌아오기를 기대한다. 친구에게 돈을 빌려주면 우리는 약속한 날짜에 돌려받기를 기다린다. 연인에게 "사랑해!"라고 먼저 말한 사람은 상대의 반응을 살피며 침을 꿀꺽 삼킨다. 아니면 굳이 그런 부담을 떠안지 않을 수도 있다. 믿는 도끼에 발등을 찍히고 싶은 사람은 아무도 없다. 그래서 시작하기도 전에 발을 빼는 사람도 많다. 신뢰는 감정적 협력이며, 여기에는 심리적 부담이 따른다. 친구에게 돈을 빌려주면 돈을 돌려받는 것만 문제가 아니다. 이것은 '호구가 되느냐 아니냐' 하는 자존심의 문제이기도 하다.

2020년 여름, 나는 국가에서 발간하는 잡지에 짤막한 글을 한 편 기고했다. 잡지가 출간된 후, 모르는 사람에게서 메일 몇 통을 받았다. 그들은 자신을 작가 대리인이라고 소개하며 만나서 이야기를 나누고 싶다고 했다. 평소 온갖 수상쩍은 기회를 주겠다는 스팸메일을 삭제할 때처럼 나는 이번 메일도 별 고민 없이 지웠다. 내가 휴지통으로 보내는 메일은 대부분 터무니없거나, 내 개인적인 삶의 목표와 아무런 관련이 없는 것이다. 하지만 작가가 되는 문제는 달랐다. 나는 그때 작가가 되겠다는 야망을 남몰래 품고 있었다. 그러니 작가 대리인이 생긴다는 것은 내게 매우 솔깃한 이야기였다. 그러나 메일을 보자 이런 생각이 들었다.

'만약 정성껏 답장했는데 사기면 내 꼴이 너무 우스워지겠지. 굳이 긁어 부스럼 만들 게 뭐 있겠어.'

며칠 뒤 나는 휴지통 폴더에 들어가 있던 메일 중 한 통을 편지함으로 다시 옮겼다. 다행히도 이 메일은 사기가 아니었고, 그 결과 나는 이렇게 책을 쓸 기회를 얻었다. 대체 나는 무엇이 그렇게 두려웠을까? 인터넷에서 만난 낯선 사람 앞에서 내가 원대한 예술적 비전을 품고 있다고 인정하자니 내 약점을 내보이는 기분이었을까? 일이 잘 풀리면 내 이름을 건 책을 내는 멋진 일이 일어날 수도 있는데 나는 왜 망설였을까? 믿었다가 배신당하면 나는 영락없이 아부에 홀라당 넘어간 바보 꼴이 될 것이라는 두려움이 그 이유였을 것이다.

불신은 측정할 수 없다

애초에 상대를 믿은 사람만 배신을 당할 수 있다. 그리고 배신감은 정말 끔찍하다. 사람들이 한번 후회되는 일을 겪고 나면 다음에는 어떻게든 그런 일을 만들지 않으려고 하듯이 배신감도 사람들에게 과도하게 각인되는 정서적 교훈을 남긴다. 우리는 미래에 겪을 실망을 너무 두려워한 나머지, 일이 일어나기도 전에 의심부터 한다. 심리학 용어로 표현하면, 믿으면 안 될 상대를 잘못 믿는 위험을 꺼리는 경향은 사람들의 '배반 회피' 성향을 보여주는 증거다. 또 배반 회피 성향이 특히 강한 사람들은 심지어 사물마저 자기를 배신할지 모른다고 생각한다.

실제로 한 연구는 사람들이 백신 맞기를 주저하는 이유가 배반 회피 성향 때문이라고 설명하기도 했다. 백신에 따르는 심각한 부작용의 위협을 일종의 의학적 배신으로 인식한다는 것이다. 건강에 도움이 되어야 마땅할 백신이 기대와 달리 오히려 해를 끼치는 것은 원래부터 해로운 질병이 해악을 끼치는 것보다 더 위협적으로 보일 수 있다.

사회과학에서 불신을 연구하기란 쉽지 않다. 이미 일어난 일이 아니라 일어나지 않은 일을 연구해야 하기 때문이다. 또한 어떤 상호작용을 회피하거나 기회를 흘려보낸다고 해서 그것을 확인할 만한 기록이 남지는 않기 때문이다. 2장에서 예로 든 조지 포르니어처럼 은행을 믿지 못해 돈을 맡기지 않는 사람을 집어내기는 어렵다. 애초에 남들이 알지 못하도록 일부러 돈을 집에 꼭꼭 숨겨 두기 때문이다. 현실 세계에서는 불신을 측정할 수 없다. 아마도 이런 이유 때문에 학자들이 신뢰를 주제로 행동 연구를 할 때면 경제학 게임에 상당 부분 의존할 수밖에 없었던 듯하다. 우리는 이미 공공재 게임, 죄수의 딜레마처럼 참가자가 협력하고자 하면 상대를 일단 믿어야 하는 협력 게임을 살펴봤다. 그러나 공공재 게임과 죄수의 딜레마에서 참가자들은 상대가 무엇을 선택할지 모르는 채로 결정을 내린다. 반면 배반은 불확실한 조건부 약속에서 일어난다. 이 약속은 두 단계로 이뤄진다.

'네가 먼저 날 믿어주면, 나도 그 믿음에 부응할게.'

공공재 게임과 죄수의 딜레마 실험에는 조건부 약속 구조가 없었다. 따라서 한 참가자에게 먼저 용기 내서 "사랑해!"라고 말하게 하거나 그에 따라 다른 참가자가 어떻게 반응하는지는 볼 수 없었다. 1994년이 되어서야 아이오와대학교의 조이스 버그Joyce Berg와 다른 두 명의

학자가 '위험의 사회적 측면'을 연구하기 위한 계획안을 구상했다. 본래 '투자자 게임'이라는 별명으로 불리던 이 게임은 곧 '신뢰 게임'으로 널리 알려졌다(그 이유는 곧 알게 될 것이다). 신뢰 게임은 행동경제학 분야에서 가장 기초적인 실험 중 하나다.

투자자들이 두려워한 것은 무엇인가?

표준 '신뢰 게임'에는 두 명의 참가자가 등장한다. 보통 한 명은 투자자, 다른 한 명은 피투자자라고 부른다. 먼저 투자자가 기본금 10달러를 받는다.[3] 게임은 두 단계를 거쳐 시행된다. 투자자가 자기가 받은 돈 일부를 떼어 피투자자에게 건넨다. 투자자는 0달러에서 10달러까지 원하는 금액을 상대에게 줄 수 있다. 투자자가 피투자자에게 전달한 돈은 금액과 관계없이 세 배로 불어난다. 따라서 투자자가 자기 돈을 나눠주면 피투자자는 큰 이익을 얻는다. 만일 투자자가 10달러를 전부 피투자자에게 주면 피투자자는 30달러를 받는다.

만일 투자자가 피투자자를 믿고 돈을 나눠주면, 투자자는 피투자자가 어떻게 할지 두고 봐야 한다. 게임의 두 번째 단계이자 마지막 단계에서는 피투자자가 자신이 받은 돈 일부를 투자자에게 되돌려줄 수 있다. 그러나 반드시 그래야 하는 것은 아니다. 피투자자는 투자자가 자신에게 나눠준 금액을 보고 투자자에게 얼마의 수익을 돌려줄지 결정할 권한을 가진다. 피투자자가 투자자에게 얼마를 돌려줄지 결정하고 나면 수익금은 피투자자의 결정에 따라 분배되고 게임이 끝난다.

---

3) 다른 게임에서와 마찬가지로 기본금 액수는 실험마다 다르지만 보통 10단위로 책정된다. 단순히 하기 위해 이 책에서는 10달러로 설정했다.

다른 게임과 마찬가지로 참가자들은 서로의 이름이나 얼굴을 알지 못한 채 게임에 참여한다.

투자자의 행동 동기는 놀라울 만큼 미묘하게 움직였다. 투자자는 10달러 외에 추가금을 버는 방법이 피투자자에게 기본금을 나눠주는 것뿐임을 잘 알고 있다. 또 돈을 건네주는 것만이 상대에게 인심을 베푸는 유일한 방법이기도 하다. 만일 투자자가 돈을 하나도 나눠주지 않으면 피투자자는 단돈 1센트도 받지 못한 채로 집에 돌아가야 하기 때문이다. 그러나 돈을 나눠야 할지 말아야 할지, 나눈다면 얼마나 줘야 할지 결정하는 건 쉽지 않은 일이다. 일단 돈을 나눠주고 나면 투자자는 피투자자의 반응을 지켜볼 수밖에 없기 때문이다.

공공재 게임이나 죄수의 딜레마에서처럼 신뢰 게임에서도 협력하는 사람이 있었고, 협력하지 않는 사람도 있었다. 이 게임을 처음으로 실행했을 때 투자자 서른두 명 중 다섯 명이 피투자자에게 10달러 전액을 보냈다. 대다수는 5달러에서 10달러 사이의 금액을 보냈고, 두 명은 한 푼도 보내지 않았다. 이와 같은 기본 패턴은 첫 실험 이후로 여러 번 비슷하게 반복되었다. 우리가 쇼핑하거나 협상하거나 도박을 걸 때처럼 신뢰 게임의 투자자들 역시 이렇게 질문하며 결정을 내렸을 것이다.

'이 사람이 나를 등쳐먹진 않을까?'

신뢰 게임에서 참가자의 행동을 해석하기 어려운 이유는 참가자가 정확히 무엇이 두려워서 그렇게 행동하는지 구분할 수 없다는 점이다. 누군가는 투자자가 투자하기를 꺼리는 이유가 호구 공포증 때문이라고 주장했다. 그러자 일각에서는 그들이 단순히 위험 회피 성향이 강할 뿐이라며 반박하기도 했다. 이러한 관점에 따르면 피투자자에게 투자하지 않은 투자자는 꼭 상대에게 배신당하거나 속아 넘어가는 것을 걱정해서 그랬다기보다 일반적으로 위험이 따르는 모든 행동을 선호하지 않는 것뿐일지도 모른다. 하지만 2003년 하버드대학교의 연구팀은 투자자들이 두려워한 것이 바로 배신당할 위험이었음을 보여주고자 했다.

몇 가지 세부 사항을 단순화해서 게임의 핵심 내용을 설명하자면 다음과 같다. 당신이 실험 참가자가 되어 연구실에 들어선다고 상상해보자. 신뢰 게임에서 투자자가 10달러를 받은 것처럼 당신 역시 들어가자마자 10달러의 기본금을 받는다. 그러나 보통의 신뢰 게임과 달리 이번 게임에서는 피투자자에게 스스로 선택할 권리가 없다. 피투자자는 자기가 받은 투자금 일부를 당신에게 나눠줄 때가 되면 컴퓨터의 지시대로 무조건 따라야 한다. 컴퓨터는 디지털 주사위를 굴린 결과에 따라 두 가지 선택지 중 하나를 지시한다. 투자금을 두 배로 불려서 돌려주거나(고수익), 딱 1달러만 돌려주는 것이다(저수익).

신뢰 게임의 투자자들과 마찬가지로 당신은 10달러를 전부 가지고 그대로 집에 돌아갈 수도 있다. 투자란 늘 도박이니, 어쩌면 당신은 굳이 도박하고 싶지 않을 수도 있다. 그러나 투자를 한참 고민하던 순간 연구팀이 이렇게 말한다.

"컴퓨터 알고리즘은 약 80퍼센트의 확률로 고수익을 선택하고, 약 20퍼센트의 확률로 저수익을 선택합니다."

이제 투자자는 기본금 10달러를 손에 쥔 채 고민에 빠진다. 도박을 선택하면 5분의 4의 확률로 20달러를 따겠지만, 5분의 1의 확률로 1달러밖에 얻지 못한다. 당신이라면 그만한 위험을 감수하겠는가? 나라면 투자할 것이다. 이 도박의 평균 지급금, 즉 경제학에서 말하는 '기 댓값'은 16달러 이상으로, 도박하지 않으면 확실히 가질 수 있는 10달러보다 많다. 연구자들은 고수익률이 최소 얼마만큼 보장되어야 투자자가 도박을 하려고 하는지 알고자 했다. 이를 가리켜 '최소 수용 가능 확률(Minimum Acceptable Probability)', 줄여서 '맵MAP'이라고 한다.

연구팀은 투자자들에게 다음과 같이 설명했다.

"먼저 여러분의 맵이 얼마인지 알려주면 그 수치를 컴퓨터 알고리즘 설정값과 비교할 겁니다. 만일 컴퓨터에서 설정한 고수익률이 여러분의 맵보다 높다면 주사위를 굴리겠습니다. 하지만 컴퓨터의 고수익률이 여러분의 맵보다 낮다면 도박은 하지 않는 것으로 합니다."

컴퓨터 알고리즘의 고수익률이 60퍼센트라고 하자. 나라면 아마도 맵을 50퍼센트로 정할 것이다. 그렇다면 나는 컴퓨터가 제시한 것보다 더 나쁜 조건의 도박에도 응할 의사가 있으므로 주사위는 굴려질 것이다. 하지만 만일 내 맵이 그보다 높다면, 예를 들어 고수익률이 적어도 90퍼센트는 되어야 기본금 10달러를 투자하는 위험을 감수할 의사가 있다면, 게임은 그대로 끝나고 나는 기본금 10달러를 쥔 채 집으로 돌아갈 것이다.

이 모형에는 실험적 반전이 있었다. 앞서 설명했듯 투자자 중 일부는 컴퓨터 알고리즘이 시키는 대로 할 수밖에 없는 수동적 피투자자와 짝이 되었다. 반면 다른 투자자들은 고수익이냐 저수익이냐를 자기 뜻대로 선택할 수 있는 능동적 피투자자와 짝이 되었다. 이제 자신을 믿고 투자한 사람을 배신할 수 있는 진짜 사람이 끼어들었으니, 호구 잡히면 어쩌나 하는 위협감이 스멀스멀 올라오기 시작한다. 연구자들은 이 위협감이 게임 결과에 미치는 영향을 측정하고자 했다.

능동적 피투자자에게는 게임을 시작하기 전 설문 조사를 시행했다. 그들은 '파트너가 당신에게 투자한다면 20달러를 돌려주시겠습니까? 아니면 1달러를 돌려주시겠습니까?'라는 질문을 받았다. 모두 이 질문에 답했고, 게임 규칙에 따라 실제 게임에서도 자기가 미리 답변한 대로 행동하기로 약속했다. 따라서 연구자들은 능동적 피투자자와 짝이 된 투자자가 몇 퍼센트의 확률로 수익을 얻을지 계산할 수 있었다. 사전 설문에서 투자자에게 20달러를 돌려주겠다고 답한 피투자자의 비율이 곧 수익률과 일치하기 때문이다. 투자자 역시 게임을 시작하기 전 '여러분이 피투자자에게 투자하기 위해 필요한 맵은 얼마입니까?'라는 질문을 받았다. 즉, 고수익을 얻을 확률이 최소 몇 퍼센트 이상이어야 확실한 기본금 10달러를 그대로 가지고 돌아가는 대신 도박을 걸어 보겠느냐는 질문이었다.

투자자들은 컴퓨터 알고리즘이나 피투자자 설문 조사의 결과로 나온 수익률이 얼마인지 알지 못했다. 그저 수익률이 최소 몇 퍼센트 이상이어야 손해가 날 가능성을 감수하고 도박을 해볼지 스스로 결정했을 뿐이다. 게임이 잘 풀리지 않았을 때 투자자가 겪는 금전적 손실은 능동적 피투자자를 만나든 수동적 피투자자를 만나든 다르지 않았다. 즉, 운이 나빠서 컴퓨터가 주사위를 잘못 굴렸든, 이기적인 피투자자를 만났든 주머니에 들어오는 돈은 똑같이 1달러였다. 연구팀은 비록 금전적 손해가 양쪽 조건에서 동일하더라도 심리적 손해의 정도는 다르리라고 예측했다.

컴퓨터가 무작위로 정한 수익률이 40퍼센트면, 대부분의 투자자는 도박에 응했다. 그러나 만약 인간 피투자자가 투자자의 믿음에 부응할 확률이 40퍼센트면, 투자자는 피투자자에게 선뜻 돈을 건네려 하지 않았다. 기계에게 배신당하는 건 참아도 사람에게 배신당하는 것은 참을 수 없었던 투자자는 인간 피투자자에게 호구 잡힐 위험을 회피하려 했다. 의사결정자인 투자자는 자신을 잠재적 호구로 보고, 피투자자에게 이용당할 위험을 고려해 투자의 기대 효용을 더 낮게 잡았다. 그리하여 신뢰 게임 때 제시된 수익률이 사전 설문 때 자신이 답했던 맵 수치보다 높더라도 호구가 되지 않기 위해 투자를 포기했다.

회피에는 큰 대가가 따른다

와튼스쿨의 교수인 애덤 그랜트Adam Grant는 이 현상으로 인해 우리가 겪는 손해에 관해 더욱 포괄적인 주장을 펼쳤다. 그랜트는 저서 《기브 앤테이크》에서 유별나게 인심이 넉넉한 덕에 금전적으로 성공한 사람들을 연구한 사례를 폭넓게 조사했다. 그랜트는 사람들을 협력 유형에 따라 테이커taker, 기버giver, 매처matcher 세 가지로 분류했다. 먼저 테이커에 대한 연구 결과는 조별 프로젝트를 해본 사람이라면 누구나 직관적으로 이해할 것이다. 테이커는 일에서 성공하기 어렵다. 직장은 여러 사람이 함께 일하는 사회적 공간이고, 사람들은 이기적인 동료를 만나면 금세 짜증을 느끼고 못마땅하게 여긴다. 그러나 매처와 기버에 대해서는 뜻밖의 연구 결과가 나왔다.

　기버는 아무런 보답을 얻지 못해도 타인에게 자기 것을 너그럽게 내어주는 사람이다. 반면 매처는 호혜주의 원칙에 따라 행동한다. 언뜻 보면 매처가 되는 것이 합리적인 절충안처럼 느껴진다. 남에게 너무 쉽게 이용당하지도 않고, 남들과 협력하는 데 지나치게 냉소적이지도 않기 때문이다. 그러나 그랜트는 자신이 베푼 호의를 돌려받지 못할까 두려워하는 사람, 즉 남에게 호구 잡힐까 두려워하는 사람은 전반적으로 호의를 덜 베푼다는 사실을 발견했다. 매처는 남을 잘 돕지 않으므로 결국 인간관계에서의 기회도 그만큼 줄어든다. 그랜트는 이렇게 주장했다.

"매처는 호의를 돌려받을 기대를 품고 베풀기 때문에 자기를 도와줄 수 있을 것 같은 사람에게만 베풀려고 한다. 기본적으로 기버는 더 많은 이들에게 친절을 베풀기 때문에 그만큼 잠재적 보상의 범위도 넓어진다. 비록 기버가 보상을 바라고 친절을 베풀지는 않지만 결과적으로는 보상을 받을 가능성이 커진다."

신뢰를 연구할 때는 보통 측정하기 수월한 수단인 돈을 활용해 위험도를 추산한다. 그러나 실생활에서는 돈 말고도 위험한 투자 대상이 곳곳에 넘쳐난다. 직업적 야망을 이루기 위해 시간과 노력을 투자할 것인가? 사랑하는 사람을 위해 돈을 얼마나 써도 될까? 친구 관계나 연인 관계에서는 특히 이런 종류의 두려움을 느끼기 쉽다. 친구나 연인 관계는 우리에게 행복감을 선사하지만, 그만큼 실질적인 위협도 도사리고 있다. 이를테면 친구가 내 비밀을 남들에게 말할까 불안할 수도 있고, 나는 잘해줬는데 상대방은 그만큼 보답해주지 않으면 어쩌나 걱정할 수도 있다. 또 사랑을 약속한 연인이 나를 사랑하지 않거나 배신할까 두려울 수도 있다.

휴스턴대학교 교수이자 리더십과 자기 계발을 주제로 여러 권의 저서를 발간한 베스트셀러 작가 브레네 브라운Brene Brown은 '사람들이 남들 앞에서 약점을 보이지 않기 위해 어떤 일에 관여하지 않고 발을 빼는 경향이 있다'고 지적했다. 브라운은 이처럼 어떤 일에 쉽게 관여하지 않으면 개인이 성장하고 사회에 기여하고, 궁극적으로는 다른 이들을 이끌 기회를 잃는 등 심각한 손실이 따른다고 판단한다. 자신의 저서《마음 가면》에서 브라운은 다음과 같이 이야기한다.

"우리는 남들 앞에서 약해 보이거나 창피를 당하거나 막막함을 느끼고 싶지 않아 뒤로 물러난다. 또한 우리는 우리를 이끄는 사람이 사회 계약에 따른 자신의 역할을 충실히 해내지 못한다고 느낄 때 발을 뺀다."

어떤 위험을 감수할지 선택할 때 우리는 설령 일이 잘못되어 실패하더라도 이 실패가 배신으로 인한 것은 아니어야 한다는 조건을 붙인다. 이것은 곧 호구가 될지 모른다는 두려움이 어쩌면 귀중한 기회를 가로막을 만큼 강력하다는 뜻이다. 호구 공포증에는 큰 대가가 따른다. 나이가 들수록 '열심히 사는 사람'을 업신여기는 경향이 차츰 줄어드는 이유가 여기에 있다. 아무런 시도도 하지 않으면 실패할 일이 없지만 성공할 수도 없다.

호구 공포증이 복지를 막는다

영화 '양들의 침묵'을 봤거나 하얀색 밴을 탄 남자를 조심하라는 경고를 들어본 적이 있다면 도움을 요청하는 사람을 경계해야 한다는 말도 많이 들어봤을 것이다. 특히 '양들의 침묵'에서는 피해 여성을 '남을 돕

다가 결국 자신을 살인자의 창문 없는 트럭 한구석에 몰아넣은 얼간이'
로 묘사한다. 어두운 주차장, 순진한 젊은 여성이 한쪽 팔에 깁스를 한
남자를 발견한다. 남자는 자신의 밴에 소파를 실으려 하지만 다친 팔
때문에 여의치 않다. 여자는 기꺼이 남자를 도와 함께 소파를 싣는다.
남자는 소파를 화물칸 안으로 깊숙이 밀어 넣고 싶으니 여자에게 화물
칸에 올라타서 소파를 미는 것을 도와달라고 부탁한다. 이번에도 선선
히 고개를 끄덕인 여자가 화물칸에 올라타자, 남자는 여자의 뒤통수를
후려치고 가짜 깁스를 벗어버린 뒤 자기 집의 지하 감옥으로 납치한다.

　신뢰 위험의 일부는 우리가 신뢰의 결과로 무엇을 얻느냐가 아니라
상대에게 무엇을 주려고 하느냐의 문제와 연관된다. 상대를 믿고 투자
해야 할 때와 마찬가지로 이타심을 발휘해 상대를 도우려고 할 때도 호
구가 될 위험이 존재한다. 굳이 연쇄살인마에게 납치당하는 극단적인
상황이 아니더라도 남을 믿고 자선을 베풀다가 실질적인 손해를 입을
수 있다. 기부 목적으로 비영리 단체에 신용카드 번호를 알려줬는데 사
실 사기였다거나, 길에서 넘어진 사람을 도와주다가 그 사람에게 지갑
을 털리는 경우를 예로 들 수 있다.

　사실 실질적 손해를 입는 것보다 더 큰 위험은 잘못된 상대에게
친절을 베푸는 것이다. 예를 들어 내가 급히 차를 수리해야 한다고 말
했더니 여동생이 수리비용을 보내줬다고 하자. 나중에 동생은 내가 그
돈으로 차는 안 고치고 새 텔레비전을 샀다는 사실을 알게 된다. 나는
자동차 수리는 미뤄둔 채 일단 버스를 타고 다닌다. 이때 동생은 속은
기분일까? 조금 우습기는 해도 아마 그럴 것이다. 동생은 내 삶의 질을
높여주고자 돈을 보냈고, 실제로 새 텔레비전 덕분에 내 삶의 질은 상

승했다. 그렇다면 동생은 어쨌든 본래의 목적을 달성한 것이 아닐까? 정답은 '아니요'이다. 하지만 그 이유는 동생이 나 때문에 돈을 잃었기 때문이 아니라 내가 거짓말로 돈을 얻어냈기 때문이다. 동생은 거짓말에 당했다는 사실에 모욕감을 느낄 것이고, 결국 자동차 수리비용이 아니라 텔레비전 구매 비용을 대준 꼴이 된 자신이 바보처럼 느껴질 것이다. 혹시 다음에도 내가 비슷한 부탁을 한다면 동생은 의심의 눈초리를 보낼 것이다.

이타주의와 의심 사이에서 빚어지는 갈등

도움이 필요하지도 않은 사람에게 도움을 주면 어쩌나 두려워하다 보면 도움 행동의 양상도 극적으로 달라질 수 있다. 사회학자 앨리 러셀 혹실드Arlie Russell Hochschild는 미국 우파에 관한 민속학적 연구에서 이타주의와 의심 사이에서 빚어지는 혼란스러운 갈등을 인상적으로 묘사했다. 혹실드는 저서 《자기 땅의 이방인들》에 자신이 루이지애나에서 진행한 인터뷰 내용을 담았다. 루이지애나는 '티 파티Tea Party(미국의 극우 보수주의 단체-옮긴이)' 지지 지역이자 무분별한 석유 시추 때문에 환경이 파괴되어 몸살을 앓는 곳이다. 인터뷰 대상자 중 한 명은 환경 운동가이자 티 파티 회원이었던 리 셜먼이었다. 혹실드는 사람들을 의심하며 다소 회의적으로 인심을 썼던 셜먼의 방식에 관해 이야기했다.

셜먼에게는 가난한 이들에게 동정심을 표현하는 자기 나름의 방식이 있었다. 매해 크리스마스가 되면, 셜먼과 그의 아내는 보리가드 패리시(미국 루이지애나주의 지방 행정 단위-옮긴이)의 비영리 기관을 통해 자선을 베풀었다. 부부는 크리스마스트리에 걸린 봉투 가운데 일곱 개를 골라 봉투 안 카드에 적힌 이름을 보고 해당 어린이에게 신발을 선물했다.

"카드에는 아이의 신발 치수가 적혀 있습니다. 치수가 너무 크면 신발이 아이가 아니라 어른에게 갈 수도 있으니 명단에서 제외합니다. 그러나 아이들에게라면 우리는 있는 돈 없는 돈 아끼지 않죠."

셜먼과 그의 아내는 사회 보장 제도에 의지해 경제적으로 불안정하게 살았다. 가족이나 친척들에게 손을 벌리는 경우도 허다했다. 그래도 부부는 자선 활동에 매우 진지하게 임했다. 개인적으로 금전적인 손해를 감수하더라도 기부하기를 마다하지 않았다. 하지만 셜먼 부부의 기부는 의심을 기반으로 한 것이었다. 늘 현금보다는 현물로 기부했고, 혹여 선물이 어린이인 척하는 어른에게 갈까 두려워 발이 큰 아이들에게는 선물하지 않았다. 설령 정말 어른이 선물을 받았다고 한들, 크리스마스 자선 행사에 자기 이름을 써낼 만큼 절실한 사람이라면 감사한 마음으로 신발을 받았을 텐데 말이다.

개인이 아량을 베풀고자 할 때 그 과정을 복잡하게 만드는 인간의 본능은 사회 차원에서 부를 재분배할 때 역시 지장을 초래할 수 있다. 혹실드는 "셜먼에게는 세금이 가장 큰 불만이었다. 그는 세금이 애먼 사람들, 특히 '낮에는 빈둥거리고 밤에는 파티나 즐기는' 복지 수혜자나 편하게 일하는 공무원에게 돌아간다고 여겼다."라고 지적했다. 재분배 정책은 기생충 같은 사람들에 대한 두려움, 즉 마땅히 부를 누릴 자격이 있는 선량한 부자들이 나태한 빈자들에게 이용당한다는 삐딱한 의심 때문에 꾸준히 방해받았다. 그 결과 정치 성향과 관계없이 많은 사람이 비효율적인 데다 자신의 도덕적 가치에 부합하지도 않는 사회 정책을 지지하기도 한다. 미국은 '사회 정책이란 뼈 빠지게 일하는 납세자가 호구 취급을 받는 동안, 협잡꾼은 편안하게 무임승차하게 해주는 제도'라는 생각에 오랫동안 사로잡혀 있었다.

회의적인 기부 경향은 사회 전반에 걸쳐 나타난다. 심지어 장난감 기부 운동, 음식 기부 운동, '아이들에게 외투를' 캠페인처럼 가장 따뜻하고 친근한 자선 사업에서조차 수혜자에 대한 의심이 분명히 드러난다. 사실 음식 기부에는 논란이나 이견이 거의 없다. 배고픈 사람에게 밥을 먹이자는 데 반대할 사람은 거의 없기 때문이다. 사람들이 기꺼이 음식을 내주려고 하므로 음식 기부 운동을 하면 기부품이 꽤 많이 모인다. 그러나 만일 사람들이 콩 통조림이나 파스타 면을 사는 데 쓴 돈과 같은 금액을 현금으로 기부했다면 기부품의 낭비가 훨씬 적었을 것이다. 식료품을 현물로 직접 기부하려면 여러 사람이 각자 귀한 시간을 들여 음식을 구매하고 비싼 소매가격을 지불해야 한다. 직접 가게에 가서 채소 통조림, 강낭콩 한 봉지, 쌀 한 상자를 10달러에 사서 기부하는 것도 물론 가치 있는 노력이지만, 사실 기부처나 수혜자에게 10달러 지폐 한 장을 쥐여주는 것이 비용 대비 더 큰 가치를 창출한다.

무료 급식소는 현금으로 받은 기부금을 모아서 단체 급식에 적합한 음식 재료를 도매가에 구매할 수 있다. 10달러를 현금으로 받으면 아기나 청소년, 유당 불내증 환자 등 수혜자 개인에게 가장 적합한 식료품을 살 수 있다. 역설적이게도 남을 도우려고 애쓰는 사람들은 똑같이 10달러를 쓰면서도, 궁극적으로 수혜자에게 더 큰 도움이 되는 방법이 버젓이 있는데도 이 방법을 선택하지 않는다. 물론, 음식을 현물로 기부하면 기부금의 부정 사용을 방지할 수 있다. 쌀 한 봉지면 굶주린 사람에게 밥을 먹일 수는 있지만, 이것으로 마약이나 술을 사기는 어렵다. 더욱이 누군가가 쌀 한 봉지를 거저 얻었다고 해서 그것이 무임 승차처럼 느껴지지는 않는다. 쌀 한 봉지로 기부자를 찍어 누르고 서열을 뒤집을 수는 없다. 고작 무료 건조 강낭콩 한 봉지를 받은 사람이 사회적으로 우위를 차지할 리도 만무하다.

사회학자 콜린 캠벨Colin Campbell과 S. 마이클 가디스S. Michael Gaddis는 한 연구에서 이 현상을 더욱 체계적으로 설명했다. 그들은 미국 여론 내에 이상한 괴리가 존재한다고 지적했다. 미국인은 '빈민 구제'를 널리 지지하면서도 정작 '복지'는 탐탁지 않게 여긴다는 것이다. 사람들은 복지라고 하면 현금 지원과 주택 공급 프로그램을 떠올렸다. 반면 '빈민 구제'라고 하면 푸드 뱅크, 무료 급식소, 보호 시설을 떠올렸다. 캠벨과 가디스는 실험을 통해 이러한 인식 차이를 조사하기로 했다. 그들은 피험자에게 짤막한 이야기를 하나 들려줬다.

마이클과 제시카는 30대 초반의 부부다. 이들은 노동자들이 주로 사는 동네에서 집 한 채를 빌려 살고 자동차 한 대를 소유했다. 부부는 8살짜리 딸과 13살짜리 아들을 부양한다. 마이클은 건설업에 종사하고 있으나 일은 드문드문 있는 편이다. 제시카는 유치원에서 시간제 아르바이트를 한다. 부부의 월별 합산 소득은 보통 1,700달러이다. 지출금은 매달 고정적이다. 월세 700달러, 공과금 100달러, 차량 대출금 200달러, 자동차 보험료 50달러, 연료비 100달러, 의료비 100달러, 식료품비 400달러, 기타 지출 100달러로 매달 1,750달러를 소비한다. 평소보다 소득이 적거나 예상치 못한 지출이 발생한 달에는 각종 요금 납부를 미루거나, 가족 혹은 지역 자선단체에서 돈을 빌리거나, 신용카드를 사용한다.

캠벨과 가디스는 모든 피험자에게 "마이클과 제시카에게 얼마를 지원해야 한다고 생각하십니까?"라고 질문했다. 그러나 피험자에 따라 지원의 형태를 현금 복지나 바우처(식료품 구매 쿠폰), 현물 지원(주거 지원이나 보육 기관에 보육 보조금을 직접 지원하는 것 등)으로 각각 달리해서 물었다. 질문의 다른 점은 그 돈이 어떤 형태로 수혜자에게 전달되느냐는 것뿐이었다. 피험자들은 현금 지원과 현물 지원을 뚜렷이 구별했고, 대체로 현금보다는 바우처로 지급하기를 선호했다. 사람들은 식료품 구매 쿠폰이면 매달 250달러를 지원하겠다고 했지만, 현금 복지일 경우에는 매달 210달러만 지원하겠다고 답했다. 한 참가자는 이렇게 말했다.

"현금을 주는 건 반대예요. 특권을 남용하기가 너무 쉽잖아요."

재분배 정책에서도 호구 패턴이 매번 반복된다. 먼저 특정 층의 사람들이 나타나서 도움이 필요하다며 그럴싸한 주장을 펼친다. 이에 대한 자연스러운 반응은 그 주장을 진지하게 받아들이고, 같은 지역사회에 사는 시민으로서 서로에게 빚진 부분을 따져본 뒤, 구체적으로 어떻게 도울지 답을 고민하는 것이다. 이때 불안한 예감이 뇌리를 스친다. '만약 이 사람들이 양의 탈을 쓴 이리면 어떡하지?'라는 생각을 하면서부터 음식, 의료 보험, 이민 개혁, 주택 공급을 요구하는 목소리가 갑자기 의뭉스럽게 들린다.

앨라배마주 공화당 하원의원인 모 브룩스는 미국의 의료 보험 제도가 소위 '잘 살아온' 사람과 그렇지 않은 사람에게 똑같이 높은 보험료를 내도록 강요해서 잘 살아온 사람들을 착취하고 있다며 호구의 논리를 펼쳤다.

"이 사람들은 건강합니다. 몸을 건강하게 유지하려고 노력한 덕이죠. 그리고 지금 이렇게 올바르게 살아온 사람들의 보험료가 무서운 줄 모르고 치솟고 있습니다."

브룩스가 제기한 불만은 분명했다. 보편적 의료 보험이 원칙(건강한 식단 유지, 비흡연, 규칙적인 운동)대로 하는 사람의 자원을 가져다가 게으르고 방탕한(정크 푸드 섭취, 흡연, 예방 가능한 만성 질환) 사람에게 퍼준다는 것이다. 이런 식의 이야기는 의료 보험을 두고 갑론을박이 펼쳐질 때마다 계속해서 사람들의 입에 오르내린다. 특히 보험 혜택을 받는 사람이 백인 시스젠더(생물학적 성과 성 정체성이 일치하는 사람. 트랜스젠더와 대비되는 개념이다.-옮긴이) 남성이 아닐 때 더욱 그렇다.

"그쪽 낙태 수술비용을 왜 내가 대줘야 하는데?"

"당신네 산부인과 진료비를 왜 내가 내야 해? 아이를 갖는 건 본인 선택이잖아."

"트랜스젠더 범죄자들의 성전환수술 비용을 왜 내가 대야 해?"

이들은 사람들이 보편적 의료 보험 제도를 통해 자신들을 속인다는 피해의식에 사로잡혀 있었다. 또 '폭스 뉴스 피버 드림(극단적이고 비현실적인 정치적 주장을 경멸적으로 이르는 말-옮긴이)' 식으로 자신들이 당하는 위협을 설명하고자 사회에서 가장 취약한 소수자를 골라 겨냥했다. 이들은 머릿속에서 상상 속의 사기를 만들어내고 그런 사기를 당할까 무서우니 차라리 아무도 돕지 않겠다며 자신들의 결정을 합리화했다. 나중에 후회하느니 미리 조심하는 편이 낫다는 것이다.

호구 공포증이 역력히 드러나는 복지 정책

이번에는 이민 정책을 살펴보자. 도널드 트럼프는 멕시코가 '쓸 만한 사람은 미국으로 보내지 않음'으로써 미국을 속이고 있다고 비난했다. 멕시코도 원치 않는 사람들을 미국에 떠넘겨서 미국의 후한 지원금을 축낸다는 것이다. 미국 출입국항까지 와서 망명을 신청하는 것은 이민자의 입장에서도 큰 위험을 무릅쓰는 행동이다. 그러나 트럼프는 의문을 제기했다. 그들은 정말 도움이 필요한 사람들인가 아니면 미국에서의 경제적 이익만 추구하는 사람들인가? 그들은 미국의 일원으로 동화되고자 하는 선량한 시민인가 아니면 강간범과 살인마인가?

다음으로는 주택 문제다. 고질적인 노숙자 문제를 해결하려면 조건 없이 무료로 집을 제공하는 것이 더 효율적이다. 그러나 약물을 남용하고 일하지 않는 사람에게 오히려 상을 주는 것처럼 보이는 이 제도를 시행하기 위해서는 사람들을 먼저 설득해야 한다. 2006년 잡지 〈뉴요커〉에 실린 '백만 달러 머레이'(네바다주 리노의 알코올 중독 노숙인 머레이가 매년 쓴 의료보험금이 백만 달러에 달해 이러한 제목이 붙여졌다.-옮긴이)라는 글에서 작가이자 기자인 말콤 글래드웰Malcolm Gladwell은 효율적인 사회 정책이 호구 공포증과 충돌하는 모습을 생생하게 표현했다. 정책 분석가들은 머레이나 그와 비슷한 처지에 있는 사람들에게 의료비를 지원하기보다 무료로 아파트를 제공하는 편이 장기적으로는 훨씬 더 경제적일 것이라고 지적했다. 아파트에 매년 1만 달러를 들인다고 해도 그 덕에 머레이가 응급실에 실려 가지 않는다면, 시 예산을 어마어마하게 절약할 수 있다는 것이다. 정책 분석가들은 개인 주택을 무료로 공급하면 추위에 노출되거나 교통사고에 취약해지는 문제 등 장기간 노숙하는 약물 중독자가 겪는 심각한 의료 문제를 상당 부분 방지할 수 있다고 주장했다. 그러나 세금이 오용될까 우려하는 사람들이 볼 때 세금을 그렇게나 많이 잡아먹는 노숙인에게 무료로 주택까지 공급하는 것은 곧 규칙을 지키는 사람들을 희생해서 규칙을 어기는 사람에게 '상을 주는 것'이나 다름없었다.

그런데도 콜로라도주 덴버를 비롯한 여러 도시는 제도 개편을 단행하려 했고, 이것이 너무 불공평한 정책이라는 비난을 꾸준히 들어야만 했다. 글래드웰은 이렇게 기록했다.

"수천 명의 덴버 주민이 투잡, 쓰리잡을 뛰면서 하루하루 살아가며, 그들은 도움 받을 자격이 차고 넘치는데도 아무도 그들에게는 새 아파트 열쇠를 건네주지 않는다. 그런데 정작 정부는 음담패설이나 내뱉고 닥터 티치(구강청결제-옮긴이)를 벌컥벌컥 들이켜는 남자에게 새 아파트 열쇠를 쥐여준다. 이 경우 공정한 처사란 쉼터와 무료 급식소를 제공하는 것 정도일 것이다. 그러나 쉼터와 무료 급식소로는 노숙인 문제를 절대 해결할 수 없다."

쉼터와 무료 급식소는 간헐적인 도움을 제공할 뿐 머레이 같은 사람들을 거리에서 집으로 돌려보내지는 못한다. 글래드웰은 이 마찰을 가리켜 '도움을 받을 자격이 있는 사람을 도와야 한다'라는 중요한 도덕적 원칙과 그 원칙을 깨야만 해결할 수 있는 흔치 않고 막대한 비용이 드는 문제 사이의 갈등이라고 지적했다. 사실 비용 효율이 높은 방식으로 머레이를 지원하는 정책을 계속 반대할 때 얻는 이익은 그가 새치기로 집을 얻어내는 꼴을 보며 속을 끓이지 않아도 된다는 것뿐이다.

이러한 갈등은 영역을 막론하고 사회 곳곳에서 끊이지 않는다. 남을 돕다가 호구가 될지 모른다는 두려움을 이해하면 왜 우리가 더 효과적으로 개입해서 문제를 해결할 수 있는데도 오히려 덜 효과적인 복지를 선호하는지 알 수 있다. 자산 조사, 근로 요건 검증, 심지어 복잡한 신청 절차 등 올바른 지원 대상자 선정을 위해 여러 방법을 써 보지만 이것은 복지 제도의 시행 비용을 전반적으로 높일 가능성이 크다. 그러나 이러한 까다로운 선정 절차 덕에 부정 수급을 방지한다는 인상을 주므로 좀 더 많은 사람들의 입맛에 맞는 복지 제도가 완성된다.

사회학자이자 《왜 미국인들은 복지를 싫어하는가》의 저자인 마틴 길렌스Martin Gilens는 우리가 복지에 대한 미국인의 견해를 오해하고 있다고 주장했다. 사실 미국인 대부분은 어려운 사람을 돕는 데 긍정적이다. 복지에 관한 일반적인 담론을 고려하면 놀라울 수도 있겠으나 길렌스는 "매해 설문 조사에 따르면 정부가 교육, 보건, 보육 영역 및 노인, 노숙인, 경제적 취약층을 위해 복지를 충분히 시행하지 않고 있다고 여기는 것으로 드러났다."라고 지적했다. 그렇다면 복지로 인한 지출에 반대하는 목소리는 왜 그렇게도 큰 것일까? 가장 주된 이유는 대다수의 복지 수혜자가 스스로 열심히 일하기보다는 가만히 집에 앉아 지원금을 받기를 택할 것이라는 믿음이 널리 퍼져 있기 때문이다.

미국에서 '흑인 혜택'이라는 인종적 꼬리표가 붙은 복지를 사람들이 마뜩잖게 여기는 이유는 복지가 사기처럼 느껴지기 때문이다. 복지 혜택을 제공함으로써 많은 이들이 바람직하게 여기는 사회적 목표를 이루는 데 일조한다고 해도 마찬가지다. 조금 더 심도 있게 들여다보면, 남을 돕는 행위에는 묘하게 수치스러운 구석이 있다. 공개적으로 남을 돕는 것은 곤란한 일이다. 이타적인 동정심을 지닌 사람은 그만 큼 남에게 바보 같이 속을 가능성도 커지기 때문이다. 미국인들은 자선단체에 기부하고도 단지 자신의 이익을 위해 기부했다고 주장함으로써 관대함과 협력이라는 가치에 대해 은연중에 양가감정을 지니고 있음을 드러낸다. 만일 '피 흘리는 심장(bleeding heart, 지나치게 동정심이 많은 사람을 경멸적으로 이르는 말-옮긴이)'이라는 말을 들어본 적이 있다면 이 말이 칭찬이 아닌 모욕임을 알 것이다. 이 표현은 단지 다른 사람을 돕겠다는 이유로 간이고 쓸개고 다 빼주겠다는 사람에게는 뭔가 수상한 구석이 있다는 의심을 담은 것이다. 이 말이 현대적인 의미로 처음 쓰인 것은 1938년 보수 언론인인 웨스트브룩 페글러Westbrook Pegler가 쓴 한 신문 칼럼에서였다. 페글러는 이 표현을 써서 정치적 진보주의자를 모욕했다.

"나는 매년 고작 열네 명의 목숨을 구하는 법을 제정하겠다고 사투를 벌이며 전체 입법 일정을 지연시키는 피 흘리는 심장 전문가들의 인도주의가 의문스럽다."

그가 그렇게도 터무니없다고 생각한 법은 바로 반反린치법(개인이나 단체가 특정인에게 임의로 가하는 사적 형벌, 즉 린치를 '인종차별 또는 편견에 근거한 범죄'로 규정하는 법-옮긴이)이었다. 페글러의 주장대로라면 인권을 지키기 위해 법안을 제정하는 것은 모두 호구들이나 하는 짓인 셈이다.

호구 공포증이 타협과 협상을 방해한다

———

사람들은 위험을 감지하면 대부분 조용히 물러나기 때문에 무언가를 회피하겠다는 결정은 눈에 잘 띄지 않을 때가 많다. 단순히 어딘가에 투자하지 않거나 기부하지 않는 것은 사실 결정이라고 보기도 어렵다. 그러나 어떤 회피는 더 명시적으로 드러나고, 이런 경우 우리는 소극적인 자세로 그 일에 끼어들지 않는다기보다 적극적으로 발을 빼고 뒤로 물러나려 한다. 호구가 될 위험을 회피하고자 할 때, 우리는 때로 단정적이고 공격적이기까지 한 태도로 게임판을 뒤엎는다.

행동 심리학에 따르면 호구가 될지 모른다는 두려움은 협상을 성공적으로 이끌지 못하게 막는 장애물이다. 이 원리는 앞에서 등장한 노버트 커의 연구와도 유사하다. 먼저 한 사람이 상대방에게 속았다고 느낀다. 그리고 '이 판에서는 아무도 못 이겨. 내가 그만둘 거니까.'라고 결단을 내린다. 게임판을 뒤엎은 결과는 엄청나게 폭발적일 수도 있고 지극히 평범할 수도 있다. 나는 대학을 졸업한 뒤 잠시 뉴욕에 거주한 적이 있었다. 우리 부모님은 메인주에서 뉴욕까지 나를 만나러 오셨다. 함께 몇 시간에 걸쳐 도시를 누비며 박물관도 가고 여기저기 구경도 하다 보니 다들 더위에 지치고 배가 고팠다. 우리는 식료품점으로 피신해서 각자 간식거리를 집어 들고 다시 모였다. 아버지는 사과 한 개를 가지고 계산하러 가더니 빈손으로 돌아왔다. 아버지는 도저히 사과 한 개를 2달러나 주고 사 먹을 수 없다고 했다. 이렇게만 말하면 우리 부모님이 갓 시골에서 올라온 사람처럼 들릴지 모르겠지만 사실 부모님은 맨해튼에 아주 익숙한 분들이었다. 아버지의 지갑 속에는 분명 2달러가 넘는 돈이 들어 있었고, 사과를 정말 먹고 싶은 눈치였다. 결국 그날 아버지가 어떤 간식을 선택했는지는 기억나지 않지만, 분명 2달러보다는 비쌌을 것이고 사려다가 못 산 사과를 먹는 것보다는 만족스럽지 않았을 것이다.

우리 아버지와 가게 사이에서 일어난 상호작용(과일을 본다, 가격을 본다, 돌아선다)은 일종의 협상이나 마찬가지였다. 둘은 합의에 도달하지 못했다. 협상 과정은 매우 짧았지만, 구조 자체는 여느 협상과 다르지 않았다. 양측은 자신이 가진 것을 상대방과 교환하고자 했고, 각자 얼마에 거래하겠다고 정한 조건이 있었다. 그러나 아버지는 거래하지 않기로 했다. 아버지가 보기에 2달러짜리 사과는 바가지였기 때문이다.

어떤 거래가 사기처럼 느껴지느냐 아니냐는 '맥락'이 크게 좌우한다. 만일 내가 어떤 가게에 들어가 내 흥미를 끄는 물건, 이를테면 고급 탄산수가 진열된 것을 본다면 나는 한 번쯤 가서 살펴볼 것이다. 나는 전에도 이 탄산수를 마셔본 적이 있었고 굉장히 만족했었다. 게다가 지금은 6달러로 할인 중이다. 그런데 상품을 계산대로 가져가자 가격이 8달러로 찍힌다. 어떻게 된 일인지 묻자 계산원이 대답한다.

"구매하실 때는 8달러이고, '우편 환불(mail-in rebate, 상품을 구매한 뒤 제조사에 부분 환불 신청서, 구매 영수증, 상품 바코드를 우편으로 보내 구매 사실을 증명하면 환불받을 수 있는 할인 정책-옮긴이)'을 신청하시면 2달러를 돌려받을 수 있어요."

우편 환불이라고? 신청 안 할 게 안 봐도 뻔한데? 이거 사기 아니야? 물론 이 말도 안 되는 할인을 받지 못하더라도 탄산수는 여전히 내게 가치 있는 상품이다. 나는 이 탄산수에 8달러 혹은 9달러까지도 지불할 용의가 있었다. 그러나 이제는 화가 단단히 났다. 그깟 8달러 안 내고 탄산수도 마시지 않으면 그만이다. 이처럼 맥락 때문에 거래가 성사되지 않는 일은 비일비재하다. 무언가를 살까 고민하다가도 그 가격을 주고 살 만큼 갖고 싶지는 않아서 사지 않을 때도 많다. 그러나 '내게 분명 가치 있는 물건'조차 사지 못한다는 것은 어떤 심리적 장애물이 나를 가로막고 있다는 뜻이다. 이 경우에는 제조사의 미끼 상술에 놀아난 꼴이 되는 것 같아 탄산수를 사기가 꺼려진다. 그래서 나는 호구처럼 사실상 8달러나 다름없는 6달러짜리 탄산수를 사 마시느니, 차라리 목마름을 견디며 그대로 돌아서기를 택한다.

양보 혐오가 생겨나는 이유

소비자가 물건의 가격을 납득하지 못하고 돌아설 때, 그 물건이 그렇게 중요하지도 않은, 그저 한 번쯤 맛보고 싶은 색다른 음료일 때는 위험 부담이 거의 없다고 봐도 무방하다. 그러나 진짜 협상이 이뤄질 때, 특히 갈등이나 법적 분쟁을 해결할 때는 협상 상대가 그대로 자리를 떠 버리면 그에 따른 위험 부담이 매우 크다. 심리학자 빅토리아 허스테드 메드벡Victoria Husted Medvec은 코넬대학교 박사 학위 논문에서 이 사실을 교수들 간의 짤막한 일화를 통해 실감 나게 설명했다.

심리학 교수와 경제학 교수가 교수회관에서 열띤 토론을 벌이는 중이다. 그들은 최근 한 동료가 연구비 삭감과 관련해 학장과 협상을 벌인 일을 이야기한다. 경제학 교수가 말한다.

"조지가 학장의 제안을 거절하고 연구비를 지금보다 만 오천 달러나 삭감당하면서까지 다른 대학으로 가겠다니 도무지 이해가 안 가. 학장이 제안한 대로 지금 연구비에서 칠천 달러 정도만 삭감되는 편이 훨씬 낫지 않나?"

그러자 심리학 교수가 어깨를 으쓱하며 말한다.

"글쎄, 나는 전혀 놀랍지 않던걸."

경제학 교수가 반박한다.

"그렇지만 다른 학교로 가면 여기 남는 것보다 손해잖아."

심리학 교수가 씩 웃으며 대답한다.

"그건 어떻게 보느냐에 따라 다르지."

메드벡이 제시한 이야기 속 심리학자는 경제학자가 이해하지 못한 부분을 이해하고 의미심장한 미소를 짓는다. 연구비를 덜 받는 것만 실질적 손해가 아니다. 고용인에게는 고용주에게 느끼는 배신감도 실질적 손해다. 우리는 새로운 직장에서 월급을 적게 준다고 해서 배신감을 느끼지는 않는다. 배신감을 느낀다는 건 일단 이전에 쌓인 신뢰가 있었기 때문이다. 새 직장은 월급을 적게 준다고 해도 어느 정도는 이해할 수 있다. 월급은 낮아도 배신감이라는 심리적 비용은 추가로 들지 않기 때문이다. 하지만 사기당하는 기분이 든다면 사람들은 그 상황에서 조금이라도 빨리 벗어나고자 할 것이다. 메드벡은 이 현상을 가리켜 '양보 혐오'라고 이름 붙였다.

"사람들이 양보하기 싫어하는 근본적 이유는 현재 관계에서 상대방이 신뢰를 저버리고 자기를 착취하려 한다고 인식했기 때문이다."

사람들은 상대방이 자신을 이용하려는 상황을 견디기 힘들어한다. 이것은 법적 분쟁 같은 상황에서 심각한 문제를 초래한다. 법정 소송 자체에 드는 비용 자체가 엄청나기 때문이다. 내가 처음으로 썼던 법학 논문은 이혼 협상에 관한 것이었다. 이혼소송 비용은 과정에 따라 대단히 높아질 수 있고, 사람들은 대부분 변호사 선임에 쓸만큼 돈이 넉넉하지도 못하다. 게다가 이혼하면 아내와 남편 모두 재정 상황이 나빠지는 경우가 대부분이다. 살림을 각자 따로 꾸리면 당연히 돈이 더 많이 들기 때문이다. 그런데도 수많은 부부가 결국 오래도록 합의에 다다르지 못해 소중한 자산을 낭비하고 만다.

통찰력이 그다지 깊지 못했던 시절에 썼던 이 논문에서 나는 많은 사람이 이미 지칠 대로 지친 채 이혼 협상에 들어간다고 지적했다. 특히 배우자가 간통을 저지르는 등 결혼 계약을 위반해서 이혼하는 경우, 기본적으로 재산을 양쪽에 균등하게 분배하는 방향으로 협상해야 한다는 생각 자체가 터무니없어 보일 수 있다. 만일 남편이 바람을 피워서 우리가 협상 테이블에 앉는다면, 그런데 남편이 남의 속도 모르고 집을 팔아서 그 돈을 똑같이 나누자고 제안한다면 나는 아마도 '똑같이 나누자고? 누굴 호구로 아나?'라고 생각할 것이다.

나는 연구 대상자들에게 자신이 이혼을 앞둔 부부 중 한 사람이라고 생각하고 다양한 조건에서 배우자와 협상하는 상황을 상상해 보도록 했다. 연구 결과, 사람들은 가상의 배우자 의견에 동의하지 않는 것뿐 아니라 유책 배우자가 무언가를 제안하는 것 자체가 부당하다고 느꼈다. 집을 팔아서 그 돈을 똑같이 나누자는 제안을 보고도 '이것이 과연 공평한 제안이기는 한가?'라는 문제를 두고 첨예하게 대립했다.

어떤 거래가 불공평해 보이면 우리의 머릿속에서는 호구 역학이 작동하기 시작한다. 그러나 '공평'이라는 기준은 보는 사람에 따라 다르며, 어떤 사람이 말하는 공평은 그 사람이 최선의 이익을 얻는 선택지와 수상하리만치 닮아 있다. 형제자매와 음식을 나눠 먹는 문제로 다툰 적이 있다면 이 현상을 이해할 것이다. 만약 내게 사탕이 생긴다면 나는 동생에게 더 작은 조각을 주는 것이 공평하다고 생각할 것이다. 사탕은 애초에 내 것인데 단지 내가 아량을 베푸는 것이기 때문이다. 하지만 만약 동생에게 사탕이 생긴다면 내가 보기에는 사탕을 똑같이 반으로 쪼개는 것이 공평할 것이다. 사람이 두 명이니 반씩 나눠 먹는 것이 당연하다고 여기기 때문이다.

협상이 교착에 빠지는 이유

카네기멜런대학교의 린다 뱁콕Linda Babcock과 조지 로웬스타인George Lowenstein은 '협상 교착에 관한 설명'이라는 논문에서 이 현상에 관해 서술했다. 그들은 사람들이 무엇 때문에 게임판을 뒤엎고 돌아서는지 파악하고자 했다. 이러한 행동이 양측 모두에게 손해이기 때문이다. 뱁콕과 로웬스타인은 사람들이 어느 순간 더는 협상을 진전시키지 못하고 교착 상태에 빠진다고 보고, 교착에 빠지는 지점을 찾기 시작했다. 그들은 피험자를 두 명씩 한 팀으로 묶고 자동차 사고 사례를 하나 제시했다. 피험자는 각각 사고 피해자(원고)와 가해자(피고) 역할을 담당했다. 두 사람은 피고가 원고에게 보상금을 얼마나 지급해야 할지 0달러에서 10만 달러 범위에서 협상해야 했다. 협상을 빠르게 완료한 팀에게는 참가비를 추가로 지급하기로 했다. 그런데도 많은 팀이 추가금을 포기한 채 오래도록 협상을 끝맺지 못했다. 게다가 피험자의 약 30퍼센트는 끝내 합의에 도달하지 못하는 바람에 결국 그들이 받을 수 있었던 참가비 중 상당 부분을 잃고 말았다.

뱁콕과 로웬스타인은 두 지점에 주목했다. 각 피험자는 '자신이 개인적으로 원하는 보상금은 얼마이고, 객관적으로 공평하다고 여기는 보상금의 범위는 어느 정도이냐'는 질문을 받았다. 각자가 원하는 보상금의 액수는 확연히 갈렸다. 당연히 원고는 보상금을 많이 받으려 했고, 피고는 보상금을 적게 주려고 했다. 하지만 더 충격적이었던 것은 상당수의 경우 양측이 생각하는 '객관적으로 공평한 보상금'의 범위 또한 크게 달랐다는 사실이었다. 실제로 합의에 이르지 못한 팀은 대부분 각자가 생각하는 '공평한' 보상금의 범위가 조금도 겹치지 않았다.

피험자들은 이기주의 편향에 빠지는 바람에 결국 자신이 사기당하고 있다는 암담한 결론에 봉착했다. 뱁콕과 로웬스타인의 표현에 따르면 토론자들은 자기 생각이 공정하다고 확신하면 상대방이 공격적으로 흥정에 나설 때 그가 그 금액을 정말 공평하다고 생각해서 제안하는 것이 아니라 불공평한 것을 뻔히 알면서도 이기적으로 전략적인 이익을 얻으려 한다고 해석했다.

각자의 이익을 챙기려는 마음이 은연중에 반영되어 양측이 생각하는 공평의 기준이 일치하지 않으면 사람들은 상대방이 무언가를 제안할 때 그 의도를 의심했다. 또한 상대방이 이익을 얻기 위해 속임수를 쓴다고 생각했다. 게다가 상대가 제시한 기준이 불공평하다는 인식이 한번 자리 잡고 나면, 이것이 협상에 치명적인 영향을 미쳤다. 왜냐하면 협상자들은 자기가 생각하는 공정함의 기준에서 벗어나면 한 치도 양보하려 하지 않았기 때문이다. 사람들은 자기가 얼간이 취급을 받을 조짐이 보이는 순간 협상 테이블을 박차고 나가버렸다. 조금 잃고 호구가 되느니 많이 잃더라도 자존심을 지키는 편이 더 낫다고 여기기 때문이다.

호구가 될지 모른다는 두려움은 마치 유령의 집에 걸린 거울처럼 우리의 자아와 가치관을 왜곡한다. 일부 손해를 과장해서 보여주고 어떤 가치는 중요하지 않은 것처럼 작아 보이게 한다. 호구 공포증은 협력과 선의를 대하는 우리의 태도를 바꿔 놓고 사회에서 의료 보험, 주택 공급, 복지 혜택에 자원을 분배하는 방식에도 영향을 미친다. 같은 지역사회 구성원끼리 서로를 등한시하게 되고, 풀기 어려운 문제나 협상하기 어려운 갈등에 부닥치면 노력해 보지도 않고 쉽게 포기하게 된다. 이같이 호구 공포증으로 인한 양보 혐오는 사회 질서와 개인의 자아에도 상당한 영향을 미친다. 그러나 정말 중요한 것은 오히려 우리가 자비를 베풀거나 용서함으로써 호구 프레임을 거부할 수도 있다는 점이다.

어느 가정에서나 가족끼리 서로 소원해지기도 하고, 또 용서하기도 한다. 우리 집도 다르지 않다. 외할아버지는 양보에 매우 인색한 분이었고, 다혈질이라 금세 화를 잘 냈다. 할아버지의 다섯째 자녀인 우리 어머니가 천주교인이 아닌 남자와 성당이 아닌 곳에서 결혼식을 올리겠다고 했을 때, 할아버지와 어머니는 긴장감이 팽팽하게 감도는 가운데 협상을 시도하다가 교착 상태에 빠졌다. 결국 어머니와 아버지는 들판에서 신부의 주례 없이 결혼식을 올렸다. 아버지가 천주교로 개종하는 일도 없었다. 그러자 할아버지는 어머니와의 연을 끊었다. 몇 년이 지나도록 어머니는 본가에 가도 환영받지 못했고, 할아버지는 어머니와 마주치지 않으려고 어머니가 있는 곳을 피해 다녔다. 한번은 타이밍이 맞지 않았던 모양인지 할아버지가 이모 집을 막 나서는 순간 어머니가 도착했다. 부녀는 진입로에서 마주쳤고, 어머니는 당시 태어난 지 얼마 되지 않은 나를 안고 있었다. 어머니는 할아버지를 붙들고 할아버지의 열 번째 손주를 보여주려 했지만, 할아버지는 한마디도 하지 않고 그대로 딸을 지나쳐 갔다.

할아버지는 내가 열두 살이 되어서야 마음을 바꿨다. 나와 어머니가 있을 것을 알고도 내 사촌의 결혼식에 참석하신 것이다. 피로연에서 나와 여동생은 디저트 접시를 앞에 두고 뻣뻣하게 군 채 할아버지를 만났다. 그 후 할아버지는 할머니가 우리 집에 올 때마다 동행하기 시작했다. 할아버지는 우리 아버지와 함께 체스를 뒀고, 점차 서로에게 익숙해졌다. 그로부터 5, 6년 후 할아버지의 건강이 급격히 나빠지기 시작했고 자식들은 번갈아 가며 할아버지를 간호했다.

나는 어머니에게 어떻게 할아버지를 다시 받아들일 수 있었느냐고 물었다. 어머니는 화가 나지 않았을까? 손해 보는 기분은 아니었을까? 할아버지는 아무런 대가도 치르지 않고 어머니의 삶 속으로 어물쩍 다시 들어오지 않았는가. 심지어 사과 한마디도 한 적이 없었다. 어머니는 할아버지를 용서했다고 해서 자기가 바보라고 생각하지는 않았다. 자신에게 진짜 중요한 것은 하나도 양보하지 않았기 때문이다.

"아버지가 다시 돌아왔을 때, 나는 내가 원하던 걸 전부 이룬 상태였어. 좋은 사람과 결혼도 했고, 아이들도 있었고, 내 삶 역시 조금도 잃어버리지 않았지. 난 이미 원하는 걸 모두 가졌어."

호구의 역할을 뒤집는
복수와 투쟁

언제부터인가 미국의 고속도로에 '나중에 합류하시오'라고 적힌 불친절한 표지판이 세워지기 시작했다. 운이 좋다면 조금 더 길고 친절하게 설명하는 표지판을 만났을 것이다.

'합류 지점까지 양쪽 차선을 모두 사용하세요.'

하지만 이런 친절한 표지판을 봐도 이것이 정확히 왜 세워졌는지는 여전히 아리송할 뿐이었다. 알고 보니 이 표지판이 세워진 이유는 차선 합류 자체가 위험 부담이 매우 높은 문제이기 때문이었다. 이 표지판은 운전자들이 '지퍼 합류' 방식으로 합류하게 하려고 세워진 것이었다. 지퍼 합류란 말 그대로 지퍼의 이가 양쪽에서 하나하나 맞물리듯이 차량이 한 차선으로 합류하는 방식이다. 이 방식대로 하면 두 개의 차선이 한 차선으로 합쳐지는 도로에서 자동차들은 차선 합류 직전까지는 원래 있던 차선에 머무르다가 합류 지점이 되었을 때 양 차선에서 각각 한 대씩 번갈아 가며 한 차선으로 합류한다. 이 합류 체계는 끊기는 쪽 차선에 있는 운전자들이 차선 변경을 최대한 나중에 해야 제대로 작동할 수 있다. 그러지 않고 미리 차선을 변경하려 한다면 끊어지지 않는 쪽 차선에 길게 정체 현상이 벌어진다.

지퍼 합류 방식을 적용하면 시간을 상당히 절약할 수 있다. 일찍부터 한쪽 차선에만 길게 늘어서서 다른 쪽 차선을 놀리는 대신 차선이 끊기기 직전까지 최대한 활용하기 때문이다. 하지만 안타깝게도 차선을 변경하는 주체는 기계인 자동차가 아니라 인간이다. 한 교통 기관의 조사에 따르면 차선 합류가 자동차 관련 주요 스트레스 유발 요인 1위였다고 한다. 저널리스트 폴 스텐퀴스트Paul Stenquist는 〈뉴욕타임즈〉 논평에서 지퍼 합류의 딜레마를 다뤘다.

"많은 사람이 자신은 최대한 빨리 본선으로 차선을 변경할 것이며, 다른 차가 합류 지점 직전까지 차선을 변경하지 않으면 화가 난다고 말했다. 어떤 이들은 이렇게 하는 사람이 있으면 도로에서 몰아내 버리겠다고 단언했다. 한 응답자는 미국에서 지퍼 합류를 시행하기 어려운 가장 큰 이유가 '권총을 소지하며 이것을 기꺼이 쓰려고 하는 위험한 바보들이 너무 많기 때문'이라고 했다."

결국 모든 합류 지점이 호구의 게임이고, 이 게임의 참가자들은 다들 치명적인 무기를 하나씩 운전 중이다. 당신이 정체된 도로에서 운전하고 있다고 상상해 보라. 일에 지칠 대로 지쳐서 짜증스럽기까지 하다. 그러다 앞으로 조금 가려는 순간 오른쪽 갓길에서 자동차 한 대가 불쑥 다가온다. 그 차가 당신의 차 앞으로 코를 들이미는 통에 브레이크를 밟는 수밖에 없다. 스트레스 수치가 오르는 것이 느껴지는가? 이 기분은 다들 흔히 겪는 것이라 '도로 위 분노(road rage)'라는 이름까지 붙었다. 도로 위 분노는 1980년대 후반 고속도로에서 다툼이 늘면서 생겨난 용어로 이제는 우리에게 친숙한 표현이다.

호구가 되면 사람들은 본능적으로 반응한다. 교통체증 속에서 운전하면 기본적으로 느릿느릿 움직이는 줄에 서서 기다려야 하고, 양쪽 차선에서 교대로 통행하거나 협력하는 것을 실존적 공공재 게임으로 보게 된다. 실제로 '도로 위 분노 호구'라고 검색하면 화가 난 운전자들이 차에서 나와 서로에게 주먹다짐을 했다는 지역 뉴스를 심심찮게 볼 수 있다. 도로 위 분노에 사로잡혀 옆 차를 끼워주지 않고, 차선을 막고, 앞 차에 바짝 붙어 보복 운전하는 사람을 보면 1장에서 소개한 공공재 게임에서 공동체에 협력했다가 호구가 되어 "당신들 때문에 내가 지금 얼마나 소외감을 느끼는지 알기나 해!"라고 소리쳤던 사람들이 떠오른다. 우리는 속임수에 당하지 않고 자리를 뜰 수 있다. 사기 전화를 끊거나 사기 모금 행사를 피해 길을 건너면 그만이다. 그러나 때로는 자동차 안에 갇혀 옴짝달싹 못 하는 사태에 빠지기도 한다. 이럴 때는 사람이 원시적으로 변한다. 경제학 게임, 연인 간 폭력, 무력 분쟁에 이르기까지 '투쟁'은 상대에게 보복하고, 관계에서 우위를 점하거나 상대를 처벌하고, 사회 질서를 호구 위협으로부터 지키기 위해 등장한다.

호구의 보복 본능

———

캐슬린 보스Kathleen Vohs와 두 명의 심리학자는 호구 공포증을 다룬 중요 논문에서 호구의 보복 본능이 왜 그렇게도 강력한지를 두고 고심했다.

그들은 몇 가지 사례를 제시했다.

"매년 자판기와 격한 몸싸움을 벌이다 사망하는 사례가 여러 차례 발생한다. 많은 이들이 자판기에서 원하는 상품이 나오지 않으면 분노를 느낀다. 어떤 사람들은 심하게 분노해서 자판기를 거칠게 흔들어대다가 넘어지는 자판기 밑에 깔리고 만다."

다른 사례로는 실험에서 진행한 여러 게임에서 다른 참가자에게 버림받은 참가자가 이성을 잃고 격분했던 것을 이미 살펴봤다. 그들은 서로를 '못돼먹은 놈들'이라 부르며 연구실 문을 박차고 나갔다. 혹은 만일 직접 맞서 싸울 수 있으면 그렇게 했다. 이러한 투쟁의 가장 순수한 형태는 '최후통첩 게임'이라 불리는 실험에서 등장한다. 내가 최후통첩 게임에 관한 연구 논문을 처음 읽은 것은 대학원생 때였다. 솔직히 이 논문은 거의 읽을 수 없는 수준이었다. 전문용어가 난무하는 빽빽한 글 옆에는 빼곡하게 적힌 숫자표까지 가득했다. 하지만 어떻게든 읽고 보니 실험 설계는 완벽했고, 실험 설계를 보면 결과가 어떻게 나올지 충분히 짐작할 수 있었다.

최후통첩 게임은 이렇게 진행된다. 참가자들은 일단 두 명씩 한 팀을 이룬다. 팀마다 한 명은 '제안자' 역할을 맡고, 다른 한 명은 '응답자' 역할을 맡는다. 한 팀에 10달러가 주어지고 두 참가자는 10달러를 나눠 가져야 한다.[4] 제안자는 응답자에게 돈을 이렇게 분배하자고 제

---

[4] 여기서도 기본금은 편의상 10달러로 설정한다. 첫 최후통첩 게임은 1978년에 독일에서 이뤄졌으므로 마르크화를 사용했고, 제안자에게 부여하는 '기본금'은 회차마다 달리했다. 물론 기본금을 나누고 공유하는 원칙은 액수와 관계없이 일정했다. 또 이러한 실험에서 대체로 그렇듯 실험자가 참가자에게 게임을 소개할 때는 이 책에서 쓰는 표현보다 구체성이 떨어지고 기계적인 용어를 사용했다. 예를 들어 참가자는 자신의 역할이 단순히 '1번 참가자', '2번 참가자'라고만 들었다.

안하는 쪽지를 보낸다. 쪽지를 받은 응답자에게는 두 가지 선택지가 주어진다. '제안을 수락합니다'에 체크할 수도 있고, '제안을 거절합니다'에 체크할 수도 있다. 만일 응답자가 '제안을 수락합니다'에 체크하면 참가자들은 제안자가 제안한 대로 돈을 나눠 갖는다. 예를 들어 제안자가 자신은 6달러를 갖고 응답자에게는 4달러를 주겠다고 제안하고 그 제안을 응답자가 받아들이면, 그들은 각각 6달러와 4달러를 가져간다. 만일 응답자가 '제안을 거절합니다'에 체크하면 참가자들은 둘 다 한 푼도 갖지 못하고 돌아간다. 게임 규칙은 이것이 전부다.

최후통첩 게임의 실험자들은 경제학자였고, 경제학자들은 보통 '합리적 행위자'가 자신의 이익을 최대화하려 할 것으로 예측한다. 이 이론에 따르면 응답자는 제안자가 제시한 금액이 0달러가 아닌 이상 제안을 무조건 받아들여야 한다. 1달러라도 받는 것이 한 푼도 얻지 못하는 것보다는 낫기 때문이다. 하지만 실제 실험 결과는 이렇게 나타나지 않았다. 제안자는 돈을 어떻게 나눌지 제안해야 하고, 분배 비율에 따라 그 제안이 지닌 호소력도 달라진다.

"5달러 대 5달러면 받아들이시겠어요?"

"제가 9달러, 그쪽이 1달러를 가지는 건 어때요?"

대부분의 사람이 학술 논문 하나 읽지 않고도 게임 결과를 예측할 수 있을 것이다. 분배 비율이 지나치게 불균등해 보이면 응답자는 거부권을 행사하기 시작한다. 분배 비율이 8:2나 9:1까지 치우치면 사실상 아무도 제안을 받아들이지 않는다. 쓰러지면서 사람을 깔아뭉개는 자판기와 달리 최후통첩 게임이 참가자의 목숨을 앗아간 적은 없지만, 제안자에게는 상당한 보복이 뒤따를 수 있다. 사람들이 1달러나 2달러를 굳이 거절하는 이유는 무엇일까? 상대방이 이기지 못하게 하겠다는 일념으로 제안을 거절하는 사람은 악의에 차서 '너 죽고 나 죽자' 식으로 행동하는 것처럼 보인다. 응답자가 2달러 제안을 거절하는 이유는 2달러라는 돈이 실생활에서는 아무런 부가적인 맥락이 없는 순수한 돈이지만, 최후통첩 게임에서는 '호구가 되고 받는 대가'이기 때문이다.

　　제안자에게 분배 비율을 제안받고 나면 응답자에게는 단 두 가지 선택지가 주어진다. 제안자와 협력하거나 게임 자체를 폭파해 버리거나 둘 중 하나다. 자기 몫으로 특정 금액을 제안받은 응답자의 반응을 상상해 보자. 5달러는 받을까? 그렇다면 3달러는? 1달러는? 누군가는 응답자가 합리적 행위자라서 '현금을 조금이라도 벌어볼까?'라며 고민할 거라고 생각할지 모르지만, 실제로 그렇지 않다는 것을 우리는 이미 잘 알고 있다. 만일 내 머릿속에 떠오른 질문이 '현금을 조금이라도 벌어볼까?'였다면 답은 거의 무조건 '제안을 수락합니다'였을 것이다. 여기서 문제는 내가 1달러를 갖고 싶은가 아닌가가 아니다. 진짜 문제는 10퍼센트라는 불균등한 분배 비율을 받아들일 것이냐 아니냐다. 1달러와 '10달러의 10퍼센트'는 같은 금액이지만 어떤 시각에서 보느냐에 따라 그 금액의 의미가 완전히 달라진다. 연구자들이 수년에 걸쳐 자료를 수집한 결과에 따르면 응답자의 머릿속에 떠오른 질문은 '이 제안을 받아들이면 나는 호구일까, 아닐까?'에 가까웠다. 이 질문에 대한 답이 무엇이냐에 따라 응답자가 이 제안을 수락할지 혹은 제안을 거절해서 반격할지 예측할 수 있다.

　　수년간 여러 연구실에서 최후통첩 게임을 시행하는 동안 제안자들은 0달러에서 10달러까지(10달러는 비록 매우 드물었지만) 가능한 범위

내 모든 금액을 제안했다. 공정하고 공평해 보이는 제안은 응답자의 '호구 버튼'을 자극하지 않았다. 분배 비율이 5:5일 때는 물론이거니와 6:4만 되어도 응답자가 제안을 수락하는 비율이 거의 100퍼센트에 육박했다. 그러나 분배 비율이 7:3이 되면 응답자의 거의 절반이 제안을 거절했고, 8:2면 80퍼센트 이상이 제안을 거절했다. 9:1이면 어땠을지는 굳이 말하지 않아도 짐작할 것이다. 많은 참가자가 상대에게 복수하기 위해 금전적 손실을 기꺼이 감수했다.

'날 바보로 만들 수 있으리라 생각했어? 겨우 몇 달러만 포기하면 나는 이 게임판 전체를 엎어버릴 수도 있다고!'[5]

분노의 기능

유별날 정도로 건조한 문체를 쓰는 경제학 분야에서 최후통첩 게임 논문의 제목('불공정, 분노, 앙심:최후통첩 제안에 대한 감정적 거부', '최후통첩 게임에서 나타나는 감정, 거절, 진정' 등)은 사실상 타블로이드 신문(일반 신문의 절반 정도 크기의 소형 신문. 흥미를 끌기 위해 자극적인 내용을 압축해서 싣는다.—옮긴이)의 표제나 마찬가지일 정도다. 게임 참가자들은 불공정한 제안을 받으면 몹시 분노한다. 따라서 어빙 고프만 식으로 말하자면 호

---

5) 금액이 얼마 되지 않으니 피험자가 돈을 잃는 것을 대수롭지 않게 여기고 가식적으로 행동한 것이 아닌가 생각할 수도 있지만, 실제로 그러지는 않았을 것이다. 연구에 참여한 피험자는 학생들이었고, 보통 학생들은 2달러라는 적은 금액을 받는 데도 관심을 보인다. 게다가 이러한 현상은 기본금 액수를 늘려도 똑같이 반복되었다. 하루 평균 일당이 100루피인 인도 메갈라야주에서 시행한 한 실험에서는 기본금을 20루피, 200루피, 2,000루피로 달리 설정했으나 액수와 관계없이 응답자의 거부 패턴은 일관되게 나타났다.

구는 어느 정도 '식혀 줘야' 한다. 그만큼 열이 잔뜩 올라 있기 때문이다. 실제로 일부 최후통첩 게임 실험에서는 참가자들이 분노를 직접적으로 표출하기도 했다. 게임에서 응답자가 제안자에게 메시지를 보낼 수 있도록 허용하자, 한 응답자는 8:2로 분배하자는 제안을 받고 다음과 같은 메시지를 보냈다.

"최종 결정권을 제가 쥐고 있는데, 저를 화나게 할 게 아니라 마음을 얻으려고 하셨어야죠. 5:5로 결정할 수도 있었잖아요. 그보다 쉬운 방법은 없었을 겁니다. 그쪽이 저보다 낫다고 착각하신 모양이죠. 이제 당신은 한 푼도 못 가져갈 겁니다."

화가 단단히 난 응답자의 메시지는 호구 위협의 핵심을 여실히 보여준다. 여기에서 우리는 분노의 역할도 생각해 볼 수 있다. 분노는 사회적 감정이다. 타인의 의도와 동기를 추론하는 과정에서 촉발되고, 타인의 생각과 행동을 변화시키기 위해 쓰인다. 응답자가 분노한 이유는 제안자가 이야기한 2달러가 아무런 맥락이 없는 돈이 아니라, 상대방이 나보다 우월하다고 생각하는 모욕적 의미를 담고 있다고 느꼈기 때문이다. 진화론적으로 보면 분노는 사회적 목적을 수행한다. 무임승차자에게 겁을 줘서 화난 사람의 이익을 섣불리 가로채지 못하게 막는 것이다. 한 연구팀의 주장에 따르면 분노의 기능은 '착취에 대항해 자신을 방어하고, 더 나은 대우를 요구하는 것'이다. 최후통첩 게임은 참가자에게 협상의 여지를 주진 않지만, 참가자는 거래 전체를 깨트림으로써 자신의 분노를 드러낼 수 있다.

호구의 역할을 뒤집는 보복과 응징

이러한 패턴은 화난 호구가 단지 사기꾼의 행동에 반응해서 앙심을 표출할 때뿐 아니라 더욱 의도적으로 복수심을 드러낼 때도 나타난다. 변호사들은 이런 상황을 질리도록 자주 목격한다. 그 덕에 그들이 부유해지는 건 말할 것도 없다. 남에게 '골탕 먹었다'라고 느끼는 사람은 아주 사소한 일로도, 엄청난 개인적 비용을 감수하고서라도 단지 '그 사람에게 갚아주기 위해서' 기꺼이 소송을 제기한다. 공정성 연구라는 분야에서 최고 기준을 세운 연구자 에른스트 페르Ernst Fehr와 시몬 게흐터Simon Gächter는 2002년 고의적인 복수에 관한 연구를 진행했다. 페르와 게흐터는 공공재 게임의 참가자가 이기적인 팀원을 처벌할 수 있도록 허용했다. 처벌은 벌금 형태로 부과되었으나 남에게 벌금을 부과하려는 사람은 자기도 어느 정도 돈을 내야만 했다.

예를 들어 네 명이 한 팀을 이루는 공공재 게임에서 한 참가자가 자신과 다른 두 명은 공동 자금으로 돈을 내놓았는데 최종적으로 6달러밖에 얻지 못하고, 나머지 한 명은 한 푼도 내놓지 않았으면서 10달러를 받는 모습을 목격했다고 하자. 게임은 그대로 끝날 수도 있다. 늘 그랬듯 나는 나대로 너는 너대로 살아가는 것이다. 하지만 이번 실험에서는 무임승차를 당한 참가자가 자기 주머니의 돈을 털어 이기적인 참가자가 받을 액수를 줄일 수 있었다. 페르와 게흐터의 실험 모형에서는 협력자가 1달러를 낼 때마다 배반자는 3달러의 벌금을 물어야 했다. 그러니 참가자가 2달러만 투자하면 자신과 사기꾼이 받는 금액의 격차를 아예 없애버릴 수 있다. 실제로 무임승차자에게 당한 협력자의 절반 이상이 단지 배반자가 벌금을 물게 하려고 자기 돈을 기꺼이 내놓았다.

　사실 착취자를 응징하는 것은 단지 도덕적으로 악한 행동을 벌하는 방법만은 아니다. 이것은 호구의 역학을 다시 뒤집는 방법일 수도 있다. 보복을 통해 협력자와 배반자가 받는 액수가 같아지면 게임 결과상 불공평한 차이는 존재하지 않는다. 다시금 영화 '캐리'를 떠올려 보자. 주인공 캐리가 다른 학생들에게 속아 넘어가 창피를 당한 것은 사실이다. 그러나 그 후 캐리는 학교와 마을 전체를 불태워 수많은 사람을 죽였고 결국 자신도 죽음에 이르고 만다. 이 혼란스러운 줄거리 속에서 우리는 조금 더 일반적인 이야기를 뽑아낼 수 있다. 호구가 될 뻔한 사람이 자신을 괴롭힌 사람들에게 그 대가를 톡톡히 치르게 할 수 있다면, 그 사람은 이제 어느 모로 보나 호구가 아니다. 캐리는 비록 자기 목숨을 희생했지만 그렇다고 혼자만 손해를 보지는 않았다. 다른 사람도 모두 죽었기 때문이다. 결국 모두 똑같이 손해를 본 셈이다. 전형적인 호구는 그대로 땅바닥에 주저앉아 부당한 일을 묵묵히 받아들인다. 그러니 전형적인 호구와 달리 복수로 대응하기만 해도 호구라는 모욕을 떨쳐낼 수 있다. 자기를 골탕 먹인 사람을 처벌하려는 사람은 자신 또한 함께 파멸하는 한이 있어도 절대 부당한 취급을 참지 않는다.

사회적 소수자에 대한 폭력

속임수에 당한 사람들의 반응이 분노와 복수, 그에 따른 사회 질서의 재정립이라면, 그 가운데 가장 극단적인 반응은 '폭력을 통한 복수'다. 일상에서 일어나는 조그만 부당함에도 자제력을 잃고 마는 사람들이 있다. 이들은 가게 직원에게 고래고래 소리를 지르고, 고속도로에서 자기 앞으로 끼어든 차를 바짝 뒤쫓아 보복 운전을 한다. 그러나 다른 한편에서는 훨씬 더 우울하고 중대한 문제가 나타난다. 분노에 찬 기득권 세력이 폭력을 써서 여성, 이민자, 소수 인종과 민족, 동성애자, 성전환자 등 사회적 소수자를 밀치고 기존의 지위 계층 구조를 회복하려고 하는 것이다. 위험 부담이 커지면(지위가 불안정해지면 위험 부담은 언제나 크다) 보복은 대단히 파괴적으로 치달을 수 있다.

캐나다의 작가 마거릿 애트우드 Margaret Atwood는 자신의 남자 친구에게 왜 남자가 여자에게 위협을 느끼는지 물었다고 한다.

> "남자가 여자보다 몸집도 크고, 달리기도 더 빠르고, 목 조르기도 더 잘할 수 있잖아. 게다가 평균적으로 돈이나 권력도 남자가 훨씬 더 많이 갖고."
>
> 그러자 친구가 대답했다.
>
> "여자들이 자기를 비웃을까 봐 무서워서 그래. 자기 세계관을 무너뜨릴까 봐 두려운 거야."
>
> 그 후 나는 내가 진행하는 시 쓰기 세미나에서 몇몇 여학생에게 물었다.
>
> "여자는 왜 남자에게 위협을 느낄까?"
>
> 그러자 학생들이 대답했다.
>
> "남자들 손에 죽을까 봐 무서워서 그렇죠."

사실 두려움에도 논리적 서열이 있다. 여자 앞에서 창피를 당한 남자는 그가 보기에 자기를 비웃은 듯한 여자에게 실질적인 위협을 가할 수 있다. 여자가 성관계에 관해 거짓말하는 것(누구와 하는지, 누구와 하고 싶은지, 누구와 왜 하는지)은 전형적인 사기로 여겨지고, 여성의 성적 자유를 제한하는 규범과 프레임이 거의 모든 문화권에 존재한다. 폭력적인 복수는 다시금 우위를 공고히 하는 방법이고, 남성의 우위를 가장 심각하게 위협하는 요인은 바로 여성의 성적 자유다. 여성을 폭력적으로 통제하는 것이 곧 가부장제이며, 가부장제는 폭력을 통해 여성에게 위계질서를 강요한다.

여자아이들은 어릴 때부터 '남자는 자신을 통제하지 못한다'는 이야기를 수도 없이 들으며 자란다. 민소매 옷을 입으면 남자아이들의 주의가 산만해진다느니, 성관계 때 남자를 애태우면 안 된다느니 하는 것들 말이다. 또 혹여 바람이라도 피웠다가는 어떤 일을 겪을지 모른다. 흔히들 남자는 애인의 부정을 알아차리면 질투에 눈이 멀어 분노를 주체할 수 없다고들 이야기한다. 바람난 아내를 둔 남자는 자신이 겪은 불명예를 갚아주려 한다는 것이다. 또 여성이 부정을 저질렀다는 비난은 흔히 연인 간의 폭력으로 이어져서 심하면 살인으로까지 이어지기도 한다. 아내를 살해하는 현상을 수년에 걸쳐 연구한 진화심리학자 마고 윌슨Margo Wilson과 마틴 달리Martin Daly는 이렇게 말했다.

"어느 문화권에나 남성의 성적 소유욕과 폭력성 사이에는 연관성이 있다. 아내의 부정을 발견하는 것은 남편의 극심한 분노를 끌어낼 만한 이례적인 자극으로 취급된다. 남편의 폭력적인 반응을 두고 자제력을 상실했다며 비난하는 사회이든, 명예를 회복했으니 잘했다며 칭찬하는 사회이든 마찬가지였다."

심지어 실제로 자신의 여자 친구가 바람난 것도 아닌데 마치 그런 일을 겪은 사람처럼 여자에게 복수하는 남자도 있다. 2014년 엘리엇 로저라는 대학생은 캘리포니아주 산타바바라에서 여성 여섯 명을 살해하고 열세 명에게 상해를 입혔다. 그는 단지 여자들에게 거절당해서 분노한 것은 아닌 듯했다. 그는 여자들이 남녀관계의 규칙을 거짓말로 꾸며냈다며 분노했다. 여자들이 말로는 착한 남자가 좋다고 하면서도 실제로는 '알파 남성'에게만 관심을 보이고 그들과 성관계를 한다는 것이었다. 로저는 범죄를 벌이기 전 여자들에게 불평을 늘어놓는 모습을 담은 영상을 찍었다. 그는 악을 쓰며 외쳤다.

"너희 여자애들이 대체 왜 날 안 좋아하는지 모르겠어. 하지만 죄다 혼내줄 거야. 너넨 나같이 완벽한 최고의 신사를 두고 온갖 역겨운 남자들한테 자신을 내던지더라."

로저는 성적으로 좌절한 남자들, 즉 '본의 아니게 순결을 지킨 남자들'이 모인 인터넷 커뮤니티에서 '빨간 약(영화 '매트릭스'에서 주인공은 빨간 약을 먹고 불편한 진실을 대면하게 되었다.–옮긴이)'을 먹고 조작된 깨달음을 얻었다. 자기 같은 남자들은 기껏해야 남자를 돈줄이나 감정 쓰레기통으로 보는 여자들에게 이용당하는 호구일 뿐이라고 믿은 것이다. 그들은 여자들이 사실 외모가 매력적인 남자를 좋아하면서도 입으로는 자기를 사랑해주는 다정한 남자를 좋아한다고 거짓말했다고 외치며, 여자들에게 폭력을 행사하겠다고 공공연히 떠들고 다니거나 실제 무기를 손에 들기 시작했다. 로저는 폭력을 써서 자신의 지위를 지키고자 했다.

폭력적인 남성이 단지 호구가 될지 모를 위협에 반응해 공격적으로 나오는 것은 아니다. 보복 행위, 그 가운데서도 특히 백인 남성의 우위를 지키기 위한 보복은 사회적으로 어느 정도 용인된다. 가정 폭력의 패턴을 설명한 윌슨과 달리는 연구 결과를 규범적인 용어로 표현했다. 어느 문화권에서나 남편이 아내를 살해할 수 있는 이유 중 하나는 사회가 그들의 분노를 규범적으로 존중하기 때문이라는 것이다.

"남자들의 분노는 심지어 아내를 살해한 책임도 덜어줄 만큼 어쩔 수 없는 것으로 널리 인정받는다."

인류학자 제인 슈나이더Jane Schneider에 따르면 '명예 문화권'에서는 여성의 성적 배반을 유달리 경계하며, 자기가 처녀라고 거짓말하는 미혼 여성과 정숙하다고 거짓말하는 기혼 여성을 처벌한다. 이러한 맥락에서 여성의 성은 선천적으로 신뢰할 수 없는 것이나 남자를 착취하는 필연적인 도구로 여겨지기도 한다.

성적 자유에 대한 가부장적 감시를 남의 나라 일로만 치부하고 싶지만, 새치기꾼이나 바람둥이를 폭력으로 제재하는 행위를 자연스럽게 수용하는 현상은 주변에서도 심심치 않게 볼 수 있다. 언제나 폭력은 호구 취급을 당한 남자가 자연스럽게 취하는 반응으로 여겨졌다. 우리는 문화적으로 다양한 폭력 행위를 공감하고 이해한다. 특히 폭력을 행사한 주체가 남에게 이용당한 백인 남성일 때는 더욱 그렇다. 명예롭지 못한 역사이지만 바람을 피우거나 심지어 '남자를 애태우는' 여성을 향한 폭력은 오래도록 자행되었다. 또, 흑인 남성이 백인 여성을 욕보이거나 백인 여성에게 구애할까 두렵다는 이유로 흑인 남성을 향한 폭력 역시 정당화되었다. 19세기부터 현대에 이르기까지 이러한 복수 정신은 형법에도 그대로 나타난다. 간통을 저지른 배우자를 살해하면 법적으로 '도발 방위'라는 이름으로 감형을 받을 수 있었다.

도발이라는 개념은 특히 성전환 여성을 향한 폭력을 정당화하는 데 상당한 역할을 수행하고 있다. 2003년 십 대 소년 네 명이 성전환 여성 그웬 아라우조를 살해했을 때, 변호사는 배심원단에게 피해자가 성전환 사실을 속인 것이 너무나 큰 충격적이었던 나머지 가해자들이 홧김에 살인을 저질렀다고 주장했다. 한 가해 학생의 어머니는 이렇게 말했다.

"내 옆에 있는 예쁜 여자가 사실 남자였다는 걸 알면 어느 남자인들 미치지 않고 배기겠어요?"

피고들이 성전환자 공포로 인한 정당방위를 주장했을 때, 속임수와 보복성 폭력 간의 직관적이고 규범적인 연관성이 근거로 떠올랐다. 캘리포니아주립대학교 로스앤젤레스의 철학과 교수이자 성전환자 문제를 연구해 온 탈리아 매 베처Talia Mae Bettcher는 성전환자가 '사기꾼'이라는 고정관념이 성전환자를 향한 폭력을 정당화하는 기본 근거로 쓰인다고 주장했다. 베처는 자신의 에세이에서 '성적 기만'이라는 개념이 성전환 여성을 향한 폭력을 더 널리 용인되도록 한다고 말한다. 베처는 성전환자의 성 정체성을 기만과 연결 지을 때 나타나는 영향력에 주목했다.

"나는 성전환자 혐오 폭력의 피해자들이 성전환 사실을 속였다는 이유로 오히려 비난의 대상이 될 수도 있다는 점이 가장 염려스럽다."

캘리포니아대학교에서 여성학을 연구하는 에릭 스탠리Eric Stanley 교수 역시 다음과 같이 언급했다.

"반反성전환자 폭력은 대부분 몹시 잔혹한 형태를 띤다. 성전환자는 사람들의 이목을 끌면서도 거부당하는 위치에 있다. 성전환자에게는 보통 '난 네가 싫으니까 가버려'라고 하기보다는 '난 네가 싫어. 이리 가까이 와 봐. 아주 벌벌 떨게 해줄게'라고 이야기한다."

'두려움'을 이용한 폭력의 정당화

'사기꾼에게 속았다'라는 말은 폭력을 정당화하고 선동할 때 쓰일 수 있다. 혁명, 인종 정복, 인종 청소에 이르기까지 수많은 선동가가 사람들을 흥분시키는 호구 담론의 힘을 이용해 왔다. 미국의 전 대통령 또한 모든 상황에 호구 프레임을 갖다 씌웠다. 그런 그가 쉴 새 없이 사기와 부정 혐의를 제기해 급기야 폭력적인 반란 사태를 일으키려 했다는 사실은 어쩌면 그다지 놀랍지 않을지도 모른다. 2020년 대선에서 패배한 뒤 도널드 트럼프는 미국 국민이 거짓 유권자, 가짜 언론, 약해빠졌거나 탐욕스러운 국회의원, 국민을 속여 적법한 대통령을 끌어내리려는 자들에게 속고 있다고 주장했다. 임기를 불과 며칠 남겨둔 2021년 1월 6일, 트럼프는 백악관 앞에 모인 군중에게 이렇게 말했다.

"누군가 사기 치는 걸 발견했다면 그때부터는 평소와 전혀 다른 규칙대로 행동해도 됩니다. 우리는 어떻게든 우리를 속이려는 장난질과 거짓말에 놀아나지 않을 겁니다. 지난 몇 주간 우리는 선거 결과가 조작됐다는 증거를 수도 없이 모았습니다. 이것은 대통령 선거입니다. 지난밤(조지아주 선거 결과 재검표 후)은 한 곳을 지켜보는 눈이 많았으니 그나마 조금 나았죠. 하지만 어쨌든 그들은 선거 결과를 엄청나게 조작했습니다."

트럼프는 지지자들에게 맞서 싸울 것을 촉구했다.

"여러분이 힘을 보여주셔야 합니다. 물러서면 안 돼요."

이에 트럼프 지지자들은 국회 의사당 건물을 공격하여 무력으로 점거했고, 그 결과 사태가 진압되기까지 다섯 명이 죽고 수십 명이 다쳤다. 어떻게 하면 사람들이 잔혹한 행위를 지지하고 심지어 직접 저지르도록 유도할 수 있을까? 가장 좋은 방법은 사람들에게 그들이 이용당하거나 멸시받거나 속고 있다고 믿게 하는 것이다. 이것이 바로 남부 재건기에 폭도들이 내세운 논리였다. 이에 관해 사회학자이자 시민운동가인 듀 보이스Du Bois는 이렇게 기록했다.

"어떤 일이든 폭력으로 해결하려는 사람들은 어떻게 그렇게 자주 폭도에 기댈 수 있을까? 도를 넘는 악행, 인간 혐오, 남의 불행을 기뻐하는 심리만으로는 이 땅의 폭도 정신을 전부 설명할 수 없다. 눈을 커다랗게 뜬 폭도의 앞에는 언제나 '두려움의 형상'이 어른거린다."

듀 보이스가 보기에 폭도들은 늘 흑인이 자신의 계층적 지위나 여자, 일자리를 빼앗아갈까 두려워했다. 폭도를 모아 폭력 사태를 일으키는 방법은 흑인 시민들이 미국의 사회 계약을 위반한 진짜 범인이라고 주장하는 것이었다. 남부의 한 주지사는 유감스럽지만 흑인이 백인의 관대함을 악용하는 것을 방지하려면 때로는 린치가 필요하다고 주장했다.

"우리는 그동안 이 열등한 인종에게 너그러이 관용을 베풀었습니다. 우리의 시간과 자원을 기꺼이 쏟아부어 그들이 물질적으로나 도덕적으로 나아지게 하려고 애썼죠. 그러나 만일 이 인종에서 나온 잔악한 범죄자들이 우리 순수한 백인 딸들에게 더러운 손을 댄다면, 자연은 충격을 금치 못하고 괴로워하여 그 무시무시한 맹약이 사회적 대재앙을 일으킬 것입니다. 자연은 사람이 온 힘을 동원해 맞받아치는 수준을 뛰어넘어 모든 것을 처참히 휩쓸어버리죠."

백인 여성을 꾀어낸다거나, 노동 단체를 조직한다거나, 시위 혹은 반란을 모의한다는 등 흑인이 백인을 속인다는 주장은 인종차별 폭력에 불을 지피는 역할을 했다. 아돌프 히틀러는 백인 우월주의자들이 쓴 책의 한 페이지를 그대로 가져다가 유럽에 사는 유대인을 상대로 대량 학살을 저질렀다. 그는 유대인이 비유대인 여성을 빼앗아갈 것이라며 위기감을 조성했다. 또 독일이 베르사유 조약에서 당한 수모를 언급하고 유대인 시민을 사기꾼으로 몰아감으로써 오랫동안 수많은 사람이 죽어간 전쟁과 대량 학살에 나라 전체가 동참하게 했다. 그는 인종차별 주문을 외우며 유대인은 사기꾼 집단이고, 정정당당한 전쟁이 아니라 거짓말과 중상모략을 통해 기독교 사회를 무너뜨리려 한다고 비난했다. 결국 히틀러의 주장은 미국 백인 우월주의의 '우리는 그들을 너그럽게 대했으나 그들은 우리를 이용했다'라는 말과 조금도 다르지 않았다. 히틀러는 "수백 년에 걸쳐 우리 독일은 가진 것이라고는 정치적, 신체적 전염병뿐인 분자들을 받아주는 선의를 베풀었다. 오늘날 그들이 소유한 것은 약삭빠르지 못한 독일 국민에게 악랄한 속임수를 써서 얻은 것이 대부분이다."라며, 그간 유대인이 누린 '특권'에 대항해야 한다며 목에 핏대를 세우고 외쳤다.

사기꾼을 처벌한다는 의미

———

속임수에 반발해 나타나는 호구의 분노는 본능적인 반응이자 사회적 관습이며 강력한 무기이기도 하다. 사실 이러한 분노는 너무나 직관적이고도 규범적이어서 꼭 무언가에 반발해서 일어나는 것만도 아니다. 사람들은 단지 사회적, 경제적 딜레마를 보거나 그에 관한 판단을 내리기만 해도 사기꾼을 처벌하는 데 놀라울 정도로 적극적인 태도를 보인다. 노인을 상대로 사기 행각을 벌여 돈을 빼앗거나 대중의 신뢰를 저버린 사기꾼을 처벌하는 것은 언뜻 타당해 보인다. 그러나 많은 연구는 사람들이 사기 행각을 인지하면 '설령 전후 사정이 모호하고, 속임수로 인한 위험성이 낮으며, 처벌한들 별다른 제재 효과가 없다고 해도 본능적으로 사기꾼이 죗값을 치르게 해야 한다'고 생각한다는 결과를 꾸준히 보여준다.

과거 〈뉴욕타임즈〉에는 베스트셀러였던 《괴짜경제학》의 저자와 그 동료들이 운영하는 경제학 조언 칼럼이 실렸다. 나는 진지한 마음 반, 가벼운 마음 반으로 이 칼럼을 꾸준히 읽었다. 그들이 사회와 인간 행동 사이의 범상치 않은 연결 고리를 잘 찾아냈기 때문이다. 더러는 완전히 심리학적인 주제도 다뤘는데, 한 독자는 다음의 문제를 제시하며 현명한 답을 기다렸다. 당시는 2009년이었다. 이 독자는 집값이 정점을 찍었을 때 집을 샀고 상당한 액수의 주택 담보 대출을 받았다. 같은 경우의 다른 많은 이들과 마찬가지로 그는 이제 대출금을 갚기 어려운 지경에 빠졌다. 집을 판다고 해도 그 돈으로는 은행에 대출금을 상환하기에 턱없이 부족했다. 이건 일부 사람들만 겪는 문제가 아니었다. 나라 전체가 2008년 금융위기의 여파로 휘청일 때 발생한 가장 긴급한 재정난이 바로 주택 압류였다. 미국의 주택 보유자 수백만 명이 집을 담보로 엄청난 금액의 담보 대출을 받았으나, 주택의 가치는 대출 잔금보다 적은 수준으로 곤두박질쳤다. 사람들은 대출금의 반값도 채 나오지 않을 집을 지키기 위해 40만 달러를 갚아야 했다.

보통 주택 담보 대출금을 상환하지 않으면 집은 압류되어 은행의 소유가 되고 채무를 불이행한 대출자는 집에서 퇴거하여 이후 7년간 신용 점수가 깎인 채로 살아야 한다. 압류는 대체로 주택 보유자와 은행 모두에게 최악의 사태이자 마지막 수단이다. 그러나 대출 기준이 느슨해지고, 주택 거품이 붕괴하고, 다른 시장 지표가 급격히 재조정되고, 결정적으로 주택 임대차 시장이 안정화되자 주택 압류가 몇몇 대출자에게는 오히려 매력적인 선택지가 되는 이례적인 상황이 벌어졌다.

사연을 보낸 독자의 경우, 여전히 직장을 다니고 있었고 주택 담보 대출 회사에 대출금을 매달 갚을 능력도 있었다. 그러나 계산기를 두드려 보니 그보다 더 저렴한 선택지가 있었다. 그는 상환 청구권이 없는 주에 살았기 때문에 주택 담보 대출 기관이 주택을 압류한 뒤에는 대출자에게 다른 손실에 대한 소송을 제기할 수 없었다. 따라서 모든 조건을 통틀어 볼 때, 은행에 전화를 걸어 집 열쇠를 넘기겠다고 말한 뒤, 그대로 떠나버리는 편이 더 이익이었다. 신용 점수가 깎여 타격을 입고 새집을 구하기 번거롭다는 점을 고려해도 마찬가지였다.

사람들이 채무를 이행하지 않는 이유는 보통 다른 선택지가 없기 때문이다. 이러지도 저러지도 못하는 신세가 되어 빚을 갚을 길이 없으니 갚지 못하는 것이다. 이와 대조적으로 이 독자는 종류가 다른 딜레마, 즉 '전략적 채무 불이행'을 해야 할 것인가 하는 고민에 봉착해 있었다. 어쩔 수 없어서 빚을 갚지 못하는 것이 아니라 자신에게 재정적으로 더 이득이 되는 쪽을 선택해 빚을 갚지 않겠다는 것이다. 당시에는 심지어 'YouWalkAway.com(여기서 'walk away'는 돈을 갚지 않고 떠나는 것을 의미한다.-옮긴이)'이라는 웹사이트도 등장했다. 이 웹사이트에 신용 정보와 지역 주택 가격 등 자신의 재정 상황을 상세히 입력하면, 전략적으로 채무를 이행하지 않을 시 돈을 얼마나 아낄 수 있는지 계산해 볼 수 있었다. 이 독자는 사연을 통해 어떻게 하면 좋겠냐며 조언을 구했다.

이 칼럼에는 누구나 답변을 달 수 있었고, 얼마 지나지 않아 반응은 극명하게 나뉘었다. 어떤 사람들은 이 문제를 보고 '주택 담보 대출은 일종의 선택권 부여 계약이다. 따라서 은행에 대출금을 상환하거나 집을 은행에 넘기는 것 중에서 하나를 선택할 수 있다.'라고 생각했다. 문제를 이런 관점으로 본 사람들은 자금 조달 순서와 신용 등급 관리법에 관해 실질적으로 조언했다. 반면 다른 사람들은 이 상황을 일종의 사기로 보고, 사연을 올린 이가 은행뿐 아니라 정부를 상대로 속임수를 쓰는 것이라 여겼다. 그들의 답변은 긍정적이지 않았다. 어떤 사람은 이렇게 댓글을 달았다.

"어쨌거나 상대방과 계약을 맺었잖아요. 그러면 계약대로 이행해야죠. 신용 점수가 문제가 아닙니다. 거짓말쟁이 사기꾼이 되고 싶어요?"

은행이나 정부가 나서 이런 사람을 처벌해야 한다고 생각하는 경우도 있었다. 그들의 눈에는 주택 담보 대출 계약 위반이 일종의 사기로 비쳤기 때문이다. 더 노골적인 댓글도 있었다.

"돈 때문에 진정성을 희생하겠다면 차라리 그냥 그쪽 아내를 몇 년 동안 빌려주고 빚을 빨리 청산해 버리지 그래요?"

문제의 사연을 보낸 독자가 빚을 어떻게 상환해야 하냐는 의문을 제기했을 때는 주택 담보 대출 기관이 세계적인 불황을 몰고 왔던 시기였다. 대출 기관이 순진한 대출자들에게 나쁜 조건을 제시하는 약탈성 대출이 바로 한 세대의 거시 경제적 심판의 핵심에 있었던 시기이기도 했다. 그런데도 전략적 채무 불이행을 사기로 본 사람들은 그것이 자기에게 개인적으로 영향을 미치지도 않는 데다 은행으로서는 이미 예상하는 위험이고 주택 보유자에게는 재정적으로 이득인데도 지나치게 분노했다.

나는 댓글 반응을 보고 깜짝 놀랐다. 사연자에게 쏟아진 비난이 유독 악랄해 보였기 때문이다. 대체 여기서 아내는 왜 걸고넘어진단 말인가? 하지만 물론 대략 어떤 상황인지는 알아차렸다. 계약상 딜레마를 제시했을 때 강한 감정적인 반응을 보이는 사람들을 만나본 경험 덕택이다. 나는 이 분노의 핵심이 무엇인지 이해하고 싶었다. 계약 위반은 왜 이다지도 사람들을 화나게 할까? 계약 위반은 어떤 감정을 불러일으킬까? 이 질문을 체계적으로 연구하기 위해 나는 피험자에게 업체에서 바닥을 손질해 주기로 하고 해주지 않은 경우, 마당에 조경 작업을 해주기로 하고 약속을 어긴 경우, 파티에 음식을 조달해 주기로 하고 지키지 않은 경우 등 거래상 손해를 겪은 사례를 다양하게 제시했다. 각각의 손해에 대해 나는 피험자를 무작위로 선정했고, 다음 두 가지 설명 중 하나를 읽게 했다.

(1) 사례에 등장하는 거래 당사자가 손해를 입은 이유는 상대방이 의도적으로 계약을 위반했기 때문이다.

(2) 사례에 등장하는 거래 당사자가 손해를 입은 이유는 상대방이 부주의했기 때문이다.

나는 피험자에게 이 거래에서 과실을 저지른 쪽이 손해 배상금을 얼마나 지급해야 하느냐고 질문했다. 두 경우 모두 금전적 손실액은 같았음에도 불구하고 피험자들은 하나같이 부주의보다는 계약 위반을 더 무겁게 처벌해야 한다고 답했다. 이 시나리오에서 사람들은 사기를 발견했고, 가해자를 처벌하고 싶어 했다. 나는 동료 연구자와 함께 피험자의 답변이 어떤 감정과 연결되는지 더 깊이 파헤쳤다. 그러자 일정한 패턴이 나타났다.

처벌은 결국 모멸감, 배신감과 연관되어 있었다. 피험자가 상대의 계약 위반이 자신의 지위를 위협한다고 느끼는 정도에 따라 상대를 처벌하기를 바랄 것인지 예측할 수 있었다. 처벌은 단지 상대의 계약 위반에 반발해 상대를 채찍질하려는 것이 아니라, 사회적 명예 훼손에 대한 직접적인 반응인 셈이다. 바닥 마감 업자와 바닥 손질을 받지 못한 고객 사이에는 사실 지위상 특별한 관계가 존재하지 않았다. 그러나 바닥 마감 업자가 사기를 치려고 하자, 상황은 우위를 다투는 현장으로 변했고 갑자기 고객의 지위가 강등될 위험이 드러났다.

처벌에도 상징적 의미가 있다

정치철학자인 진 햄튼Jean Hampton은 누군가를 처벌하면 계층 구조를 이전 상태로 회복하는 효과가 있다고 주장했다. 타인을 이용하는 것은 말 그대로 권력 싸움이다. 표적이 된 호구의 지위는 내려가고 사기꾼의 지위는 올라간다. 이때 사기꾼을 처벌하면 사다리를 타고 기어오르던 사기꾼을 다시 끌어내릴 수 있다. 햄튼은 이렇게 썼다.

"피해자의 상전이라도 된 듯이 행동하던 사람은 그 기세가 꺾이고 결국은 자기가 상전이 아니었음을 두 눈으로 똑똑히 확인한다. 그리하여 사기꾼의 행위에 내포된 모욕적 메시지는 부정당한다. 따라서 범죄에 상징적 의미가 있듯, 처벌에도 상징적 의미가 존재한다. 범죄는 가해자와 비교해 피해자의 위신이 떨어짐을 드러낸다. 반면 처벌은 피해자의 위신을 떨어뜨리는 모욕적 메시지를 철회한다."

일리노이대학교 법학과 교수이자 사회심리학자인 켄워디 빌즈 Kenworthey Bilz는 이것을 사기 범죄에 대한 반응 실험의 출발점으로 삼았다. 빌즈는 피험자에게 신원 도용 사기 사례를 보여주고, 피해자와 가해자의 사회적 지위 등급을 상대적으로 매기도록 했다. 어떤 피험자는 가해자가 처벌받지 않을 것이라는 말을 들었고, 다른 피험자는 가해자가 신원을 도용한 죄로 처벌받았다고 들었다. 피험자들은 피해자와 가해자의 사회적 지위 등급을 매겼다. 가해자가 처벌받지 않으면 사람들은 가해자가 피해자보다 사회적 지위가 높다고 인식했다. 그러나 가해자가 처벌받으면 피해자의 지위가 가해자보다 높다고 생각했다. 진 햄튼의 주장처럼 처벌은 피해자의 위신을 떨어뜨리는 모욕적 메시지를 철회하는 역할을 수행한다.

처벌의 기능은 무엇일까?

——

처벌은 계층 구조적 측면에서 사기에 맞서 싸우는 방법이다. 만일 처벌의 기능 중 하나가 계층 구조를 회복하는 것이고 누군가에게 속아 이용당하는 경험이 특히 모멸적이라면, 내가 이제껏 설명해 온 패턴이 나타날 것을 예측할 수 있다. 사람들은 무임승차자를 처벌하려는 강력한 욕구를 지닌다. 그러나 우리가 그동안 살펴본 무임승차자가 분노를 일으키는 사례를 되돌아보면 잠시 멈칫하고 고개를 갸우뚱하게 될 것이다. 예를 들어, 어째서 사람들은 개인이 기업(은행)을 속이려 할 때 그렇게도 분개할까? 이러한 사례 중 일부에서는 사람들이 반응하는 강도가 피해 정도와 비례하지 않았다(사실 은행은 아무런 문제도 겪지 않고 연방 정부에서 손쉽게 구제받았다).

기업이 개인에게 권력을 행사하는 것은 항상 일어나는 일이지만, 반대로 개인이 기업에 똑같이 하면 유독 기존의 계층 구조를 뒤흔드는 것처럼 느껴질 수 있다. 더욱 중요한 문제는 사람들이 사기꾼을 가혹하게 처벌하라며 원성을 쏟아내는 일이 단지 피도 눈물도 없는 주택 담보 대출의 세계에만 국한되지 않는다는 것이다. 여성, 유색 인종, 이민자 등 전통적으로 지위가 낮은 사람들이 계약을 위반하면 사람들은 더 극단적으로 소리 높여 처벌을 요구할 수 있다.

계약법 강의에서는 이러한 현상이 나타난 생생한 역사적 사례인 '베일리 대 앨라배마주' 사건을 다룬다. 이 사건의 맥락을 이해하려면 계약 위반을 곧 경멸로 여기는 관점과 흑인이 백인의 우월성을 존중해야 한다는 남부 재건기의 주장을 염두에 두는 것이 좋다. 이 두 가지 전제만 놓고 봐도 우리는 남부의 여러 주들이 노예제 이후 흑인의 고용 이동성에 어떻게 반응했을지 정확히 예측할 수 있다. 남부에서 흑인이 자유로워지는 것은 곧 백인에 대한 위협이었고, 법적으로는 백인에 대한 사기로 여겨졌다.

1911년에 일어난 론조 베일리의 계약 위반 사건이 그 실제 사례다. 베일리는 소작농으로 일하는 흑인 남성이었다. 그는 목화 농장에서

1년간 일하기로 계약을 맺었으나 기간을 다 채우지 못하고 일을 그만 뒀다. 그러자 고용주는 베일리를 고소했다. 계약 위반으로만 고소했어도 충분히 가혹했을 텐데, 고용주는 앨라배마주의 괴상한 사기법에 따라 베일리를 형사상으로도 처벌하려 했다. 이 사건은 미국 대법원까지 갔고 결국 베일리가 승소했다. 법원이 베일리의 계약 위반 사실을 인정하지 않았기 때문이 아니라, 앨라배마주가 충성스럽지 않은 소작농을 벌하려고 그간 워낙 지독하게 굴었기 때문이다.

베일리의 고용 계약 조건은 누가 봐도 부당했고, 이 착취적인 계약 조건 뒤에는 물론 백인이 실제로 폭력을 행사하거나 폭력을 쓰겠다고 위협하면서 강요한 인종차별적 계층 구조가 있었다. 소작농은 지주에게서 의복과 음식을 받았고 때로는 살 집도 얻었다. 그리고 그 비용은 미래의 일당에서 빠져나갔다. 임금 지급은 농사가 끝날 때까지 미뤄졌고, 임금은 고정 금액으로 지급되기보다는 그때그때 달라지는 면화 가격에 따라 변동되었다. 임금 계산은 보통 지주의 말에 근거해서 이뤄졌다. 사실이야 어떻든 간에 흑인 노동자는 지주의 거짓말을 감히 문제 삼을 수 없었다. 지주에게 문제를 제기하면 '계급을 무시하고 기어오른다'는 취급을 받기 때문이다.

피해자를 가해자로 몰아가는 편이 편하다

론조 베일리가 맺은 고용 계약은 절대 공정한 계약이 아니었다. 노동 시장에서 배제된 사람들에게나 제안할 법한 나쁜 거래였다. 아마 베일리 말고도 많은 이들이 그 일을 그만두고 싶어 했을 것이다. 그래서인지 앨라배마 주의회는 1896년에 '4730절'을 통과시켰다. 이 법은 고용주에게 돈이나 재산을 받은 뒤, 그것을 상환하지 않고 일을 그만둔 사람을 형사상 고의적 사기를 저지른 범죄자로 규정하는 것이다.

계약법 변호사가 보기에 이 법의 내용은 믿기 힘들 정도다. 애초에 계약이란 시민들이 설령 위험한 거래라도 국가의 처벌을 받을 걱정 없이 사적으로 거래할 수 있게 하는 수단이다. 사기죄는 상대방을 처음부터 의도적으로 속이는 사람에게나 해당한다. 사기는 형사상 처벌을 받을 수 있다. 예를 들어 조지 파커가 브루클린 브리지를 여러 사람에게 팔고 또 판 것은 엄연히 범죄 행위였다. 그러나 만일 내가 사과를 월요일에 배달하겠다고 말하고는 막상 월요일이 되자 사과가 떨어졌다거나, 배달용 트럭이 고장 났다거나, 혹은 심지어 내가 그저 마음을 바꿨다고 한들 이것은 계약 위반일 뿐 범죄는 아니다. 원래 약속했던 대로 사과를 팔지 않으면 나는 내가 초래한 손해에 대해 고소당할 수는 있겠지만 그뿐이다. 내가 남의 재산을 사취한 것은 아니므로 나를 형사상 기소할 수는 없다.

15년 뒤 대법원에서 부당하다는 판결을 받은 앨라배마주의 소행은 이러했다. 앨라배마주는 법령에 소작농 일을 그만둔 사람은(법에 직접적으로 소작농을 언급하지는 않지만, 분명 소작농들을 염두에 두고 통과시킨 법이다) 사취하려는 의도가 있는 것으로 추정된다고 선언했다. 계약 위반 자체가 고용인이 의복, 선지급금 등의 이익을 부정하게 취득하고 도주하려 했다는 증거라는 것이다. 이 법에 따르면 고용 계약을 위반한 사람을 징역살이로 가혹하게 처벌할 수 있었다. 대법원은 해당 법령이 미국 연방 헌법 수정 제13조에 위배된다고 판결했고 결국 해당 법령은 폐지되었다. 이 사건은 피착취자를 착취자로 바꾸고 악랄하게 감시한 사례였다. 그러나 백인 우월주의 체제에서는 베일리가 사회적으로 이동할 길을 차단하고, 인종 카스트를 뛰어넘으려는 작은 시도조차 처벌하는 것이 무척 중요했다. 그러려면 아무리 자잘한 사기꾼이라도 엄벌에 처해야 했다.

대법원이 1911년에 앨라배마 법을 무효화했으나, 한 세기가 넘게 흐른 뒤에도 이러한 패턴은 여전히 우리 곁에 익숙하게 남아 있다. 심지어 미국의 조세 제도도 호구 공포증의 병적인 측면을 일부 반영한다. 미국의 조세 체계는 하층민의 사기는 지나칠 정도로 감시하면서도 막상 제도를 속이는 사람이 권력자일 때는 정부가 개입할 명분을 찾기조차 어렵다. 예를 들어, 개인이 조세 제도를 통해 정부를 속이는 사례를 생각해 보자. 미국의 조세 제도는 자율 시행 제도로, 강제하지 않는 것이 기본이다. 검증은 주로 국세청 감사를 통해 이뤄진다. 국세청은 모든 세금 신고 내용을 일일이 확인하는 대신 표본을 골라 확인하고, 누구든 감사의 대상이 될 수 있다는 위협감과 더불어 사회적, 도덕적 규범에 의존한다. 2018년 비영리 언론 〈프로퍼블리카ProPublica〉는 미국 안에서 감사 대상이 어떻게 분배되는지에 관한 기사를 썼다. 기사에 따르면 근로소득 세액 공제를 받는 사람이 감사받을 가능성이 가장 컸다.

근로소득 세액 공제를 신청하는 사람은 정부의 혜택을 받는다. 근로소득 세액 공제는 거대한 탈빈곤 정책이기도 하다. 조지타운대학교에서 조세를 연구하는 법학과 교수 도로시 브라운Dorothy Brown은 근로소득 세액 공제 신청자를 집중적으로 감사하는 전략이 곧 복지 사기에 대한 두려움이 반영된 것이라고 봤다.

근로소득 세액 공제 신청의 오류율이 꾸준히 높이 유지되는 이유는 세금 공제 체계가 매우 복잡하기 때문이다. 오류율을 개선하려면 국세청에서 사람들을 더 많이 감사할 것이 아니라, 먼저 국회에서 근로소득 세액 공제 체계를 단순화해야 한다. 정부에서 정반대의 접근법을 취했다는 것만 봐도 정부가 무슨 생각인지 알 만하다. 만일 정부가 세액 공제 신청 오류에 고의가 없다고 믿는다면 절차의 복잡성을 개선할 것이다. 그러나 신청자들이 의도적으로 '복지 사기'를 저질렀다고 생각한다면 감사율을 더욱 높일 것이다.

법률 제도는 부도 수표를 쓰고, 현금 몇 푼을 훔치고, 거주지 정보를 조작하고, 식료품 구매 쿠폰으로 식품 외의 물건을 사는 등의 시시한 사기를 손해로 인식하고, 이러한 사기꾼이 누구인지 밝히고 그들을 처벌하는 데 혈안이 되어 있다. 사기 혐의를 제기할 때는 다음과 같은 패턴이 반복된다. 먼저 거래 당사자 중 한쪽이 처음에는 공정해 보였던 거래가 사실 부당한 거래였음을 알아차린다. 그러면 사기꾼으로 몰린 사람이 쏘아붙인다.

"내가 당신한테 사기를 쳤다고? 당신이 날 속인 거겠지!"

예를 들어 불법 체류 노동자의 임금을 수십 년, 혹은 수백 년간 편취해 온 미국인은 오히려 불법 체류 노동자가 미국인의 일자리를 빼앗고 있다고 주장함으로써 자신에게 날아온 비난의 화살을 상대에게 돌릴 수 있다. 특히 양쪽 모두 경제적 공정성에 어긋나게 행동했다면 양측의 주장은 둘 다 어느 정도는 사실일 수 있다.

포덤대학교 법학전문대학원 교수이자 법 이론가인 아디티 바그치Aditi Bagchi는 다음 사례에 착안해 도발적인 글을 썼다. 한 노점상이 자기가 파는 스카프가 100퍼센트 캐시미어라고 주장한다. 하지만 사실은 캐시미어가 아니라 폴리에스테르였다. 바그치는 구매자와 판매자가 함께 사는 사회가 '분배 정의 실현의 의무'를 지키지 못했다고 규정했다. 사회 체제가 불공정한 탓에 상인이 빈곤하고 구매자가 부유해졌다는 것이다. 이러한 사실을 고려할 때 바그치는 상인이 거짓말한 것은 맞지만 부정행위를 저지른 것은 아니라고 주장했다. 상인은 착취적인 경제 조건에 저항하여 시민 불복종 운동을 벌이고 있다는 것이다.

나는 이론상으로는 바그치의 주장에 동의할 의향이 있다. 그러나 장담하건대 실제로 사람들은 분명 경제 체제에 깃든 속임수보다는 스카프 판매 과정에서 일어난 속임수를 먼저 보려 할 것이다. 어떤 상황에 대한 해석의 여지가 있을 때면 사람들의 에너지는 자연히 기존의 상태를 유지하는 방향으로 흐르기 마련이다. 사소한 사기에 반응하여 보복성 공격이나 폭력을 저지르는 행위는 정상으로 취급된다. 속았다고 느낄 때 속인 사람에게 분노하고 맞서 싸우는 것은 누구나 공감하기 쉬운 반응이다.

익명으로 이뤄진 여러 게임과 실험 결과를 통해 우리는 사람들이 무임승차자를 처벌하는 데 적극 찬성한다는 사실을 알 수 있었다. 실제 사회에서는 정확히 누가 이 폭력적인 반응을 유도하는지 추적하는 것이 중요하다. 1896년 앨라배마주는 착취당하는 흑인 농장 일꾼들에게 보다 인도적인 노동 조건을 보장하는 법률을 제정하는 대신, 지주들이 소작농에게 사취당하지 않도록 지주를 보호하는 법을 통과시켰다. 특히 힘의 불균형 위에서 위험 부담이 높은 갈등이 벌어질 때, 문제는 표적이 된 호구가 이 부당함에 맞서 싸우느냐가 아니라 양측 중 어느 호구가 자신이 피해자라고 주장할 수 있느냐이다.

사기꾼에 대한 공격은 당연시되는 데다 정당하다고 인정받기까지 한다. 게다가 사람들은 기존의 사회 질서를 굳히고 바로 세우는 이야기를 좋아한다. 높은 지위의 착취자는 낮은 지위의 피해자가 사실 사기꾼이라고 주장함으로써 본래 자신에게 향했을 분노의 화살을 낮은 지위의 피해자에게 돌릴 수 있다. 애초에 높은 지위를 가진 사람이여야 '자기가 피해자'라는 주장도 잘 먹힌다. 그러는 사이 제한된 권력을 가지고서 명백한 착취에 대한 보상을 요청하는 사람들은 세상이 거꾸로 돌아가고 있음을 발견한다. 이 거꾸로 돌아가는 세상에서는 힘 있는 사람들이 날조해 낸 '힘없는 사람들의 사소한 배신'이 힘없는 사람들을 진짜로 억압하는 사회 체제보다 더 대단한 문제로 여겨진다.

진짜 가해자를 탓하기보다 피해자를 가해자로 몰아가는 편이 더 속 편할 때 우리는 피해자를 탓하는 쪽을 선택한다. 현재의 착취적인 사회구조를 고발하는 진실은 아주 불편하게 느껴질 수 있다. 그리고 이 불편한 감정은 만만한 악당에게로 향할 때 쉽게 흩어진다. 때로는 순순히 복종하기만 할 것 같던 사람이 '나는 그동안 착취당했다. 이것은 공정하지 않다. 내가 피해자다'라며 목소리를 낸다. 그러면 사람들은 이상하게도 그보다 덜 거슬리는 주장이나 다른 비난의 대상을 찾는다. 그리하여 적개심은 패배자들에게 돌아가고 승자는 그대로 승자로 남는다.

호구 공포증에서 비롯한
고정관념과 편견

인종과 민족의 분류 체계는 사실 호구 공포증을 기본 원료로 만들어진 것이나 다름없다. 인종차별 프레임과 호구 프레임의 연관성은 어떤 맥락에서는 추상적이거나 비유적으로 드러나지만, 계약 관계에서는 더 노골적으로 드러난다. 바로 이 때문에 인종 문제를 다루는 이번 장은 계약법에 관한 이야기로 시작하려 한다.

계약 연구 분야에는 '관계적 계약 이론'이라는 학설이 있다. 관계적 계약 이론은 1960년대 위스콘신대학교에서 일어난 지식인 운동에서 발전했고, 직업적 관행에 관한 인터뷰에 참여한 밀워키 회사원들을 참여관찰 방식으로 연구한 것이 그 기원이다. 이 연구는 연구 대상자와 법률 체계 간의 관계에 초점을 맞췄다. 인터뷰에 응한 대상자들은 자기가 맺은 '공식 계약(큰돈을 들여 변호사를 쓰고 신중하게 협상해서 합의에 다다른 계약)'이 부적절하다고 솔직하게 답했다. 그들은 자신의 변호사가 아니라 계약 당사자에게 직접 전화하는 것이 더 중요하고 효과적이라고 여겼다. 또 일이 잘못되면 바로 법원에 가거나 금전적 보상을 받아내기보다는 이 일이 상대방의 신용과 평판에 미치는 영향에 기대려 했다.

관계적 계약 이론가들은 시간이 흐를수록 계약에서 격식과 형식적인 절차가 점차 진부하게 여겨질 것으로 생각했다. 그들은 난해한 법률 용어를 쓰는 대신 서로 적당히 잘 맞는 사람들끼리 전화 통화나 구두로 계약할 것이라 예측했다. 연구자들은 이렇게 기록했다.

"두 회사의 최고 경영자는 서로 아는 사이일 수 있다. 그들은 같은 정부 위원회나 무역 위원회에 함께 앉을 수 있다. 사교계를 통해 서로를 알 수도 있고, 심지어 같은 컨트리클럽(교외에 골프장, 수영장, 테니스장 등을 갖춘 스포츠 시설-옮긴이) 회원일지도 모른다."

그로부터 약 15년 뒤, 패트리샤 윌리엄스라는 젊은 변호사가 법학과 교수로서의 여정을 시작했다. 윌리엄스는 1980년대 초반 법학전문대학원에서 보기 드문 흑인 교수였다. 특히 윌리엄스가 전공한 계약법과 상거래법 분야는 법학과 교수진 전체를 통틀어 살펴볼 때보다 인종 다양성이 훨씬 적었다. 위스콘신대학교의 다른 관계적 계약론자들과 마찬가지로 윌리엄스도 '계약의 절차'에 관심을 보였다. 법학계에 입문한 지 10년 뒤, 그녀는 이것을 주제로 한 자신의 유명한 에세이를 썼다. 윌리엄스의 에세이가 나온 때는 복잡한 계약 방식을 사용했으며, 상거래법 변호사로 일하며 계약법을 가르치는 사람이 대부분 백인 남성이던 시절이었다.

윌리엄스의 에세이는 1991년에 출간된 저서 《인종과 권리의 연금술(The Alchemy of Race and Rights)》에 실렸고, 무려 한 세기 동안 이어진 가설을 뒤집었다. 윌리엄스는 변호사이자 엘리트 학자였다. 아이비리그인 하버드 법학전문대학원을 졸업했고, 역시 아이비리그인 컬럼비아 법학전문대학원의 교수가 되었다. 또 여러 권의 책을 출간한 작가이자 맥아더 펠로우상(미국에서 탁월한 창의성, 통찰력, 잠재력을 지닌 인재에게 수여하는 상. 거액의 보조금을 지급하며 '천재상'이라고도 불린다.-옮긴이) 수상자이기도 하다. 그녀의 에세이에서는 흑인 여성인 윌리엄스와 백인 남성 피터가 같은 학기에 컬럼비아대학교에서 일하기 위해 뉴욕에 각자 아파트를 임대해야 했던 사연부터 설명한다.

> 피터는 임대차 계약을 정식으로 체결하지도 않았고, 열쇠를 주고받지도 않았으며, 영수증도 받지 않은 채 잠시 즐거운 대화를 나눴을 뿐인 낯선 사람들에게 보증금 900달러를 현금으로 건넸다. 그는 굳이 딱딱하게 임대차 계약서에 서명까지 할 필요가 없다고 했다. 피터에게는 정식 계약서보다 상대와 나눈 악수, 서로 간에 감돌았던 좋은 분위기가 더 구속력 있는 신뢰의 증거였다. 나는 피터에게 미쳤다고 했지만 그의 믿음은 배신당하지 않았다. 임대인들은 약속한 시각에 맞춰 손에 열쇠를 들고 나타나 그를 맞았다. 그처럼 완벽한 해피엔딩은 난생처음 봤다(설령 내가 임대인을 그 정도로 허물없이 신뢰했다고 한들 내게는 그런 행운이 일어나지 않았으리라 확신한다. 임대인들이 온갖 서류를 확인하고 신용을 점검한다 해도 열쇠를 넘겨줄 만큼 흑인을 믿지 않았을 것이다). 피터와 달리 나는 내가 신뢰할 만한 사람임을 보여주기 위해 오랫동안 협상해서 만든 상세하고 빽빽한 임대차 계약서에 서명함으로써 임대인과 대등한 지위를 지닌 거래인으로 자리매김할 수 있었다.

동료인 피터가 붙임성 있게 굴며 일을 대강대강 처리하는 동안 윌리엄스는 외줄 타기를 하듯 한 발짝 한 발짝 신중했다. 윌리엄스는 지나치게 남을 잘 믿는 사람처럼 보여도 안 됐고, 그렇다고 미덥지 못한 사람으로 보여도 안 됐다. 이때 서류를 작성하고 형식상 절차를 밟음으로써 윌리엄스는 그 두 가지 위험으로부터 자신을 지킬 수 있었다. 반면 피터는 형식을 차리지 않고 임대인을 허물없이 대하며 관계를 공고히 다졌다.

윌리엄스는 '신뢰'의 사회적 의미가 인종과 지위에 따라 달라진다고 설명한다. 만일 윌리엄스가 피터처럼 용감하게 자신을 위험에 노출했다면, 그 행동은 피터의 행동과 의미가 같지 않았을 것이고 이 행동으로 인한 결과도 달랐을 것이다. 윌리엄스의 에세이는 버락 오바마가 출생증명서를 위조했다는 유언비어에 시달린 일, 미주리주 퍼거슨시의 흑인 주민들이 경찰의 가혹 행위를 증명하기 위해 현장을 영상으로 촬영해야만 했던 일 등 유색 인종에게 거듭 일어나는 문제들을 떠올리게 한다. 자기가 의심받으리라 예상하는 사람들은 서류와 기록의 중요성을 잘 알고 있다. 윌리엄스는 이렇게 기록했다.

"나는 내가 갖춘 전문성의 수준과 관계없이 단지 흑인 여성이라는 정체성 때문에 사람들이 나를 미덥지 않고, 적대적이고, 험악하고, 무능력하고, 비이성적인 데다 아마도 몹시 가난하다고 여길 가능성을 반드시 염두에 두도록 교육받았다. 백인이 흑인에게 격식을 차리지 않는 행위는 대부분 신뢰가 아닌 불신의 신호다. 피터와 달리 나는 여전히 상대와 대등한 입장에서 적법하게 거래하려고 애쓰며, 내가 직접 교섭에 임할 만큼 독립된 가치, 분명한 권력, 충분한 권리를 지닌 거래인임을 보여주고자 분투 중이다."

　윌리엄스는 미국 문화상 흑인 여성인 자신이 직접 계약이나 거래에 참여한다는 사실 자체가 의심을 불러일으킬 것을 잘 알았다. 나와 함께 윌리엄스의 사례에 관해 살펴보던 한 동료는 흑인들이 물건을 살 때 서류를 특히 중요시한다던 이야기를 떠올렸다. 한 흑인 변호사는 〈워싱턴포스트〉에서 자신의 아들이 십 대 청소년이던 시절, 인종차별이 만연한 세상에서 살아남기 위한 몇 가지 규칙(예를 들어 '구매 금액이 아무리 적어도 반드시 영수증을 챙겨라. 그래야 물건을 훔쳤다고 억울하게 의심받지 않는다'가 있다)을 정해뒀다고 언급했다.

　어떤 사람은 호구 취급을 받고 어떤 사람은 사기꾼 취급을 받는다. 한편 호구 취급과 사기꾼 취급을 둘 다 받는 사람도 있다. 그들이 호구나 사기꾼으로 취급받는 이유는 그들의 행동 때문이 아니라 민족적, 인종적 정체성 때문인 경우가 많다. 미국에는 인종에 따른 계층 구조가 분명히 존재하고, 이 계층 구조는 호구와 사기꾼 프레임과 뒤엉켜 뿌리를 내렸다고 해도 지나치지 않을 정도다. 예를 들어 다른 인종의 사람들은 멍청하다거나 정직하지 않다거나 혹은 둘 다라는 식으로 이야기하는 인종차별성 유머를 생각해 보라. 인종에 따라 계층을 나누는 차별의 언어는 기존의 계층 구조를 뒤흔드는 사기가 일어날까 두려워하는 마음을 놀라우리만치 여과 없이 드러낸다. 한마디로 말해 호구 프레임은 백인의 우위를 지키는 수단으로 다양한 곳에서 기발한 방식으로 끈질기게 활용된다.

사회적 지배와 인종차별적 고정관념

하버드대학교의 심리학자 짐 시대니어스Jim Sidanius는 뉴욕 맨해튼과 사우스브롱크스에서 자랐고 이후 대학원 과정을 마치기 위해 미국을 떠나 스웨덴으로 이주했다. 그 역시 백인들만 수두룩한 분야에서 보기 드문 흑인 학자였다. 2017년 하버드대학교 교내 신문인 〈하버드 크림슨〉과의 인터뷰에서 시대니어스는 어떻게 필생의 업적인 '억압 및 집단 간 관계 이론'을 구축했냐는 질문을 받았다. 그는 이렇게 대답했다.

"스웨덴은 편견이나 차별이 미국보다 훨씬 덜한데도 여전히 차별받는 집단은 존재했고, 사회의 구성원은 언제나 지배자와 피지배자로 나뉘더군요. 역사를 쭉 살펴보면 이것은 민주주의 사회나 권위주의 사회를 막론하고 모든 사회에서 꾸준히 일어나는 현상으로 보입니다. 모든 사회는 집단에 기반한 불평등 체제로 이루어져 있기에 저는 이런 현상이 왜 일어나는지 이해하고 싶었습니다."

시대니어스와 그의 동료는 집단 간 억압을 사회과학적으로 완벽히 설명한 책《사회적 지배(Social Dominance)》를 출간했다. 그들에 따르면 특정 종류의 사회적 계층화에는 보편성이 존재한다. 또한 모든 문화에는 나이와 성별에 따른 계층 구조가 존재한다. 남성이 여성을 지배하고, 어른이 아이를 지배하는 현상은 거의 전 세계적으로 나타난다고 해도 과언이 아니다. 또 결정적으로 거의 모든 문화에는 시대니어스가 말한 '임의 결정 체계'가 존재한다. 임의 결정 체계는 민족, 계급, 종파, 씨족, 국적, 인종 혹은 '인간이 상상할 수 있는 사회적으로 유의미한 모든 집단 구별' 등 사회적으로 형성되었거나 겉으로 두드러지는 특성에 따라 사회 구성원을 계층화하는 것을 의미한다. 시대니어스는 모든 사회가 구분하기 쉬운 몇 가지 기준을 선택해 지배와 피지배 체제를 구축한 뒤, 이러한 질서를 지키기 위해 자원을 쏟아 붓는다고 판단했다.

'사회적 지배 이론'은 인간의 광범위한 행동을 사회적 지배라는 궁극적 목표의 관점에서 설명한다. 사회적 지배 이론에 따르면 인종차별주의에는 목표가 있고 그 목표는 바로 '권력'이다. 시대니어스에 따르면 인종적, 민족적 고정관념은 임의로 세워진 계층 구조를 정당화하는 구실을 제공함으로써 사회적 지배를 가능하게 한다. 또한 거의 모든 형태의 집단 편견, 고정관념, 집단의 우열에 관한 관념과 개인적, 제도적 차별은 집단 기반의 사회적 계층 구조를 양산하고 반영한다. 또한 특정 집단에 관해 떠도는 이야기는 사회 불평등을 도덕적, 지식적으로 정당화한다.

"그들은 원래 게을러서 열심히 하질 않아."

"그 사람들은 스스로 노력해서 해냈지."

"걔네는 당해도 싸."

"그 사람들은 성공할 만해."

인종차별적 계층 구조, 특히 백인의 지배를 정당화하는 논리는 흔히 민족적, 인종적 소수자에게 사기꾼과 호구의 역할을 희화화하여 부여한다. 이런 악랄한 유머는 대단히 노골적으로 고정관념을 드러내기도 한다. 이를테면 편견으로 뒤덮인 구식 유머 중 세 친구가 천국에서 성 베드로를 만났다는 이야기를 생각해 보자. 유대인이 순진한 흑인을 속여먹으려고 일을 꾸미는 동안 성공회 교도인 백인은 이 상황을 느긋하게 지켜본다. 인종차별적 경멸과 반유태주의가 묻어나는 이 이야기는 언뜻 보면 유쾌한 농담 형태인 탓에 더욱 악랄한 위협으로 작용한다. 편견은 단지 모욕으로 그치지 않는다. 어쩌면 더욱 중요한 사실은 편견이 인종과 인종 사이의 결속력을 교활하게 무너뜨린다는 것이다. 고정관념과 편견은 단순히 한 인종이나 민족 집단에 대한 적대감이나 찬성 혹은 반대 의견에만 그치지 않는다. 그 안에는 더욱 구체적인 내용이 존재하고, 이것은 한 사회에서 누가 무엇을 가지느냐를 정당화한다.

타인에 대한 고정관념이 형성되는 과정

사회적 지배 모형이 나온 시기와 거의 동시에 프린스턴대학교의 심리학 연구팀 또한 유사한 방식으로 고정관념에 접근했다. 비록 그들은 다른 관점에서 출발했으나 그들의 이론은 시대니어스의 통찰을 그대로 반영한 것이었다. 연구팀은 집단 간 편견을 구성하는 믿음이 무엇인지에 관심을 보였다. 인종차별적 편견이나 성차별주의를 다룬 연구는 대부분 이러한 차별적 태도를 '사람들은 이 집단을 향해 얼마나 반감을 품고 있는가?'라는 단 한 가지 기본적인 질문으로 설명하곤 했다. 그러나 연구팀은 이같이 일차원적으로 측정하면 고정관념이 형성될 때 나타나는 진짜 인지 과정을 포착할 수 없다고 판단했다. 집단에 관한 고정관념은 단순히 '좋다', '나쁘다'가 아니라 '음악에 재능 있는 사람들'이나 '운동을 못 하는 사람들'처럼 구체적인 내용으로 형성된다. 이 책의 주제에 알맞은 예시로는 '믿을 수 없는 사람들'이나 '잘 속는 사람들'을 들 수 있다.

　　연구팀은 고정관념이 어떻게 형성되는지 알고자 했고, 한 가지 이론을 제시했다. 이 이론에 따르면 서로 다른 집단에 속한 사람들이 마주치면 일단 두 가지 사항을 빠르게 결정해야 한다(이때 사람들이 만나는 장소는 신체적 생존을 걱정할 가능성이 큰 문명 이전 시대의 평원이나 사막이라고 가정했다).

1. 이 사람들은 내게 우호적인가, 적대적인가?
2. 이들은 자기 목표를 능숙하게 수행할 능력이 있는가?

연구팀은 이 두 가지 질문의 답이 무엇이냐에 따라 고정관념이 형성된다고 주장하며, 이 이론을 '고정관념 내용 모형'이라고 이름 붙였다. 그들은 대부분의 집단을 '온정(우호적인가 적대적인가)'과 '능력'이라는 두 가지 축으로 이뤄진 2차원 공간에 표시할 수 있다고 주장했다. 개인의 입장에서 생각해 보면 이 논리를 이해하기 쉽다. 예를 들어, '멘토'는 온정 수준과 능력 수준 모두 높을 것이다. '적군의 저격수'라면 아마 능력 수준은 높지만 분명 온정 수준은 낮을 것이다. 이제 막 걸음마를 시작한 '자녀'라면 어떨까? 온정 수준은 그래프에 모두 나타낼 수 없을 정도로 높겠지만 능력 수준은 그다지 높지 않을 것이다.

연구팀은 온정과 능력이라는 두 가지 축이 집단의 고정관념에도 똑같이 적용된다고 생각했다. 우리가 특정 집단에 속한 사람에게 반응하는 방식은 그들을 온정과 능력의 그래프에서 어느 위치에 놓느냐에 따라 예측할 수 있다. 핵심은 고정관념이 막연한 적대감이 아니라 구체적인 현실이라는 것이다. 이 이야기, 즉 고정관념을 구성하는 내용이나 사회의 계층 구조를 정당화하는 미신은 몇 가지 예측 가능한 행동을 불러일으킨다. 이 이론은 다음과 같은 표로 요약할 수 있다.

	낮은 능력	높은 능력
높은 온정	**가부장주의적 편견** 노인, 가정주부 연민, 동정	**존경** 내집단, 가까운 동류 자부심, 존경
낮은 온정	**경멸적 편견** 불쌍한 사람들 경멸, 혐오, 분노	**부러움 섞인 편견** 부자, 페미니스트 부러움, 질투

사실 고정관념이 노골적으로 드러나는 일은 드물어서 이렇게 그래프에 표시하면 다소 불편하고 어색하게 느껴질지도 모른다. 이 모형에서 편견은 고정관념, 곧 인지적 평가로 시작한다. 고정관념은 어떤 집단의 특성에 대한 믿음 체계이며 애정, 혐오, 선망 같은 정서 반응을 일으킨다. 정서 반응은 행동을 촉발하는 특성이 있어서 우리가 머리로 인지한 사실을 행동으로 옮기게 한다. 우리는 상대에게 느끼는 감정이 무엇이냐에 따라 협력하고, 반대하고, 공격하고, 나누고, 돕고, 차별한다. 고정관념은 이러한 과정을 통해 행동으로 이어진다. 이 이론을 통해 우리는 집단 고정관념에서 호구 프레임의 역할을 생각해 볼 수 있다. 호구 프레임은 우리에게 이렇게 경고하거나, 부당한 현실을 정당화하는 데 쓰일 수 있다.

'조심해. 저 사람들이 네 물건을 노리고 있어.'

'조심해. 저 사람들은 교활하다고.'

'불쌍한 바보들! 능력이 딱 그 정도밖에 안 되는 거지.'

'그래서 조심해야 한다니까. 저 바보들은 받아주면 안 돼.'

온정과 능력의 동의어를 생각해 보면 호구의 위치를 더욱 명확하게 볼 수 있다. 만약 능력을 '멍청한'과 '영리한'으로 대체하고, 온정을 '믿을 만한'과 '믿을 수 없는'으로 바꾸면 어떨까? 단어의 의미는 바뀌지 않으나 어떨 때 호구가 될 위험 부담이 커지는지는 한결 명확해진다.

	멍청한	영리한
믿을 만한	호구	타의 모범
믿을 수 없는	기생충	사기꾼

타 집단을 향한 고정관념을 형성할 때는 기준이 되는 내집단이 있고, 내집단은 주로 백인 남성인 경우가 많다. 나머지는 전부 알게 모르게 준거 집단과의 관계에 따라 동정받는 호구, 두려움의 대상인 사기꾼, 경멸스러운 기생충으로 정의된다. 이런 식으로 분류하면 우리의 사회질서를 정당화하는 믿음 몇 가지를 선명하게 볼 수 있다. 미국이 여러 인종과 민족이 섞인 용광로라는 상투적인 이야기나 농담은 편견을 양산해서 우리가 누구를 경멸하고 누구를 두려워해야 하는지 곧바로 알려주는 역할을 한다.

특정 집단을 둘러싼 고정관념

특정 집단 전체를 가리켜 멍청하거나 순진하다고 묘사하는 '민족 고정관념'은 우리 주변에 매우 흔하다. 레나페족 원주민에게서 맨해튼 섬을 통째로 샀다는 믿거나 말거나 한 이야기도 그 예이다. 미국의 초등학생들은 네덜란드 상인이 맨해튼을 샀다는 이야기를 듣고 자랐다. 20세기 초반 한 역사서에는 이렇게 기록되어 있다.

"근처 배에서 가져온 상자를 열자 원주민의 초롱초롱한 눈앞에 반짝이는 구슬과 값싼 보석, 형형색색의 옷감, 휘황찬란한 싸구려 장신구가 펼쳐졌다. 그러자 기적이 일어났다."

알려진 바에 따르면 맨해튼 섬은 '순진한 인디언의 마음을 기쁨으로 채워준' 구슬 24달러어치에 팔렸다고 한다. 중앙아메리카나 남아메리카 사람들 역시 비슷하게 묘사한 경우가 많다. 떠도는 유치한 낭설에 의하면 아스테카 제국 사람들은 어리석게도 에스파냐의 정복자 에르난 코르테스를 신神으로 믿는 바람에 자신들의 문명을 통째로 넘겨줬다고 한다. 이 날조된 역사는 토착민이 속이기 쉽고 순진하다는 이론과 깔끔하게 맞아떨어진다. 이때부터 지금까지 라틴인이 무능하다는 핑계로 지배를 정당화하는 고정관념이 쭉 이어진 것이다.

인종차별적 고정관념은 상당 부분 호구 프레임에 기반해서 형성된다. 그러다 보니 우리는 사기를 지칭할 때 특정 민족을 가리키는 표현을 쓰기도 한다. 요즘도 계약법 강의를 하다 보면 특정 민족을 비방하는 표현을 생각 없이 사용하는 학생을 한두 명씩은 꼭 볼 수 있다. 부디 표현의 어원을 몰라서 실수한 것이었기를 바라지만, 이런 학생들은 판례를 읽으며 양측 중 어느 한쪽이 '집시에게 당했다(gypped, 동사 'gyp'은 '속이다', '사기 치다'라는 뜻으로 쓰인다.─옮긴이)'라고 말한다.

로마인은 과거 이집트인으로 오인당한 탓에 이집트인을 가리키는 말의 약칭인 '집시'로 불렸다. 로마인은 역사적으로 오랫동안 차별받았고 지금도 여전히 차별받고 있으며, 그들에 관한 주요 고정관념 중 하나는 그들이 사기꾼이라는 것이다. 옛날 사전에서 '사기', '협잡'을 가리키는 단어 'gyp'을 찾아보면 "이 남자를 조심해. 교활한 작자이니 너를 등쳐먹으려고 할 거야."라는 예문이 등장하고, 이 단어의 의미가 '흔히 집시에게서 도둑맞은 경험에서 유래되었다'라고 쓰여 있다. 천 년에 걸쳐 인도 북부에서 서쪽으로 이주한 로마인은 '이주민이 사기꾼'이라는 오랜 편견의 주인공이다. 심지어 상대적으로 온건한 위스콘신대학교의 사회학계에서조차 학자 중 한 사람이 관계적 계약의 핵심이 '약속을 어기지(welsh) 않는 것'이라고 이야기하는 것을 들은 적 있다. 동사 'welsh'는 사실 웨일스인을 가리키며, 웨일스인은 경마장 내기에서 약속을 어겼다며 사기꾼으로 비난받은 전적이 있다.

또 호구와 관련된 표현인 'jew down'은 미국에 사는 유대인(Jews)으로부터 비롯되었다. 'jew down'은 고집스럽게 가격을 깎는다는 뜻이다. 셰익스피어의 희극《베니스의 상인》에 등장하는 유대인 고리대금업자, 유대인이 세계를 지배하려 한다는 내용의《시온 장로 의정서》, 유대인 대학살 부인에 이르기까지 반유대주의는 사기꾼 유대인에게 당하면 안 된다는 두려움을 퍼뜨린다. 반유대주의는 미국이라는 나라가 세워지기 훨씬 전부터 이미 미국 문화의 일부였다. 심지어 1650년대 뉴네덜란드에서는 유대인이 '기만적'이라는 이유로 유대인의 출입을 금지하려고 했다. 반유대주의 편견을 드러내는 말들은 너무나 확고해서 사람들에게 속고 있다는 느낌을 불러일으키는 도화선으로 쓰일 수 있다.

한 심리학 연구팀은 "유대인이 '대단히 똑똑하다'라는 말에 동의하는 것은 동의하지 않는 것만큼이나 위험한 반유대주의 편견을 시사할 수 있다."라고 주장했다. 미국에서는 조지 소로스를 언급하면 다음과 같은 효과가 나타난다. 2020년 경찰이 흑인 남성 조지 플로이드를 살해한 사건에 항의해 수백만 명의 미국인이 거리로 나와 시위하던 시기, 소셜미디어에서는 소로스가 시위대에 자금을 댔다는 소문이 돌았다. 헝가리계 미국인이자 투자자이며 자선가인 소로스는 유대인이다. 그는 중앙아메리카에서 미국 남부 국경으로 넘어오는 이주민에게 돈을 댔다는 의혹을 받기도 했다. 경찰이 흑인에게 폭력을 행사한 사건에 항의해 시위하던 사람들은 분명 중대하고 적법한 주장을 펼치고 있었다. 이때 소셜미디어에서 소로스를 들먹인 이유는 시위대의 주장에 동의하는 것을 멍청한 짓처럼 보이게 하기 위함이었다.

'이토록 슬퍼하는 것처럼 보이는 사람들이 어쩌면 그저 돈을 받고 거리로 나온 거짓말쟁이들인지도 몰라요. 시위대의 행보에 동조한다면 당신은 사기꾼에 속은 겁니다.'

'고정관념 내용 모형'을 공동으로 고안한 에이미 커디Amy Cuddy는 연이어 발생한 반유대주의 폭행 사건에 관해 〈뉴욕타임즈〉에 다음과 같은 글을 기고했다.

살기가 어려워지면 부러움에 찬 편견에 불이 붙는다. 사회가 붕괴하고, 경제 상황이 힘들어지고, 정치 소동이 벌어지면 사람들은 높은 지위를 점한 소수자를 향해 분노하기 시작한다. 자원이 제한된 상황에서 지위가 높은 소수자는 경쟁자 혹은 위험한 적으로 여겨진다. 특정 집단이 유능하다는 고정관념이 존재할 때, 그 집단이 차가운 악의를 품고 있다고 의심받기 시작하면 사람들은 돌연 심각한 위협을 느낀다. 유능한 집단을 향한 부러움은 이내 불안하게 요동치는 분노로 변하고, 그 결과 가장 극단적인 형태의 차별을 일으켜 해당 집단에 의도적으로 해를 가하거나 심지어 그들을 전멸시키는 짓까지 저지르게 한다.

팬데믹이 한창이던 2021년에 발생한 총격 사건과 아시아계 미국인을 향한 편견 사이에서도 같은 결과를 도출할 수 있다. 애틀랜타의 네일숍 세 곳에서 총격 사건이 벌어져 여덟 명이 사망했을 때, 피해자 중 여섯 명은 아시아계 여성이었다. 역사적으로 백인은 '아시아인이 교활하다거나 배타적이다'라는 고정관념, 즉 그들이 다른 곳에 충성하면서 백인을 속이는 데 능하다는 생각을 품고 있다. 프린스턴대학교 연구팀은 이 잠재된 직감을 구체적인 항목으로 바꿔 고정관념을 측정했다. 연구 결과, 아시아인에 대한 편견의 핵심은 아시아계 미국인이 굳이 높은 지위에 오르고 경제적으로 성공할 필요가 없거나 그럴 자격도 없으면서 높은 지위와 성공을 추구한다는 믿음인 것으로 드러났다. 이 관점에서 보면 아시아계 미국인은 어울리지 않는 경제적 성공을 누리고, 다른 사람보다 자기가 똑똑하다고 여기며, 지나치게 많이 성취하려고 한다. 이렇듯 아시아인이 경쟁에서 새치기하고 지위를 독차지한다는 비난은 백인의 호구 공포증을 자극해 폭력으로 이어지는 불씨가 되었다.

백인 미국인은 대체로 아시아계 미국인에 대한 편견이 존재한다는 사실 자체를 인정하지 않는다. 백인이 인종차별주의자가 아니라는 증거로 아시아계 미국인의 성공 사례를 들 만큼 아시아계 미국인은 대부분 '모범적인 소수자 집단'이기 때문이다. 그러나 우리는 이러한 양면적인 고정관념 역시 치명적인 결과를 불러올 수 있다는 사실을 알고 있으며, 실제로 충격적인 사례를 여러 차례 목격했다. 아시아계 미국인은 주로 집단적으로 속임수를 썼다는 비난을 받는 경우가 많다. 1941년 일본이 진주만을 공격하자 미국은 일본계 미국인이 간첩이나 파괴 공작원으로 활동하는 것을 방지하고자 그들을 억류했고, 코로나바이러스 팬데믹 역시 백인이 여전히 아시아인의 의도를 의심한다는 사실을 상기시켰으며, 아시아인 공격이 급증하는 원동력이 되었다.

의심의 대상은 누구인가?
—

호구와 사기꾼의 분류 외에 '무시당하는 집단'도 의심을 피해가지는 못한다. 도널드 트럼프가 멕시코는 "쓸 만한 사람은 미국으로 안 보낸다."라며 국민에게 경고할 당시 그의 속뜻은 이러했다.

'멕시코 이민자들은 자기들이 곤경에 처했다며 동정심을 사려 하지만 사실 여러분의 일자리와 여자들을 빼앗아가고 있습니다.'

특정 집단을 무시하면서 동시에 경계하는 이중성은 흑인에 대한 차별에서 특히 명확하고 뚜렷하게 나타난다. 노예가 사람이 아닌 재산이었던 때부터 백인은 흑인 노예를 보며 자기를 스스로 돌볼 능력도 없는 불쌍한 바보라고 업신여기며 폭력적인 지배를 정당화했다. 또한 다른 한편으로는 혹여 노예가 반란을 일으키거나 탈출할까 우려해서 지속적으로 경계했다. 핵심은 채찍질이었다. 흑인이 무엇을 어떻게 하든 그것은 흑인이 열등하다는 증거가 될 수 있었다. 또 어떤 사실이든 인종차별적 반감을 부추기는 데 사용할 수 있었다. 흑인이 성공하면 나쁜 일을 꾸몄다는 증거이고, 흑인이 고난을 겪으면 그것은 그들이 멍청하거나 꾀병을 부린다는 증거였다.

강제로 노예가 된 사람을 자기가 원해서 스스로 노예가 된 바보로 보는 표현부터(래퍼 카니예 웨스트는 "노예제가 400년간이나 존속했다는 말을 들으면 이런 생각이 들어요. 400년이라. 그 정도면 자기 선택 아닌가?"라고 말했다.) 20세기의 과학적 인종차별주의에 이르기까지 인종차별의 계보는 이어진다. 흑인을 희화화하는 오래되고 수치스러운 관습의 기저에는 흑인을 바보로 보는 고정관념이 존재한다. 영화 '바람과 함께 사라지다'의 흑인 유모, 흑인 희극 배우 스티핀 펫칫, 소설 《톰 아저씨의 오두막》의 톰 아저씨가 그 예이다. 요리 역사가 마이클 트위티는 흑인이 스스로 지배당하는 데 동의했다고 선전한 사례로 '언트 제미마(팬케이크 믹스, 시럽 등 아침 식사 대용식 브랜드. 상표에 흑인 유모를 연상시키는 캐릭터를 썼다.-옮긴이)'를 예로 들었다. 트위티에 따르면 언트 제미마는 백인이 흑인 노예, 더 나아가 모든 흑인 미국인이 고분고분하고 주제넘지 않으며 충성스럽고 유순하다는 환상에 빠지도록 유혹했다.

인종차별주의자들은 호구 프레임을 이용해 흑인이 바보라고 주장하는 동시에 인종차별을 개선하려는 모든 행동이 부정행위, 새치기, 도둑질을 저지른 불합리한 결과라며 분노를 드러낸다. '흑인은 정직하지 못하다'란 편견이 복잡한 이유는 우리가 흑인이 지적으로 열등하다는 미신을 오랫동안 믿어왔기 때문이다. 미국의 제도를 살펴보면 흑인이 전혀 신뢰받지 못했음을 알 수 있으며, 흑인들을 여전히 용납할 수 없는 위협으로 인식해서 끈질기게 감시한다는 사실 또한 알 수 있다. 흔히 기업가나 정부 관료 같은 제도적 행위자들은 자신이 흑인을 겨냥하고 있음을 부인하기 위해 여러 구실을 내세우지만, 때로는 가면을 벗고 뿌리 깊이 박힌 불신을 직접적으로 드러내기도 한다. 예를 들어 2016년 메인주 주지사는 대담하게도 물속에 잠겨 있던 인종차별주의를 수면 위로 끌어올렸다. 그는 메인주 주민에게 흑인 남자에 대해 경고하며 이렇게 외쳤다.

"이 사람들은 말 그대로 겉만 번지르르하고 교활한 기생오라비입니다. 그들은 여기 올라와서 헤로인을 팔고 집에 돌아가죠. 그러다가 열에 다섯은 어린 백인 소녀를 임신시키고요."

흑인에게 밀려날지 모른다는 공포는 호구가 되기를 두려워하는 백인 미국인에게 두려움, 폄하, 감시, 보복의 악순환을 가져온다. 일상 속에서 당연한 듯이 사기꾼 취급을 받고 비난과 처벌을 받는 사람은 흑인, 그중에서도 흑인 여성이다. 여기에는 익숙한 패턴이 있다. 흑인 여성은 사회구조적 인종차별이라 할 수 있는 몇 가지 정책의 대상이다. 이들은 가족과 이웃을 돌보며 기본적으로 친사회적인 목표를 추구한다. 그런데 애초에 흑인 여성을 물질적으로 불리하게 만든 사회구조는 만일 흑인 여성이 하지 않으면 안 한다고 비난받았을 바로 그 일을 할 때 사기를 친다고 비난한다.

투표자 사기를 저질렀다고 의심받는 사람은 누구인가? 연방세 사기죄로 수감되었다가 가석방되어 보호관찰을 받고 있던 흑인 여성 크리스털 메이슨은 유죄 판결을 받고 형을 선고받은 탓에 투표할 권리가 없었으나 그 사실을 미처 인지하지 못하고 임시 투표용지를 제출했다. 메이슨의 표는 무효 처리되었다. 텍사스 법에 따라 유죄 판결을 받았다가 보호관찰 하에 가석방된 사람은 투표할 수 없기 때문이다. 메이슨이 투표자 사기를 저질렀다고 주장하는 사람들은 그녀가 자신에게 투표권이 없다는 사실을 알면서도 의도적으로 투표했다고 생각했다. 판사는 메이슨이 임시 투표 선서진술서에 서명한 사실을 결정적인 증거로 채택했다. 선서진술서에 서명했으니 자기가 불법으로 투표한다는 사실을 분명 알고 있었으리라 판단한 것이다. 하지만 해당 문구는 메이슨이 서명한 종이 뒤편에 기록되어 있었으며, 투표소에서 투표 전에 안내 문구를 읽도록 요구하지도 않았다는 사실 또한 중요하게 여겨지지 않았다. 결국 메이슨은 의도적으로 투표 사기를 저지른 죄로 징역 5년을 선고받았다.

학교 배정 사기를 저질렀다고 의심받는 사람은 누구인가? 노숙인이었던 타냐 맥도웰은 다섯 살 난 아들을 좋은 초등학교에 보내려고 친구의 집 주소를 사용했다. 이 때문에 맥도웰은 절도죄, 즉 정부의 자원을 훔쳤다는 판결을 받았다. 싱글맘, 특히 흑인 싱글맘은 '자녀를 부적절하게 양육한다'는 비난의 홍수 속에 살아간다. 그러나 자녀에게 질 좋은 교육 기회를 제공하지 않고 아이를 방치한다는 비난을 받는 흑인 여성이 정작 아이에게 좋은 교육 기회를 제공하려고 하면 이들은 한심한 사람에서 수상한 사람이 되고 만다. 법학과 교수 라토야 볼드윈 클라크Latoya Baldwin Clark는 이렇게 말했다.

"우리는 가난한 흑인 부모가 좋은 교육 기회를 도둑질했다고 보는 대신 이전 수백 년간 제대로 교육받지 못했던 빚을 받아내려 한다고 생각해 볼 수 있다."

스포츠에서 사기를 저질렀다고 의심받는 사람은 누구인가? 테니스 선수 세레나 윌리엄스는 도핑에 강경히 반대하는 입장임에도 불구하고 자신이 받은 약물 검사에 차별이 있지 않나 의구심을 품었다.

윌리엄스는 다른 선수와 비교도 안 될 정도로 검사를 여러 번 받았다. 2018년, 윌리엄스는 자신이 이상하리만치 검사의 표적이 되고 있다며 공식적으로 항의했다. 세계에서 가장 빠른 여자 중거리 달리기 선수인 캐스터 세메냐는 계속해서 '성별 사기'를 저질렀다는 의심을 받았다. 세메냐는 테스토스테론 검사의 대상이 되었고, 자신이 자연적으로 가진 호르몬 수치를 다른 여자 달리기 선수와 비슷하게 맞추기 위해 테스토스테론 수치를 낮추는 약물을 투약하라는 요구까지 받았다.

특정 인종이 '게으르다'는 뻔한 인종차별에도 그들이 사기를 치려 한다는 비난이 미묘하게 숨어 있다. 백인 노예상과 백인 지주는 흑인이 게으르다는 프레임을 씌워 흑인 노예 소유권이나 신체적 폭력, 경제적 가혹 행위, 백인 우월주의를 정당화했다. 특히 인종 고정관념의 맥락에서 '게으르다'라는 말은 곧 그 사람이 무임승차자라는 비난에 가깝다. 그리고 무임승차는 언제나 호구 문제와 연관되어 있다. 흑인 노예는 "이 일꾼은 말로는 최선을 다해 열심히 일한다고 하지만 사실 적당히 일하면서 힘을 남겨두고 결국은 돈만 받고 빈둥거리고 있다."라고 비난받았다.

게으르다는 비난은 예전이나 지금이나 강압적인 처벌을 정당화하고 원칙에 입각한 저항을 무시할 때, 특히 이기적인 방식으로 사용된다. 백인이 빈곤한 유색 인종에게 사회적 원조를 제공하는 재분배 정책에 저항하거나 소작농의 저항에 폭력적으로 보복한 사례를 보면 착취라는 문제를 두고 백인과 흑인이 지는 위험 부담이 같지 않음을 알수 있다. 흑인이 박해받거나 차별받을 때면 백인은 그들의 절박함을 축소하기 위해 그들을 자발적 호구라며 업신여긴다. 그러면서 다른 한편으로는 그들이 인정 많은 백인을 속여서 백인의 돈과 여자, 지위를 빼앗으려는 사기꾼이라며 의심한다. 호구와 사기꾼을 오가는 인종차별은 아슬아슬한 줄타기처럼 이어진다.

의심에서 교묘히 빠져나갈 수 있는 사람들

누가 이 위험천만한 줄에서 내려올 수 있을까? 윌리엄스의 백인 동료 피터와 역시 백인이었던 피터의 임대인 이야기를 다시 떠올려 보자. 거래는 일사천리로 체결되었고, 굳이 강제하는 요소를 둘 필요도 없었다. 그들의 계약은 상호 신뢰와 무죄 추정의 원칙을 바탕으로 이뤄졌다. 최근 〈뉴욕타임즈〉에서 피터의 사례와 비슷한 경우를 다룬 기사를 읽었다. 덴마크의 미술관이 한 미술가와 계약을 맺고 약 8만 3천 달러를 현금으로 지급했다. 그리고 이 현금을 이용해 현대 사회에서 일의 본질을 반영하는 작품 두 점을 만들어 달라고 요청했다. 이 작업을 의뢰받은 미술가 옌스 하닝Jens Haaning은 아무것도 그리지 않은 캔버스 두 개를 미술관에 보냈다. 작품명은 '돈을 갖고 튀어라'였다. 작품 제목처럼 현금은 하닝이 그대로 가져갔다. 그러자 관장은 "이 작품은 재미있습니다. 우리가 일을 왜 하는지, 어떤 일을 잘하면 무엇이 좋은지 익살스럽게 질문을 던지죠."라고 유쾌하게 반응했다.

예술 작품 구매 계약은 위험성이 높은 일이다. 어떤 작품이 시간이 흐른 뒤에도 계속해서 가치를 지닐지 누구도 보장할 수 없고, 고가에 구입한 작품이 위작일 위험도 존재한다. 미술 시장은 마치 개척 시대의 미국 서부처럼 무법 지대인 탓에 돈세탁을 하기에도 알맞다. 사실 미술품을 판매하는 행위 역시 위험하기는 매한가지다. 성공한 예술가에게는 구매자가 자신의 작품을 잘 관리할 것인지 아닌지가 판매에 결정적인 영향을 미치는 중요한 요소이다. 그러나 구매자가 작품을 간직하겠다는 약속을 지킬지도 알 수 없고, 설사 지키지 않는다고 해도 미술가가 강제할 방법은 없다. 구매자가 약속을 어기고 자신이 구매한 가격보다 싼값으로 작품을 경매에 내놓으면 작가의 작품 가격 전체에 영향을 미칠 수도 있다. 전반적으로 미술 시장은 제대로 규제가 이뤄지지 않고, 위험성이 높아서 구매자든 판매자든 서로 의심을 품는 경우가 많다. 옌스 하닝은 대놓고 사기를 쳤지만 사람들은 하닝의 행동을 보고 킥킥거리며 태연하게 반응했다.

이쯤에서 시인 캐시 박 홍Cathy Park Hong이 자신의 산문집《마이너 필링스》에서 소개했던 이야기가 떠오른다. 홍은 20대에 뉴욕 예술계에 막 발을 내디디려던 참이었고, 당시 밴드 연주 활동을 병행하던 '조'라는 남자친구의 개인전에 방문했다. 조의 친구들은 조가 개인전을 하기까지 너무 오래 걸렸다며 투덜거렸다. 그러나 홍이 전시회장에 도착했을 때, 전시회장 벽은 밑칠이 되지 않아 지저분한 캔버스 몇 개를 빼면 사실상 텅 비어 있었다. 홍이 보기에는 전시가 영 눈에 차지 않았으므로 그녀는 다른 사람들 역시 자기처럼 반응하리라 생각했다. 그러나 예상과는 달리 이 전시회는 엄청난 인기를 끌었고, 조는 본격적으로 작품 활동을 시작했다. 도널드 트럼프의 딸인 이방카 트럼프도 자신의 펜트하우스에 조의 그림을 한 점 걸어 두었다. 캐시 박 홍은 '과연 무엇이 어린아이의 낙서, 쓰레기 더미, 밑칠을 깜빡한 캔버스를 예술로 만드는가' 하는 문제를 곰곰이 생각할 수밖에 없었다.

전위 예술가의 계보는 소변기에 서명하고 그것을 예술이라 부른 뒤샹으로부터 시작해 시대의 반항아 백인 예술가들의 이야기로 이어진다. 문제는 역사가 예술가의 일탈을 예술로 인정해야 한다는 것인데, 어떤 작품을 예술로 인정하느냐 아니냐는 작품을 만든 예술가가 손에 쥔 '권력'에 달려 있다고 볼 수 있다. 여성 예술가가 인정받는 경우는 거의 없다. 흑인 예술가 역시 대부분 인정받지 못한다.

홍은 '혹시 이 예술품이 그저 쓰레기에 불과하고 내가 얼간이인 거라면 어떡하지?'라는 두려움에 주목했다. 홍이 관찰한 결과, 이러한 불안은 이 게임의 참가자가 백인 남성일 때 비로소 가라앉았다. 시대의 반항아인 백인 남성 예술가는 자신의 정체성 덕분에 무엇이든 원하는 대로 할 수 있었다. 흑인 예술가는 대부분 의심을 피하지 못한다는 홍의 예측이 예술계에서 실증적으로 검증되지는 않았지만, 다른 유형의 거래를 보면 그녀가 옳았음을 알 수 있다. 백인끼리 거래할 때는 서로 넓은 오차 범위를 허용하는 반면(친구 사이에 8만 3천 달러쯤 오가는 게 뭐 대수겠어?), 여러 사례 연구와 실험에 따르면 서로 다른 인종끼리 거래할 때는 사뭇 다른 그림이 그려졌다. 흑인과 거래할 때면 사람들은 어떻게든 위험 부담을 지지 않으려 했다. 예를 들어, 흑인인 주택 보유자는 집을 팔려면 구매자가 이 집의 주인이 흑인임을 알아차릴 수 있는 가족사진과 기념품을 숨겨야 한다고 강조했다. 심지어 부동산 거래를 백인이 중개하면 같은 집이라도 더 높은 감정가를 받는다고 한다.

예일대학교 법학과 교수인 이안 아이레스Ian Ayres와 동료들은 이베이에서 판매자의 인종이 미치는 영향을 알아보는 실험을 진행했다. 그들은 야구 카드 판매 글에 밝은 피부의 손이 카드를 잡은 사진과 어두운 피부의 손이 카드를 잡은 사진을 올렸다. 카드는 이베이 경매 규칙에 따라 가장 높은 가격을 제시한 사람에게 팔렸다(실험에서는 '바로 구매'하는 거래 방식을 쓰는 대신, 일정 기간을 두고 경매를 진행했다). 그 결과 어두운 피부의 손이 잡은 카드는 밝은 피부의 손이 잡은 카드보다 20퍼센트 가량 낮은 가격에 팔렸다. 흑인이 시장에 구매자로 등장할 때도 같은 패턴이 나타났다. 많은 연구에서 흑인 주택 보유자는 집을 소유하기 위해 더 많은 돈을 지불하는 것으로 드러났다. 대부분의 경우 흑인에게는 불리한 주택 담보 대출 조건과 높은 보험료를 제시하기 때문이다.

아이레스는 또 다른 실험을 고안했다. 이번에는 흑인 구매자가 치르는 비용을 시험하는 통제 연구였다. 아이레스는 백인 남성, 백인 여성, 흑인 남성, 흑인 여성이라는 인구학적 분류에 해당하는 피험자 38명을 고용해서 시카고에 있는 자동차 대리점 90곳을 돌며 신차 가격을 흥정해서 최대한 유리한 조건을 얻어오게 했다. 피험자는 가격을 협상할 때마다 판매원이 처음 제시한 가격과 마지막에 제시한 가격을 기록했다. 백인 남성 구매자와 흑인 구매자 간의 차이는 상당했다. 특히 흑인 남성과 백인 남성이 같은 자동차를 구매하려 할 때, 흑인 남성은 백인 남성보다 최종적으로 1,100달러나 더 내야 했다.

이 실험의 결과는 여러 방식으로 설명할 수 있다. 즉, 동시에 설명할 수 있는 원인이 다수 존재한다. 그러나 가장 큰 원인은 흑인에게 이용당할 것 같은 가능성이 조금이라도 보이면 자동차 판매원이 위험을 회피한 이유일 듯하다. 이 실험을 자세히 살펴보면 3장에서 다뤘던 신뢰 게임 결과가 떠오른다. 신뢰 게임에서 상대에게 배신당하지 않으려 했던 피험자는 사람보다는 컴퓨터와 도박하기를 택했다. 자동차 가격 협상 실험의 백인 판매원은 흑인 고객을 만나면 흑인에게 사기당하지 않겠다는 회피 욕구를 강하게 느낀 나머지, 백인 고객이 제안하면 받아들였을 나쁘지 않은 거래 조건을 받아들이지 않았다. 론조 베일리의 계약 위반을 앨라배마주가 모욕으로 받아들였듯이, 흑인 고객의 술수에 당하는 것 역시 백인 판매원이 용납하기에는 너무나 심각한 모욕이었을 것이다.

특혜를 둘러싼 인종차별
—

1833년까지는 돈을 빌리고 갚지 않은 사람을 형사상으로 처벌했다. 파산해서 도저히 채무 변제 능력이 없는 사람을 채무자 감옥으로 보내 '사적 계약을 위반한 죄'로 국가의 처벌을 받도록 한 것이다. 그러나 채무자 감옥이 폐지된 탓에 앨라배마 주의회는 계약을 위반한 소작농에게 형사상 법적 책임을 물 방법을 찾으려고 법리학적으로 안간힘을 쓸 수밖에 없었다. 오늘날 돈을 빌리고 갚지 않은 사람은 빚진 대상이 은행이든 자동차 대리점이든 심지어 친구이든 관계없이 법원에 자신이 빚을 갚을 능력이 없으니 파산 신청 자격을 달라고 주장할 수 있다.

사업체가 아닌 개인 자격으로 파산을 신청한다면 방법은 연방파산법 7장과 13장 두 가지가 있다. 둘 중에서 무엇을 선택할지는 채무자의 몫이다. 7장과 13장의 차이는 조금 모호할 수 있으나 파산 신청자에게는 분명 중요한 차이다. 만약 파산법 7장에 따라 파산을 신청하면 비용이 적게 들고 빚 청산이 일회성으로 이뤄진다. 비록 신용 점수는 형편없이 떨어지지만 빚이 빨리 변제되므로 삶을 다시 꾸려나갈 수 있다.

13장에 따라 파산을 신청하면 채무자는 신용 점수에 악영향을 받기는 마찬가지이면서도 선지급으로 더 많은 금액을 부담해야 하고 빚을 해결하는 데도 오랜 시간이 필요하다. 변호사 수임료와 행정 비용도 더 비싼 데다 신청자는 신청 이후 3년에서 5년 동안 관리 감독을 받아야 한다. 13장 파산 신청을 받으면 법원은 일반적으로 법정 관리인을 지정하고 관리 감독 기간에 발생한 채무자의 가처분소득을 전부 압류하여 대기 중인 채권자에게 분배한다. 이러한 설명에서 추론할 수 있듯 대부분의 경우 7장 파산을 신청하는 것이 가장 합리적인 선택이다. 다만 13장 파산을 신청하는 주된 이유는 주택 압류를 피하기 위해서다. 13장은 장기간에 걸쳐 주택 담보 대출 부채를 조정할 수 있도록 허용하기 때문이다.

어떤 관점에서는 파산이 분별없고 무책임한 채무자가 채권자를 속이고 이득을 취하도록 허용하는 제도처럼 보일 수도 있다. 파산 신청자는 돈을 '못 내는 것'이 아니라 '안 내는 것'으로 의심받을 때가 많다. 이것은 빚 면제를 어려운 사람을 돕는 온정적인 제도로 생각하는 사람들을 호구로 보는 전형적인 비난이기도 하다. 엘리자베스 워런 Elizabeth Warren은 상원의원이 되기 전 법학과 교수였을 때, 파산을 연구하는 학자들이 모인 협회의 일원으로서 실제로 미국에서 파산이 발생하는 현황을 조사하기 시작했다. 워런은 대부분의 빚이 '무책임한 소비'

로 인한 것이 아닌 '의료비'로 인한 것이라는 사실을 밝혀냈다.

2012년 파산 연구 협회는 미국의 파산 자료를 샅샅이 뒤지던 중 이례적인 사항을 발견했다. 13장에 의거한 파산 신청률이 지역에 따라 확연한 차이를 드러냈으며, 남부에서 특히 높게 나타났다는 점이다. 게다가 흑인 채무자는 백인 채무자와 비교해 13장 파산으로 빚을 변제하는 비율이 훨씬 높은 것으로 드러났다. 협회는 이 인종별 차이를 체계적으로 조사하기로 했다. 먼저 아직 입증되지 않아 짐작만 하던 사실을 수치를 통해 확인했다. 백인, 라틴인, 아시아계 미국인 가구는 약 25퍼센트가 13장에 따라 파산을 신청했다. 반면 아프리카계 미국인은 13장을 택하는 비율이 55퍼센트에 달했다.

일반적으로 생각하면 13장 파산 신청자 중에 주택 보유자 비율이 특히 높을 것으로 추측할 수 있다. 보통 주택 압류를 피할 목적으로 13장을 택하기 때문이다. 그러나 통계적으로 흑인 미국인은 백인 미국인보다 주택을 보유할 확률이 훨씬 낮음에도 불구하고 백인보다 13장 파산을 신청한 비율이 훨씬 높았다. 연구팀은 파산을 전문적으로 다루는 변호사 몇 명을 표본으로 선정하고 실험 자료를 보내 그들이 고객을 인종에 따라 다른 방향으로 유도하는지 살펴보기로 했다. 변호사들은 가상의 부부에 관해 자산 목록과 부채 내역 등 몇 가지 자료를 받았다. 변호사 중 절반은 제일 연합 감리 교회에 소속된 토드와 앨리슨 부부의 이야기를 읽었고, 나머지 절반은 벧엘 아프리카 감리교 감독교회에 다니는 레지와 라티샤 부부의 이야기를 읽었다. 이에 더해 통제 집단은 인종을 나타내는 표시 없이 부부의 이름이 머리글자로만 표시된 글을 읽었다. 그 결과 토드와 앨리슨 부부가 13장 파산을 신청해야 한다고 생각한 변호사는 32퍼센트였으나, 레지와 라티샤 부부의 경우 그 비율이 47퍼센트에 달했다.

변호사들은 자신이 인종에 따라 고객을 다른 방식으로 상담한다는 사실을 깨닫지 못했다. 자신이 흑인 고객과 백인 고객에게 각각 다르게 접근했다고 생각하느냐는 질문을 받았을 때, 연구팀이 무언가 유의미한 차이를 찾아내리라고 예상한 변호사는 한 명도 없었다. 그러나 그들의 실제 답변을 통해 연구팀은 그들이 은연중에 인종과 파산법을 연관 짓고 있었음을 알 수 있었다.

파산을 신청하면 법원의 감독 아래 합법적인 방식으로 여러 가지 계약을 위반하게 된다. 신용카드 빚, 인터넷 사용료, 밀린 공과금, 병원비를 내겠다는 약속이 모두 깨진다. 우리는 파산 제도를 절박한 사람들을 위한 정부의 온정적 개입으로 볼 수도 있고, 사람들을 다시금 정상적인 경제활동으로 돌려보내는 효율적인 방법으로 볼 수도 있다. 또 어쩌면 한심한 호구 짓으로 볼 수도 있다. 실제로 2005년에 파산법이 개정될 당시, 캔자스주의 한 하원 의원은 '파산 제도가 사기꾼이 편법으로 빚에서 벗어나는 도구로 악용되는 것을 방지하기 위해 반드시 법을 개정해야 한다'고 역설했다. 파산법 13장은 계약 위반을 용서하는 제도에 제동을 거는 한 방법이다. 이때도 교묘히 빠져나가는 자는 누구인가? 아마도 흑인 신청자는 아닐 것이다.

텍사스대학교 법학과 교수이자 파산을 전문적으로 연구하는 학자인 미셸 디커슨Mechele Dickerson은 파산을 둘러싼 논쟁에서 일어나는 도덕적 추론을 중점적으로 연구했다. 파산 개혁이 꼭 필요했던 이유는 '의회 역시 파산 제도에서 개인의 책임과 진정성을 회복하고 비도덕적인 채무자가 기회주의적으로 변제 의무에서 벗어나지 못하게 방지하는 것이 매우 중요하다고 느꼈고, 7장에 따라 파산 신청을 하려던 채무자들이 제도를 남용하는 기회주의적이고 전략적인 행위자'였기 때문이다. 파산을 통해 빚을 청산하는 것은 효율적이고 인도주의적인 일종의 제도적 사면이다. 그러나 흑인 파산 신청자를 담당한 변호사들은 자신의 고객에게조차 이러한 호의를 베풀기를 꺼렸다.

인종차별은 왜 그토록 개선하기 어려운가?

우리는 보통 호의를 마땅히 이행해야 할 의무를 넘어선 친절로 이해한다. 호의란 그것을 받을 자격이 없는 사람에게 베푸는 혜택이므로 만일 어떤 사람이 특별한 호의, 즉 특혜를 받으면 그 혜택은 사실상 적법하지 않은 것으로 간주할 수 있다. 실제로 특혜를 누리는 사기꾼은 보통 외교관의 자녀, 선생님의 귀염둥이 혹은 사장님의 그녀다. 그러나 정작 특별한 호의를 요구했다고 비난받는 사람은 적법하게 자기 권리를 행사하고 평등하게 처우해달라고 주장하는 유색 인종일 때가 많다.

사회학자 에밋 라일리Emmitt Riley와 클라리사 피터슨Clarissa Peterson은 인종차별적 분노의 핵심에 '특혜 프레임'이 있음을 체계적으로 밝혀냈다. 인종차별적 분노는 '흑인은 더 노력해야 한다. 흑인은 이제 더는 차별의 대상이 아니다. 따라서 어떠한 특혜도 받지 말고 스스로 노력해서 성공의 사다리를 올라야 한다. 흑인은 그동안 자격도 없으면서 너무 많은 이득을 취했다'라는 믿음으로 이뤄진다. 분노는 불공정하게 대우받을 때 오는 억울한 감정이다. 이것은 백인 미국인 또한 자기가 흑인 미국인에 비해 불공정하게 대우받는다고 생각한다는 사실을 암시

한다. 백인 미국인은 과거에 받은 차별을 근거로 권리를 주장하는 흑인이 피해를 과장하고 있으며, 그들에게 주어지는 특혜 또한 불공정하다고 여긴다. 흑인이 백인을 속여 백인의 소유물과 지위를 빼앗는다는 것이다. 이러한 믿음은 흑인이 평등을 외칠 때조차 사실은 그들이 새치기하려 한다는 삐뚤어진 관점으로 발전한다. 흑인에게도 평등한 권리를 달라는 주장이 곧 흑인이 제도를 악용한다는 증거로 둔갑한다. 심리학자들이 보기에 인종차별주의의 핵심은 '흑인이 백인을 속여 착취한다'는 믿음과 '흑인이 자기가 받는 차별과 피해를 과장해서 말한다'는 믿음이다.

　인종차별주의를 심리학적으로 연구할 때, 피험자가 인종차별적 편견에 얼마나 동의하는지 알아보기 위해 짤막한 설문지를 작성하게 한다. 인종차별주의를 측정하는 표준 도구인 '현대 인종차별 척도'를 보면 흑인에 대한 인종차별이 사실 뿌리 깊은 회의주의적 태도임이 명확히 드러난다. 이 척도에서 높은 점수를 받은 사람은 흑인 차별이 미국에서 더는 문제가 아니라는 데 동의한 경우다. 또 흑인 미국인이 '평등한 권리를 얻겠다며 지나치게 무리한 요구를 한다'라거나 '그간 본래 자격보다 더 큰 경제적 이익을 취했다'는 등 흑인을 향한 일련의 불만을 지지하는 경우다.

　'흑인이 특혜를 누린다'는 담론은 인종차별 철폐라는 목표를 이룰 수 없게 막는다. 평등이라는 목표를 마치 흑인이 백인을 지배하겠다는 숨은 의도를 가리는 트로이의 목마처럼 보이게 하기 때문이다. 불평등한 사회는 인종차별 철폐와 평등을 외치는 목소리가 사실 기득권자에게서 높은 지위를 훔쳐 가려는 속임수라고 주장하며, 기존의 질서를 뒤흔드는 사기에 대한 두려움의 씨앗을 심고 계속해서 불평등을 유지하려 한다.

　하버드대학교 심리학과 교수 마이클 노턴Michael Norton과 터프츠대학교 심리학과 교수 새뮤얼 소머스Samuel Sommers는 인종 문제를 대하는 태도와 백인 차별에 관한 인식 간의 관계를 연구했다. 그들은 백인과 흑인 응답자에게 10년 주기로 인종차별적 편견의 심각도를 점수로 매기게 했다. 피험자는 각각의 10년에 대해 '흑인 편견의 전반적 심각도'와 '백인 편견의 전반적 심각도'를 10점 척도로 표기했다. 흑인 응답자는 전 시기를 통틀어 백인에 대한 편견은 거의 없었다며 그래프 맨 아래쪽에 대체로 평평한 선을 그었고, 흑인에 대한 편견은 매우 높음에서 보통 수준으로 떨어졌다며(1950년대에는 10점 만점에 9점 이상, 2000년대에는 6점) 뚜렷한 하향 곡선을 그었다. 반면 백인 응답자가 매긴 백인 편견의 심각도는 그들이 매긴 흑인 편견 심각도의 데칼코마니나 다름없었다. 백인 응답자들은 백인에 대한 편견이 1950년대에는 낮았으나 시간이 지나면서 점차 심해졌다고 여겼다. 흑인을 향한 차별이 조금씩 줄어들 때마다 백인을 향한 차별이 조금씩 늘어났다고 생각한 것이다. 심지어 그들은 현대의 백인 차별이 흑인 차별보다 더 심각한 문제라고 답했다. 노턴과 소머스는 이렇게 결론지었다.

　"백인은 흑인보다 세상이 평등해졌다고 생각할 뿐 아니라, 세상이 평등해짐에 따라 이제는 '백인 역차별'이라는 새로운 불평등이 등장했다고 믿는다."

호구 공포증을 빼고는
성차별을 이해할 수 없다

퇴임을 5년 앞둔 어느 날, 윌리엄 피어스 판사는 훗날 자신이 내린 판결 중 가장 유명한 판결이 될 사건을 맡았다. 그는 열네 살 때 학교를 떠나 철도에서 일하기 시작했고, 애틀랜타대학교 법학대학원에서 야간 수업을 들으며 법학 학위를 땄다. 그는 농무부 변호사로 30년간 재직하다가 플로리다주 항소법원 판사에 임명되었다. 이곳에서 그는 주부인 보크스 부인과 그녀의 댄스 강사인 데번포트 사이에서 벌어진 분쟁을 해결해야 했으며, 그 상황에 몹시 짜증이 났었던 듯하다. 사건 자료에는 피어스 판사의 감정이 날것 그대로 드러난다.

원고 오드리 보크스는 가족이 없는 51세의 미망인으로, 삶에서 새로운 흥밋거리를 찾겠다는 희망과 함께 뛰어난 댄서가 되고자 하는 열망을 품었다. 이에 따라 1961년 2월 10일, 친구의 권유로 데번포트 무용 학교에서 열리는 댄스파티에 참석했다. 보크스는 데번포트와 즐거운 시간을 보내며 그의 뛰어난 영업 기술에 매료되었다. 데번포트는 보크스의 우아하고 균형 잡힌 몸짓에 관해 찬사를 아끼지 않았고, 보크스의 머릿속에는 이내 훌륭한 무용수로서의 찬란한 장밋빛 미래가 펼쳐졌다. 그러는 사이 데번포트는 보크스에게 그날부터 한 달 동안 사용할 수 있는 8시간 30분짜리 무용 수업 수강권을 현금으로 총 14달러 50센트를 받고 팔았다. 이것은 명백히 유혹의 미끼를 던지는 행동이었다. 보크스는 쉬지 않고 무용을 연마하기 시작했고, 16개월이 조금 안 되는 기간에 데번포트의 무용 학교에서 총 2,302시간, 3만 1,090달러 45센트에 달하는 무용 강의 열네 개 과정을 현금으로 구매했다.

결국 오드리 보크스는 수천 시간의 쓸모없는 춤 수업료로 3만 1천 달러를 냈다. 당시 3만 1천 달러는 물가상승률을 고려하면 현재 가치로는 무려 25만 달러가 넘는 금액이다. 보크스는 자신이 댄스 스튜디오에 속아서 돈을 빼앗겼다고 주장했다. 데번포트가 보크스의 춤 실력이 형편없음을 알면서도 수강권을 구매하게 하려고 보크스에게 춤에 재능이 있다고 거짓말을 했다는 것이었다. 이 사건은 일반적인 계약 위반 사건보다 더 미묘하고 개인적인 영역의 사기였다. 댄스 스튜디오에서 수업을 하겠다고 약속하고 취소한 것도 아니었고, 특정 공연 관람권이나 지정석을 주겠다고 약속하고 이를 어긴 것도 아니었다. 문제는 데번포트가 보크스를 춤에 재능이 있다고 거짓으로 치켜세워 보크스에게 수강권을 팔았다는 것이었다. 사실 댄스 스튜디오의 강사들 사이에서는 보크스가 음악에 맞춰 춤을 추기는커녕 박자도 제대로 못 맞춘다는 사실이 공공연히 알려져 있었다.

　　오드리 보크스에게는 남편도, 직업도, 옆에서 헛소리를 알아채고 조언해 줄 사람도 없었다. 피어스 판사는 춤이라는 분야를 진지하게 생각하는 것 자체를 어려워했다. 또한 돈을 내고 춤을 배우는 것이나 이제 막 새로운 취미를 시작한 51세 여성의 입장은 더더욱 이해하기 힘들었을 것이다. 보크스의 새로운 취미는 헛된 열망일 뿐이었고 성실하게 춤을 배운 시간은 무의미한 시간이 되고 말았다.

피어스 판사는 시종일관 보크스를 비웃는 태도로 재판에 임했다. 따라서 그의 최종 판결은 유독 이례적인 일로 느껴진다. 법이 오드리 보크스의 편을 들어야 할 이유도 없었고, 보크스의 주장은 자신의 춤 실력에 관해 데번포트가 거짓말을 했다는 것뿐이었다. 이런 유형의 거짓말은 보통 법적으로 허위 진술로 취급하지 않는다.[6] 피어스 판사 역시 굳이 보크스에게 유리한 판결을 내리지 않아도 되는 상황이었다. 그러나 그는 결국 보크스에게 유리한 판결을 내렸다. 판사는 보크스가 멍청하다고 생각하면서도, 그녀가 약자를 이용하는 산업으로부터 보호받아야 한다고 판결했다. 보크스 사건의 재판부 의견서를 다시 보니 1940년대의 허위 광고 소송 하나가 떠오른다. 당시 연방 통상 위원회는 한 여성 화장품 브랜드의 제품명을 바꾸도록 지시했다. 해당 크림의 제품명은 '다시 젊어지는 크림'이었고, 법원은 이 이름이 오해를 불러일으킬 가능성이 다분하다고 판결했다. '다시 젊어지는 크림'이라는 제품명을 본 여성들이 이 제품을 사용하면 정말 피부가 젊어진다고 믿을 수

---

6) 통상적으로 계약 당사자는 진술한 사실에만 의존할 수 있다. 만일 내가 '우리 집에 흰개미가 없다'고 말했으나 실제로는 있다면, 나를 믿고 집을 산 구매자는 거래를 철회할 수 있다. 내가 중요한 사실을 허위로 진술했고 구매자는 내 말을 믿고 거래에 동의했기 때문이다. 반면 내가 구매자에게 '우리 집이 손님을 대접하기에 딱 알맞다'고 하거나 '이웃 주민들이 아주 재미있다'고 말한다면, 이것은 단지 내 의견에 지나지 않는다. 따라서 구매자가 내 의견을 믿고 거래했다고 주장해도 구매 제안을 철회할 수 없다.

있다는 이유에서였다. 재판부는 다음과 같이 기록했다.

> 법은 전문가가 아닌 일반인을 보호하기 위해 제정되었다. 법은 잡지나 라디오에서 나오는 비타민 광고나 호르몬 광고에 휘둘리는 평범한 여성들처럼 무지하고, 분별력 없고, 쉽게 속는 사람을 포함해 모든 대중을 보호한다.

나는 비싸고 실속도 없는 무용 강의 수강권을 구매한 적은 없지만 비싸고 쓸데없는 화장품을 구입한 적은 있다. 많은 여성들이 그렇듯이 나 역시 당황스러운 형태의 사기를 호되게 겪었다.

'이 제품이나 서비스를 이용하면 분명 매력적인 여성이 될 겁니다.'

'우리 제품이나 서비스가 소용없는 건 당신이 부족하기 때문이죠.'

미용 크림, 다이어트 제품, 밑위가 짧은 청바지, 핫요가, 보조 식품 등 이런 방식으로 여성을 속인 사례는 끝도 없을 것이다. 나는 20대 초반에 뉴욕에 살았다. 당시 나는 여러 또래 여성들과 마찬가지로 거리에서 매번 일어나는 두 가지 사기의 표적이 되곤 했다. 하나는 근처 스파에서 얼굴 마사지를 받게 해 준다며 마사지 쿠폰을 나눠주는 것이었고, 다른 하나는 모델을 뽑는 공개 오디션에 참가하라는 제안이었다. 모델 오디션장에 가면 무슨 일이 일어나는지는 잘 모른다. 그런 오디션장에 갈 만큼 망상에 빠져 있지는 않았기 때문이다. 아마도 사기꾼들은 프로필 사진 촬영 비용을 먼저 내라고 요구했을 것이다. 그러나 몇 주간 계속해서 잘 거절해 오던 나도 한번은 조금 외로웠던 탓인지 길을 걷는 여자들에게 칭찬을 해대는 호객꾼에 못 이겨 스파 쿠폰을 받고 말았다.

나는 쿠폰을 바로 사용해야 한다는 말에 충실히 따랐다. 스파(사실은 네일숍이었다)에 도착해서 10분쯤 거칠고 서투른 얼굴 마사지를 받았다. 나머지 시간은 그저 일명 '부가 서비스'라는 프렌치 네일(손톱 끝부분에만 매니큐어를 칠하는 것-옮긴이) 서비스 강매가 이뤄졌다. 내가 쿠폰에 포함된 패키지만 이용하겠다고 하자 미용사는 경멸에 찬 눈빛을 숨기지 않았다. 그 후에도 몇 차례 판매 권유를 거절하다가 지친 나는 결국 직원들에게 팁을 주고 각질 제거 스크럽을 사느라 추가금을 내고서야 그곳에서 벗어날 수 있었다. 가게에서 나와 네일숍을 뒤돌아보니 거리의 풍경이 새삼 다르게 느껴졌다. 호객꾼은 고작 열몇 살 먹은 남자아이들이었고, 맞춤법이 엉망인 전단을 한 아름 안은 채 앞뒤 가리지 않고 뻔뻔한 아첨을 늘어놓고 있었다.

오드리 보크스 사례에서 그랬듯 내가 겪은 사기에도 칭찬이라는 미끼가 있었다. 존경받는 사회심리학자 로리 러드먼Laurie Rudman과 피터 글릭Peter Glick은 이러한 사기의 특성에 관해 다음과 같이 언급했다.

"강도나 사기를 당한 상황을 두고 완곡한 성적 표현('뜯어 먹힌다 getting screwed')을 사용하는 것은 성별과 성생활, 지위가 밀접하게 연관되어 있다는 강력한 신호다. '뜯어 먹히는 사람'은 성관계 중 여성의 역할과 비유적으로 동일시된다."

이러한 관점을 보면 화가 날 수밖에 없다. 속임수에 넘어가고, 설득당하고, 배신당하고, 사기당하는 얼간이를 가리켜 그 사람의 실제 성별과 관계없이 '여성적'이라고 규정했기 때문이다. 분명 남자와 여자 모두 속임수에 넘어갈 수 있는데도 호구 잡히는 것은 어딘지 여성스럽게 여겨진다. '여성적인 약점이 있다'는 지적은 상대에 따라 매우 다른 의미를 내포한다. 상대가 남자일 경우에는 '지위 모욕'이 될 것이다. 군대의 지휘관이나 운동부 코치가 남자로만 구성된 팀에게 잘해보자고 격려하며 "자! 가보자고, 아가씨들!"이라고 말하는 상황을 생각해 보라. 상대가 여자일 경우에는 의미가 좀 더 모호해진다. 젠더 문제를 진지하게 고민해 보지 않고는 호구를 이해할 수 없으며, 더욱이 호구 공포증을 생각하지 않고는 성차별주의를 이해할 수 없다.

성별에 따른 호구 스키마
—

2014년 심리학과 교수인 로라 크레이Laura Kray와 두 명의 심리학자는 한 가지 고정관념을 이해하고자 했다. 그것은 바로 '여자는 속이기 쉽다'는 고정관념이었다. 이들은 1981년에 발간된 한 안내서에서 영감을 얻었다. 이 안내서는 노련한 자동차 외판원이 '자동차 구매자가 조심해야 할 사항'을 빼곡히 기록한 것이었다. 실제로 이 외판원은 그가 '전형적으로 무지한 구매자'라고 부른 호구 집단에 관해 특히 빠삭했다.

"그들은 하나같이 우유부단하고 충동적인 탓에 쉽게 속아 넘어갔다. 이 '일반적으로 속이기 쉬운 부류' 1위를 차지한 집단은 바로 여자들이다."

크레이와 심리학자들은 '전형적으로 무지한 여성 구매자' 이론을 진지하게 받아들이고 실험을 시작했다. 이들은 실험 참가자를 모집해 참가자에게 중고차 광고를 보고 자동차를 구매하려는 사람에 관한 짤막한 이야기를 읽게 했다. 참가자 중 무작위로 뽑힌 절반은 자동차 구매자가 '전형적인 남성 협상자'인 마이클이라는 글을 읽었다. 나머지 절반도 똑같은 내용의 글을 읽었지만, 이번에는 주인공으로 '전형적인 여성 협상자'인 패트리샤가 등장했다. 피험자들은 이야기 속 구매자에 관한 몇 가지 질문에 답했다.

"이 사람이 얼마나 친절하다고 생각합니까?"

"이 사람이 사업적으로 지위가 높거나 야망이 크다고 생각합니까?"

"이 사람이 얼마나 속이기 쉽거나 순진하다고 생각합니까?"

"이 사람이 쉽게 속을 거라고 예상합니까?"

결과는 명확했다. 패트리샤는 마이클보다 훨씬 더 쉽게 속을 것이라고 평가받았다. 누군가가 나를 속이기 쉬운 사람이나 속이기 어려운 사람이라고 생각하는 것이 무슨 문제일까? 연구팀은 두 번째 가설을 세웠다. '만일 사람들이 여자를 속이기가 더 쉽다고 생각한다면, 수완 좋은 협상가들(굳이 성차별주의자까지 갈 것도 없이 그저 도박 한번 걸어보려는 사람들)은 남자보다는 여자를 속이려고 할 가능성이 크다'는 가설이었다.

연구팀은 이 예측을 한 경영대학원에서 진행한 수업 자료를 바탕으로 검증했다. 수업에서 학생들은 서로 짝을 이뤄 집을 사고파는 모의 협상을 진행했다. 이 모의 협상은 원래 협상 윤리를 경험해 보기 위한 활동이었다. 학생들에게는 윤리적으로 복잡한 난관이 얽힌 가상의 딜레마가 주어졌다. 시나리오 속 부동산 소유주는 자신의 땅을 개인 주거 목적으로 쓸 사람에게만 팔겠다는 조건으로 내놓았다. 하지만 사실 구매자는 그 땅에 으리으리한 고층 호텔을 짓고 싶다. 학생들은 각각 판매자와 구매자 역할을 맡아 협상을 진행했다. 판매자가 제시한 조건은 양측 모두 알고 있었으나, 고층 호텔을 짓겠다는 비밀 계획은 구매자만 알고 있었다.

구매자 역할을 맡은 학생에게는 거짓말을 할 만한 이유가 주어졌다. 협상에 성공해 거래를 성사시킨 팀에게 상점을 주기로 했고, 구매자는 개인 주택 외에 다른 건물을 짓지 않겠다고 약속해야 판매자의 동의를 얻어낼 가능성이 컸기 때문이다. 물론 구매자의 본심은 고층 호텔을 짓는 것이니 이 약속은 거짓말이지만, 거짓말에 대해서는 공식적인 불이익이 없었다. 연구팀은 구매자가 어떤 판매자에게는 진실을 말하고 어떤 판매자에게는 거짓말을 하는지 알고자 했다. 남학생이 판매자 역할을 맡았을 때 구매자가 거짓말한 비율은 5퍼센트 남짓이었다. 그러나 여학생이 판매자일 때는 구매자의 약 25퍼센트 가량이 거짓말을 했다. 무려 다섯 배나 많은 수치였다. 다들 여자는 쉽게 속는다고 여기고 거짓말을 하니, 실제로도 여자는 그만큼 '자주' 속을 수밖에 없는 것이다. 지난 5장에서 살펴본 '고정관념 내용 모형'의 표현을 빌리자면 여성은 온정적일지는 몰라도 유능하지는 않다는 고정관념에 갇혔다고 볼 수 있다.

성에 대한 고정관념에서 절대 변하지 않는 것

남자와 여자 모두 호구 잡힐 수도 있고 반대로 사기를 칠 수도 있다. 그러나 호구가 되든 사기를 치든 남자와 여자의 게임은 완전히 다른 과정을 거친다. 사람들의 상상 속에서 호구는 여성이거나 여성적이라는 취급을 받는다. 호구 프레임은 성별에 따라 냉혹하게 구별되고, 이런 구별에는 빤히 예상되는 결과가 따른다. 소설 《위대한 개츠비》의 주인공 데이지 뷰캐넌이 "여자는 아름다운 바보가 되는 게 최고지."라고 말할 때 데이지는 여자가 쉽게 속는다는 것이 어떤 의미인지 잘 알고 있었다. 미끼를 쉽게 물거나 유혹에 잘 넘어가는 여자는 그 자체로 훌륭하다고 볼 수는 없지만, 적어도 자신의 역할을 충실히 수행한다. 무급 육아 휴직, 핑크 택스Pink Tax(같은 상품이라도 여성용이면 좀 더 비싸게 판매하는 현상-옮긴이), 임금 격차 등의 사기는 대부분 구조적인 문제로부터 일어난다. 따라서 우리는 사기에 개인적으로 당하든 당하지 않든 일단 구조적인 문제와 마주해야 한다.

성 심리학을 가르칠 때면 나는 학생들에게 이 학문 분야가 실시간으로 변화하는 중이라고 일러준다. 1970년대 당시에는 정확했던 성 고정관념에 관한 설명도 2000년대에 보면 부정확한 설명이 된다. 내가 대학을 다니던 1990년대에 공부했던 연구 자료도 벌써 시대에 뒤떨어져 보인다. '커리어 우먼'을 바라보는 시선이나 '여성의 문란함'을 향한 멸시도 X세대 때와 베이비붐 세대 때의 느낌이 다르다. 그러나 비록 구체적인 내용은 시대의 흐름에 따라 변해도 성 고정관념에서 변하지 않고 유지되는 부분도 존재한다. 바로 '성 규범이 곧 호구 프레임'이라는 사실이다. 즉, 다른 사람을 속여도 되는 사람은 누구이고, 속아 넘어갈 가능성이 큰 사람은 누구이며, 가만히 앉아서 당하는 사람은 누구인가는 성별에 따라 정해진다.

성 규범에 따르면 남을 속이는 여자는 바람을 피울 가능성도 크다. 반대로 여자가 속임수에 넘어갈 가능성이 더 크다고 여긴다. 지적 능력이 열등하다거나 '가면 증후군(자신의 재능과 노력으로 이뤄낸 성공을 스스로 해냈다고 받아들이지 못하고 자신을 사기꾼처럼 느끼는 심리-옮긴이)'이 있다는 등 남성 우월주의를 정당화하는 믿음은 '여자가 협력적인 멍청이에 불과하다'는 이론을 바탕으로 한다.

초기의 성 심리학 이론은 여자는 뇌가 작아서 남자에게 지배당한다는 식으로 상당히 노골적이었다. 골상학, 남근 선망, 히스테리처럼 더 미심쩍은 학문적 역사를 차치하면, 처음으로 성 고정관념을 체계적으로 설명한 사회심리학 문헌은 1970년대에 나온 것이다. 이 분야의 선구자인 샌드라 벰Sandra Bem은 1968년에 박사 학위 논문을 마치고 곧이어 '벰 성역할 목록(BSRI)'을 발표했다. 벰은 이 연구로 먼저 이름을 알렸다가 이후로는 독특한 결혼생활과 육아 철학, 마지막에는 스스로 선택한 죽음으로 사람들에게 널리 알려졌다. 그녀는 알츠하이머병이 심해지기 전 미리 세심하게 계획하여 자살을 감행했다.

많은 이들이 벰의 이름을 딴 심리학 도구를 통해 벰을 기억한다. 벰은 이 도구를 '심리적 양성성 측정'이라는 논문에서 처음 소개했다. 벰은 자신처럼 여성에게 일반적으로 기대되는 모습에 순응하지 않는 사람들에게 관심을 보였다. 그녀는 성과 관련된 현대의 사회적 관습을 정확히 측정하고 응답자가 남성성과 여성성에서 모두 높은 점수를 받을 수 있는 척도를 개발하고자 했다. 벰의 표현을 빌리자면 응답자는 '자기주장이 강하면서도 유연하고, 자기 역할을 잘 해내면서도 감정 표현이 풍부한 사람'일 수 있다.

벰의 연구 목표는 고정관념을 이해하는 것이었다. 인종에 대한 고정관념을 다룬 5장에서 우리는 현대 인종차별 척도의 항목이 단순한 적대감이 아니라 특혜와 이로 인해 생긴 억울한 감정이었음을 살펴보았다. 이와 비슷하게 성 고정관념의 맥락에서도 BSRI 같은 심리학 도구는 온갖 믿음이 뒤섞인 듯 보이는 편견들을 하나하나 풀어서 분해하려는 목적을 가진다. 벰은 '성 유형화', 즉 사회에서 말하는 남성적 역할과 여성적 역할이 구체적으로 무엇을 의미하는지 알고자 했다.

어떤 사람이 여성적이거나 남성적이라는 말이 무슨 의미인지 이해하기 위해 벰은 '긍정적 성격 특성'을 구별하고자 했다. 벰은 누구나 긍정적인 성격 특성을 갖고 싶어 하지만(사람들은 자기가 똑똑하고 친절하고 성실하다고 생각하고 싶어 한다), 남성과 여성이 각각 바라는 특성이 뚜렷이 구분된다는 점에서 알아낼 부분이 있으리라 판단했다. 벰과 연구조교들은 사람들이 긍정적으로 여기는 성격 특징이면서도 특정한 성에 국한되는 것으로 보이는 형용사 200개를 수집했다. 이에 더해 성 중립적[7]인 것으로 추측되는 성격 특성 200개를 추가로 시험했다. 반은 남자, 반은 여자로 구성된 스탠퍼드대학교 학부생 100명은 총 400개의 성격 특성 목록을 받아서 각 특성에 점수를 매겼다. 각각의 형용사마다 주어진 질문은 "미국 사회에서 남자/여자가 _____한 것은 얼마나 바람직하다고 생각하십니까?"로 동일했다.

벰은 설문 조사에서 얻은 답변을 바탕으로 성격 특성 항목 개수를 몇 가지로 줄여 좀 더 다루기 쉬우면서도 일관성 있는 심리학 도구를 만들어 냈다. 각 성별 유형을 분류할 때 벰은 남녀 응답자 모두에게서 어느 한 성별에 훨씬 더 바람직하다고 평가받은 항목을 골랐다. 이 기준에 들어맞은 성격 특성 중 벰은 각 범주당 20개의 특성만 선별했다. 그 결과 남성적 특성 20개, 여성적 특성 20개, 성 중립적 특성 20개를

---

7) 성 중립적인 항목으로는 '기분파인', '자만하는', '체계적이지 않은', '진심 어린' 등이 있었다. 내가 보기에는 이 단어들도 한 성별과 관련된 것으로 보이지만(각각 여성, 남성, 여성, 여성) 벰이 그 부분을 통계적으로 증명하지는 않았다.

포함해 총 60개 항목으로 구성된 도구를 완성했다(온라인으로도 BSRI 테스트를 해볼 수 있다. 이 테스트는 당신이 여성적인지 남성적인지 양성적인지 진단한다. 목록에 있는 60개의 특성에 해당하지 않는 사람은 '구분되지 않음'이라는 범주로 분류된다).

벰의 성역할 목록에서 우리가 이 책의 목적을 위해 활용할 수 있는 부분은 표면상 긍정적이면서도 한쪽 성에 국한된 형용사 목록 두 가지다. 이 형용사 목록을 보면 남자다운 남자와 여자다운 여자가 각각 어떤 특성을 띠는지 알 수 있다. 다음은 남성과 여성에게 해당하는 형용사 중 일부다.

남성적인	여성적인
분석적인	아이 같은
개인주의적인	싹싹한
경쟁심이 강한	상냥한
강력한	남을 쉽게 믿는
지배적인	다정한
건장한	순종적인

남성성과 여성성에 대한 사회의 시선을 반영하는 이 특성들은 남자와 여자, 속임수 사이에 모종의 관계가 있음을 암시한다. 남성에게 적용하는 호구 프레임은 그다지 복잡하지 않다. 복잡하다 한들 그것이 적어도 성역할 때문은 아니다. 남자가 호구 잡힌다는 것은 곧 연약함을 뜻한다. 남자는 마땅히 남을 지배해야 하는 존재이므로 호구가 되면 성역할을 위반하게 된다. 가부장제와 사회적 권력을 연구하는 심리학자들은 성 고정관념을 형성하는 목적이 '지배적 남성성'을 지키기 위해서라고 설명한다. 이 이론에 따르면 남성성 규범은 남성의 지위, 즉 현

재의 남성 지배적 구조를 지키기 위해 존재한다.

여성의 경우 문제가 조금 더 복잡해진다. 성역할 규범은 여자가 꼭 호구여야만 한다거나 반드시 호구라고 말하지는 않는다. 하지만 '다정한'이나 '순종적인'이 정말로 동경할 만한 성격 특성일까? 벰이 첫 연구 성과를 내놓은 뒤 20년이 지난 1990년대 후반, 심리학자들은 BSRI에 대한 이의를 제기했다. 벰이 제시한 성격 특성은 사람들이 긍정적으로 생각해 특별히 선정한 것들이다. 그러나 여성성을 나타내는 형용사는 유독 혼란스러운 모형을 제시하는 듯 보인다. 싹싹하고 남을 쉽게 믿고 순종적인 사람은 사기당하기 십상이다. 또, 보통 성인을 가리켜 '아이 같다'라는 말을 칭찬으로 하지는 않는다. 성인 여성이 남의 말을 고분고분 잘 따르고 남에게 쉽게 속아 넘어가는 아이 같은 사람이 되고자 노력해야 한단 말인가? 벰이 고안한 기존의 척도는 확실한 기준을 포착했는가? 또 시간이 흘러도 지속되는 현상을 정확히 설명했는가?

심리학자인 데보라 프렌티스Deborah Prentice 교수와 당시 박사 과정을 밟고 있던 에리카 커랜자Erica Carranza는 성격 특성이 아닌 구조를 바꾸는 데 초점을 맞춰 BSRI 수정안을 제시했다. 그들이 보기에 여자는 잘 속아야만 하는 존재가 아니었다. 다만 잘 속는 특성이 남자와 달리 여자에게는 긍정적인 의미를 내포할 수 있다. 프렌티스와 커랜자가 진행한 설문 조사는 2002년 '남성과 여성이 해야 하는 것, 하면 안 되는 것, 해도 되는 것, 안 해도 되는 것'이라는 제목의 논문으로 발표되었고 그들이 제시한 이론 또한 논문 제목에 충실했다.

그들은 성 규범 내에서 지시와 허용이 뒤얽혀 한편으로는 사회적 성공과 수용 가능한 일탈의 경계를 정의하고, 다른 한편으로는 진정한 규범 위반을 정의한다는 사실을 발견했다. 또 성별에 따라 누구는 특정한 부정적 특성을 보여도 용인된다거나, 어떤 긍정적 특성은 조금 모자라도 괜찮다는 식의 성 규범도 존재함을 알 수 있었다. 이에 더해 성별에 따라 금기시되는 성격적 결함도 있었다. 아래는 BSRI 수정안에 내포된 호구 패턴을 집중 조명하고자 했던 연구 결과 중 일부를 표로 정리한 것이다.

여자는 ~해야 한다	하지만 ~해서는 안 된다	~해도 괜찮다	~하지 않아도 괜찮다
친절한 인정 많은 인내하는	위협적인 자기밖에 모르는 고집스러운	순진한 연약한 외부의 영향을 쉽게 받는	세속적인 합리적인 경쟁심이 강한

남자는 ~해야 한다	~해도 괜찮다	~하지 않아도 괜찮다	하지만 ~해서는 안 된다
자기주장이 강한 합리적인 자립적인	고집스러운 독선적인 통제하는	남을 돕는 협력하는 세심한	연약한 쉽게 속는 순종적인

이 표를 정리해 보면 여자는 기꺼이 호구가 될 준비가 되어 있어야 하고, 남자는 무슨 일이 있어도 호구가 되는 아찔한 사태만은 피해야 한다. 여자는 인내심과 인정이 넘쳐야 한다. 남자는 자기주장이 강하고 합리적이어야 한다. 호구가 되고 싶은 사람은 아무도 없지만 여자가 순진하면 별달리 문제가 되지 않는다. 사람들은 대부분 거만한 사람으로 보이기를 꺼리지만 만약 남자가 비협조적으로 나오면 별말 없이 넘

어가는 경우가 많다.

자애로운 성차별주의

여자에게는 호구 노릇을 하는 것이 세상을 살아가면서 어쩔 수 없이
치러야 하는 대가에 가깝다. 어디서도 손해를 보지 않은 채 매번 쾌활
하고 협력적으로 굴 수는 없다. 일상에는 어마어마한 사기 대신 다단
계에 끌어들이려는 유혹, 진심이 담기지 않은 칭찬, 길거리에서 나눠주
는 스파 쿠폰처럼 우리에게 동조하라고 압박하는 사소한 사건과 자잘
한 딜레마가 존재한다. 한 가지 예로 나는 사회생활을 시작한 지 얼마
되지 않았을 때, 자신을 에이브러햄 링컨이라고 소개하는 선배 남자
교수를 만난 적이 있다. 나는 아직도 그 농담의 목적이 무엇이었는지,
애초에 그게 농담이기는 했는지 잘 모르겠다. 그때 나는 '음, 여기서는
그냥 적당히 웃고 끄덕여 줘야겠군.'이라고 생각하며 어색한 웃음을 지
어 보였다.

인내심 있고 친절한 사람은 바보 같은 사람들도 참아야 하고, 부
장님 개그가 알아서 끝날 때까지 미소를 지으며 고개를 끄덕여야 한
다. 외판원의 판매 권유를 처음부터 끝까지 열심히 들어주다가 결국
나중에 가서는 예의상 물건을 하나쯤 구매해야 할 수도 있다. 물론 남
녀 모두 이러한 행동을 해야 할 것이다. 자칭 '링컨 교수'는 남자들에게
도 똑같은 농담을 했던 모양이지만, 문제는 똑같은 상황에서도 상냥하
게 반응하리라는 기대가 남자보다는 여자에게 더 크다는 사실이다. 사
람들은 여자가 까다로운 사람의 비위도 잘 맞추고 특히 남자가 하는
헛소리에도 잘 맞장구쳐 줄 거라고 기대한다. 그리고 실제로도 여자들

은 그렇게 행동한다. 그렇지 않으면 대놓고 불친절하다는 말을 듣거나 차가운 사람으로 취급받기 때문이다.

분석의 차원을 한 단계 높이자면, 이와 같은 역학은 사회 협력을 둘러싼 더욱 중대한 선택에도 영향을 미친다. 노동 분배 방식이 지난 반세기 동안 조금씩 변화하기는 했지만, 타인을 돌보는 일은 대부분 여성의 몫이었다. 법적으로 여성은 더는 경제활동에서 배제당하지도 않고 가정의 영역에만 갇혀 있지도 않다. 노동 시장에 대한 접근성, 피임법의 발달, 과실을 따지지 않는 이혼제도, 자녀 양육 지원법은 형식적 제약을 감소시키고, 여성의 선택권을 넓혔다(그러나 여전히 형식적, 법적 장벽이 많이 남아 있다). 그러나 사회안전망이 사회 구성원을 지켜주지 못할 때면 여전히 남자가 아닌 여자가 부당한 대우를 감내해야 한다는 인식이 알게 모르게 퍼져 있다.

교수로서의 일을 시작한 지 얼마 되지 않았을 때 나는 워크숍에 참여해 보험법에 관한 설명을 들었다. 발표자는 장기 가사노동의 대가를 주제로 이야기하기 시작했다. 장애가 있거나 몸이 아픈 가족이나 나이 든 부모를 돌볼 때 치르는 재정적, 직업적, 사회적 비용은 무엇인가? 논의는 자연히 성별에 따른 돌봄 노동 실태로 방향을 틀었다. 사실상 여성은 육아를 제외하고도 여전히 남성보다 더 오랜 시간을 돌봄 노동에 투자한다. 그때 발표를 듣던 한 남자가 손을 들더니 '왜 우리가 법적 의무도 아닌 일에 스스로 헌신하는 사람(여자)을 걱정해야 하느냐'고 질문했다. 만일 여자가 돌봄 노동하기를 선택하고 남자는 선택하지 않는다면, '선택'의 결과로 인한 부담을 덜어주는 보험 상품이 왜 필요하겠는가?

당시 햇병아리 교수에 불과했던 나는 잠자코 있었지만, 나 역시 두 아이의 엄마로서 우리 사회에서 가사노동을 어떻게 인식하는지 잘 알고 있다. 사실 여자에게는 가사노동이 선택하고 말고의 문제가 아니다. 이 말이 진짜인지 시험해 보고 싶다면 간단한 질문에 답해보자. 학령기 자녀를 둔 부모가 1년간 해외에서 일하면서 집에는 두 달에 한 번 와서 일주일씩 머무른다고 하자. 이런 선택을 한 아버지를 우리 사회에서는 어떻게 평가하는가? 그렇다면 같은 상황의 어머니는 어떤가?

동일한 경제적 안정성을 지닌 남자와 여자는(이것만 해도 현실과 다르지만, 일단은 이렇게 가정해 보자) 무급 가사노동을 해내지 못할 때 서로 다른 사회적 대가를 치른다. 만일 자녀가 옷을 이상하게 입고 학교에 가거나 깜빡하고 점심 도시락을 챙겨가지 않으면, 사람들은 엄마가 아이를 제대로 돌보지 않는다고 혀를 찰 뿐, 아이 아빠는 아예 건드리지도 않을 것이다. 여성학계의 담론에 따르면 사람들은 아내가 장애인 남편을 수년에 걸쳐 돌보는 것은 당연시하고 응당 그렇게 하리라 기대하지만, 남편의 경우 불륜을 저지르거나 아내를 버리지 않고 단 일주일만이라도 아내를 돌보면 보기 드문 영웅으로 대접한다. 돌봄 노동을 하지 않으려는 여자는 이기적이라는 소리를 듣지만, 남자는 합리적이라는 평가를 받는다.

나의 사춘기 시절을 돌이켜보면 밤마다 뉴스에 등장하던 한 여성의 이미지가 떠오른다. 그 여자는 보통 누군가의 아내였고, 남편이 사람들 앞에서 불륜을 고백하고 사과할 때 그 옆에 가만히 서 있는 사람이었다. 힐러리 클린턴, 실다 스피처, 엘리자베스 에드워즈는 사적인 배반을 이유로 대중에게 사과하던 세대의 여성들이다. 그들은 외도를 저지른 남편 곁에 섰다. 그녀들의 결정은 대중 앞에서 공개적으로 호구가 되는 데 동의해야만 가능하다. 더욱이 이런 선택을 내린 여성은 사회적 인정을 보상으로 받았다. 힐러리 클린턴은 남편의 외도란 공개적인 망신을 묵묵히 받아들임으로써 자신에게 회의적이던 국민을 자기편으로 끌어들였다. 클린턴에게 호구 짓은 호감을 얻는 카드였다. 클린턴 보좌관들의 예측이 옳았다. 기꺼이 호구가 되기를 감내하는 여자는 다양한 사회적, 경제적 보상을 얻는다. 클린턴은 결혼생활을 지속할 수 있었고, 출판 계약을 맺었으며, 높은 지지율을 얻었다. 이처럼 '자발적인 성녀'를 추앙하는 듯한 태도는 그 자체로 성차별주의의 한 형태이며 '여자는 호구'라는 프레임을 강화한다.

　　사회심리학자 피터 글릭Peter Glick과 수잔 피스크Susan Fiske는 이 오만한 태도를 가리켜 '자애로운 성차별주의'라고 부른다. 어떤 편견은 차별이 아닌 척 양의 탈을 쓰고 등장한다. 이러한 편견은 언뜻 칭찬처럼 보이지만 사실 그 안에 치명적인 칼날을 숨기고 있다. 글릭과 피스크는 자애로운 성차별주의를 측정하는 설문을 고안해서 겉으로는 칭찬처럼 보이는 말도 사실 차별 행동과 연관될 수 있다는 가설을 시험하고자 했다. 척도에 포함된 항목으로는 '여자는 남자보다 도덕적 감수성이 높다', '남자는 여자를 소중히 아끼고 지켜줘야 한다' 등이 있었다. 이것은 벰이 제시한 성 고정관념을 논리적으로 발전시킨 것이기도 했다.

여성의 위치에 대한 고정관념
글릭과 피스크는 여성에 대한 성차별주의적 태도가 단지 기사도 정신이나 찬사에 그치지 않을뿐더러 그것이 주된 내용도 아니라고 지적했다. 그들은 성차별주의는 곧 가부장제라고 판단했다. 성차별주의는 경제적 종속과 신체적 지배를 정당화하므로, 글릭과 피스크는 '적대적 성차별주의'를 측정하는 항목도 추가했다. 이 항목에 해당하는 문장은 매우 노골적이었다.

"여자는 자기를 보호해 줄 남자를 물면 그를 구속하려고 든다."

"여자는 남자를 통제함으로써 권력을 차지하려고 한다."

특히 '적대적 성차별주의'에 해당하는 문장은 대부분 남자를 속여 자기 지위를 높이려는 여자에 관한 이야기다. 그 예시는 다음과 같다.

- 많은 여자가 성관계를 허락해 줄 것처럼 굴다가 정작 남자가 다가오면 거부해서 남자를 괴롭히며 쾌감을 얻는다.
- 여자는 자기가 직장에서 겪는 문제를 늘 과장해서 말한다.
- 여자는 공정한 경쟁에서 남자에게 지면 자기가 여자라서 차별받았다고 불평한다.
- '공정성'을 요구한다는 핑계로 실제로는 특혜를 바라는 여자가 많다. 이를테면 채용 정책상 남자보다 우대받고 싶어 한다.
- 페미니스트는 여자가 남자보다 더 큰 권력을 쥐기를 바란다.

이 예시들은 사기꾼의 계책을 구체적으로 설명하는 것이나 마찬가지다. 이에 따르면 여자는 성관계를 할 것처럼 해놓고 거부하고, 직장에서 아무런 문제도 없으면서 그저 동정심을 사기 위해 어려움을 겪는다고 떠벌린다. 차별이 없는데 있다고 주장하고, 내심 특혜와 권력을 바라면서 겉으로는 공정성을 바란다고 말한다.

사회에서 여성의 위치에 대한 고정관념은 사기꾼과 호구 프레임에 깊숙이 박혀 있다. 적대적 성차별주의와 자애로운 성차별주의는 서로 다른 두 가지 고정관념을 측정하는 것처럼 보인다. 이 두 가지 고정관념에 따르면 여자는 순수하고 도덕적이거나, 아니면 거짓말쟁이에 사기꾼이다. 그러나 사실 두 가지 고정관념은 문화적으로나 통계적으로 볼 때 서로 밀접하게 연결된다. 자애로운 성차별주의는 여자가 호구 짓을 할 때 받는 보상을 설명하고, 적대적 성차별주의는 여자가 호구 짓을 거부할 때 치러야 할 대가를 들이밀며 여성을 위협한다. 여자는 아름다운 바보가 되는 것이 최고라고 이야기하며 가부장제를 정당화하며, 남자들이 여자를 '소중히 아껴주고' '떠받들어 모셔주니' 여자로서는 손해 보는 게 없는 장사라고 단언한다. 한편 이에 대해 이의를 제기하는 사람이 있으면 거짓말쟁이나 '흥분만 시켜 놓고 해 주지 않는 여자'로 몰아가고 본다. 인종차별주의 맥락에서도 살펴봤듯이 적대적 성차별주의는 공정한 대우를 요구하는 여자가 사실은 남자를 제치고 새치기하려 한다고 여긴다.

여성 혐오 논리의 핵심은 무엇인가?

———

여자가 사기를 치려는 기미가 보이면 사람들은 언제든 여성 혐오라는 무기를 꺼내 든다. 이 정도는 꼭 사회심리학자가 아니더라도 누구나 익히 알 만한 사실이다. 여자에게 속아 넘어가는 것은 전통적인 남성 우월주의의 입장에서 보면 몹시 모욕적인 일이다. 다른 사람도 아니고 여자라는 약자에게 속은 바보가 된 꼴이기 때문이다. 그만큼 여자에게 속는 것은 남성의 지위에 심각한 위협을 가하므로 여자는 철저히 감시 당할 수밖에 없다.

사기 치는 여자를 유난히 경계하는 원인을 추적해 보면 그 상징 적, 생물학적 뿌리에는 재생산의 원리가 있다. 진화심리학적 관점에서 보면 남성이 여성의 성생활을 철저히 감시하는 이유는 그렇게 해야 자 신의 진짜 자손에게 자원을 정확하게 투자할 수 있기 때문이다. 어머 니는 자신이 낳은 아기가 자기 가족의 DNA를 재생산한다는 사실을 확실히 알 수 있다. 하지만 아버지는 아기가 태어날 때마다 아기 어머 니의 말을 믿을 수밖에 없다는 것이 진화심리학 이론의 설명이다. 진 화 전략 면에서 보면 자신의 성적 파트너가 정절을 지키는지 삼엄하게 경계하는 남자가 자연히 재생산에 성공할 확률도 높다. 진화 과정에서 승자가 되려면 언제든 호구가 될지 모른다는 두려움을 품고 기민한 경 계 태세를 갖춰야 한다.

철학자이자 《다운 걸Down Girl》의 저자인 케이트 맨Kate Manne은 속을 지도 모른다는 두려움이 여성 혐오 논리의 핵심이라고 주장했다. 여성 의 사회적 역할에 따르면 여성은 남성을 사랑, 성실, 돌봄, 성관계, 자 녀 출산과 양육으로 뒷받침해야 한다. 맨은 이렇게 지적한다.

"여성은 남성을 위해 봉사하는 위치에 있으므로 여성의 종속은 흔 히 사실과 다르게 포장된다. 여성의 종속은 강제된 것처럼 보이면 안 되고 원만하고 매끄러워 보여야 한다. 따라서 여성 종속의 표어는 '찡 그리지 말고 환하게 미소 지으며 봉사하라'는 것이다."

그러나 맨에 따르면 여자가 남자의 바람대로 봉사하고 베풀 때 오히려 남자는 늘 경계 태세를 갖추게 된다.

안전, 안정성, 지속되는 안전한 피난처 같은 재화를 안심하고 누리려면 남자는 1) 여자의 정직성, 2) 여자의 충실성, 3) 여자의 지조를 확인해야 한다. 만일 여자가 이미 한 발을 문밖에 걸쳐 뒀거나 남자의 세속적 성공이나 좋은 평판, 명성 등에 따라 조건부로 사랑한다면 그곳은 남자에게 더는 안전지대가 아니다.

여자는 남자를 떠받드는 쾌활한 호구가 되어야 하지만 남자는 계속해서 경계 태세를 갖춰야 한다. 여자가 정말 남자를 진심으로 존경하는지 확신할 수 없기 때문이다. 이 이야기는 진화론적 설명과도 비슷하다. 꼭 필요한 재화는 진짜인지 확인하기가 어렵다. 남자는 어느 모로 보나 자신이 원하는 바를 전부 얻었을 때조차 진정성을 감시하는 작업을 계속해야 한다.

법학대학원에서 유언과 신탁을 주제로 강의하다 보면 교과서에 등장하는 사례 대부분이 가족 분쟁을 다룬 경우가 많다. 유산 상속 문제로 소송을 제기하는 사람은 주로 고인과 친밀했던 사람들이다. 고인과 친밀한 사이였던 만큼 유산을 기대에 못 미치게 받으면 배신당했다고 느끼기 때문이다. 보통 유언장에 이의를 제기하는 가족 중에는 계모가 있는 경우가 많다. 가족 구성원들은 아버지나 할아버지(재산을 넉넉히 남기고 가는 사람은 대부분 남자다)가 느닷없이 나타난 여자에게 속아 돈을 남겼다며 분노해서 결국 법정까지 간다. 늘 비슷한 패턴이 반복된다. 남편이자 아버지인 고인은 자신의 두 번째 아내에게 유산을 남긴다. 두 번째 아내는 자녀의 어머니가 아닌 젊은 여성이다. 고인의 자녀들은 소송을 걸어 아버지가 두 번째 아내에게 과도한 영향을 받았다거나, 심신 상실 상태였다거나, 잘못된 조언을 들은 것이 틀림없다고 주장한다. 그들은 만일 아버지가 상황을 똑바로 판단할 수 있었더라면 분명 재산을 자기들에게 남겼을 거라고 말한다. 이들의 구체적인 주장이 무엇이든 간에 그 말에 숨은 뜻은 언제나 한결같다.

'계모는 아버지의 돈을 보고 접근한 꽃뱀이다. 아버지는 계모가 몸을 주고 비위도 맞춰 주고 돌봐주기까지 한다는 말에 홀라당 넘어갔다. 자기가 꽃뱀에게 호구 잡혔다는 사실을 알았더라면 아버지는 절대 유산을 계모에게 남기지 않았을 것이다.'

나는 보통 이런 성차별주의적 프레임 자체를 받아들이지 않으려고 하는 편이다. 그러나 설령 내가 여자를 자격도 없는 기회주의자로 분류하려 한다 해도 일단 조서를 채워 넣으려면 이 사건에서 여자가 정말로 기만이나 불성실을 저질렀는지 확인해야 할 것이다. 이런 유형의 사건을 접하면 학생들은 흔히 애나 니콜 스미스와 J. 하워드 마셜의 사례를 떠올릴 것이다. 아마 당신도 젊은 20대 여자와 89세 백만장자가 결혼했고, 이 백만장자가 결혼 1년 만에 사망했다는 소식을 언론에서 보고 들어서 알 것이다. 하지만 법조인으로서 마주하는 실제 사건들은 이 사례보다 훨씬 더 복잡하다(심지어 스미스와 마셜의 사례조차 대중이 아는 것보다 한참 더 복잡하다). 나는 이따금 학생들의 토론을 멈추고 미디어에 등장하는 극단적인 사례가 아닌 일반적인 사례의 사실관계를 다시 설명해야 할까 생각한다.

"이 부부는 결혼생활을 30년이나 했습니다. 고인은 95세였어요.

이 사례에서 '돈을 뜯어내려는 사기꾼'은 수년간 아픈 남편을 돌봐온 노부인이었어요. 그렇게 온갖 일을 겪었는데, 어디까지가 조종과 계략이고 어디까지가 헌신과 사랑인지 구별하는 게 대체 무슨 의미가 있겠어요?"

남녀관계에도 적용되는 호구 프레임

여자는 남자와 달리 성적 관계를 맺는다는 사실 자체만으로도 호구나 사기꾼 혹은 모두가 될 가능성이 커진다. 유혹의 표적으로도 호구 취급을 받지만, 밝게 웃으며 봉사하지 않는 여자도 의심받기는 마찬가지다. 돈을 바라고 섹스를 제공하는 여자는 꽃뱀이다. 성관계에 동의해놓고 나중에 가서 딴말하는 여자 역시 남자를 애태우는 몹쓸 여자다. 순결한 척하거나 한 사람하고만 섹스하는 척하면서 사실 성욕이 왕성한 여자는 더 나쁜 취급을 받는다.

　여자는 성관계에 동의하지 않았을 때조차 순수한 피해자가 아닌 호구로 불린다. 성폭행 피해자가 남자에게 끼를 부렸거나, 술을 마셨거나, 입으면 안 되는 옷을 입었거나, 가면 안 되는 길로 걸어갔다면 피해자는 당해도 싼 문란한 여자로 일축되기도 한다. 비록 몇몇 규범은 발전했다 해도 사람들은 여전히 강제로 일어난 성폭행을 피해자가 선택한 결과로 보려고 한다. 피해자는 비록 성관계에는 동의하지 않았을지 모르지만 적어도 가해 남성을 술집에서 만나거나, 함께 술을 마시거나, 그의 집으로 들어가는 데는 동의했다는 것이다. 이러한 프레임도 가부장제를 정당화하는 허무맹랑한 미신이다.

성폭행 사건에는 자연스레 호구 프레임이 적용되고, 보통 호구 역할을 맡는 쪽은 여성이다. 그러나 대학 내 성폭행 스캔들과 '미투는 도를 넘었는가?'라는 주제의 기사 뒤에는 무언가 다른 것이 숨겨져 있다. 바로 성폭행 피해 사실을 주장하는 여성을 보호하는 제도적 장치가 개선되면 남자들은 성폭행을 당했다고 거짓말하는 사기꾼에게 속수무책으로 당할 수밖에 없을 거라는 두려움이다. 남녀가 서로 옥신각신 다투는 말을 들어보면 보통 남자 쪽의 이야기는 이런 식으로 흘러간다. 여자가 남자를 유혹해서 성적 유희를 즐기자며 끌어들인다. 둘은 합의하에 성관계를 맺는다. 이후 여자는 표적인 남자를 골탕 먹이려는 목적으로 성폭행을 당했다고 거짓말한다(이때 흔히 '자칭 강간(crying rape)'이라는 경멸적 표현이 쓰인다는 데 주목하라. 이 표현은 아마도 '양치기 소년(crying wolf)'을 떠올리게 하려는 의도일 것이다).

성폭력과 미투 운동

지난 10년간 두 가지 문화 현상이 함께 등장했다. 미투 운동을 벌이고, 학내 징계 절차를 법적으로 개선하고, 몹쓸 미디어 남자 목록(Shitty Media Men list, 미디어 업계에 종사하는 사람 중 성범죄를 저지른 남자들의 목록-옮긴이)을 작성하는 등 성폭력 피해 여성들은 성희롱 및 성폭력 가해 남성에게 책임을 묻기 위해 노력했다. 그들의 요구는 널리 퍼져나갔으며 부분적으로는 성공했다. 그러는 와중에 듀크대학교 라크로스팀, 잡지 〈롤링스톤〉에 게재된 버지니아대학교 남학생 사교 클럽의 이야기 등 세간의 이목을 끌었던 성폭행 혐의는 거짓으로 판명되거나 근거가 없는 것으로 밝혀져 대중을 경악하게 만들었다. 그러자 사람들은 여자가 성관계에 관한 거짓말로 남자를 곤경에 빠트릴 위험성이 너무 커진 것 아니냐며 입을 모았다.

한 가지 사례를 살펴보자. 한 남학생이 성폭행을 저질렀다는 의심을 받았다. 뚜렷한 증거는 없었지만 그는 자기를 지킬 방편을 찾지 못한 나머지 결국 억울하게 수모를 겪었다고 한다. 〈애틀랜틱〉지는 이 남학생의 마음 아프고 화가 치미는 이야기를 무려 3부에 걸쳐 소개했다. 사람들은 격분했다. 대학 교수들은 고발당한 학생을 공정한 절차에 따라 대우하라고 요구하는 공개서한을 작성했다. 철학자이자 작가인 케이트 맨은 성폭력 혐의를 받은 남성 가해자를 향한 동정(sympathy) 여론이 고조되는 현상을 가리켜 '그를 향한 동정(himpathy)'이라고 이름 붙였다. 대학 내 성폭력 문제를 개선하는 정책에 반대한 많은 이들이 남자는 비참한 표적이 되어 여자에게 속고, 학교에서 퇴학당하고, 빨간 줄이 그어지고, 취업도 못 하게 될 거라는 무시무시한 공포에 사로잡혔다. 여자가 자신을 믿는 남자를 거짓말로 파멸시키는 사기 행위는 기존의 질서에 교란을 일으키는 것이다. 그래서 보복성 공격도 그렇게도 많이 일어나는 듯하다.

성폭행을 당했다고 주장하는 여성을 무력화하는 가장 좋은 방법은 피해 여성에게 화살을 돌려 피해자를 거짓말쟁이로 몰아가는 것이다. 미투 운동이 한창일 때 저널리스트 엘리자베스 브루닉은 자신의 고향인 텍사스주에서 일어났던 한 사건을 되돌아보았다. 고등학교 2학년인 한 치어리더가 미식축구 선수 세 명에게 잔인하게 강간당했다고 고발했다. 그러자 사람들은 의심의 눈길을 보내더니 급기야 여성에 대한 혐오를 드러냈다. 끔찍한 성폭행의 피해자로 입증된 이 여학생은 사람들의 눈에 몹시 거슬리는 주장을 펼쳤다. 인기 있는 남학생들이 사실은 심각한 범죄를 저지르고 거짓말을 했다는 주장이었다. 피해 학생의 진술은 일관적이었고, 물리적 증거도 있었으며, 명백히 정신적 충격을 받은 상태였다. 그런데도 학교 주변에서 수군거리는 소리를 들어 보면 학생들은 그녀의 주장을 정반대로 믿었다. 즉, 피해 여학생이 아마도 술이나 약에 취해서 성관계에 동의해 놓고 나중에 가서 후회했으며, 남학생들이 강간을 저질렀다고 고발함으로써 본인뿐 아니라 동급생들에게도 문제를 일으켰다는 것이었다.

피해 여학생은 학교에서 외면당했다. 결국 다니던 학교를 중퇴하고 다른 학교에서 졸업장을 받았다. 사냥감이 포식자로 둔갑하는 것은 한순간이다. 마치 재빠르고 능숙한 뒤집기 기술 같기도 하다. 여학생은 피해자가 아니라 가해자가 되었고, 표적이 아니라 사기꾼이 되었다.

여성에게 향하는 이중적 잣대

호구가 될지 모른다는 위협감이 들면 누구나 위축되기 마련이다. 호구 잡힐 수 있다는 경고음이 울리면 남자는 지치고 힘들어도 준비 태세를 갖춰야 한다. 여자는 자기도 모르는 사이 사기꾼 혹은 호구가 되지 않을까 걱정해야 하니 머리는 더 복잡하고 이만저만 난처한 게 아니다. 바보 같은 여자를 대하는 사회의 태도는 무척 모호해서, 한편으로는 아첨과 속임수에 넘어가 '유혹의 미끼'를 무는 여자들을 동정한다. 이들은 동정을 받을 뿐 존경받지는 못한다. 다른 한편으로는 이런 멍청한 순진함이 이성애 중심적 이상 혹은 적어도 연인 간의 행위와 결부

되어 바람직하게 여겨지기도 한다. 친절함과 참을성, 인정 많은 성품을 갖춰야만 사회에서 인정받는 여자들은 때로는 궁지에 몰려 자신의 의사와는 상관없이 호구가 될 수밖에 없을 것이다. 호구가 되기를 거부했을 때 치러야 할 사회적 대가가 지나치게 크기 때문이다. 여성이 순순히 호구 역할을 하지 않고 거부하면 이번에는 정반대의 비난('순순히 호구가 되지 않겠단 말이지. 그럼 너는 사기꾼이겠네')을 받을 각오를 해야 한다. 이러한 압박은 한 치의 오차도 허용하지 않는다. 여성은 압박 속에 갇혀 아슬아슬한 외줄타기를 해야 한다.

여자를 호구라고 비난했다가 또 사기꾼이라고 비난하는 이중적 실태를 생각하며 나는 심리학자 폴린 클랜스Pauline Clance와 수잔 임스Suzanne Imes가 쓴 글을 최근에 다시 찾아 읽었다. 클랜스와 임스가 아직 대학원생일 때 쓴 이 글의 제목은 '성공한 여성에게 나타나는 가면 현상'이었다. 가면 증후군은 주로 여성에게서 나타나는 것으로, 자신의 성공이 거짓이라고 느끼는 현상을 가리킨다. 저자들은 가면 현상(저자는 가면 증후군보다 '가면 현상'이라는 용어를 선호했다. 증후군이라고 부르기에는 가면 현상이 정식 진단 범주에 속하지 않기 때문이다)이 자신이 부족하다는 인식을 내면화한 데서 비롯된다고 주장했다.

"여성이 자기 자신과 다른 여성의 성과에 큰 기대를 걸지 않는 이유는 여자를 무능하게 여기는 사회의 성역할 고정관념을 내면화했기 때문이다."

클랜스와 임스가 이 논문을 쓴지 거의 50년이 흐른 뒤, 사람들은 이러한 해석을 두고 '여자는 성차별주의 고정관념에 너무 쉽게 속아서 자기가 똑똑해도 똑똑한 줄도 몰라!'라고 적잖이 빈정거렸다. 어쩌면 여성들은 가면 불안을 느끼는 가운데, 단순히 자신들을 무능하게 여기는 문화적 프레임뿐 아니라 사기꾼으로 보는 프레임까지 내면화하는지도 모른다. 여성 혐오에 뿌리 박힌 고정관념은 다음과 같다.

'여자는 특혜를 받으려고 사실을 부풀리고 거짓말할 것이다.'

'여자는 돈을 뜯어내려고 착한 척할 것이다.'

'여자는 사랑받기 위해 정직한 척할 것이다.'

게다가 여자는 오히려 재능이 없거나 성공하지 못한 척하면 거만하다거나 자격이 없다는 비판을 면하고 사회적 보상을 얻으니 문제가 더 복잡해진다. 내가 아는 한 성공한 여성 변호사는 1970년대 초반에 법학대학원을 졸업했다. 대학원 시절, 그녀를 지도했던 한 남자 교수는 강의실에 있는 몇 안 되는 여학생을 가리키며 이렇게 말했다고 한다.

"여러분은 남자가 앉아야 할 자리를 차지한 사람들이니 자신이 그럴 만한 자격이 있다는 사실을 매일 증명하려고 노력해야 할 겁니다."

결국 가면 현상은 내면에서 오는 두려움('나는 사기꾼일까?')이 사회로부터 오는 위협('여러분은 사기꾼일지도 모릅니다')과 뒤얽힌 결과물이다. 성공한 여성으로 하여금 스스로를 사기꾼이라고 느끼게 하는 것은 성차별주의 호구 공포증 논리의 최종 단계다.

'스스로가 바보 같이 느껴지지 않는다고? 그러면 넌 거짓말쟁이 사기꾼인가 보지.'

호구가 스스로를
정당화하는 법

2021년 11월 2일, 수백 명의 미국인이 존 F. 케네디 주니어의 정치적 귀환을 축하하기 위해 텍사스주 댈러스 거리에 모였다. 존 F. 케네디 주니어는 이미 1999년에 아내와 함께 경비행기 추락 사고로 사망했다. 댈러스에 모인 큐어넌QAnon(미국의 극우 성향 음모론 단체-옮긴이) 추종자들은 케네디가 다시 나타나 자신의 거짓 죽음에 대한 진실을 밝히고, 도널드 트럼프를 다시 대통령 자리에 복귀시킨 뒤, 자신은 부통령의 직위를 받아들일 거라고 믿었다.

예측은 모조리 빗나갔다. 실제로 큐어넌은 세간의 이목을 끈 예언을 여러 번 했지만 번번이 실패했다. 워싱턴 D.C.에 있는 피자 가게 '코밋 핑퐁'은 아동 성매매 장소가 아니라 가족끼리 식사하기 좋은 이탈리안 음식점일 뿐이었다(민주당 대선 후보였던 힐러리 클린턴과 캠프 본부장인 존 포데스타가 이곳에서 아동 성매매를 한다는 음모론이 제기된 적 있다.-옮긴이). 2020년 조 바이든 대통령의 취임식은 누군가의 체포나 처형으로 인한 방해 없이 무사히 치러졌다. 힐러리 클린턴은 2017년, 2018년, 2019년 중 예언된 어느 날짜에도 범죄자로 체포되지 않았다.

〈댈러스 모닝 뉴스〉의 한 기자는 큐어넌 지지자 중 한 사람을 인터뷰했다. 오지 않을 케네디를 기다리는 지지자에게 기자는 만약 케네디가 나타나지 않으면 어떻게 하겠느냐고 물었다. 비록 그녀는 수십 년 전에 죽은 사람을 볼 수 있으리라고 기대하고 있었지만, 어떤 면에서는 상황을 제대로 인식하는 듯했다.

"그렇다면 아마 무슨 일이 있거나 계획에 차질이 생겨서 못 오는 거겠죠. 내가 믿는 대로 이뤄지지 않는데도 괜찮아요. 아직 때가 아닌 것뿐이니까."

그녀는 큐어넌을 그만두거나, 큐어넌에 해명을 요구하거나, 자신의 행동을 바꿀 마음이 전혀 없는 것처럼 보였다. 케네디가 살아 돌아온다는 예언이 거짓이라는 증거를 아무리 많이 제시하고 논리적으로 증명한대도 이 지지자는 자기가 속았다는 사실을 받아들이지 않을 것이 뻔했다.

호구 공포증의 삐뚤어진 논리에 따르면 누군가에게 속아 호구가 되는 것만은 무슨 일이 있어도 피해야 하므로 어떤 선택을 하든 속임수에 당했다고 인정하는 편보다는 나을 것이다. 속임수에 당하는 것을 가장 두려워하는 사람들은 호구의 망령이 너무나 크게 어른거리는 탓에 속임수를 보고도 속임수라고 부르지 못한다. 이는 마치 심야 광고를 보고 충동적으로 물건을 구매한 사람이 광고에 속았다는 사실이 빤히 보이는데도 물건을 잘 샀다고 우기는 심리와 비슷하다. 만일 호구가 되는 것을 수치스럽게 여긴다면 속임수에 걸려들었을 때 그 사실을 인정하고 싶지 않을 것이다. 그러나 아무리 똑똑한 사람이라도 누구든 예외 없이 종종 속임수에 걸려들기 마련이다.

호구의 자기합리화 방식

——

실생활에서 호구 역학을 해석하는 방식은 쉽게 변한다. 어떤 거래는 상황의 맥락이 어떻고 거래 상대가 누구냐에 따라 문제가 전혀 없어 보일 수도 있고, 반대로 악의적으로 보일 수도 있다. 그래서 호구라는 개념이 무기화에 취약한 것이다. 이러한 가변성은 또 다른 가능성을 낳는다. 사람들이 이용당하는 희생자를 달래기 위해 일부러 호구 이야기를 꺼내지 않을 수도 있다는 점이다.

"배신감을 느낄 수도 있지만, 이 일이 원래 그래."

"넌 속지 않았어. 단지 내 말을 오해했을 뿐이야."

호구에 관해 연구한 사회학자 어빙 고프만은 사람들이 어떤 방식을 통해 속았다는 억울함과 어색함에서 벗어나는지 연구하는 데 몰두했다. 그는 사기를 궁극의 시험이라고 가정했다. 속아 넘어가는 것은 너무나 창피해서 심리적 상처를 회복하기가 몹시 어렵다. 이런 창피함에서 벗어나려면 사회적, 정신적으로 어떤 훈련을 해야 할까? 고프만의 에세이는 두 가지 핵심적인 사실을 다룬다. 하나는 지위와 안정을 잃을 때 겪는 피해가 심각하다는 것이다. 다른 하나는 그래서 이 새로운 상황에 어떻게든 곧바로 적응해야 한다는 것이다. 하지만 어떻게 해야 잘 적응할 수 있을까? '표적 진정시키기'는 표적이 어쩔 수 없는 일을 받아들이고 조용히 집에 돌아가기 좋도록 상황을 재정의하는 것이다. 표적이 빠르게 자아감을 재정비하지 않으면 사기꾼의 계획에 차질이 생기기 때문이다.

> 표적은 깨달음을 얻고 이전보다 가난해진 상태로 집에 돌아가야 한다. 하지만 때로는 자기가 겪은 상실을 좋은 경험 하나 한 셈 치고 잘 받아들이거나 아무런 이의도 제기하지 않고 가만히 있기에는 표적의 마음이 아직 준비되지 않았을 수도 있다. 그는 어쩌면 경찰에게 억울함을 호소하거나 사기꾼을 뒤쫓으려 할지도 모른다. 거래 용어로 말하자면 꽥꽥대며 항의하거나, 불평을 늘어놓을 수 있다. 사기꾼의 관점에서 이러한 행동은 사업에 악영향을 끼친다. 그래서 괜히 불리하게 주목받지 않기 위해 사기극의 맨 마지막에 한 단계를 추가하기도 한다. 이 단계를 '표적 진정시키기'라고 부른다. 사기꾼은 '쿨러'라고 부를 만한 동료 뒤에 숨어 표적에게 다정한 위로의 기술을 선보인다.

고프만은 '전형적인 사기'를 사기의 원형이자 표상으로 보았다. '전형적인 사기'란 이를테면 길거리 사기에 당하는 멍청이나 사회 계약을 위반한 고용주에게 착취당하는 노동자의 이야기다. 이때 위로의 기술을 펼치는 사람은 웨이페어(가구와 가정용품을 판매하는 미국의 전자상거래 기업-옮긴이) 고객 서비스 상담원이나 구직자에게 전화를 걸어 나쁜 소식을 전해야 하는 인사 담당자이다. 위로의 기술은 구직자를 진정시키는 변명일 수도 있고("저희가 찾는 인재상에 비해 너무 뛰어나셔서요.") 고객을 달래는 감언이설일 수도 있다("불편을 겪으셨으니 배송비는 무료로 해드리겠습니다."). 이런 '표적 진정시키기'를 외부 세계에 반응해 우리 내면에서 일어나는 일로 생각해 보면 고프만의 통찰을 더 깊이 있게 적용할 수 있다.

의심이 많은 사람(대부분 사람이 그렇다)이 사기와 속임수, 부당함을 허용한다면 자기합리화는 예상되는 수순이다. 차마 마주하기 힘들 정도로 부당한 처사를 심리적으로 수용 가능한 수준으로 만들기 위해 우리가 스스로에게 건네는 이야기에는 늘 일정한 패턴이 있다. 고프만은 쿨러를 '다른 사람을 말로 진정시킬 수 있는 행위자'라고 설명한다. 그러나 어쩌면 이 행위자는 이미 시작된 진정시키기 작업을 마무리하는 계주의 마지막 주자로 볼 수 있다. 쿨러는 문제를 무마하기 위해 상황을 바꿔 위협이나 약속, 작은 보상의 형태로 압력을 행사한다. 그러나 쿨러의 전술이 먹히는 이유는 애초에 사기를 당한 당사자의 마음이 가장 효과적인 쿨러이기 때문이다.

대립보다 진정을 선택하려는 마음

인간은 사회적 신호와 규범과 기대에 예민하게 반응한다. 누군가는 애초에 인간이 왜 이렇게도 표적 진정시키기에 취약하냐고 물을 수도 있다. 이 질문에 대한 답은 우리가 실제로 대립하기보다는 진정이나 수용하기를 더 선호한다는 점에서 찾을 수 있다. 어쩔 수 없는 일을 받아들이는 것은 소란을 피우는 것보다 사회적으로 더 쉽고 자연스럽다.

개인적으로 나는 어쩔 수 없는 일을 체념하고 받아들이고 싶은 마음에 깊이 공감한다. 누군가와 대립하기를 두려워하는 것이 내 성격에서 가장 두드러지는 특징이자 불만스러운 부분이기 때문이다. 한때 나는 부학과장 직책을 맡은 적이 있다. 부학과장은 고등학교의 교감과 비슷한 직책이지만 2년마다 돌아가면서 맡는 자리였다. 그러니 제대로 된 경력이라기보다는 그저 할당된 임무를 하나 더 맡는 것에 가까웠다. 그래서인지 몇몇 동료들은 그 일을 맡겠다고 동의한 내가 호구라며 유익한 조언을 아끼지 않았다. 부학과장 임기 동안 나는 보기 드물게 말도 많고 탈도 많은 교수진들의 분쟁에 휘말렸다. 서로 감정이 상한 것은 물론이고, 학문의 자유와 학내 표현의 자유를 두고 여러 의견이 충돌하면서 잠시 언론의 주목을 받기까지 했다. 한 교수는 나를 포함한 다른 교수들과 온갖 제도가 표현의 자유를 막고 있다며 분노했다(분명히 밝혀 두지만 나는 그럴 의도가 아니었다).

이 교수는 심지어 학생들을 불러 모아 이 논란을 주제로 질의응답 시간을 가졌고, 이 소식은 전국 뉴스에 보도되었다. 나는 관리행정 업무를 맡아 보안 대책을 마련하고 대규모 행사에 필요한 세부 계획을 세우는 일을 도왔다. 그러고는 착잡한 심정으로 객석에 앉았다. 강의가 중후반쯤에 이르렀을 때였다. 불만이 많던 그 교수는 "이 난리 속에 '반면교사'라는 칭호에 걸맞는 특별한 사람이 있습니다."라고 이야기하더니 갑자기 내 이름을 불렀다. 강당을 그득히 채운 사람들 앞에서, 게다가 내가 가르치는 학생들도 상당수 참석한 자리에서 동료 교수가 나를 가리켰을 때 나는 아무 말도 하지 못한 채 그저 무력하게 앉아만 있었다.

행사 시간 중 절반은 도중에 손을 들고 끼어들면 무례할까 아니면 내 발언 순서가 오기까지 마이크를 기다려야 하나 고민하며 보냈다. 여기서 내가 공개적으로 발언하면 부학과장으로서 지켜야 할 규범을 위반하는 것일까? 학생들이 내가 자기들의 질문 시간을 빼앗았다고 생각하려나? 혼자서 열심히 규범과 세부 사항을 분석하는 동안 행사는 쭉쭉 진행되더니 곧 끝나버렸다. 그래서 결국 나는 말 한마디 못 하고 조용히 돌아섰다.

비록 사람마다 성향은 제각각이지만, 다른 조건이 모두 같다고 가정하면 사람은 기본적으로 다른 사람에게 동조하기를 선호한다. 우리는 이것을 가리켜 '복종'이라고도 하고 '순응'이라고도 한다. 1961년 예일대학교 지하 실험실에서 심리학자 스탠리 밀그램Stanley Milgram이 피험자들에게 서로 전기 충격을 가하라고 지시했을 때 그가 연구하던 주제도 바로 '복종과 순응'이었다. 또 피그만 침공(1961년 미국이 카스트로 정권을 무너뜨리려고 쿠바를 공격한 사건-옮긴이)이 처절한 실패로 돌아간 뒤 심리학자 어빙 재니스Irving janis가 '집단사고'라는 용어를 만들었을 때 이야기했던 것도 복종과 순응이었다. 굳이 긁어 부스럼을 만들지 않으려는 마음 때문에 사람들은 비도덕적이거나 위험한 행동도 개의치 않고 감행한다.

사람들이 부당함을 수용하는 이유

레온 페스팅거Leon Festinger 등 몇몇 심리학 연구의 거장들은 1950년대와 1960년대에 획기적인 연구를 진행했다. 당시는 심리학자들이 홀로코스트에 비춰 인간의 심리를 어떻게 설명해야 하는지 고심하던 시기였다. 이들은 단순히 악행 그 자체를 연구하지는 않았다. 대신 평범한 사람들이 언제 부당함을 수용하는지 연구했다. 혼자서는 하지 않았을 폭력적인 행위를 집단에서 추진할 때 사람들은 언제 동조하는가? 왜 사람들은 비도덕적인 것을 알면서도 명령에 따르는가? 그들의 연구는 심리학계에 '패러다임 전환'을 불러왔다. 기존에는 개인이 어떻게 사회에 영향을 미치는지 연구하던 심리학이 이제는 사회가 어떻게 개인에게 영향을 미치는지 질문하기 시작한 것이다.

게슈탈트 심리학에 뿌리를 둔 심리학자 솔로몬 애쉬Solomon Asch는 '전체가 부분의 합보다 크다'는 게슈탈트 법칙을 사회심리학에 처음 도입했다. 또 인간의 사회적 행위에 대해 그는 '사회적 행위는 그 맥락 안에서 이해해야 한다. 맥락을 배제하면 개별 행위는 의미를 잃어버린다'라고 설명했다. 애쉬는 사회적 영향력에 흥미를 느꼈다. 그리고 자신의 가장 유명한 실험에서 그는 자기가 속고 있다고 의심하는 사람들에게 사회적 압력이 미치는 분명한 영향을 증명하고자 했다. 그는 피험자에게 단순한 과제를 주고 수행하게 했다. 피험자는 카드 두 장을 받았다. 1번 카드에는 선이 하나 그려져 있었고, 2번 카드에는 선 세 개가 그려져 있고 각각 알파벳으로 표시되어 있었다. 피험자는 1번 카드에 있는 선과 길이가 같은 선을 2번 카드에서 찾아야 했다.

참가자들은 한 번에 8명이나 9명씩 집단으로 과제를 수행했다(참고로 실험 참가자는 1955년 당시 하버드대학교 학부생이었으므로 모두 남성이었다). 그러나 사실 각 집단에서 진짜 피험자는 단 한 명뿐이었다. 나머지는 미리 정해진 지시에 따라 과제를 수행하는 연기자들이었다. 애쉬와 연구 조교는 피험자에게 카드를 보여준 뒤 "2번 카드에서 1번 카드의 선과 길이가 같은 선을 찾으세요."라고 지시했다. 처음 한두 번은 평범하게 흘러갔다. 과제는 무척 쉬웠으므로 모든 피험자가 올바르게 답했다. 그러나 세 번째 회차가 되자, 첫 번째 사람부터 여섯 번째 사람까지 비밀리에 지시받은 대로 오답을 골랐다. 이제 문제는 마지막으로 답하는 진짜 피험자가 어떻게 행동할 것이냐였다.

우리가 마지막 순서로 답해야 하는 피험자라고 생각해 보자. 눈앞에 길이가 다른 세 개의 선이 보인다. 1번 카드의 기준선은 누가 봐도 2번 카드에 있는 A와 같다. 그런데 지금 연속으로 여섯 명이 1번 카드의 기준선이 그보다 훨씬 짧은 2번 카드의 B선과 같다고 답했다. 이 상황에서 당신이라면 어떻게 하겠는가? 또 다른 사람이라면 어떻게 할 것으로 예상하는가?

어떤 사람들은 자기가 인식한 대로 기준선과 길이가 같은 A선을 계속해서 정확히 골라냈다. 그러나 무려 30퍼센트가 넘는 사람들이 다수의 잘못된 의견을 그대로 따라갔다. 애쉬의 설명에 따르면 이렇게 반응했던 피험자 중 일부는 오답인 것을 알면서도 예의상 다른 참가자에게 동조했고, 일부는 실험에서 이뤄진 이 모든 상호작용 때문에 진심으로 자기 자신을 의심했다고 한다.

일부는 다른 사람의 기분을 망치지 않으려고 오답을 말했다. 동조했던 사람 중 다수는 앞 사람들이 맨 처음 응답자를 따라 하는 소심한 사람이라고 의심하거나 다들 착각해서 잘못 봤을 거라 여겼다. 이렇게 의심을 품었던 사람들조차 결정의 순간에는 자유롭지 못했다.

애쉬가 발견한 첫 번째 패턴은 이러했다. 몇몇 피험자가 옆 사람에게 동조한 이유는 사회적 대세를 거스르는 선택을 무례하다고 여겼기 때문이다. 이 상황에서 혼자서 정답을 고르면 오답을 고른 다른 사람들을 비난하는 것처럼 보일 수 있다. 사회적 상황이 순조롭게 흘러가는 것처럼 보일 때면 사람들이 순응하도록 아주 쉽고 효과적으로 유도할 수 있었다. 사실 이 실험의 속임수는 유치원생 아이들도 알아볼 만큼 명백했다. 혼자서 다른 답을 말한다고 해서 불이익을 당할 염려도 없었다. 그런데도 많은 피험자가 찍소리 한 번 못 내고 다른 사람에게 동조했다.

불화를 빚지 말라는 사회적 압력

사회적 상호작용이 일어나는 중에 남을 비난하는 상황에 처하면 일에 차질이 생기고 서로 어색하고 당황스럽다. 때로는 불화를 빚느니 사태를 묵묵히 받아들이는 편이 낫다. 실제로 최근의 한 기발한 연구에서는 고프만과 애쉬의 연구를 발전시켜 사기를 사기라고 솔직하게 외칠 때 발생하는 일들을 집중 조명했다.

수니타 사Sunita Sah와 다른 두 명의 교수는 여러 주제 중에서도 사람들에게 나쁜 충고를 수용하게 하는 압력이 무엇인지 연구했다. 그들은 특히 숨은 의도를 품은 충고를 받아들일 때 어떤 일이 벌어지는지에 초점을 맞췄다. 이것은 난해한 딜레마처럼 보일 수 있지만, 사실 우리의 일상에서 늘 일어나는 일이다. 우리에게는 전문가의 지도나 상담이 필요한 순간이 다가온다. 그러나 전문가는 그 일로 돈을 벌기 때문에 얼마든지 자신에게 유리한 방향으로 조언할 수 있다(당장 6장에 등장했던 오드리 보크스의 사례만 봐도 댄스 스쿨 관계자들이 보크스가 계속해서 수강권을 구매하게 하려고 그녀의 춤 실력을 거짓으로 평가하지 않았는가).

이 치아는 정말 때워야 할까? 자동차의 브레이크 패드를 새로 갈아야 할까? 굴뚝 내부를 보수해야 하는 걸까? 이런 질문에 대한 확실한 답을 우리가 어떻게 알겠는가? 자동차의 전동 장치가 어떻게 작동하는지 잘 아는 정비공은 내게 더 많은 작업을 요구해서 높은 수리비를 받으려 할 것이다. 치과 의사나 굴뚝 정비 업체도 마찬가지다. 고객의 동기와 자신의 동기가 살짝 어긋난 상태인 금융 브로커나 부동산 중개인은 말할 것도 없다. 극단적으로 말하면 이런 현상은 자본주의의 다른 구조에서도 똑같이 나타난다. 예를 들어, 우리가 늘 보는 광고 또한 그저 편향된 출처에서 나온 조언에 불과하지 않은가.

이와 같은 이해의 충돌을 조정하려면 상대에게 자신의 이해관계를 투명하게 밝히도록 하면 된다. 만일 내 주치의가 내게 고관절 치환술이 필요하다고 판단해서 특정 인공 관절을 추천한다면, 의사에게는 "이 회사에는 제 지분이 조금 있어서 이 인공 관절을 판매하면 저는 직접적으로 이익을 얻습니다."라고 고지할 법적 의무가 있을 수 있다. 어쩌면 의사는 진심 어린 말투로 "물론 그렇다 해도 절대 제가 받을 이익 때문에 편향적으로 조언하지는 않을 겁니다. 다만 환자분이 올바르게 선택하실 수 있도록 모든 사항을 말씀드리는 거예요." 하고 덧붙일 것이다.

연구자들은 궁금했다. 만일 사기당할까 봐 걱정된다면 그냥 손을 떼도 된다고 언급하는 것이 정말 효과가 있을까? 그들은 이렇게 이해관계를 미리 알려줘도 그다지 효과가 없을 것이고, 사람들이 거래에서 손을 떼거나 물러나지 않으리라는 초기 가설을 세웠다. 연구 결과 이 가설은 어느 정도 옳은 것으로 판명되었다. 다만 실제 결과는 가설보다 한술 더 뜬 상황으로 나타났다. 사람들이 속는 것을 염려할수록 사기꾼에게 동조할 가능성이 오히려 더 커졌다.

만일 소비자가 속는 것을 두려워한다고 가정하면, 의사가 "저는 지금 제가 사적인 이득을 얻을 수 있는 상품을 추천하고 있습니다."라고 말하는 순간 해당 상품을 거부하거나, 진료실 밖으로 나가거나, 최소한 다른 의사를 찾아가 보는 것이 논리적으로 타당해 보인다. 의사가 지금 막 자기가 사기 치는 것일지도 모른다고 고백하지 않았는가. 그러나 우리는 사람들이 이렇게 반응하지 않으리라는 사실을 이미 잘 알고 있다. 상대방이 나를 속이는지 아닌지 감시하는 것은 사실 쉽지 않은 문제다. 감시는 나와 상대방 사이에 거리감을 형성할 뿐 아니라, 내가 상대를 무례하게 대한다는 인상까지 보낼 것이다. 특히 조언하는 사람이 의사나 재정 고문, 정장을 차려입은 백인 남성처럼 높은 지위를 가졌다고 인식되는 사람이라면 그 사람을 간접적으로나마 의심하는 것은 아주 모욕적인 행동이므로 우리는 무척 불편한 감정을 느낄 수밖에 없다.

우리 사회에는 '타인을 사기꾼으로 의심하지 말라'는 강한 압력이 존재한다. 연구자들은 간단한 추첨 게임을 활용해 인공 관절이나 자동차 정비 같은 맥락보다는 위험도가 낮고 연구하기 좀 더 수월한 방식으로 '조언-고백-선택' 상호작용을 재현했다. 그들은 코네티컷주 뉴런던에서 뉴욕주 롱아일랜드로 가는 연락선에 연구 조교들을 태우고, 승객들에게 연락선의 서비스에 관한 짧은 설문지를 작성해 달라고 부탁하는 일을 맡겼다. 이 실험에서는 설문지 자체가 미끼였다. 진짜 실험은 피험자가 설문지를 작성한 뒤 사례금을 받을 때부터 시작되었다.

피험자는 짧은 설문지를 작성한 대가로 5달러를 받을 수 있었다. 혹은 원한다면 주사위를 굴려서 그 결과에 따라 10달러 혹은 1달러를 받는 추첨에 응할 수도 있었다. 객관적으로 볼 때 주사위를 굴리는 추첨 방식은 무조건 받을 수 있는 5달러보다 좋은 점이 없었다. 주사위를 굴려서 받는 금액의 평균은 5달러를 밑돌도록 설정되어 있었다. 통제 집단에게는 별다른 언급 없이 단순히 주사위를 굴려도 된다고만 제안했다. 그러자 피험자 중 단 8퍼센트만 추첨을 선택했다. 사람들은 확실한 5달러 받기를 훨씬 더 선호했다. 그러나 실험 집단에 속한 승객에게는 무작위로 배정된 실험 조건에 따라 약간의 '조언'을 덧붙였다. 연구 조교는 주사위를 가리키며 이렇게 조언했다.

"제가 주사위 굴리는 분들을 많이 봤는데, 주사위 쪽을 선택하는 걸 추천합니다. 결과가 꽤 잘 나오는 편이거든요."

이 말을 들은 승객의 약 20퍼센트가 추첨을 택했다. 상승 폭은 작았지만 8퍼센트보다는 확실히 증가한 수치였다.

세 번째 조건인 '고백'에서 승객은 조언과 고백을 모두 들었다. 추첨을 선택하라고 제안하기 전 연구 조교는 이렇게 말문을 열었다.

"사실 참가자가 추첨을 선택하면 제가 약간의 보너스를 받긴 합니다. 하지만 어디까지나 당신의 선택이니까요."

조언과 고백을 모두 들은 승객의 42퍼센트가 추첨하기를 선택했다. 연구자들은 이 효과를 가리켜 '암시 불안'이라고 칭했다. 사람들은 남의 조언을 거절하는 행위가 은연중에 상대방이 편향적이거나 부패했다고 비난하는 것으로 해석될 것으로 생각하면 매우 어색해하거나 불편해했다. 피험자가 추첨을 선택하면 연구 조교는 피험자에게 사후 설문지를 작성하게 하여 정확히 어떤 부분이 이 이상한 효과를 일으켰는지 파헤치고자 했다. 연구 조교에게 조언과 고백을 듣고 결국 조언을 받아들인 피험자는 다른 피험자와 비교해 '나는 설문 조사원의 권유를 거절하면 조사원이 내가 그를 부정적으로 생각한다고 여길까 봐 걱정스러웠다'라는 문장에 더 많이 동의하는 경향을 보였다.

이러한 상호작용이 시작되면 상대에게 동조하거나 상대를 비난하지 않고는 상호작용에서 벗어날 수 없다. 나쁜 조언에 동조할 때 치르는 개인적 비용보다 남을 비난할 때 치르는 사회적 비용이 더 무겁다고 평가하는 사람들은 결국 이것이 모두에게 좋은 선택이었다며 자기 자신을 토닥일 것이다. 한 가지 덧붙이자면, 이 실험에서 나타난 이 이상한 효과는 여성 피험자에게 더 두드러지게 나타났다. 승객들에게 조언과 고백을 건넨 연구 조교는 정장을 입은 백인 중년 남성이었다.

인지 부조화의 압박은 우리 내부에서 온다
—

압력에 못 이겨 남들이 고른 오답을 따라 고른 피험자를 관찰한 결과, 순응자 중 일부는 단순히 동조하는 데서 그치지 않았다는 사실이 드러났다. 그들은 상황 신호에 맞춰 자기 내면의 믿음까지 바꿨다. 이러한 반응 때문에 솔로몬 애쉬는 실험 결과를 해석하는 데 애를 먹었다.

더욱 혼란스러웠던 것은 몇몇 피험자가 자신이 다수와 다르다는 사실을 자기가 어딘가 부족하다는 신호로 해석했다는 것이다. 그리고 이들은 그 부족함을 무슨 일이 있어도 숨기려 했다. 이러한 생각을 기반으로 피험자들은 자신에게 닥쳐올 결과를 미처 깨닫지 못한 채 절박하게 다수에 융합되고자 했다. 다수에 쉽게 굴복한 피험자는 대부분 자신이 얼마나 빈번히 순응했는지 전혀 깨닫지 못했다.

사회적 압력을 받으면 표적은 투쟁해 봤자 부질없음을 깨닫고 체념한 채 운명을 받아들인다. 그러나 때로는 이런 과정이 행동보다는 인지 작용으로 나타나기도 한다. 내면에서 스스로를 설득해 실제로 생각을 바꾸는 것이다. 이러한 과정이 어떻게 일어나는지 상상해 보는 건 어렵지 않다. 몇 년 전, 내 수업에서 학생들이 소비자 개인정보 보호를 주제로 발표한 적이 있다. 그들의 발표 자료 중 절반은 아이폰에서 애플리케이션 하나를 설치할 때마다 수집하는 정보 목록으로 채워져 있었다. 이 앱을 기본 설정으로 사용하면 앱은 사용자의 위치를 추적 및 기록하고 연락처에 있는 모든 사람을 친구로 추가할 권한까지 가진다. 하지만 평소 내가 인터넷을 사용할 때를 돌이켜보면 나는 그런 복잡한 사항을 생각해 보지도 않고 그대로 지나쳤다. 예를 들어, 인터넷에서 자료 조사를 하다 보면 '모든 쿠키 허용'이나 '개인정보 보호 정책에 동의합니다' 같은 버튼을 하루에도 몇 번씩 만난다. 결국 나는 수년에 걸쳐 클릭 한 번으로 내 개인정보 열람 권한을 죄다 양도해 온 셈이다.

만일 누군가가 개인 정보 보호와 관련해 내 생각은 어떤지 진지하게 고민해 보라고 한다면, 나는 개인 정보 보호를 무척 중요하게 여긴다고 답할 것이다. 그러나 안타깝게도 내가 계속해서 개인정보를 그냥 넘겨온 것 또한 사실이다. 여러 기업이 내 부주의함 덕에 배를 불리는 동안 나는 계속해서 내게 완전히 불리한 개인정보 거래에 응하고 있었던 것이다.

그래도 나는 내가 호구라고 생각하고 싶지 않다. 나는 개인 정보 보호를 중요시한다. 그런데도 개인정보 사용 권한을 쉽게 넘겨왔다. 상충하는 이 두 문장이 심리적 압박을 만들어 낸다. 그 결과 나는 인지 부조화를 해소할 방법을 모색하는 새로운 국면에 접어든다. 개인정보 보호와 관련한 위의 두 가지 생각이 불편하게 느껴지는 이유는 내가 스스로 가치 있게 여기는 대상을 얼마 되지도 않는 보상 때문에 포기하는 호구라는 느낌이 들어서다. 그렇다면 나는 어떤 행동을 취할 수 있을까? 먼저 개인정보 보호에 민감하게 굴면서 페이스북과 트위터를 끊고 쿠키 수집을 거부하고 구글을 되도록 사용하지 않을 수도 있다. 이 선택지는 아마 현실적이지 않을 것이다. 무척 성가신 데다 수많은 제약이 따르기 때문이다. 물론 개인정보를 빼앗기는 데 분노하며 살아갈 수도 있다. 그러나 이것은 심리적 압박을 덜어주는 선택지가 아니라 압박 속에서 그대로 살아가는 선택이다.

만일 내가 개인정보를 보호하기 위해 별달리 할 수 있는 일이 없다면(그럴 수 있는 사람은 거의 없다) 그리고 보이지 않는 치명적인 힘을 통제하지 못하는 나의 근본적인 무능력을 정면으로 마주하고 싶지도 않다면, 내게는 여전히 한 가지 선택지가 남는다.

'다시 생각해 보니까 어쩌면 나는 개인정보 보호에 별로 신경 쓰지 않는 사람일지도 몰라!'

이미 넘어간 쿠키는 돌이킬 수 없지만 내 믿음은 바꿀 수 있다. 이것이 바로 인지 부조화의 심리다. 인지 부조화 상태가 되면 사람들은 양립할 수 없는 두 가지 가치를 어떻게든 조화시키라는 내면의 압박 상태에 놓인다.

인지 부조화의 뿌리는 결국 호구 공포증이다

사회심리학자 레온 페스팅거는 수십 년에 걸친 실험 연구 끝에 인지 부조화 이론을 세우고 발전시켰으나, 애초에 그의 관심은 종말론 교파의 신도를 관찰하면서 생겨난 것이었다. 페스팅거와 그의 두 동료는 자기가 외계인과 교신한다고 주장하는 한 여성의 이야기를 들었다. 외계인들은 일리노이주 오크파크에 사는 도로시 마틴을 통해 12월이면 지구에 도착해서 추종자는 구출하고 나머지는 모두 홍수로 쓸어버리겠다고 선언했다고 했다. 신도들은 크리스마스이브에 마틴의 집 밖에 모여 오후 4시에 자신들을 태우기로 약속한 비행접시를 기다렸다. 연구자들은 외계인이 제 시간에 도착하지 못하면 무슨 일이 벌어질지 궁금해했다. 연구자들은 이 딜레마를 일종의 방정식처럼 상상했다. 신도들의 머릿속에서 상충하는 두 가지 인식이 동시에 나타나면 무슨 일이 벌어질까?

(1) 나는 4시가 되면 세상의 종말이 온다고 생각했다.
(2) 벌써 저녁 먹을 시간이 다 됐는데도 우리는 여전히 도로시의 집 앞에서 기다리고 있다.

여기에 어떤 문장을 더해야 두 문장을 서로 조화시킬 수 있을까? 이 방정식을 푸는 방법 하나는 '(3) 나는 호구다. 내 생각이 틀렸다'를 더하는 것이다. 하지만 자신이 호구라고 인정하는 것은 사람들이 그다지 선호하는 해결법이 아니다. 연구자들이 관찰한 바에 따르면 대부분은 아래와 같은 해결책을 선택했다.

(3) 외계인들이 시간을 잘못 알았나 보군. 나중에 오려나 봐.

(3) 나는 그들이 꼭 4시에 올 거라고 생각하지는 않았어.

(3) 여기 있는 몇몇 사람이 규칙을 어겨서 외계인들이 처음의 계획과 달리 우리를 구해주지 않는 거야.

페스팅거와 동료들은 여기서 일정한 패턴을 발견했다. 사람들은 남에게 쉽게 영향을 받으면서도 그것을 스스로 인정하고 싶어 하지는 않는다는 점이다. 케네디를 기다리던 큐어넌 지지자들처럼 사람들은 자기가 속았다는 결론을 피하기 위해서라면 어떤 핑계도 마다하지 않는다.

페스팅거는 인지 부조화를 유발하기 위해 피험자에게 다소 시련을 겪게 했다. 그는 우리가 남에게 이용당하거나 배신당해서 어떤 피해를 입으면, "나는 호구야."라는 결론만은 피하고자 "나는 피해를 보지 않았어. 사실 그 경험은 무척 좋았는걸." 하고 생각하는 등 다른 해법을 찾으리라고 가정했다. 예를 들어, 어떤 집단의 새내기는 혹독한 신고식을 치르고 나서 "와, 나 강제로 진짜 창피한 짓을 당했지 뭐야."라고 말하는 대신 "우리 선배님들이 최고입니다!"라고 외친다. 연구자들은 이 익숙한 괴롭힘 모형을 사용해 인지 부조화의 한계를 시험했다.

한 연구에서는 남자 학부생들을 모아 간단한 과제를 지시했다. 이 과제는 지겨워서 미칠 만큼 단순한 것이었다. 학생들 앞에는 나무 실패 열두 개와 실패를 채울 자리 열두 개가 나눠진 쟁반이 놓였다. 그들은 30분 동안 한쪽 손만 써서 쟁반을 실패로 채우고, 다시 치우고, 다시 처음부터 시작하는 작업을 계속해야 했다. 하지만 이게 끝이 아니었다. 30분이 지나면 실험자가 실패를 올려둔 쟁반을 가져가고 그 대신 구멍이 48개나 있는 타공판을 건네줬다. 페스팅거는 무미건조한 말투로 피험자가 수행해야 할 작업의 규칙을 설명했다.

"여러분이 수행할 과제는 각 구멍에 꽂힌 나무못을 시계방향으로 4분의 1 바퀴 돌리고, 다시 4분의 1 바퀴 돌리는 일을 반복하는 것입니다. 이번에도 한 손만 사용하세요."

피험자는 한심할 정도로 무의미한 한 시간을 보내야 했다. 그러고 나면 거기에 한술 더 떠서 다음 피험자에게 이렇게 말하기까지 해야 했다.

"정말 즐겁고 재미있었어요. 이 일은 아주 흥미로웠습니다."

이 말도 안 되는 반복 작업을 재미있게 할 가능성이 과연 몇 퍼센트나 되는지는 모르겠지만, 어쨌든 이 과제가 흥미진진하거나 즐겁다고 느낀 사람은 아무도 없었다. 다음 피험자에게 이 실험이 재미있었다고 말하는 피험자에게는 그에 대한 보상이 따랐다.

바로 이 부분이 진짜 실험이었다. 연구진은 모든 피험자를 성공적으로 회유해서 실패 옮기기와 나무못 돌리기 작업을 '홍보하는 역할'을 수행하게 했다. 피험자 중 절반에게는 보상으로 1달러를 약속했고, 나머지 절반에게는 20달러를 약속했다(당시는 1959년이었으므로 20달러는 실험 참가비치고 꽤 높은 금액이었다. 2022년으로 치면 180달러쯤에 해당한다).

피험자가 다음 피험자에게 실험 과제가 '재미있고 호기심을 자극한다'라고 칭찬하면, 학부에서는 피험자를 인터뷰해 심리학 실험 피험자로서의 경험이 어땠는지 물었다. "이 연구가 얼마나 즐거웠습니까?"라고 질문하고, 20달러를 받은 피험자와 1달러를 받은 피험자의 답변을 비교했다. 일반적으로 생각하면 돈을 더 많이 받은 사람이 실험을 더 좋아했을 것 같지만 인지 부조화는 다른 방식으로 작동했다. 오히려 20달러를 받은 피험자가 1달러를 받은 피험자보다 과제가 '덜 즐거웠다'고 답했다. 20달러를 받은 피험자는 거짓말한 대가로 돈을 많이 받았기 때문에 오히려 실험 과제가 끔찍하게 지루했음을 인정할 수 있었다. 몹시 지루했지만 적어도 돈은 많이 받았으니 자신의 행동을 정당화할 수 있었기 때문이다. 피험자의 머릿속에서는 대략 다음과 같이 불협화음을 내는 두 가지 생각이 교차했다.

(1) 나는 아주 지루한 과제를 수행했다.
(2) 나는 여러 사람 앞에서 그 과제가 재미있었다고 말했다.
(3) 20달러나 받았으면 이 정도 거짓말쯤은 할 수 있지.

그러나 1달러를 받은 피험자는 한 시간을 날린 데다 돈도 얼마 받지 못하고 거짓말까지 해야 했다. 그렇다면 어떻게 해야 이 두 가지 생각 사이의 긴장감을 해소할 수 있을까? (1)번 생각을 바꾸면 된다.

'사실 그 작업은 재미있었어. 실패 옮기기와 나무못 돌리기라니, 좋지 않을 이유가 없잖아?'

엘리엇 애런슨Eilliot Aronson과 저드슨 밀스Judson Mills는 함께 페스팅거의 연구실에서 대학원생으로 있을 때, 신고식 문화 연구의 고전인 '시작의 가혹함이 집단을 선호하는 데 미치는 영향'을 썼다. 참고로 이 연구는 널리 알려졌으며 학문적 의의도 뛰어나지만, 매우 성차별적이기도 하다는 점을 먼저 일러둔다.

애런슨과 밀스는 성 심리학을 주제로 한 집단 토론에 참여할 여학생들을 모집했다. 연구자들은 성에 대해 자유롭게 말하기를 꺼리는 사람이 있으면 전체의 분위기를 흐릴 수 있으니 '쑥스러움 테스트'를 통해 집단 토론에 참여하려는 지원자의 자격을 심사하겠다고 말했다. 학생들은 무작위로 두 가지 조건 중 하나에 배정받았다. '심한 쑥스러움' 조건에 배정된 학생들은 외설적으로 여겨질 수 있는 단어(예를 들어, 자지, 떡치기)를 소리 내어 읽어야 했다. 한편 '가벼운 쑥스러움' 조건에 배정받은 학생은 덜 노골적이지만 여전히 성과 관련된 단어(예를 들어, 처녀, 애무)를 읽었다. 성적 표현을 소리 내어 읽은 뒤 학생들은 테스트에 통과했다는 말을 듣고 집단 토론을 하는 자리에 앉을 수 있었다. 그러나 사실 토론하는 자리에서 학생들이 들은 것은 미리 녹음된 평범한 대화였고, 그들은 자신이 들은 대화 내용의 질을 평가했다. 이때 더 쑥스러운 단어를 소리 내어 읽은 피험자가 더 열성적인 태도를 보였다. 참가자들의 내면에 어떤 압박이 있었을지 충분히 짐작이 간다.

'힘들었다면 그만한 가치가 있어야 해.'

사람들은 자신이 호구였다는 느낌을 덜기 위해 생각을 재조정할 수 있고 실제로도 그렇게 한다. 호구 잡히는 것은 정의상 '인지 부조화 상태'라고 할 수 있기 때문이다.

(1) 이 거래는 나를 착취한다.
(2) 그런데도 나는 이 거래에 동의했다.

마음에 들지 않는데도 이미 일어난 일을 바꿀 수 없다면 판단을 바꾸는 수밖에 방법이 없다.

'이 거래는 나쁘지 않았어. 착취적이지 않아.'

'부당한 거래처럼 보이지만 요즘 계약이 다 그렇지 뭐.'

'이 신고식은 구성원 간의 결속력을 높여준다는 면에서 충분한 가치가 있어.'

때로는 심지어 자신이 충분히 도덕적이라서 이런 부당함도 견딜 만 하다고 말하는 사람도 있었다. 2008년 스탠퍼드대학교 출신의 두 심리학자는 '의사소통 연구'라는 명목으로 참가자를 연구실에 불러 모은 뒤, 실제로는 연기자인 다른 참가자가 도착하면 본격적으로 실험을 시작하겠다고 말했다. 피험자는 세 가지 실험 조건 중 하나에 배정받았다. 그중 호구 조건에 배정된 피험자는 연구자에게 이런 부탁을 받았다.

"글씨 쓰는 속도를 측정하는 다른 연구가 있는데요. 다른 참가자분이 기다리는 동안 예비 테스트에도 참여해 주시겠어요?"

참가자들은 모두 연구자의 부탁에 응했고, 연구자가 그만하라고 할 때까지 손으로 숫자를 썼다. 이후 미리 말을 맞춘 연기자가 도착하자 연구자는 연기자에게도 같은 과제를 수행해 달라고 부탁한다. 그러나 연기자는 피험자들에게 충분히 들릴 만한 거리에서 당당히 부탁을 거절하며 시간이 없으니 본 실험에 바로 들어가는 편이 낫겠다고 말한다. 이미 연구자에게 속아서 숫자 쓰기 과제에 참여했던 피험자들은 옆 사람이 부탁을 거절하는 모습을 보자 자기가 옆 사람보다 훨씬 더 도덕적이라고 평가했다. 심리학자들은 연구 결과를 다음과 같이 결론지었다.

"사람들이 흔히 부도덕한 행위를 저지르고 어쩔 수 없었다며 합리화하듯 때로는 자신이 비합리적인 선택을 했을 때도 이를 도덕적인 행위로 합리화하기도 한다. 그리하여 평소 같았으면 회피하려 했을 수고를 고결한 헌신으로 포장한다."

호구가 되기보다는 남들보다 도덕적인 사람이 되는 편이 나은 법이다. 이 연구의 피험자는 남들은 단호히 부탁을 거절할 때 자신은 아무런 보상도 받지 못한 채 부탁을 들어줬다는 불편한 사실에 맞닥뜨렸다. 그리고 이제 이와 같은 상황을 어떻게 해석할지 결정해야 했다. 그들은 무의식중에나마 자기 행동이 옳았다고 치부하며 자신의 선택을 정당화했다. 사람들이 이렇게 태도를 전환하는 모습을 보면, 자신의 행위를 아동 성매매에 반대하는 거룩한 전쟁으로 포장하는 큐어넌 지지자들이나, 실상은 자기 잇속만 챙기면서 자신의 정치적 야망은 미국 노동자 계층을 수호하는 것이라고 주장하는 트럼프의 모습이 겹쳐 보인다.

내 선택을 정당화하는 과정

사람은 기본적으로 타인의 압박에 영향을 받는다. 호구 역시 사회적 압력을 받을 때 억울함을 잠시 접어두고 스스로 마음을 가라앉힌다. 호구가 아픈 마음을 애써 진정시키는 이유는 사회적 계산기를 두드려본 뒤 상처는 다른 곳에서 회복하는 편이 낫겠다는 사실을 깨달았기 때문이다. 바로 이때 호구는 기분이 끔찍하게 나쁘더라도 어쨌거나 집에 돌아가야겠다고 납득하고 받아들인다. 그러나 때로는 자신이 애초에 호구가 아니었다고 결론짓기도 한다.

'해고당한 게 아니라 조금 일찍 은퇴한 거야.'

'좌천된 게 아니야. 다른 직함을 받았을 뿐이지.'

잠시 생각해 보자. 어떠한 결과를 내가 호구 짓을 해서 받은 대가로 인식하려면 무슨 조건이 필요할까? 먼저 내가 그 일에 스스로 협력했다고 느껴야 하고, 내 결과가 다른 사람의 결과보다 나빠 보여야 하며, 또 그 차이를 불공평하게 느껴야 한다. 그러나 이 모든 판단은 자기가 생각하기 나름이고 해석의 가능성은 열려 있다.

내가 세금을 내는 행위는 협력일까, 아니면 어쩔 수 없이 그저 정부에서 하라는 대로 한 것일까? 직장에서 내게 귀찮은 일을 많이 맡기면 이것은 불공평한 처사일까, 아니면 내 대인관계 기술이 좋다는 인정의 의미일까? 겉으로 드러나는 증거가 모호하면 우리는 보통 자기가 선호하는 결과에 알맞은 해석에 이끌린다. 이와 같은 동기 기반 추론의 본질은 우리가 아무리 문제를 객관적으로 보려고 해도 자기가 원하는 답을 무시하기는 어렵다는 점에서 찾을 수 있다. 사람들은 누군가에게 속았다는 느낌 없이 원하는 결과를 가져다주는 해석에 정착하고 싶어 한다.

예시를 통해 구체적으로 살펴보자. 내가 필라델피아에 새로 생긴 식당에 방문한다고 가정하자. 나는 그곳에서 정말 보고 싶었던 친구들을 만나려고 한다. 친구들은 나보다 먼저 식당에 도착했다. 미리 식당 정보를 찾아보니 음식도 맛있어 보이고 슬슬 배도 고파온다. 그런데 막상 식당에 도착하자 오늘 밤은 네 가지 코스 요리가 나오는 세트 메뉴만 주문할 수 있다고 말한다. 이 세트 메뉴는 내가 미리 전화했을 때

안내받은 메뉴가 아닌 데다 가격 또한 내 기억보다 훨씬 비싸다. 하지만 나는 무척 배가 고프고, 먼저 들어가 있던 친구들은 아주 즐거워 보인다. 또 가격이 비싸다고는 해도 납득하지 못할 정도는 아니다. 이때 나는 내가 호구 같다고 생각하면서도 그대로 식당에 들어갈 수도 있고, 나를 호구로 보는 식당에 분노하며 계획을 취소할 수도 있다. 그러나 내가 볼 때 이 두 가지 상황은 모두 일어나지 않을 것이다. 대신 나는 아마 어깨를 으쓱하며 이렇게 생각할 것이다.

'뭐, 이제 갓 개업한 식당이라 아직 체계가 덜 잡혔나 보지.'

'최근 들어 메뉴를 바꿨나 보네. 그럴 수도 있지.'

자, 어떤가! 이제 나는 호구가 되지 않고 기분 좋게 음식을 먹을 수 있다.

잠시 최후통첩 게임으로 돌아가 보자. 최후통첩 게임의 참가자들은 두 명씩 짝을 짓고 '최후통첩'에 따라 10달러를 나눈다. 제안자는 싫으면 말고 식으로 분배 비율을 제안하고, 만일 응답자가 제안을 받아들이지 않으면 두 참가자 모두 돈을 하나도 얻지 못한다. 수년간의 연구 결과에 따르면 제안자가 30퍼센트에서 40퍼센트 이하의 금액을 제안하면(10달러 중 3달러나 4달러), 응답자는 대부분 그 돈을 거절한다. 표적의 마음을 헤아리지 못하면 이렇게 둘 다 한 푼도 얻지 못하는 사태가 벌어진다.

완벽하게 합리적인 세상이라면 제안자는 적은 돈이나마 흡족하게 받을 것이다. 그러나 사람들은 대부분 2달러 이하는 차마 용납하지 못한다. 지나치게 불공평하고 모욕적으로 느껴지기 때문이다. 그러나 몇몇 연구자들은 2달러를 주겠다는 제안이 본질적으로는 불공평하지 않다고 지적한다. 우리는 항상 서로 다른 비율로 재화를 나눠 가진다. 실제 생활에서 내가 만나는 사람들은 대부분 나와 아무것도 나눠 가지지 않는다. 만일 누군가가 나를 보더니 "내 지갑에 10달러가 있으니 네게 절반을 주는 게 옳은 것 같아."라고 말한다면 설령 그 사람이 나와 가장 친한 친구라고 해도 무척 당황스러울 것이다. 그러나 최후통첩 게임에서 8 대 2로 분배하는 것이 기분 나쁘게 느껴지는 이유는 실생활과 달리 규범을 설명하는 다른 맥락이 전혀 없기 때문이다. 행동의 지침으로 삼을 규칙이 없으니 사람들은 대부분 기본적인 '공평의 규칙'에 따라 50 대 50으로 나누는 것이 옳다고 여기는 것이다.

만일 응답자들이 적은 돈이라도 받고 싶어 한다는 전제에서 시작해 보면 어떨까? 내심 돈을 받고 싶지만 이 선택을 정당화할 방법이 없어 고민한다면? 몇몇 연구자들은 적은 금액을 주겠다는 제안을 수락하고도 응답자가 체면을 차릴 수 있는 맥락을 제시하면 무슨 일이 일어나는지 시험했다. 이 미묘한 넛지Nudge(부드러운 개입으로 사람들이 더 좋은 선택을 하도록 유도하는 방법-옮긴이)가 사람들의 심리와 행동에 막대한 영향을 미친다. 연구 과정의 맥락 구조를 살짝 수정하면 호구 프레임을 완전히 뒤바꿔 놓을 수 있다.

스스로를 정당화할 이유를 찾는다

두 명의 참가자가 10달러를 나눠 가지는 일반적인 최후통첩 게임에서 제안자에게 조금 더 제약을 둔다고 가정해 보자. 실험자는 제안자와 응답자로 이뤄진 각 팀을 무작위로 두 집단으로 분류한다. 그리고 그 중 한 집단에게는 제안자가 응답자에게 제공할 수 있는 금액이 8달러,

5달러, 2달러 중 하나라고 말한다. 그러니 제안자는 상대에게 매우 관대하게 분배하거나, 반반으로 똑같이 분배하거나, 욕심을 부려서 조금만 분배할 수 있다. 한편 다른 집단에게는 제안자에게 딱 두 가지 선택지만 제공했다고 설명했다. 두 번째 집단의 제안자는 응답자에게 8달러 혹은 2달러만 줄 수 있다. 여기서 제안자가 2달러를 제안하면 무슨 일이 벌어질까?

우리가 첫 번째 집단에 속한 응답자라고 생각해 보자. 우리는 제안자가 돈을 똑같이 나눌 수 있는데도 2달러만 주겠다고 제안했다는 사실을 알 수 있다. 첫 번째 집단에 속한 응답자는 대부분 제안을 거절했다. 거절하는 비율은 금액을 더 자유롭게 분배할 수 있었던 표준 최후통첩 게임과 비슷했다. 이번에는 우리가 두 번째 집단에 속한 응답자라고 생각해 보자. 제안자는 우리에게 2달러를 주겠다고 제안한다. 우리는 제안자가 금액을 불균등하게 분배하는 선택지밖에 가지고 있지 않음을 이미 알고 있다. 우리가 2달러를 갖거나 아니면 제안자가 2달러를 갖거나 둘 중 하나다. 이런 경우 2달러를 주겠다는 제안을 수락하는 응답자가 훨씬 많았다. 그들은 파이에서 더 작은 조각을 선호하지는 않을지 몰라도(누군들 그러겠는가?), 2달러 제안이 노골적인 착취라거나 무례한 행동이라고 느끼지는 않았다. 돈을 균등하게 나누는 선택지가 애초에 없었기 때문이다.

대부분은 제안자가 '자신에게 유리한 방향으로 불균등하게' 분배하거나 '응답자에게 유리한 방향으로 불균등하게' 분배하는 선택지 중하나를 골라야 한다면 그가 곤란한 처지에 있다는 사실을 이해하고, 제안자에게 무리하게 요구할 수 없다고 여긴다. 선택지가 8달러와 2달러뿐인 상황에서 2달러를 주겠다는 제안은 그리 불공평하게 느껴지지 않는다. 그리고 만일 응답자가 이 금액을 불공평하다고 인식하지 않으면 2달러를 받고도 기분이 상하지 않을 수 있다. 어느 경우든 2달러라는 액수는 동일하다. 그러나 두 번째 집단에서는 응답자로 하여금 '아예 한 푼도 못 받는 것보다야 낫지'라며 자신의 선택을 납득하고 정당화할 수 있는 넛지를 제공한 것이다.

이 연구에서 2달러를 받은 응답자는 자신이 받은 금액을 어떻게 계산해야 할지 잘 알고 있었다. 2달러라는 금액은 합리적으로 느껴지든 아니든 전체 기본금의 20퍼센트에 해당한다. 그러나 이번에 소개할 또 하나의 연구는 '어쩌면 나는 호구가 아닐지도 몰라'라는 그럴듯하지만 불확실한 맥락을 제공함으로써 비슷한 효과를 냈다.

연구진은 게임을 진행할 때 현금이 아닌 토큰을 활용했다. 참가자들은 모두 달러 대신 토큰을 받았다. 토큰 한 개에 25센트라는 식으로 고정 가치가 매겨졌다. 토큰은 게임이 끝난 뒤 현금으로 바꿔 지급되었다. 연구진은 모든 참가자에게 제안자 혹은 응답자 역할을 배정하고, 제안자에게 무작위로 토큰을 38개 혹은 16개 할당할 거라고 안내했다. 제안자는 자기가 몇 개의 토큰을 받았는지 당연히 알 것이다. 그러나 '응답자는 제안자가 얼마를 받았는지 알 수 없다는 것'이 이 실험의 핵심이다.

이 연구가 던진 질문은 기발했다. 토큰을 여덟 개 혹은 아홉 개 제안받은 응답자는 어떻게 행동했을까? 먼저 토큰 여덟 개를 제안받은 응답자를 생각해 보자. 응답자는 대부분 이렇게 생각한다.

'좋아! 8은 16의 절반이니까 균등하게 분배했네. 충분히 가능한 제안이야. 물론 제안자가 토큰을 38개 받았을 수도 있지만, 나는 어차 피 알 길이 없잖아. 이게 공평한 제안일 가능성은 충분해.'

이번에는 토큰 아홉 개를 제안받은 응답자를 생각해 보자. 응답자 는 곰곰이 생각한다.

'허, 아홉 개라. 제안자가 나한테 토큰을 절반 넘게 줄 가능성이 얼 마나 될까? 그랬을 리 없어. 그렇다면 결국 토큰 38개를 가지고도 전체 의 4분의 1도 안 되는 양을 주겠다는 뜻이네.'

토큰 아홉 개를 제안받은 응답자는 긍정적인 시나리오를 떠올리 기가 힘들었다. 따라서 결과적으로는 더 적은 금액을 제안받은 사람이 더 큰 금액을 제안받은 사람보다 제안을 받아들인 경우가 많았다. 토큰 을 여덟 개 받았을 때 참가자들이 한 생각('내가 절반을 받았는지도 몰라!') 은 적은 금액을 받아들일 때 따르는 감정적 부담을 덜어줬다. 그 결과 호구는 꽥꽥대며 항의하지도 않았고 불평하지도 않았다.

호구를 진정시킨 마지막 최후통첩 게임은 가장 단순하면서도 수 고스러운 것이었다. 참가자들은 게임을 시작하기 전에 제안자와 응답 자라는 역할이 이전에 치른 경매 결과에 기반해 배정된다는 설명을 들 었다. 경매에서 이겼던 사람이 제안자가 되는 것이다.

이때 경매 연구의 응답자는 낮은 금액도 잘 받아들이는 경향을 보 였다. 상황을 떠올려 보면 응답자가 어떻게 자기 위치를 합리화했는지 가 보인다. 예를 들어 응답자가 2달러를 제안받았다고 하자. 금전적 이 득 면에서만 생각한다면 돈을 조금이나마 받아서 돌아가는 편이 한 푼 도 얻지 못하는 것보다는 낫다. 또 제안자가 경매에서 이겼으니 마땅 히 자기 몫의 돈을 정당히 벌어서 가져갔고, 그럴 자격이 있다고 여길 수도 있다.

사실 제안자가 몇 달러를 더 가져갈 만큼 진정한 도의적 자격을 갖췄다고 보기는 어렵지만, 응답자는 경매 덕택에 적어도 자기 자신에게나마 체면을 차릴 여지를 얻었다. 응답자는 자존심에 상처를 입지 않고도 자신이 이 제안을 받아들인 것을 변명하거나 그럴싸하게 포장할 수 있었다. 극단적으로 보면 적은 금액을 공정하게 받아들이는 행위는 자기가 그 정도밖에 받을 가치가 없다고 스스로 인정하는 것이나 다름없다. 이것은 개인에게 치명적인 상처가 될 수도 있고, 반대로 상식적으로 받아들여질 수도 있다. 내가 나 자신에게 타당한 근거를 대고 있는지 혹은 그저 손쉽게 합리화를 하고 있는지는 결국 상황의 맥락에 달려 있다고 봐야 할 것이다.

세상이 공정하다는 편견

—

사회 초년생이던 어느 날, 나는 시카고대학교에서 계약법에 관한 강연을 들었다. 강연자인 교수는 현대의 약관 계약이 너무 터무니없이 발달했다고 설명하며, 크리스라는 가상 인물의 이야기를 예로 들었다. 이 불행한 사나이는 하루 안에 모든 계약 조건을 다 읽으려고 애를 쓰다 결국 다른 일을 할 시간을 전혀 내지 못했다. 토스터 플러그 사용 시 주의할 점을 읽느라 바빠서 토스트는 만들지도 못했고, 영화 대여권의 제한 사항을 상세히 설명하는 링크에 들어가서 설명을 읽느라 영화는 즐기지도 못했다. 또 그는 애플뮤직의 약관을 읽느라 정작 음악을 들지 못했다. 객석에 있던 모든 사람과 마찬가지로 나도 웃음을 터뜨렸다. 법학대학원 교수들의 워크숍에서 이렇게 다들 웃음을 터뜨리는 것은 좀처럼 드문 일이라 무척 기억에 남는 순간이었다. 이 순간이 내 모든 연구의 중요한 전환점이 되었다.

이후로 10년간 나는 "사람들은 왜 이런 상황을 감내하며 살아갈까?"라는 의문에 답하고자 연구를 거듭했다. 어떤 계약이든 계약 조건을 전부 읽을 수 있는 사람은 아무도 없을 것이다. 빼곡한 약관을 전부 읽다가는 정상적인 경제생활과 사회생활을 영위할 수 없다. 나는 계약법 전임교수지만 매년 학생들에게 거의 모든 계약서는 읽을 가치가 없다고 말하곤 한다. 그러나 누군가가 불리한 계약 조건을 미처 보지 못해서 사기를 당했다며 상대를 고소하면 대체로 계약 조건을 꼼꼼히 확인하지 않은 고소인을 나무라는 편이다. 사람들은 흔히 기업의 지독한 착취 행위조차 소비자가 무책임한 탓으로 돌리곤 한다(예상치 못하게 은행 수수료가 나갔다고? 고용계약서에 경쟁업체에서 일하지 말라는 불법 조항이 있었다고? 이사 업체에서 네 짐을 경매로 처분해 버렸어? 세세한 항목까지 꼼꼼히 읽었어야지!).

한 연구를 통해 나는 소비자에게 가혹한 계약 사례를 피험자들에게 제시하고, 그에 따르는 결과를 생각해 보라고 했다. 예를 들어, 한 렌터카 회사는 고객이 주차 위반 딱지를 받으면 즉시 벌금을 납부했다 하더라도 자체적으로 대여료의 세 배를 청구한다. 요금을 세 배 청구한다는 내용은 렌터카 회사 안내서의 추가 조항에 쓰여 있어서 찾아내기가 무척 힘들다.

나는 피험자들에게 질문했다. 렌터카 회사가 고객에게 해당 요금을 요구하는 행위는 도의적인가? 이것을 적법한 사업 관행이라고 할 수 있을까? 고객이 진정으로 이 조항에 동의했다고 볼 수 있는가? 나는 이 시나리오를 의도적으로 터무니없게, 합법과 불법을 오가는 미묘한 시선으로 썼다. 그런데도 피험자들은 대부분 렌터카 회사의 정책에 문제가 없다고 생각했다. 그들은 소비자가 때로 불리한 거래에 응하는 것은 사실이지만, 소비자에게 불리한 거래도 여전히 공정한 거래라고 생각하는 듯했다. 피험자들이 보기에 이 상황에 호구는 존재하지 않았고, 그저 위험을 감수하는 합리적인 행위자들이 무언가를 얻고 무언가를 잃을 뿐이었다.

최후통첩 게임의 참가자는 제안자가 제안한 금액을 받고 싶어 한다. 돈을 아예 못 받는 것보다는 조금이라도 받는 쪽이 낫기 때문이다. 연구를 계속할수록 나는 사람들이 분명 부당한 상황에 마지못해 타협했으면서도 자기가 진심으로 동의했다고 여기려 한다는 느낌을 받았다. 이상한 일이었다. 대체 왜 사업계의 거물도 아닌 연구 대상자들이 힘없는 개인이 아닌 기업의 편을 들까?

세상이 불공평하다고 믿으면 기분이 몹시 불안정하고 우울해지는 등 심리적으로 큰 불편을 겪는다. 그래서 사람들은 세상이 공정하다는 아름다운 이야기를 믿기 위해 여기에 생각을 끼워 맞춘다. 부정부패하거나 제대로 된 원칙이 없는 세상에서 사는 느낌은 승부에서 진 뒤 자신이 패배할 만했다고 인정하는 것보다 훨씬 더 끔찍하고 불안하게 다가올 수 있다. 사람들이 기업에서 내미는 가혹한 계약 내용을 받아들이는 이유는 제도상 존재하는 다른 사소한 착취를 수용하는 이유와 같다. 까다로운 상황에 굳이 날을 세워 맞서느니 적당히 정당화하고 타협해야 심리적인 안정감을 느낄 수 있기 때문이다.

　기존의 사회구조를 정당화하려는 사람들의 동기는 때때로 권력자의 악행을 눈감아줄 만큼 강력하다. 깨알 같은 글씨로 쓴 온갖 조항으로 소비자를 속이는 게 일상인 '계약의 세계'에서도 마찬가지다. 이스라엘 벤구리온대학교의 경영학 교수인 우리엘 하란Uriel Haran은 기업이 계약을 파기할 때 일어나는 일을 주제로 놀라운 논문을 발표했다. 하란은 피험자에게 기업의 계약 위반이 개인의 계약 위반만큼 잘못된 행위인지 질문했다. 피험자들은 개인의 계약 위반은 잘못된 행위이나, 기업의 경우 그렇게까지 잘못한 것은 아니라고 답했다.

　이 연구에 따르면 사람들은 기업이 소비자에게 불리한 조항을 잘 안 보이는 곳에 숨겨 두거나 계약 조항을 위반해도 면죄부를 주지만 개인에게는 그렇지 않았다. 참으로 이상한 일이 아닌가. 큰 회사라면 아무리 못해도 평범한 개인과 같은 윤리 기준 정도는 적용받아야 마땅하다. 게다가 기업이 가진 엄청난 자원과 권력을 생각하면 기업에는 더 엄격한 기준을 적용해야 옳을 것이다. 그러나 놀랍게도 힘 있는 쪽에서 부당하게 이득을 취하면 사람들은 그것을 속임수로 인식하지 않는다. 그 이유는 권력자가 부당하게 이득을 취할 때마다 그것을 속임수로 인식하면 우리는 매 순간 호구가 된 기분으로 평생을 살아가야 하기 때문이다. 항상 그런 기분으로 살아야 한다면 분명 무척 끔찍할 것이다.

저항하는 이유와 저항하지 않는 이유

1950년대, 심리학자 멜빈 러너Melvin Lerner는 '공정한 세상 가설'이라는 이론을 내놓았다. 그는 사람들이 공정하고 질서 있는 세상에서 살고 있다고 믿고 싶어 하는 경향이 강하다고 주장했다. 이러한 편향적 사고를 발견함으로써 러너는 자신이 일상과 실험실에서 목격했으나 도무지 이해할 수 없었던 현상을 마침내 이해할 수 있었다. 사람들은 '진짜 세상'의 복잡함과 불공정함을 직면하려 하지 않는다. 러너는 '세상이 공정하다는 편견'이 사람들의 판단에 영향을 미쳐 세상이 구조적으로 공정하다는 증거를 선호하도록 믿음을 왜곡시킨다는 이론을 발전시켰다.

이 실험에서 러너와 공동 연구자들은 개인의 스트레스 반응을 측정한다는 명목으로 대학생들을 모집해 과제에 참여하도록 했다. 실험자는 피험자 중 한 명(실제로는 실험자와 함께 일하는 연기자)을 선정해 그가 기억력 과제를 하는 동안 전기 충격을 받는 것처럼 꾸몄다(사실 전기 충격도 가짜였다). 스트레스가 극심한 환경에서 기억력 과제를 학습하는 연기자의 모습은 CCTV를 통해 나머지 피험자에게 그대로 전송되었다. 그 모습을 지켜본 피험자들은 학습자의 스트레스 적응에 관한 여러 질문에 답해야 했다.

러너와 연구자들은 피험자들이 자기가 속한 집단에서 한 사람이 무작위로 선정되어 전기 충격을 받았다는 사실을 어떻게 정당화할지 궁금했다. 그는 피험자들을 두 가지 실험 조건 중 하나에 배정했다. 어떤 피험자는 연기자가 받는 전기 충격을 도중에 멈출 힘을 얻었다. 한편 다른 피험자는 그저 무력하게 바라볼 수밖에 없었다. 러너는 '세상이 공정하다는 편견'을 가진 무력한 관찰자가 어떻게든 전기 충격 피해자를 탓할 것으로 예상했다. 무언가 나쁜 일이 일어나는 것을 목격했으나 자기 힘으로 멈출 수 없을 때, 우리는 그 일이 사실은 선하거나 옳다고 여길 만한 근거를 만들어 내기 때문이다.

실제로 손 놓고 보고 있을 수밖에 없었던 피험자들은 피해자를 인성이 나쁘거나 부도덕한 사람으로 평가했다. 동료가 고통스러워하는 모습을 그저 바라볼 수밖에 없었던 피험자들은 동료가 나쁜 일을 당할 만한 사람이라고 은연중에 결론지었다. 반면 실험에 끼어들어 전기 충격을 멈출 수 있었던 피험자들은 피해자가 전기 충격을 받아 마땅하다고 생각하지 않았다.

러너의 저서 《세상이 공정하다는 믿음(The Belief in a Just World)》의 부제는 '근본적인 착각(A Fundamental Delusion)'이었다. 러너는 사람들이 자기가 사는 세상에서 도덕적 질서를 찾으려는 욕구가 매우 강해서 눈에 뻔히 보이는 증거도 받아들이려 하지 않으며, 이것은 사실상 망상이나 다름없다고 여겼다. 우리는 타인의 불운을 보며 그들이 불운을 겪을 만했다고 판단하고 자신에 대해서도 그렇게 판단하곤 한다. 피해자를 탓하는 경향은 자기 자신에게로 고스란히 돌아온다. 비록 대체 누가 피해를 본 상황에서 자기를 탓하고 싶어 하겠냐며 이상하게 여길 수 있겠지만 말이다.

심리학자 존 조스트John Jost와 마자린 바나지Mahzarin Banaji는 공정한 세상 이론을 21세기로 가져와 피해자를 탓하는 경향 뒤에 어떤 추론이 숨어 있는지 여러 실험과 가설을 통해 더 광범위한 연구를 펼쳤다. 조스트와 바나지는 사람들이 피해자를 탓하는 이유가 단지 좋은 사람에게 좋은 일이 일어나고 나쁜 사람에게 나쁜 일이 일어난다고 믿기 때문만은 아니라고 생각했다. 피해자를 탓하려는 경향의 기저에는 바로 '현 체제를 정당화하고자 하는 욕구'가 숨어 있다고 판단한 것이다. 때로 사람들은 자기 자신이나 자기가 속한 공동체를 비난하면서까지 '사회적 합의'에 도달하고자 한다. 즉, 체제를 정당화하고 보존하려고 한다. 조스트는 자신의 연구 주제가 '사람이 저항하는 이유와 저항하지 않는 이유'라고 설명했다. 조스트에 따르면 가부장제든 능력주의든 혹은 심지어 법이든 모든 체제란 사실 고착된 사회의 결과이므로 사람들은 그에 저항하는 행위를 헛되게 느끼고 저항할 의욕마저 잃는다.

결국 '표적 진정시키기'는 때로 그저 또 다른 속임수에 불과하다. 탁월한 사기꾼인 도널드 트럼프는 악랄한 대통령직 덕에 나날이 부유해지는 동안에도 지지자들에게 그들이 언론, 클린턴 부부, 망명 신청자 등에게 속고 있다고 끊임없이 경고함으로써 정치계에서 자신의 이름을 널리 떨칠 수 있었다. 〈폭스 뉴스〉는 두려움을 퍼뜨려서 돈을 벌어들인다. 진보주의자들이 비판적 인종 이론(미국의 인종차별이 개인의 편견이 아닌 사회구조의 문제임을 강조하는 이론-옮긴이)을 학교에 퍼뜨리려 한다거나 코로나19 백신에 관해 거짓말한다며 피해망상적인 주장을 펼친다.

큐어넌 역시 교묘한 사기극이다. 인터넷 채팅방에 글을 올린 익명의 게시자 Q는 자기가 정부 관계자이며, 진보주의 엘리트들이 어마어마한 아동 성 착취 음모에 연루된 정황을 잘 알고 있다고 주장한다. 하지만 모든 증거는 '익명의 게시자 Q가 자신의 주장과 달리 정부 관계자도 아니고 제대로 아는 정보도 없다는 사실'을 가리킨다. Q가 내세우는 증거, 단서, 경고가 날조되었으며, 아동 성 착취를 자행하는 음모단체도 없다는 증거 역시 차고 넘친다. 많은 이들이 큐어넌을 악의적인 사기꾼으로 본다. 그러나 이미 속아 넘어간 사람들은 그 속임수에서 좀처럼 빠져나오지 못한다. 그들에게는 증거 따위가 중요치 않다.

"조 바이든이 딥스테이트Deep State(제도 밖에서 권력을 행사하는 집단, 일종의 비선 실세-옮긴이) 스파이라고 생각하지 않는다고? 그 사람들이 하는 말 믿지 마. 직접 조사해 봐야 해. 그 사람들은 늘 그렇게 우리를 속여먹는다니까."

사회는 어떻게 어머니를
호구로 만드는가

첫 아이를 가졌을 때 나는 스물여덟 살의 대학원생이었다. 내 임신 사실은 다른 사람들에게 조금 빨리 알려졌다. 아기가 내 몸과 수직 방향으로 자라 다른 이들보다 배가 일찍 불러왔기 때문이다. 임신 기간 중 반쯤에 다다르자 불룩하게 부른 내 배를 보고 모르는 사람들이 다가와 쌍둥이냐고 묻거나 출산 예정일이 얼마 남지 않았냐고 물었다. 때로는 버스에서 내게 자리를 양보하거나 물을 한 병 건네는 사람도 있었다. 낯선 이들의 관심은 때론 기분 좋게 느껴지기도 했지만, 한편으론 불편하고 어색할 때도 많았다.

　　나는 무시무시한 응급 수술을 거쳐 아이를 낳았다. 두 번 다시 생각하고 싶지 않은 출산과정을 경험한 후로 나는 생명의 경이로움 앞에서 한없이 겸손해졌다. 몇 주에 걸쳐 정신없이 빡빡한 회복기를 거친 후, 나는 우량아를 아기 띠에 들쳐 안고 세상으로 다시 나왔다. 커피를 사거나 장을 볼 때도, 학교 공유 사무실에 우편이나 서류를 가지러 갈 때도 나는 늘 아기를 데리고 다녔다. 나는 출산 후 집에만 갇혀 있는 동안 세상이 많이 변했음을 깨달았다. 아니, 어쩌면 내가 변한 것인지도 몰랐다. 작은 일(버스 좌석 양보나 사람들의 시선)이든 큰 일(무급 휴가나 어린이집 대기)이든 어머니가 된 나의 정체성은 분명 이전과 완전히 달라져 있었다.

작가이자 정치 평론가인 앤 크리텐든Ann Crittenden은 자신의 아이가 아직 젖먹이였던 1980년대 초반 무렵, 어머니란 '그야말로 세상에서 가장 중요한 직업'임을 깨달았다고 회상했다. 그러나 얼마 지나지 않아 크리텐든은 사뭇 다른 깨달음을 하나 더 얻었다.

"하지만 나는 나처럼 생각하는 사람이 거의 없다는 사실 또한 함께 깨달았던 그 순간을 절대 잊지 못할 것이다. 어느 날 나는 워싱턴 D.C.에서 열린 한 칵테일파티에 참석했다. 어떤 사람들이 내게 '무슨 일을 하십니까?'라고 물었고, 나는 이제 막 아이 엄마가 되었다고 대답했다. 그러자 그 사람들은 곧바로 내 눈앞에서 사라졌다. 만일 내가 〈뉴스위크〉의 해외 특파원이자, 〈뉴욕타임즈〉의 경제부 기자이며 퓰리처상 후보였다고 말했다면 그들은 내 곁에 오래 머물렀을지도 모른다. 엄마인 나는 마치 뱀이 허물을 벗듯 사회적 지위를 벗어던진 것이나 다름없었다."

이번 주제는 독자들에게 유독 특별하게 느껴질 수 있다. 내용 역시 확실히 사적인 측면이 두드러진다. 그러나 이번 장의 논의는 내가 이 책에서 다룬 일반적인 사례를 자연스럽게 쌓아 올린 결과물이다. 어머니가 되는 일에 관한 거짓된 약속과 아이를 가진 여자에 관한 호구 프레임은 여성의 종속에 의존하는 전통적 사회 구조를 강화하는 데 동원된다. 앞서 1장부터 7장까지 나는 사람들이 자기가 속았다고 느끼는 방식, 진정했다고 느끼는 방식, 호구가 될 기미가 보일 때 회피하거나 반발하는 방식, 호구 프레임이 인종차별주의와 성차별주의를 정의하고 영속화하는 방식 등을 주로 다뤘다. 한편 모성은 생각지도 못한 곳에서 호구의 전형으로 나타나 권력, 지위, 이중성, 도덕성이라는 주제를 반영하고, 심지어 확대해서 보여주기까지 한다.

사회가 말하는 모성은 사실 일종의 미끼 상술과도 같다. 어머니가 되는 일은 온갖 칭찬과 격려를 받지만 정작 아이를 돌보는 여성은 전반적으로 다른 여성 혹은 누군가를 돌보는 남성보다 지위가 낮다고 인식된다. 겉으로는 한 아이의 어머니가 되는 일이 공동체에서 개인의 자리를 공고히 하는 자아실현이자 커다란 성취처럼 보인다. 그러나 실상 어머니가 되면 무거운 책임만 따를 뿐이다.

모성의 약속은 추상적으로 보면 사랑의 약속이지만 동시에 지위의 약속이기도 하다. 어머니는 미국의 문화 아이콘이다. 어머니는 요람을 흔들고 세상을 지배한다. 어머니는 무엇이든 제일 잘 아는 존재이며 영웅이다. 이러한 표현은 어머니가 용맹한 애국자이자 권력자이자 능력자라는 등 어머니의 지위를 추켜세우는 일에 사용된다. 어머니는 자신에게 존경을 표하는 입에 발린 소리를 자주 듣는다. 사회에서는 어머니가 되는 일을 사회에서 인정받고 보상받는 가치 있는 일이라고 말한다. 최소한 백인 남성과 결혼한 백인 여성에게는 그럴 것이다. 어머니가 되었을 때 받는 기쁨 자체는 실제로도 깊이 있고 충만하다. 반면 사회적, 정치적 보상은 그다지 믿을 만한 것이 못 된다.

이번 장에도 호구 프레임을 바라보고 해석하는 특정한 관점이 있으나, 이 관점은 어쩔 수 없이 매우 개인적일 수밖에 없다. 내가 겪은 어머니로서의 경험은 나 자신의 경험일 뿐이고, 백인 여성인 내 조건이 어느 정도는 '최상의 시나리오'에 해당한다는 것을 부정할 순 없다. 나처럼 기혼 백인 여성이 어머니의 역할을 맡을 때, 사회로부터 가장 크게 인정받고 지원받기 때문이다.

모성에 숨은 합의

시대를 막론하고 여성의 가치는 임신과 출산으로 매겨졌다. 심리학자이자 작가인 리처드 코헨Richard Cohen은 '일하는 여성에게는 시간이 얼마남지 않았다'라는 글에서 '생체 시계'라는 용어를 만들어 냈다. 이 표현은 마치 여성의 신체에 만료일이 다가오고 있다는 인상을 준다. 사회적 보상을 당근으로 비유한다면 이 당근은 막대기에 매달려 있다. 사회는 재생산하지 않으면 사회 안에서 지위를 높일 수 없다는 위협을 가하며 어머니가 될 것을 조용히 강요한다. 사회학자이자 법학과 교수인 도로시 로버츠Dorothy Roberts의 말을 빌리자면 '사회는 여성에게 어머니가 되라며 구조적, 이념적 압력을 행사한다.'

모성은 여러 가지 숨은 합의를 내포한다. 우리는 정부, 공동 양육자나 연인, 자녀, 지역사회와 일종의 거래 관계를 맺는다. 각각의 거래 관계에서 여성이 아이를 낳고 기르는 행위는 공익을 창출한다. 내게는 두 아이가 있고, 아이들은 내 삶을 구성하는 핵심적인 존재다. 그러나 어머니의 삶에는 특유의 호구스러운 사회적 규범이 적용된다. 호구가 될까 바짝 경계하는 문화 속에서 사회는 어머니들이 다른 곳을 보도록, 그래서 그들이 자기가 불리한 입장에 서 있을 수도 있다는 가능성을 간과하도록 유혹하고 부추긴다.

돌이켜보면 어머니가 된다는 것이 어떤 일인지 출산의 순간에 눈치챘어야 했다. 아니면 출산을 놓고 불평하면 안 된다는 사실을 깨달았을 때라도 알았어야 했다. 나는 첫 아이의 출산이 일반적인 경우와 비교해서 얼마나 힘든 사례였는지는 잘 알지 못한다. 그러나 첫 아이를 출산한 경험이 내가 살면서 겪은 가장 충격적인 신체적 공포이자 의학적으로 가장 위험한 상황이었다는 사실만은 분명히 안다. 진통은 두 번의 밤을 맞을 동안 이어졌지만, 아이는 나올 기미가 보이지 않았다. 설상가상으로 나는 고열에 시달리다가 결국 응급 제왕절개 수술을 받아야 했다. 내가 피를 몇 바가지나 흘리는 동안 남편은 수술대 옆에서 할 말을 잃고 새하얗게 질린 채 서 있었다. 의료진은 재빨리 아기를 꺼내 다른 곳으로 데리고 갔다.

약에 취해 깊이 잠들었던 나는 꽤 오랜 시간 후에 깨어났고, 그동안 세상은 완전히 달라져 있었다. 의사와 간호사는 여전히 나와 눈은 맞추지 않으면서도 예의 그 쾌활한 말투로 나를 '엄마'라고 부르며 아기가 잠들고 나면 그때 다시 자라고 일러줬다. 빈혈 때문에 어질어질했던 나는 병원에서 퇴원해도 좋다는 허락이 떨어지자마자 아들을 데리고 집으로 왔다. 다음에 병원을 다시 방문했을 때 나를 수술한 산부인과 의사는 둘째 계획이 어떻게 되느냐고 물었다. 나는 그가 이미 보았다시피 첫 출산이 악몽과도 같았으며, 실제로도 여전히 악몽을 꾸고 있다고 말했다. 그러니 여기서 둘째를 생각한다면 분별없는 행동이 아니겠냐고 친절히 대답했다. 내 말을 들은 의사는 어리둥절해하며 방어적인 태도를 보였다. 출산이 힘든 건 당연한 일인데 대체 뭘 기대했느냐는 눈치였다.

나는 어려서부터 어머니가 되는 것이 사회적으로 인정받는 일이라는 말을 듣고 자랐다. 만일 누군가 내게 직접 물었다면 나는 아이를 가지고 싶고(분명 사실이다), 아이를 가지기로 선택하면 사회의 기대에 부응하는 것으로 생각한다고 답했을 것이다. 물론 내가 어떤 사회적 보상을 얻어내겠다고 부모가 되기를 택한 것은 아니지만, 적어도 나는 내가 기본적인 사회 규범에 충실히 따랐다고 생각했다. 외부에서 보면 어머니가 되는 것은 성인 여성이 사회에서 지위를 얻는 데 필요한 전제 조건처럼 보였다. 분명 아이를 가지지 않는 여성은 자신의 선택에 대한 정당한 이유를 설명해야 하는 상황을 맞닥뜨려야 하며, 주변으로부터 한심하다거나 수상쩍다는 시선을 받기도 할 것이다.

어쨌든 아이를 낳고 부모가 된 나는 스스로가 멍청하고 순진하게 느껴졌다. 우리 사회는 지위가 높은 사람이 겪는 고통을 매우 진지하게 받아들인다. 그들의 고통은 치료되고, 결점은 용인되며, 문제는 해결된다. 진짜 내 아기를 품에 안은 엄마로서 나는 내가 엄마가 된다는 것, 그 거래의 의미를 단단히 오해했음을 깨달을 수 있었다.

어머니의 지위는 어디쯤에 있을까?

———

어머니는 다음 세대의 인간을 생산하는 존재다. 아이를 이 세상에 데

려오는 대가는 만만치 않다. 임신은 엄청난 투자이자 육체적 헌신이다. 일단 출산 과정부터 무척 고통스럽고 위험하다. 또 많은 여성이 자기 몸에서 젖을 짜내 아기에게 수유하는데, 이상적인 어머니는 아이를 낳고 돌보면서도 이것을 수고라 부르지 않는다. 혹은 어떤 상황에서도 이에 대해 불만을 표하지 않는다. 시인이자 에세이 작가인 에이드리언 리치Adrienne Rich는 이렇게 말했다.

"가부장제는 여성에게 종족의 발전을 위해 고통과 극기라는 중대한 책무를 맡으라고 요구할 뿐 아니라, 종족의 다수를 차지하는 여성이 계속해서 근본적으로 아무런 의문도 품지 않고 무지하기를 요구하는 듯하다."

우리는 어머니들에게 이름 붙이는 걸 좋아한다. 모유 수유맘, 전업주부맘, 슈퍼맘, 학급맘(class mom, 교사와 학부모의 중개 역할을 하며 자녀의 학급 행사나 행정을 적극적으로 돕는 어머니-옮긴이), 축구맘(soccer mom, 자녀를 스포츠 행사, 예술 활동 등에 데리고 다니는 데 많은 시간을 쏟는 중산층 여성-옮긴이), 간식맘(snack mom, 자녀의 학급에 간식을 챙겨주는 어머니-옮긴이)에 심지어 예비맘이란 말까지 있다. 사실 이타적 헌신의 속성 자체가 약간의 속임수일지도 모른다. 이타적 헌신은 겉으로 보기엔 무척 멋져 보인다. 슈퍼맨과 군인은 사람들에게 널리 존경받지 않는가! 아기에게는 엄마 젖이 최고일 것이며, 또 누구나 스낵맘을 사랑하고 학급맘에게 감사를 표한다. 그렇지만 여전히 우리는 어머니가 '감사의 대상'인지는 몰라도 '존경의 대상'은 아니라는 것을 은연중에 느낄 수 있다. 어빙 고프만은 '표적 진정시키기'에 관해 이야기하며 이렇게 말했다.

"사기꾼은 때로 표적을 '위로 차올리고' 표적에게 명목상의 지위를 수여한다. 사회적 역할 게임에서 누군가의 지위를 높이거나 낮추거나 다른 곳으로 보내는 것은 모두 그 사람을 억지로 위로하려고 주는 보상인지도 모른다."

고프만은 슈퍼맘이라는 개념이 왜 이렇게도 혼란스러운지 잘 설명했다. 슈퍼맘은 사실상 사회적 지위가 강등된 사람에게 건네는 칭찬이며, 사기꾼이 아니라 표적에게 주는 상이다. 2008년 드라마 '더 와이어The Wire'에서 본 장면이 떠오른다. 편집자와 기자가 뉴스 편집실 밖에서 담배를 피우고 있다. 그들은 네 아이의 어머니가 바다게 알레르기 반응으로 사망했다는 소식에 관해 이야기하며 고개를 절레절레 젓는다. 기사 표제를 짧고 굵게 잘 뽑기로 유명한 편집자는 "아이를 넷이나 둔 엄마는 꼭 그렇게 호되게 당하는 거 알아? 살인, 뺑소니, 연립 주택 화재에 두 집 살림하는 놈한테 사기나 당하고. 만만찮은 일이야, 네 아이의 엄마라는 건." 하고 이야기한다.

미시간주립대학교 법학과 교수인 신시아 리 스탄스Cyntia Lee Starnes는 이타심이라는 개념이 법정에서 어머니에게 가하는 위해를 깨닫고, 이혼 합의에 관해 이렇게 기록했다.

수많은 어머니가 수년간 자신을 결혼생활, 가족, 새로운 세대에 기여한 자랑스럽고 가치 있는 사람으로 생각하다가 이혼법이 그들을 호구로 본다는 사실을 깨닫는 순간 깜짝 놀란다. 어머니들은 이것이 분명 발견하는 즉시 고쳐질 실수, 정체성의 혼동, 변증법적 누락이라고 주장할지 모른다. 하지만 서글프게도 이것은 실수가 아니다. 이혼법이 전하는 암울한 메시지에 따르면 주로 어머니인 주 양육자는 속임수에 넘어가 개인적으로 막대한 경제적 비용을 치러가면서 무료로 가족 돌봄을 제공해 온 것이다. 이 비용은 현명하지 못하게 행동한 대가다.

예상치 못한 순간에, 심지어 이혼 법정에서도 상황이 격렬해질 때면 어머니들은 이런저런 무례를 경험한다. 그동안 아무것도 모른 채 자기가 해온 일을 인정받으며 자신의 역할이 가치 있게 평가받을 거라 생각했던 사람들은 그제서야 점차 깨닫는다.

"잠깐만. 그러니까 지금 다들 내가 바보라고 생각하는 거군요."

어머니의 지위가 낮다는 것은 일반적인 통념에 반대된다고 여길 수 있으나 이를 뒷받침하는 증거는 많다. '고정관념 내용 모형'에서도 가정주부는 온정 수준은 높지만 능력 수준은 낮은 대상으로 분류되었다. 실제로 '고정관념 내용 모형'을 만든 연구팀은 이에 관해 별도로 후속 연구를 시행하기로 했다. 과연 어머니라는 사실 자체가 무능력하다는 속성을 만들어 내는 것일까? 연구팀은 이전의 설문 조사를 통해 가정주부가 '사람들이 좋아하기는 하지만 존경하지는 않는' 지위가 낮은 동류쯤으로 평가된다는 사실을 밝혀냈다. 그러나 무엇 때문에 사람들이 이러한 태도를 보이는지는 파악하기 어려웠다. 어쩌면 주부를 존경하지 않는 이유는 누가 이 노동에서 빠져나오는가에 관한 믿음과 연관 지을 수 있다. 이를테면 주부들은 가사노동을 단호하게 거절하지 못하고 받아들인다거나 야망이 없다는 식이다. 연구팀은 바로 이 점을 시험하고자 했다. 연구팀은 프린스턴대학교의 학부생 122명을 대상으로 짧은 대인지각 과제를 수행하게 했다.

"컨설팅 회사 맥킨지 앤드 컴퍼니 소속 컨설턴트 세 명의 프로필을 읽고 그들의 첫인상이 어떤지 말씀해 주세요. 여러분이 제한된 정보만 보고 컨설턴트를 고르는 고객이라고 상상하세요."

세 명의 컨설턴트 중 두 명의 프로필은 피험자가 연구자의 진짜 목표를 추측하기 어렵게 하기 위한 눈속임용 프로필이었다. 진짜 실험 대상인 프로필의 주인공은 뉴저지에서 재택 근무하는 케이트 혹은 댄이었다. 케이트의 프로필은 다음과 같았다.

케이트는 MBA를 취득한 32세의 컨설턴트다. 이 분야에서 일한 지는 6년이 되었다. 고객을 상대할 때는 먼저 문제를 파악하고, 인터뷰 및 분석을 계획하고 실행한 뒤, 결론을 종합해 전략을 추천하고, 고객의 조직에서 변화를 시행하는 작업을 돕는다. 케이트는 취미로 수영과 테니스를 즐긴다. 케이트와 그의 남편은 최근 첫 아이를 낳았다. 케이트는 뉴저지주 중심부에 살면서 일주일에 이틀은 통근하고 사흘은 재택 근무한다.

이 글이 네 가지 버전으로 피험자에게 배부되었다. 윗글처럼 자녀가 있는 여성 버전과 더불어 자녀가 없는 여성, 자녀가 있는 남성, 자녀가 없는 남성 버전이었다. 남성 버전의 프로필일 경우 대명사는 남성형으로 기록되었고, 컨설턴트의 이름은 댄으로 바뀌었다. 또 자녀가 없는 사람 버전은 윗글에서 단순히 '최근 첫 아이를 낳았다'라는 문장만 삭제했다.

피험자는 각 프로필을 능력과 온정에 관련된 일련의 특성(유능한/능률적인/능숙한, 온화한/진실한/믿을 만한)에 따라 평가하고 해당 컨설턴트를 고용하거나 승진시키고 싶냐는 질문에 답했다. 자녀가 없는 남녀

컨설턴트는 모두 온정보다는 능력 면에서 좀 더 높은 평가를 받았다. 미국에서 '전문가'에 해당하는 사람의 이미지를 생각해 보면 충분히 고개를 끄덕일 법한 결과였다. 남녀와 자녀 유무를 막론하고 전문직 계층에 속한 사람은 남들에게 부러움과 동시에 불신을 사는 경향이 있다. 이것은 고정관념 연구에서도 나타나지만, 우리가 일상에서 계층 분노라고 여기는 개념과도 맞닿아 있다. 전문가는 기본적으로 능력은 출중하지만 그다지 다정하지는 않은 사람으로 비친다. 그러나 전문직 남성이 이제 갓 태어난 아이의 아빠가 되었다고 하자, 사람들은 그의 능력 수준을 그대로 높이 평가하면서도 온정 수준은 자녀가 없을 때보다 더 높이 평가했다. 충분히 합리적이고 납득할 수 있는 결과였다. 컨설턴트라는 직업은 전문성을 갖췄다는 증거이고, 거기에 아기가 있다는 사실을 더하면 조금 더 사람 냄새도 나고 성격도 유하게 느껴지기 마련이다.

그러나 여성의 경우, 같은 내용이 더해지자 정반대의 대가가 따랐다. 이제 막 아이를 낳은 여성은 아이가 없는 여성보다 훨씬 더 온정적이라는 평가를 받았으나 온정 수준이 올라간 만큼 능력 면에서는 낮은 평가를 받았다. 단지 자녀가 있다는 이유로 사람들은 이 여성을 덜 유능하고 덜 능률적인 사람으로 간주했다. 그래도 이러한 인식이 전문직 여성에게 여전히 괜찮은 결과를 가져다줄 수도 있다고 생각할지 모르겠다. 여성이 높은 지위를 차지하려면 따뜻한 사람으로 비치는 것이 직업상 중요할 수도 있지 않을까? 나는 개인적으로 이러한 인식이 별로 달갑지 않지만, 사람들이 왜 그렇게 생각하는지는 이해할 수 있다. 그러나 연구자들은 피험자에게 직업적 성공에 관해서도 직접적으로 질문했다. 컨설턴트가 남성이든 여성이든 긍정적 행동 의도와 관련된 척도는 온정이 아니라 '능력'이었다. 즉, 피험자는 자녀가 있는 여성보다는 자녀가 없는 여성이나 남성, 혹은 자녀가 있는 남성을 고용하고 승진시키고 교육하는 데 더 관심을 보였다. 능력을 낮게 평가받은 대가는 생각보다 컸다.

　나는 최근 대략 나와 비슷한 또래의 엄마들을 겨냥한 육아 관련 기사 제목을 쭉 훑어보았다. 그중 '정신없는 건 맞지만 할 수 있습니다'라는 기사와 '엄마의 승리를 위한 영감'이라는 특집 기사를 보니, 일명 '보스맘(일과 가정 등 어느 것 하나 놓치지 않고 열정적이고 거침없이 해내는 어머니-옮긴이) 에너지'가 솟을 것도 같았다. 나는 주기적으로 누군가의 어머니로서 세상과 상호작용하고 있고, 그러다 보면 나를 부모가 아니라 아이로 취급하는 듯한 반응이나 지시를 마주하기도 한다. 한번은 딸아이의 손에 보랏빛이 도는 발진이 퍼지더니 6주가 지나도록 없어지지 않아 아이를 데리고 소아청소년과에 갔다. 의사는 아이의 손을 몇 초쯤 살피더니 이내 고개를 들었다. 그러더니 오히려 내 쪽이 걱정된다는 듯한 눈빛으로 이것은 발진이 아니라 유성 마커나 유성펜 자국이라고 말했다. 많은 부모가 으레 이런 실수를 저지르는 모양이었다. 나는 그동안 의학 드라마 '하우스House'를 즐겨 보면서 의사가 병을 진단할 때 희귀병보다는 흔한 질병을 가장 먼저 의심한다는 사실과 그 외에도 여러 가지 의학 상식을 익히 알고 있었다. 그런데도 나는 잠시 얼이 빠진 채로 의사를 바라볼 수밖에 없었다. 내가 대단한 수재는 아니지만, 아이가 자기 몸에 낙서하는 것 정도는 굳이 의사의 도움 없이도 판단할 수 있기 때문이었다.

아이들이 어릴 때, 그리고 좀 더 자란 뒤에도 내가 혹했던 말 중 하나는 '아이들이 나를 속이고 있다'는 것이었다. 아이가 심하게 아팠을 때 소아청소년과 의사들의 회의적인 시선을 받아내야 했던 끔찍한 사건을 다시 이야기하지 않더라도 이런 일은 일상적인 육아 조언 곳곳에 스며 있는 듯했다. 우리에게 잘 알려진 몇몇 수면 훈련 지침은 수면 일정을 자기 마음대로 조정하려고 울거나, 자야 할 시간에 부모의 관심을 받으려고 일부러 구토하는 아기를 주의하라고 조언한다. 이런 지침은 모든 부모가 공통으로 경험하는 의심의 핵심을 짚어낸다. 어쩌면 아이가 부모를 인형 부리듯 조종하고 있는지도 모른다는 그 느낌 말이다. 아이를 키우다 보면 어쩜 그렇게 며칠 만에 겨우 깊은 잠이 들려는 순간 딱 맞춰 울음을 터뜨리는지 신기할 지경이지 않은가. 동시에 이런 지침은 부모와 자녀의 역할이 뒤바뀔 수도 있음을 시사한다. 내가 진짜 이 꼬맹이한테 속을까 봐 두려워한단 말인가? 대체 나를 얼마나 멍청하게 보는 걸까?

좋은 엄마 혹은 존경받는 전문가

매일같이 나는 보통 엄마들이 아이를 위해 반복하는 평범한 일을 한다. 그것도 매우 열심히. 2월 13일이면 빨간색 카드 60장에 막대사탕을 붙이며 밸런타인데이 선물을 준비하고, 아이가 스피릿 위크Spirit Week(미국 학교에서 그날그날 정해진 주제에 따라 특별한 옷을 입고 등교하는 주간-옮긴이)에 입을 옷을 찾아둔다. 또 숨 막히게 더운 7월에도 아이가 8

세 이하 야구팀에서 경기할 수 있도록 주말마다 사우스저지까지 운전하기를 마다하지 않는다(어린이 야구팀에는 챙겨야 할 일이 너무 많다).

광범위한 문화적 규범과 법을 다루는 사람으로서 나는 어머니가 사회에서 겪는 일의 일부 측면은 고약한 신고식이나 허위의식에 가깝다고 본다. 첫 임신 때 증거 중심의 산과 치료에 관심이 생겨 알아보다가 약간 곤혹스러웠던 기억이 난다. 의사가 '섭취하면 안 될 음식 목록'을 보여줬을 때 나는 진심으로 궁금했다. 초밥이 왜 위험할까? 감기약이 태아에게 어떤 해를 끼칠까? 저온 살균을 하지 않은 치즈를 먹으면 태아에게 좋지 않다는 통계 자료라도 있는 걸까? 조사해 보니 그런 자료는 없었다. 이런 음식을 다량으로 섭취하면 이론상 위험성이 있는 병원균이나 화학 물질이 나올 수 있다는 게 전부였다. 이런 성분이 해를 끼친 사례는 몇 차례 보고된 바 있으나 어느 정도로 해를 끼치는지 측정하는 무작위 대조 시험은 없었다(그렇다고 내가 그런 음식을 먹은 건 아니다. 나는 기본적으로 규칙을 잘 따르는 사람이다).

의사가 환자에게 어떤 지침을 내리는 이유를 정당화하려면 어느 정도의 '비용-편익 분석'은 해야 하지 않을까라는 내 생각은(어느 정도로 위험해야 나의 식사 선택지를 줄일 만한 가치가 있는가?) 방법론적 표준이 아니었다. 일반적으로 아기에게 해를 끼칠 작은 개연성만 있어도 그것을 심각한 위험으로 치부하기 때문이다. 반면 엄마가 먹는 즐거움을 잃거나 안심하고 식사하지 못하는 불안감 같은 건 그저 개인의 사정일 뿐이다.

만화 '캘빈과 홉스'를 보면 캘빈이 자기가 애벌레를 먹을 수 있나 없나 보라며 친구 수지에게 내기를 거는 장면이 나온다. 수지는 일단 알겠다며 동의한다. 이제 수지가 캘빈에게 애벌레를 먹는 대가로 어느 시점에 돈을 줄지, 미리 줄지 아니면 다 먹은 다음에 줄지가 문제다. 수지는 캘빈이 애벌레를 다 먹고 나서 돈을 주는 조건이 아니면 내기에 응하지 않겠다고 딱 잘라 말한다. 그러자 캘빈이 투덜거린다.

"쳇, 그런 건 벌레를 먹는 사람이 정해야 하는 건데 말이야."

그러자 수지가 대답한다.

"보통 그런 결정권을 가진 사람이라면 벌레를 먹지도 않겠지."

이쯤에서 유축기 이야기를 해보려 한다. 둘째가 태어나기 전까지 나는 유축기 사용을 진지하게 고려할 필요가 없었다. 첫째 아이는 대학원생 때 낳았으므로 나는 내 모든 일정을 아이에게 맞출 수 있었다. 상황상 그렇게 할 수 있어서이기도 했고, 육아에 본격적으로 뛰어들기 전에 이렇다 할만한 계획을 세우지 않았기 때문이다. 우리 부부는 첫째가 돌이 될 때까지 아이에게 맞춘 생활을 이어 나갔고, 그동안 아들은 젖병이라면 내미는 족족 단호하게 거부했다.

둘째를 낳을 때는 또 다른 제약이 있었다. 둘째의 출산일은 학기 막바지인 4월 말로 학생들이 기말고사를 막 마치는 시기였다. 그해 9월, 나는 몇 시간마다 계속해서 젖을 먹는 데 익숙한 4개월짜리 아기를 데리고 강단으로 돌아갔다. 그리고 유축기를 빌려 사무실에서 쓸 수 있나 보려고 가져왔을 때(개인 사무실이고 문도 잠갔다. 그야말로 최상의 유축 계획이었다!), 내가 어렴풋이 느꼈던 감정은 심각한 실존적 모욕이라고 밖에 달리 설명할 표현이 없었다.

내 친구들을 포함한 다른 많은 여성이 사무실이나 자동차 내부 혹은 심지어 사무실 화장실에서도 몇 달씩 모유를 유축한다는 사실을 모르지는 않았다. 그들은 그런 유축 방식이 합리적이라고 여겼다. 모유가 영양가가 높다는 사실은 나도 확실히 이해한다. 하지만 아무리 생각해도 직장에서 모유를 유축하는 것은 객관적으로 말이 안 된다는 느낌을 지울 수 없었다. 또 남편이나 직장의 남자 동료들에게라면 누구도 절대 유축 따위를 강요할 리가 만무하다는 생각이 들었다. 직장에서 셔츠를 벗고, 몸에 유축기를 연결한 채 모유가 쉭쉭 소리를 내며 빠져나가는 동안 시간을 생산적으로 활용하기 위해 메일을 열어보고, 마지막으로 유축기를 분해해서 하나하나 살균하는 수고로움을 생각해 보라. 그런데 그조차도 사람들이 보기 흉하다고 하니까 조심스럽게 숨어서 해야 한다고? 그제야 깨달았다. 나는 애벌레를 먹는 캘빈의 처지와 같았고, 결국에는 모유 수유를 포기하기로 했다.

엄마와 전문가가 공존할 수 있을까?

내 말이 옛날 블로그에나 올라올 법한 어이없는 주장처럼 들릴 수도 있겠지만 이 이야기는 더 심오한 무언가를 상징적으로 드러낸다. 모유 수유를 하든 비 오는 날 아이와 공작 놀이를 하든, 아이의 수준에 무조건 맞추다 보면 어머니는 때로 굴욕감을 느끼고 어린애 취급을 받는다. 아기를 보살피는 일은 사회에 상당한 공익을 창출하는 일임에도 아기를 돌보는 어머니는 적어도 사람들 앞에서만큼은 호구가 되고 만다.

몬태나주립대학교의 세 연구자는 이것을 실제로 밝혀냈다. 사람들은 여성이 모유 수유를 하고 있다는 사실에 주의가 쏠리면 심지어 당사자를 볼 수 없는 위치에 있더라도 그녀가 직장에서 능력이 떨어진다고 인식했다. 실상이 그렇다기보다는 모유 수유 역시 미끼 상술의 일부라는 점이 이 연구 결과의 핵심이다. 사회에서는 모유 수유를 놓고 끊임없이 캠페인을 벌이며 이를 아름답고 바람직한 일로 포장한다. 그러나 모유를 수유한다고 해서 어머니에게 실력이나 지위라는 속성이 따라붙지는 않는다. 설상가상으로 모유를 수유하는 어머니에게는 직업적으로 무능력하다는 추측까지 따라온다. 여자는 좋은 엄마 혹은 존경받는 전문가가 될 수는 있지만 둘 다가 될 수는 없다.

'엄마의 일에는 끝이 없다'는 말이 맞다. 하지만 사회에는 노동과 헌신을 한 묶음으로 보는 약속이 존재한다. 어머니는 아이를 기를 때 느끼는 기쁨과 사랑 그리고 약간의 사회적 인정을 받는 대가로 일한다. 그러나 어머니의 삶은 마치 남들이 다들 마음대로 전략을 선택할 때 자신은 팀에 무조건 헌신해야만 하는 공공재 게임을 계속하는 느낌일 수도 있다.

어머니가 경험하는 실패

뻔한 이야기지만 어머니가 되는 것은 대단히 힘든 일이다. 대부분의 노동과 달리 육아는 끝이 없는 데다 싫다고 사표를 던질 수도 없다. 동시에 철저한 감시의 대상이 되기도 한다. 사람들은 어머니에게 끊임없이 평가의 잣대를 들이민다. 직장에서의 업무 처리뿐만 아니라 외모를 가꾸는 일, 육아 방식에 대해서도 지적하며 꼬집는다.

아이들이 어렸을 때 나는 오락실에서 인형 뽑기 게임을 하는 기분이었다. 겉보기에는 게임을 해서 무언가를 뽑기만 하면 될 것 같지만,

막상 실제로 해보면 집게 힘이 너무 약해서 도무지 뭘 뽑을 수가 없고 뭐라도 하나 건지려면 오락실 박사가 되어야 한다. 누구에게나 칭찬받는 1등 엄마는 분명 세상에 존재하지만, 내가 바로 그런 모범 엄마가 될 가능성은 매우 희박하다. 대중문화에는 각자의 세계에서 도덕적 구심점이자 자녀, 배우자, 공동체로부터 존경받는 교과서 같은 어머니들이 등장한다. 대표적으로 소설 《작은 아씨들》의 마치 부인, TV 시트콤 '비버에게 맡기세요(Leave it to Beaver)'의 준 클리버, '코스비 가족 만세 (The Cosby Show)'의 클레어 헉스터블, 드라마 '프라이데이 나이트 라이츠Friday Night Lights'의 타미 테일러가 있다. 그러나 그들처럼 존경받고 위엄 있는 어머니가 되기란 생각보다 쉽지 않다.

사회는 까다로운 선택의 시련을 헤쳐 나가는 데 성공한 어머니를 추앙하고 인정한다. 아기 때문에 찐 살을 완전히 뺐는가? 아기가 원하면 언제든 모유를 수유했는가? 아이의 취침 시간을 일정하게 정했는가? 아이와 주기적으로 데이트하는 날짜를 정했는가? 트위터에는 '다 가진 남자'라는 피드가 있다. 운영자는 이름 그대로 다 가지고 싶어 하는 다른 남자들에게 조언하는 인물이다. 이를테면 이런 식이다.

"당신이 일하는 아빠라고? 죄책감은 우리의 가장 강력한 적이다. 늦게 자고 일찍 일어나 집안일을 전부 끝마쳐서 죄책감에 맞서라."

이러한 조롱은 문제의 정곡을 구석구석 찌른다. 아빠가 겪는 사회구조적, 신체적 스트레스 요인을 담아내면서도 살인적인 해결책을 내놓고 무의미한 격려를 내뱉으며 죄책감 같은 부정적 반응은 스스로 알아서 해결해야 한다고 말한다.

실제 세상에서 육아 방식의 사소한 것 하나하나까지 감시당하는 사람은 남성이 아닌 여성이다. 아이를 키울 때 아빠보다는 엄마에게 거는 기대가 크다는 상투적인 이야기 역시 경험적으로 사실이다. 최근 심리학자들은 성역할이 변화하는 현실에 맞춰 육아 능력에 대한 인식을 연구하고자 했다. 연구팀은 대학 학부생인 남녀 피험자에게 일과 가정 사이에서 분투하는 부모인 리사 혹은 개리의 이야기를 읽게 했다. 리사 버전의 글은 다음과 같다.

> 리사는 30세 기혼 여성이며 두 살 난 아이가 하나 있다. 리사와 남편은 둘 다 전업 신문 기자이며, 오전 9시부터 오후 5시까지 일한다. 리사는 아이를 낳기 전에도 이 일을 하다가 6주간의 육아 휴직을 마치고 복귀했다. 리사가 일하는 주된 이유는 자신이 일해야 가족의 재정 상황에 보탬이 되기 때문이다. 리사가 직장 생활을 해야 가족이 생활 수준을 나쁘지 않게 유지할 수 있다.

연구진은 같은 내용의 글을 인물만 다르게 해서 주인공이 어머니(리사)인 글과 아버지(개리)인 글을 준비한 뒤 피험자를 무작위로 배정해 두 가지 글 중 하나를 읽게 했다. 그런 다음 피험자에게 육아 행동 열한 가지가 적힌 목록을 보여줬다. 목록에 적힌 항목은 목욕시키기, 식사 준비하기, 달래주기, 책 읽어주기, 놀아주기 등이었다. 피험자는 리사나 개리가 이러한 육아 행동을 일주일에 몇 번 혹은 일주일에 몇 시간 동안 할지 추정했다. 끝으로 종합적인 질문도 받았다.

"전반적으로 리사와 개리가 어떤 부모라고 생각하십니까?"

피험자는 1점(매우 나쁘다)에서 7점(매우 좋다)까지 점수를 매겼다. 연구진은 이 이야기에 등장하는 부모의 성별과 취업 상태를 다양하게 설정했다. 리사나 개리가 가정주부인 버전도 있었다. 설문 결과 어머니는 아버지를 절대 이길 수 없었다. 리사가 직장인이든 가정주부이든 피험자는 리사가 신체적으로나 정서적으로 돌봄 노동을 더 많이 한다고 여겼다. 사람들은 가정주부 리사가 가정주부 개리보다 돌봄 노동을 더 많이 할 것이라고 여기면서도 정작 그들이 전반적으로 얼마나 좋은 부모인지 묻는 항목에서는 두 사람을 똑같이 평가했다. 직장인 리사가 직장인 개리보다 직장 일을 더 많이 하면 리사는 전반적인 점수에서 개리보다 나쁜 부모로 평가받았다. 리사는 여러 공로를 인정받은 듯했으나 정작 존경은 거의 받지 못했다. 피험자의 이런 해석은 그다지 중요치 않은 판단처럼 보일 수도 있으나, '어머니의 실패'는 다양한 사회악을 아주 손쉽게 설명하기 위해 툭하면 쓰이는 수단이다.

"아기한테 분유 먹였어요? (아기가 뚱뚱하네요.)"

"혹시 헬리콥터 맘이에요? (애가 혼자서 뭘 못하네.)"

"너무 오냐오냐 키운 거 아니에요? (애가 버릇없네.)"

이상 심리학, 즉 정신 병리학계에서는 엄마가 아이를 망쳤을 가능성을 어느 정도 진지하게 받아들일지도 모른다. 이상 심리학계는 자폐증의 원인으로 '차갑고 무심한 엄마'를 탓한다. 엄마가 아이의 정서 발달을 유도할 만큼 아이를 따뜻하게 대해주지 않았다는 이유였다. 반대로 섭식 장애의 원인으로는 아이에게 지나치게 다정해서 오히려 '휘둘리는 엄마'를 탓했다. 엄마와 아이의 관계가 심리적으로 너무 가까운 나머지 발달 과정에서 개별화가 제대로 이뤄지지 않았다는 것이다. 한편 '주목받기를 좋아하는 엄마'는 아이에게 뮌하우젠 증후군(관심과 동정을 받기 위해 몸이 아픈 척 증상을 호소하는 정신 이상 증세-옮긴이)을 일으켜 아이가 꾀병을 부리도록 유발할 수 있다. 정신 분석학계에서 걸핏하면 "어머니가 어떤 분이었는지 이야기해 보세요."라고 하는 이유가 있다. 언제나 어머니들이 잘못 키운 탓이라고 생각하기 때문이다.

언제나 어머니의 잘못으로 치부한다

나와 남편은 아이들을 키우면서 종종 일부러 역할을 맞바꾸기도 했다. 남편에게 이제 막 걸음마를 해서 다루기 힘든 아이를 맡기기도 했고, 학부모와 교사와의 회의 시간에 남편을 보내기도 했다. 이렇게 하는 편이 더 편리하거나 좋아서가 아니라, 몇몇 사람들은 엄마가 아닌 아빠가 학교에 왔다는 이유만으로 더 너그러이 대해줄 것임을 알았기 때문이다. 놀이터에서 간식을 챙겨오지 않았다고 당황하는 아빠, 놀고 있는 한 아이를 지켜봐야 하니 다른 아이를 화장실에 같이 좀 데려가 달라고 부탁하는 아빠라니! 이런 아빠가 대체 어디 있겠는가! 이렇게나 육아에 열심이라니! 하지만 똑같은 상황에서 엄마는 이상하고 서투르고 염치없는 사람 취급을 받는다.

완벽하지 않은 엄마에게 내리는 가혹한 심판은 심지어 소름 끼칠만큼 극단적인 영역에서도 일어난다. 두 사회심리학자가 '육아 실수에 대한 처벌'을 집중 조명한 '엄마는 가장 잘 아는 만큼 실패도 가장 많이 겪는다'라는 논문을 발표했다. 이들은 피험자들에게 무더운 여름날 실수로 유아를 뜨거운 차 안에 두고 내려 죽음에 이르게 한 부모에 대한 형사 재판의 배심원 역할을 하게 했다. 그야말로 악몽이나 다름없는 시나리오 속의 피고는 아이 아빠 혹은 엄마였고, 실험 결과는 명확했다. 모든 피험자가 똑같은 상황에서 남자보다는 여자가 육아를 잘하지 못했다고 평가했다. 특히 남성 피험자는 남자 피고보다 여자 피고에게 더 무거운 형량을 부과했다.

육아와 관련한 문화적 질문(누구는 감시당하고 누구는 무죄 추정의 원칙을 적용받는지, 인정은 누가 받고 비난은 누가 받는지)은 성별, 육아 상황, 인종이 교차하는 지점에서 더욱 극명하게 드러난다. 피부가 검거나 가무잡잡한 여성은 더 가느다란 외줄을 타며 까마득하게 깊은 협곡 위를 가로지르듯 어머니 노릇을 해야 한다. 특히 흑인 여성에게는 실수할 여지나 달리 판단할 여지조차 남지 않는다. 이들은 그만큼 악랄하게 감시당한다. 흑인 어머니가 아동 복지 기관으로부터 감시받고 아이와 분리 조치를 당하는 비율이 타 인종에 비해 몹시 불균형적으로 높다는 점만 봐도 그렇다.

흑인 여성의 육아는 때로 범죄로 단속되기까지 한다. 우리는 이런 사건을 이미 여러 번 목격했다. 미주리주 퍼거슨시에서는 여행 도중 자동차 옆에서 아이에게 변을 보게 한 부모가 체포되었다. 아이를 더 좋은 학교에 보내려고 집 주소를 바꾼 어머니들도 수감되었다. 아이 셋을 키우며 모텔에서 거주하는 오하이오주의 한 어머니는 피자 가게에서 일하는 동안 아홉 살, 세 살짜리 딸을 모텔방에 방치했다는 이유로 체포되었다. 사우스캐롤라이나주에서는 한 흑인 어머니가 맥도날드에서 근무를 하는 동안 아홉 살 난 아이를 근처 공원에서 혼자 놀게 했다는 이유로 체포되었다.

사회는 여성에게 자녀를 낳으라고 부추기며 어머니가 되는 것이 인생 최고의 가치이자 세상에서 가장 중요한 일이라고 이야기한다. 그 말은 물론 어느 정도 사실이다. 어머니가 되면 유일무이한 사랑을 경험할 수 있다. 그러나 일단 어머니가 되고 나면 그에 대한 사회적 보상은 요원하기만 하다. 당신이 결혼했고, 백인이고, 살면서 단 한 번도 실수하지 않은 이상, 사회적 보상은 손에 쥐기 어려울 것이다.

회의주의의 대상이 된 어머니들

어머니가 되는 것은 미국에서 '사회적 선'으로 여겨진다. 다만 어머니가 된 여성이 정부에 지원을 요청하기 시작하면 그때부터는 어머니가 되는 것을 개인의 선택으로 취급한다. 법학대학원에 다닐 때 나는 법과 합리성을 주제로 한 굉장히 딱딱한 수업을 들었다. 수업에서는 상당히 난해한 정치철학과 법철학 문헌을 다뤘고, 나는 수업을 따라가기만도 벅찼다. 하지만 사회 계약 이론을 배우던 시점에 교수가 지정한 자료의 한 구절을 읽으면서 나는 그 글을 이해하는 수준을 넘어 화가 머리끝까지 치미는 순간을 경험했다. 철학자 데이비드 고티에David Gauthier는 '사회 구성원들이 사회의 기여자가 되도록 노력해야 한다'는 상호 의무에 관해 기록했다. 이 이론의 이해도를 높이려면 눈에 띄는 예시가 필요했다. 고티에가 선택한 예시는 다음과 같았다.

일부러 자극적인 예시를 들어서 이 필요조건을 어떻게 적용하는지 설명하겠다. 생활 보조금을 받는 여성이 아이를 갖기로 선택하거나 임신 사실을 안 뒤 낙태 수술을 하지 않기로 선택했다고 하자. 요즘 이런 여성은 사회에서 매우 부정적인 시선을 받으며, 계약론자의 관점에서 이것은 당연하다고 볼 수 있다. 그들에게 주어지는 재정적 자원이 넉넉지 않은 데다 대체로 아이를 제대로 돌볼 수 있을 만한 정서적 자원도 부족하다. 그런데도 아이를 낳기로 선택한다면 그들은 '한쪽이 더 잘 살기 위해 다른 한쪽을 궁색하게 만드는 상호작용을 해서는 안 된다'는 조건을 위반하는 것이다.

고티에는 사회 교환에서 어떻게 착취가 일어날 수 있는지를 쉽게 설명하려다가 어머니라는 예시에 눈을 돌렸다. 이 사례에서 어머니는 호구가 아니라 착취자로 등장했다(수업 때 이 구절에 관해 "그런데 만약 그 사람들이 엄마 역할을 잘 해내면요?"라고 의견을 내준 남학생에게 진심으로 감사한 마음을 전한다).

　어머니는 사회를 속이고 있다는 의심을 받으면 철저히 취조당한다. 특히 '잘못된 의도'를 품고 자녀를 낳았다는 비난을 받기도 한다. 다음 세대를 사랑으로 양육하기 위한 목적이 아니라, 자신의 이익을 챙기기 위해 어머니가 되었다는 것이다. 이런 회의주의는 특히 가난하고, 미국 태생이 아니며, 흑인이거나, 피부가 가무잡잡하거나, 토착민이거나, 소외 계층인 어머니에게 유독 엄격하게 적용된다. 사회학자이자 법학과 교수인 도로시 로버츠는 이렇게 기록했다.

　"가난한 싱글맘에게 복지 혜택을 제공하는 데 반대하는 캠페인의 이면에는 보조금을 더 타려는 목적으로 납세자를 희생양 삼아 자기 아이를 낳아 기르는 게으른 '복지 엄마'의 이미지가 존재한다. 사람들의 머릿속에서 그런 어머니의 모습은 대부분 흑인으로 그려진다."

　여성을 대할 때 자애로운 성차별주의와 적대적 성차별주의라는 대조적인 두 가지 태도가 나타났듯이, 사회는 어머니를 대할 때 한편으로는 은혜라도 베푸는 듯 추켜올려 숭배하면서도 다른 한편으로는 여성이 재생산 능력을 자신의 이득을 취하는 데 쓸 것이라며 두려워한다. 이 관점에 따르면 여자는 아이를 가짐으로써 큰 영향력을 거머쥐는 것처럼 보일 것이다. 여자는 아이를 가졌다는 이유로 직장에서 더 편한 근무 시간대를 차지하고 미국 시민권까지 얻어낸다. 임신을 빌미로 남자의 발목을 잡을지도 모른다. 또 자녀 양육비를 얻어내겠다고 엄한 사람을 아이의 아버지라고 주장할 수도 있다. 그저 복지 혜택을 추가로 받기 위해 아이를 계속 가질지도 모를 일이다. 달리 말해 여성들은 어머니로서의 도덕적 의무를 이기적으로 사용해 남들(남성, 정부, 직장 동료)을 속이고 그들을 돈줄로 삼을 수 있다는 것이다.

유색 인종 어머니들이 겪는 차별

수년간 복지에 관한 화두에서는 성실히 일하는 사람을 등쳐먹는 여자, 특히 흑인 여자를 조심해야 한다는 경고가 주를 이뤘다. 예를 들어, 한 복지 사회학 문헌에서는 아프리카계 미국인 여성이 식료품 구매 쿠폰으로 장을 보다가 겪은 사연을 소개한다.

"식료품을 좀 구매하려고 하면 사람들이 꼭 옆에서 한마디씩 해요. '당신이 쓰는 그 돈, 우리가 대는 겁니다' 이런 식으로요."

1994년 《종형 곡선(The Bell Curve)》의 저자 찰스 머레이Charles Murray는 이러한 인식을 노골적으로 드러냈다. 그는 '복지는 출산율을 높이는가?'라는 제목의 논문에서 복지 혜택이 '어머니를 끊임없이 양산한다'고 주장했다. 여성이 복지 혜택을 얻기 위한 수단으로 아이를 가진다는 것이었다.

소득이 아주 낮은 여성들 사이에서 불법 행위가 매우 집중적으로 나타난다는 사실은 무척이나 흥미롭다. 예를 하나 들겠다. 백인 여성 가운데(흑인 얘기는 꺼내지도 말라) 아이를 낳기 이전 연도에 빈곤선 아래에 있던 사람의 자녀는 약 44퍼센트가 혼외 자식이었다. 반면 아이를 낳기 이전 연도에 빈곤선 위에 있었던 백인 여성의 자녀는 혼외 자식인 비율이 단 6퍼센트에 불과했다. 자, 이제 생각해 보라. 매우 빈곤한 여성이 다른 여성들과 달리 갑자기 그렇게들 사생아를 출산하려는 데는 무언가 기이한 이유가 있는 것이 틀림없다.

달리 말해 머레이의 주장은 복지 수혜 자격을 갖춘 여성이 자신의 재생산 능력을 이용해 제도를 악용한다는 것이었다. 이것은 끈질기게 인종과 아이큐에 관한 쓰레기 과학을 퍼뜨려서 널리 비웃음을 샀던 머레이의 주장이므로 단순히 비주류적 관점으로 일축되기 쉽다. 그러나 사실 머레이는 다른 사람들이 속으로만 생각하던 것을 겉으로 솔직히 드러냈을 뿐이다. 1996년 클린턴 대통령은 복지 제도를 개혁해 주 정부에 아동 수당을 제한할 권한을 주었고, 그때 사용한 프레임도 별반 다르지 않았다. 정부는 가난한 어머니에게 아이를 더 낳도록 장려하지 않겠다는 뜻을 내비쳤다. 그 말은 곧 가난한 어머니들이 제도를 속이고 복지 혜택을 받기 위해 아이를 더 낳고 있다고 여겼다는 뜻이다.

어머니들이 항상 아슬아슬한 줄타기를 하는 것을 생각하면 유색 인종인 어머니는 무능력하다는 편견뿐 아니라, 악의를 품었다는 편견에까지 맞서고 있다고 해도 무리가 아닐 것이다. 도로시 로버츠가 기록했듯 미국 문화에서는 '흑인 성모 마리아'를 숭배하지 않는다. 미국인의 머릿속에 흑인 어머니가 자녀를 양육하는 아름다운 형상은 존재하지 않는다. 로버츠는 사기 의혹을 받을 가능성이 가장 큰 어머니는 바로 '백인 아기를 낳지 않은 어머니'라며 더욱 적나라한 주장도 펼쳤다.

"백인 아기를 출산하는 일은 일반적으로 유익한 활동으로 대우받는다. 백인 아기가 태어나면 개인은 기뻐하고 나라는 번창한다. 반면 흑인 출산은 일종의 퇴보로 취급된다. 흑인 어머니가 재생산 과정을 단계 단계마다 오염시키는 것으로 바라본다."

로버츠는 인종에 따라 어머니를 대하는 태도가 근본적으로 갈린다고 지적했다. 백인 어머니는 보호받고 관리받는다. 백인 어머니는 썩 좋지도 않은 거래를 고분고분하게 받아들여야 어머니로서 사회적 보상을 받을 수 있다. 그러나 만일 이들이 나라를 번창하게 한다면, 식료품 구매 쿠폰을 쓰든, 퇴근을 일찍 하든, 아이 아버지에 대해 거짓말을 하든 이들의 사기는 상대적으로 별일 아닌 일에 속하는 것으로 취급한다. 이러한 사기는 사회적 선에 기여하더라도 그 가치를 인정받지 못하거나 무시당하는 여성, 즉 흑인 아기를 낳아 기르는 여성이 저지를 때 훨씬 더 위협적으로 여겨진다.

어떤 면에서 유색인종 어머니에게 느끼는 위협감은 이민자 여성, 그중에서도 특히 라틴아메리카 출신 이민자 여성을 상대로 유달리 솔직하게 드러난다. 일각에서는 라틴계 어머니가 본래 자격도 없으면서 아이를 낳아서 시민권을 따내고 궁극적으로는 거대한 인구학적 변화를 일으키려는 음모를 꾸미고 있다고 경고한다. '원정 출산 아기'라는 경멸적 용어는 아기가 아니었더라면 합법적 이민 자격을 얻지 못했을 불법 이민 여성이 재생산 능력을 이용해 가족 전체의 시민권을 받아낸 상황에서 그 여성의 자녀를 가리키는 말이다.

1994년 캘리포니아주에서 불법 이민자에게 사회 복지나 공공 의료 서비스를 제공하지 말자는 법안을 놓고 투표할 때, 법안의 찬성자 중 한 명은 주 정부가 불법 이민 여성에게 복지 혜택을 제공하면 불법 이민 여성은 부당하게 혜택을 더 받아내려고 재생산 능력을 이용할 것이라고 주장했다.

"불법 이민 여성은 미국에 와서 아이를 낳고 그것을 빌미로 가족 전체가 시민권을 얻습니다. 그러고 나면 그 아이들은 모두 사회 복지 혜택을 누리죠."

이러한 주장에는 라틴계 어머니가 아이를 낳아서 백인을 몰아내고 그 자리를 차지하려 한다는 위협감이 내포되어 있다. 실제로 우파에서는 인구 구조 변화와 관련해 '교체 이론'을 내세우며 어머니들이 전반적으로 잘못을 저지른다고 비난한다. 백인 여성은 아이를 너무 안 낳아서 탈이다. 그들은 백인의 수를 충분히 유지할 만큼 제 몫을 다하지 못한다. 반면 유색 인종 여성은 아이를 너무 많이 낳아서 문제다. 라틴계 아이가 많아지니 미국이 기존의 인종 구성 비율을 유지하기 어렵다. 라틴계 어머니들은 단지 민족적 배경이 다르다는 이유만으로 그들이 미국에 얼마나 오래 뿌리내리고 살았느냐에 관계없이 '진짜 미국인'이 아니라는 인종차별적 시선을 참아내야 한다. 인류학자 레오 차베스Leo Chavez는 '인구 구조의 부정적 변화(백인이 상대적으로 줄어드는 문제)의 원인으로 라틴계 여성과 그들의 출산 문제를 지목하는 현상'을 설명했다. 라틴계 여성이 아이를 낳는 행위가 선량한 시민을 속이는 사기 행각이라고 여겨진다는 것이다.

낙태를 둘러싼 논쟁

임신한 여성의 법적, 사회적 지위는 대법원의 반反낙태 도브스 판결(1973년 낙태권을 여성의 자기 결정권으로 인정한 로 대 웨이드Roe vs. Wade 판결을 2022년 재심에서 뒤집은 사건-옮긴이) 이후 더욱 불안해졌다. 나는 내가 엄마가 된 것이 온전히 내 선택이었음에 감사한다. 부모가 되겠다고 선택함으로써 나는 내 가치관과 배우자와의 관계 이외에도 개인적으로 소중한 것들을 지킬 수 있었다. 사실 출산 및 가족계획과 관련해 내가 내린 선택이 모두 그러했다고 본다. 그러나 임신과 출산을 의무화하는 공화당 정부와 지독히도 전략적으로 법을 개정하는 보수 진영(주로 백인 남성으로 구성된 권력자들)의 능력은 내가 주체적으로 결정했다고 여겼던 선택조차 미심쩍은 눈빛으로 되돌아보게 한다. 아이를 낳겠다고 결정한 순간, 나는 내가 자주권과 시민권을 행사하는 진짜 어른이 되었다고 느꼈다. 하지만 어쩌면 나는 애초에 권리를 행사한 적이 없었는지도 모르겠다. 그저 언제든 사라질 수 있는 특권을 손에 쥐여주는 '진정시키기 전략'에 당했을지도 모른다.

또 여성이 자신의 권리와 피해를 언급하며 낙태권을 요구할 때 누군가는 그들을 마치 집안일을 회피하려는 고등학생을 보듯 회의적인 시선으로 바라볼 것이다. 여기서도 또 하나의 호구 역학이 등장한다. 여자는 필사적으로 주장을 펼친다.

"임신은 나의 건강에 해로울 것이다."

"임신은 위험 부담이 지나치게 큰 일이다."

"어떤 임신이든 결코 사소한 문제가 아니다."

그러면 개인과 사회는 은연중에 이렇게 답한다.

"이봐, 힘들어봤자 얼마나 힘들겠어? 네 상태가 얼마나 위험한데? 증명할 수는 있어?"

도브스 판결이 최종적으로 나왔을 때 나는 슬프고 두려운 동시에 마치 내가 그 자리에서 모욕당한 기분이 들었다. 도브스 판결은 단지 노골적으로 가부장제에 힘을 실어주는 판결에만 그치지 않았다. 나는 이 판결을 통해 우리 사회가 감히 남자에게는 요구하려고 꿈도 꾸지 않을 무언가를 여자에게는 당연하게 요구한다는 사실을 통렬히 깨달았다. 그들의 그 경박하고 조잡한 주장이 나를 향해 음흉하게 윙크하는 듯했다. 마치 "네가 대체 뭐라고 생각했는지는 모르겠지만, 이렇게 빼앗기 쉬운 권리 같은 건 애초에 단 한 번도 네 것인 적이 없었어."라고 말하는 것 같았다.

어머니들에게 의지하는 사회

존경받든 철저히 감시당하든, 무시당하든 보호받든 어머니는 매우 신뢰할 만한 대상이므로 아버지와 어머니 중 어머니가 양육권을 가질 확률이 높다. 어머니는 유급 노동을 하고 난 뒤에도 아버지보다 육아에 더 많은 시간을 쏟는다. 어머니는 아이를 키우는 데 아버지보다 더 많은 돈을 지출한다. 아이가 아프거나 장애가 있을 때, 혹은 팬데믹이 덮칠 때도 직장을 빼고 아이를 돌보는 사람은 어머니다. 이러한 현상은 소득 수준이나 인류학적 범주에 관계없이 모든 여성에게서 흔히 나타난다. 아이가 있는 곳에는 반드시 어머니가 등장한다.

코로나19 팬데믹이 처음으로 세상을 덮친 뒤 아직 몇 달이 채 지나지 않았을 때 〈뉴욕타임즈〉의 기자인 클레어 케인 밀러Claire Cain Miller는 '학교 문이 닫히자 미국인은 늘 의지하던 대비책, 즉 엄마에게로 눈을 돌렸다'라는 제목의 기사를 썼다. 우리는 수많은 사례를 통해 사람들이 언제나 마지막 수단으로 호구(혹은 성자) 엄마에게 의지하는 모습을 목격했다.

1970년대 후반까지 영국은 '아동 세액 공제'라는 보편적 가족 세제 혜택을 시행했다. 이 제도는 자녀가 있는 가정의 세액을 공제해 주는 제도로 기혼 남성의 소득 원천 징수액을 줄이고자 시행되었다. 1979년 아동 세액 공제는 '육아 수당'으로 교체되었다. 육아 수당은 아이의 어머니에게 비과세 주급 형태로 지급되었다. 그러자 한 국회의원이 이러한 변화를 비판하고 나섰다.

"현재의 육아 수당 지급 방식은 금요일에 남편 주머니에서 돈을 빼다가 다음 주 화요일에 아내의 지갑에 넣어주는 꼴이다. 아동에게 혜택을 제공하기는커녕 오히려 아버지의 혜택을 빼앗는 제도처럼 보인다."

가정생활 경제를 연구하는 셸리 런드버그Shelly Lundberg와 두 명의 학자는 영국의 정책 변화를 보고 새로운 법안을 시행하기 이전과 이후 가정의 소비 패턴 자료를 바탕으로 오래된 경제 이론을 시험해 볼 기회를 포착했다. 연구자들이 시험한 이론은 '공통 선호 모형'이라 불리는 이론으로, 이론의 핵심은 가족 중 돈을 버는 사람이 누구이든 가족 예산은 한데 모여 있다는 주장이었다(이것이 바로 남성의 급여는 올리고, 여성의 임금은 계속 낮은 채로 유지해도 괜찮다는 사람들의 논리였다. 남녀가 함께 살고 두 사람의 급여 총액이 충분하다면 어느 쪽이 얼마를 받는지를 누가 신경이나 쓰겠는가?). 그러나 세 경제학자는 이렇게 추측했다.

"그에 반해 개인 효용 모형에서는 한 가족의 구성원(예를 들어, 아내)이 받거나 관리하는 수입이 다른 가족 구성원(예를 들어, 남편)이 받는 수입과 비교해 소비 및 시간 할당에 다른 영향을 미칠 수 있다고 본다."

그들이 이렇게 설명한 데는 그럴 만한 사연이 있었다. 세 경제학자는 보조금을 어머니에게 지급하지 않고 아버지에게 지급하면 가족의 지출 구조가 달라질 수도 있다고 주장했다. 기존의 아동 세액 공제는 의도치 않게 아버지에게 주는 개인적 상여금이 되어 아버지가 금요일에 받고 나면 아이들에게는 전혀 돌아가지 않고 동네 술집으로 흘러 들어간다고 보는 시각이 우세했다.

세 경제학자는 가족 소득 총액은 그대로 유지한 채 어머니에게 지급하는 보조금의 액수를 늘리면 그 혜택이 전반적으로 자녀에게 돌아갈 것으로 예측했다. 이러한 예측을 시험하기 위해 그들은 영국 가정의 지출에 관한 설문 자료를 활용했다. 해당 자료는 1973년에서 1976년, 1980년에서 1990년까지 영국 가정 중 다수의 표본을 추출해 주간 소비 패턴을 추적한 것이었다. 여러 소비 항목 중 책이나 음식 같은 항목의 지출 내용은 별 의미가 없었다. 어떤 가정에서 식비 지출이 늘었다고 해도 그 혜택이 정확히 아이들에게 돌아갔는지는 알 수 없기 때문이다. 어쩌면 엄마들이 그저 자기가 먹을 사탕을 좀 더 샀을 수도 있는 노릇이었다.

그러나 의복에 쓰인 돈은 자료상에서 남성복, 여성복, 아동복으로 확실하게 구분할 수 있었다. 세 경제학자는 혜택 이전과 이후에 주간 아동복 지출액 대 주간 남성복 지출액의 비율이 어떻게 달라졌는지 살펴보기로 했다. 자녀에게 쓰인 예산의 절대적 액수보다 상대적 비율을 본 이유는 절대적 액수는 가정의 소득액이나 인플레이션 같은 다양한 요소로 인해 올라가거나 내려갈 수 있기 때문이었다. 자녀가 두 명 이상인 가정에서 그 비율은 극적으로 변화했다. 1973년에서 1976년에 4인 가족은 남성복보다 아동복 비용을 26퍼센트 더 지출했다. 그러나 1980년에서 1990년, 이 혜택을 어머니에게 제공하자 어머니는 남편의 옷보다 아이들 옷에 돈을 63퍼센트 더 소비했다.

육아의 중심에도 호구 딜레마가 있다

나는 엄마가 되고 싶었고, 엄마가 되었고, 이제 슬하에 내가 최고로 자랑스럽게 여기는 아이들을 둘이나 뒀다. 그렇다면 내가 이긴 걸까? 부모로서, 어머니로서 선택을 내릴 때 나는 의식적으로 결정하기 위해 노력했고, 나는 감히 그 선택이 도덕적이라 여길 만큼 자아 깊숙한 곳에서 자만하고 있었다. 나는 내가 단지 여자는 순수하고 윤리적이라는 자애로운 성차별주의를 내면화했다고는 생각하지 않는다. 나는 임신, 출산, 양육이라는 일련의 거래를 받아들여야 한다고 생각했고, 과거로 돌아간다 해도 다시 받아들일 것이고, 그 선택을 자랑스럽게 여길 것이다. 그러나 동시에 그 강제적이고 편향된 일련의 선택에는 어딘지 모르게 불공평한 구석이 있다는 사실도 깨달았다.

사실 임신과 출산이 여성에게 불공평한 선택이라는 후자의 깨달음은 내 여동생이 첫 아이를 낳을 때까지는 분명히 와 닿지 않았다. 동생은 나보다 네 살이나 어리고 내가 가지지 못한 훌륭한 자질을 많이 지니고 있다. 운동도 잘하고 인내심과 절제력도 강하다. 외과의사로서 뛰어난 재능을 발휘하고 있음은 말할 것도 없다. 하지만 가끔은 여동생이 나의 또 다른 자아처럼 느껴지기도 한다. 우리는 얼굴과 목소리가 비슷하고, 둘 다 키가 크며, 혼자 중얼거리기를 좋아하는 면도 닮았다. 여동생이 모욕을 당하면 나는 내가 모욕당한 것처럼 느낄 것이다.

동생은 부인종양학과 의사이고, 아들을 낳기 전까지 거의 몇십 년에 걸쳐 여성의 몸과 건강에 대해 공부하고 그 분야에서 일했다. 가족 휴가 때도 매번 시험공부에 여념이 없었고, 레지던트로 근무하는 내내 밤마다 아기를 받았다. 가족과 수천 킬로미터 떨어진 곳에서도 힘든 펠로우십을 묵묵히 해냈고, 응급 수술이 생기면 뉴잉글랜드에 있는 시골 병원으로 직접 운전해 가곤 했다. 동생은 객관적으로 봐도 멋진, 내가 마음속 깊이 존경하는 사람이다. 동생은 고통스러워하는 사람들과 가족들을 책임지기 위해 노력한다. 때로는 수술과 화학 요법을 시행해 환자를 완치시켜 건강한 삶으로 다시 돌려보낸다. 또 어떨 때는 환자의 가족에게 참담한 소식을 전하고 다른 여성의 마지막 가는 길을 지켜보기도 한다. 나라면 그런 일을 한 번만 겪어도 삶이 송두리째 뒤흔들릴 텐데 동생은 그 일을 매일 해낸다. 그러면서도 여전히 다정하고 너그러운 성품을 유지하며 살아간다.

팬데믹이 세상을 덮쳤을 때 동생은 임신 3개월 차였다. 병원에서는 의료진이 매일 쓸 수 있는 개인 방역 장비가 부족하다고 이야기했다. 그래서 나는 어머니가 손수 바느질한 천 마스크를 한 아름 담아 동생에게 택배로 보내기도 했다. 나날이 배가 불러와 동생이 입는 수술복 치수가 점점 커지는 동안에도 팬데믹은 계속됐다. 동생은 임산부용 수술복이 아니라 치수만 큰 일반 수술복을 입었는데, 왜 그런지 이유를 물었더니 병원에 임신한 의사나 간호사용 수술복이 따로 없는 모양이었다. 동생은 임신한 몸으로 일반 수술복을 입어서 생기는 고충을 설명했다. 수술 중 바지 주머니에 휴대전화처럼 무거운 물건을 보관하려면 멜빵을 착용해야 한다고 했다. 이렇게 우스꽝스럽지만 불편한 고충도 동생은 농담처럼 웃어넘겼고, 누군가를 원망하거나 보상을 요구하지 않았다.

나는 동생의 환자와 동료들(모든 병원 관리자와 정부 공무원 등)이 동생에게 몇 번이고 감사를 표하는 동시에 용서를 구했으면 했다. 동생은 언제든 응급 호출을 받으려고 대기했고, 몇 시간씩 서서 수술을 집도했다. 또 마스크를 쓴 채 일하며 아기가 횡격막을 누를 때면 답답함을 견디기 위해 잠시 숨을 고르고 하던 일을 멈춰야 했다. 그 후 동생은 남자아이를 낳았고, 팬데믹 2차 유행이 절정에 다다랐던 시기에 도시락 가방에 유축기를 넣고 일터로 돌아갔다.

어머니가 아이를 보살피는 일의 중심에는 호구의 딜레마가 있다. 모유는 실제로 아기에게 가장 좋은 영양 공급원이다. 가족 예산을 자녀를 돌보는 데 할애하는 행위도 옳다. 어머니가 되는 것은 선한 일이다. 나는 어머니가 하는 일이 다른 모든 일의 중심과도 같다고 생각한다. 하지만 내가 이렇게 생각한다는 것을 남들이 알면 나는 완벽한 속임수의 표적이 될 것이다. 하지만 한 번이고 두 번이고 세 번이고 나를 속여 보라. 횟수는 누가 세겠는가?

호구 공포증에서
지혜롭게 벗어나는 법

팬데믹이 일어난 첫해, 4학년인 딸아이와 나는 필라델피아 이곳저곳을 걸어 다녔다. 맑은 공기를 마시거나 다리 스트레칭을 위해서였다. 그렇게 함께 산책할 때면 나는 아이에게 계속해서 말을 걸었다. 한번은 딸아이에게 온라인 게임 '어몽어스'의 공간 구조를 방별로 설명해 달라고 했다.

"아래로 내려가면 의무실이 나와요. 왼쪽에는 환기구가 있고요. 그리고 오른쪽으로 나가면 전기실이에요. 자, 이제 복도로 걸어가면 환기구가 하나 더 나와요!"

그렇게 우리는 기다란 구역 여덟 개를 지났다. 산책하는 동안 아이가 지루하지 않게 하려고 나는 아이에게 심리학 연구에 한번 참여해 보지 않겠느냐고 제안했다. 그리고 고전 중의 고전인 '최후통첩 게임'부터 시작했다. 나는 최대한 극적인 효과를 더하며 이야기를 실감 나게 들려 줬다.

"너랑 다른 사람 한 명이랑 짝꿍이 됐어. 네 짝꿍이 너와 나눠 가질 10달러를 들고 있지. 그런데 상대가 제안한 내용을 봤더니, 웬걸, 말도 안 되는 금액이야. 너한테는 달랑 1달러만 준대. 그럼 어떻게 할래?"

나는 짐짓 대단한 고민에 빠진 체했다. 하지만 아이는 태연자약했다. 그러더니 별로 고민하지도 않고 이렇게 대답했다.

"음, 1달러라도 있는 게 없는 것보단 낫지. 1달러라도 받을래요."

나는 물러서지 않았다.

"하지만 전혀 공평하지 않은데? 네 체면은 또 어떡하고? 상대방에게 복수해야지!"

그러자 딸은 오히려 의아하다는 듯 나를 빤히 쳐다봤다.

"에엥? 복수라고요? 난 복수 같은 거 안 해요. 그 사람이 나보다 더 많이 받으면 뭐 어때서요?"

참 좋은 질문이었다. 그러게, 상대가 나보다 많이 받으면 그게 대체 나와 무슨 상관이라고 그토록 신경을 쓸까?

아이가 한참 더 어렸던 유치원 시절, 우리 부부는 아이를 가리켜 '우리 꼬마 공리주의자'라고 농담 삼아 부르곤 했다. 아이는 최후통첩 게임에서 1달러를 거절하면 대체 자기가 무엇을 얻고 자신의 삶에 무슨 이득이 있는지 진심으로 궁금해했다. 내가 호구가 된다 한들 그게 다른 사람들과 무슨 상관일까? 호구가 되면 어떤 위험 부담을 져야 할까? 사기 당했을 때 받는 마음의 상처나 자신을 속임수로부터 지켜냈을 때 받는 위안은 어떻게 설명할 수 있을까? 이 질문들에 대한 답은 중요하다. 그 답을 통해 우리 도덕적 자아의 진실을 밝힐 수 있기 때문이다. 나는 어떤 사람이 되고 싶은가? 내 의무는 무엇이며 누구에게 이

의무를 다해야 할까? 도덕적 추론의 핵심에는 우리가 자신의 목표를 어떻게 알아내고, 그 과정에서 호구가 될지 모른다는 두려움이 우리를 어떻게 가로막느냐 하는 문제가 있다.

호구 공포증에 사로잡히면 주체성을 잃기 쉽다
—

호구가 될지 모른다는 두려움에 관해 이야기하면 사람들은 흔히 합리성을 거론한다. 속아 넘어가지 않으려는 게 당연히 합리적이지 않은가? 나는 호구 공포증이 비합리적이라고 말하는 것일까? 학자로서 답하자면 그때그때 다르다. 안타깝게도 정말 그렇다. 우리가 하려는 일이 무엇이냐에 따라 두려움은 합리적이기도 하고 비합리적이기도 하다. 따라서 호구 문제를 명확하게 따져 보려면 먼저 우리의 목표가 무엇인지부터 확실히 정해야 한다.

예를 들어, 내가 공공재 게임이나 죄수의 딜레마 게임의 참가자라면 나는 내가 이 게임에서 얻고자 하는 것이 무엇인지 알기 전에는 내 전략을 평가할 수 없다. 나는 이 선택으로 어떤 가치를 지키고자 하는가? 게임이론은 항상 합리적인 행위자를 가정하고 시작한다. 간단히 말해서 경제학자들은 사람들이 '자신의 이익을 최대화하는 이기적인 행위자'라고 가정한다. 다른 조건이 모두 같다면 사람들은 자신의 행복을 최대화하는 선택을 한다는 의미다. 이 말은 보통 사람들이 금전적 이득을 최대한 많이 얻으려고 노력한다는 뜻이다. 그러나 합리성의 개념은 경제학에서조차 이보다 더 광범위하다.

경제학에서 합리성이란 대략 어떤 목표가 있을 때 그 목표에 상응하게 행동한다는 개념이다. 우리가 원하는 목표는 꼭 돈이 아닐 수도 있다. 어쩌면 돈을 많이 버는 대신 다른 사람과 균등하게 분배하고 싶을 수도 있다. 또 어쩌면 돈을 많이 버는 대신 친구를 더 많이 사귀고 싶을 수도 있다. 나는 호구가 되기를 두려워하는 것이 합리적이냐 비합리적이냐를 따지는 이론을 세우지 않았다. 호구 공포증의 합리성과 비합리성은 그때그때 상황에 따라 달라지기 때문이다.

호구가 되기를 두려워하면 자신의 '도덕적 나침반'을 읽기 어렵다. 그리하여 노숙인에게 주택을 제공하는 정책이 마치 함정처럼 보이고, 남들과 협력하는 것이 마치 자기 약점을 드러내는 일처럼 보이는 등 본질이 흐려진다. 이 책에서 제시한 복지 혜택, 인종차별적 폭력, 단순한 실험실 게임에 이르기까지 여러 사례에서 사람들이 오히려 자기 앞길을 스스로 막는 듯 보이는 상황을 바라보며 나는 골똘히 생각했다. 외조부모님의 상태가 급격히 나빠졌을 때 가장 난처했던 점은 두 분이 피해망상 때문에 당시 당신들에게 가장 필요했던 사람과 도움을 거부했다는 것이었다. 뿌리 깊은 의심을 거두지 못한 탓에 두 분은 가장 바라던 대로 당신들의 집에서 최대한 오래 살기가 오히려 더 어려워졌다. 외조부모님을 비롯해 이 책에 등장하는 다른 무수히 많은 사람은 호구 공포증이 속삭이는 소리에 귀를 기울이다가 개인적, 도덕적 주체성에 족쇄를 채우고 말았다.

예를 들어 최후통첩 게임에서 내 목표가 돈을 버는 것이라면, 적은 돈이라도 일단 받는 것이 가장 합리적인 선택이다. 돈이 적다고 거절하면 기껏해야 희생뿐인 승리만 남는다. 호구가 되지는 않았지만, 단지 그뿐이다. 그 외에는 아무것도 얻지 못한다. 그렇게 선택하면 결국 나와 상대방 모두가 불리해진다. 만일 우리의 목표가 친절한 사람이 되는 것이라면, 이 책의 초반에 등장한 랠프 자동차 정비소 실험에서 합리적인 선택은 정비소에 전화해서 조지가 겪은 사고를 알리는 것이다.

현명한 판단을 가로막는 두려움

대학원에서 심리학 강의를 들을 때 나는 '최소 노력 게임'이라는 이해하기 어려운 게임을 배웠다. 최소 노력 게임은 호구 공포증을 구속복처럼 활용한 악랄한 구성으로 이뤄진 것이었다. 이 게임만의 독특한 점은 지급금 구조상 참가자가 두려움에 따라 행동하면 다른 모든 가치를 포기해야 한다는 것이었다. 규칙은 단순했으나 유인책은 혼란스러웠다. 회사나 단체에서 연결 고리가 약한 팀에서 일해 본 사람이라면 게임의 구성을 금세 이해할 것이다.

당신이 조별 과제를 수행하는 조원이라고 가정해 보자. 이것은 학교 성적을 잘 받기 위한 조별 과제이며, 조원은 총 일곱 명이고 각 조원이 한 부분씩 맡아 발표한다. 각 부분은 개별적으로 점수를 매기지만, 각 조원에게 최종적으로 주어지는 점수는 전체 조원 중 가장 부족했던 사람이 받은 점수다. 그러니 만일 여섯 명이 A를 받고 한 명이 C를 받으면 결과적으로 모든 조원이 C를 받는다. 팀의 최종 결과가 가장 약한 구성원에 달린 것이다.

최소 노력 게임은 공유지의 비극과는 구성이 다르다. 공유지의 비극에서는 이기적인 사람이 다른 모든 이의 협력에 무임승차하여 이길수 있었다. 공유지의 비극은 1장에서 언급했던 일반적인 조별 과제와 좀 더 비슷하다. 보통 조별 과제에서 받는 성적은 모든 조원이 낸 성과의 평균이므로, 한 사람이 자기가 맡은 부분을 잘하지 못하더라도 여전히 좋은 점수를 받고 유유히 사라질 수 있다. 그러나 최소 노력 게임에서 과제를 게을리하는 사람은 A를 받고 싶어도 C를 받는다. 다른 조원들에 비해 열심히 하지 않는 사람의 형편은 그나마 나은 편이다. 어떤 사람들은 A를 받을 만큼 열심히 하고도 C를 받지만, 열심히 하지 않는 사람은 아무것도 하지 않고 거저 C를 받는다.

갑자기 호구가 될 위험 부담이 선명하게 다가온다. 이 게임의 참가자로서 당신의 첫 번째 선택지는 열심히 해서 A를 받는 것이다. 당신은 성적에 신경을 많이 쓸 뿐, 얼마나 열심히 해야 하는지는 별로 개의치 않는다. 아무 노력도 하지 않고 C를 받는다면 끔찍할 것이다. 하지만 열심히 해서 당신이 맡은 부분에서 A를 받는다고 해도 여전히 조별 최종 점수로는 C를 받을 위험이 있다. 그러면 열심히 노력하고도 낮은 점수를 받은 바보가 된다. C를 받는 것만도 서러운데 호구까지 되는 꼴이다.

최소 노력 게임은 참가자 일곱 명으로 진행했으며, 각 참가자에게 1에서 7까지 범위에서 '노력 수준'을 고르도록 했다. 각 노력 수준은 10센트의 가치가 있었고, 참가자는 게임을 몇 차례 시행한 뒤 자기가 쌓은 총점에 따라 돈을 받았다.

이 사악한 체계는 지급금 표에도 그대로 드러난다. 각 참가자가 받는 보상은 두 가지 질문("가장 적게 기여한 참가자는 얼마나 노력했는가?" "당신은 얼마나 노력했는가?")에 기반해 정해졌다. 참가자는 가장 적게 기여한 사람과 비교해 자신이 더 많이 기여한 만큼 공제된 점수를 받았다.

		조 내 최소 선택					
		1	**2**	**3**	**4**	**5**	**6**	**7**
	1	70						
	2	60	80					
해당 참가자의 선택	3	50	70	90				
	4	40	60	80	100			
	5	30	50	70	90	110		
	6	20	40	60	80	100	120	
	7	10	30	50	70	90	110	130

모든 사람에게 가장 좋은 선택은 당연히 노력 수준 7을 고르는 것이다. 7을 고르면 다른 참가자에게 아무런 손해를 끼치지 않고, 만일 모든 참가자가 7을 고르면 모든 사람이 최대 점수인 130점을 받는다. 여기서는 이기적으로 굴어서 좋을 게 없다. 높은 점수를 받으려면 7을 함께 선택해야만 한다. 협력하지 않을 이유를 합리적으로 설명할 길이 존재하지 않는다. 돈을 벌고 싶은가? 그렇다면 협력하라. 공공선을 최대화하고 싶은가? 협력하라. 타인에게 너그러워지고 싶은가? 협력하라.

그러나 위의 표를 보면 어느 회차에서든 가장 열심히 협력한 사람은 결국 얼간이처럼 보일 수밖에 없다. 내가 노력 수준 6을 고른다고 가정하자. 두 사람은 5를 고르고 한 사람은 4를 고른다. 표를 따라가 보면 어떤 사태가 벌어지는지 알 수 있다. 해당 참가자의 선택은 6이고, 조 내 최소 선택은 4이다. 그러면 나는 80점을 받고 다른 사람들은 90점 혹은 100점을 받는다. 그렇다면 실제로는 어떤 일이 벌어질까?

실험 참가자들은 처음에는 노력 수준을 다양하게 선택했다가 게임 회차를 거듭하면서 전략을 조정해 나갔다. 결국 참가자들의 선택은 거의 항상 노력 수준 1에 수렴했다. 호구가 될지 모른다는 두려움 때문에 모두가 '아무도 이기지 못하는 상황'으로 속절없이 끌려갔다.

이 게임에서 참가자가 저지를 수 있는 실수는 두 가지다. 그러나 참가자들은 그중 하나의 실수로부터만 교훈을 얻은 듯했다. 협력했다가 다른 참가자에게 데인 사람들은 노력 수준을 낮게 조정했다. 그러나 조원을 배반하고 큰 점수를 놓친 사람은 노력 수준을 높게 조정하지 않았다. 상황을 진창으로 끌어가는 호구 공포증 속에서 참가자들은 갈수록 절대적인 보상보다 상대적 보상에 온 신경을 집중했다. 그들은 멍청한 패배자가 되는 것이 너무나 두려운 나머지, 협력은 고사하고 이기려는 노력 자체를 그만뒀다. 협력했을 때 실질적으로 잃는 것이 없었음에도 사람을 가차 없이 호구로 만드는 게임 구성은 집단의 성공에 치명적인 영향을 미쳤다.

심리학적 관점에서 볼 때 호구의 딜레마는 무척이나 까다로운 문제다. 우리는 나름대로 계산기를 두드려서 옳은 일을 하려고 하지만, 옳은 일을 하려면 사회적 인식, 위험 평가, 정서적 과정 등 복잡한 문제를 거쳐야 한다. 최소 노력 게임 역시 다른 게임처럼 그 자체로 독자적인 하나의 세계다. 기껏 노력 수준을 높게 선택하고도 지급금을 가장 적게 받는 호구는 그 집단의 봉인 셈이다. 하지만 이쯤에서 딸아이가 했던 말을 다시금 생각해 본다. 내가 호구가 된다 한들 무슨 상관일까? 현실의 삶이 아니라 적어도 최후통첩 게임이나 최소 노력 게임이라는 작은 테두리 안에서라면? 협소한 시선으로 게임을 보면 망하기 십상이다. 게임에서 잘하기보다 이기려고 하는 참가자는 결국 어느 모로 보나 나쁜 결과를 맞는다. 모두 노력 수준 7을 고르면, 조원 모두 한마음으로 얼마든지 130점을 받을 수 있으나, 실제로는 집단의 결과뿐 아니라 개인의 결과 역시 그보다 낮게 나온다.

최소 노력 게임은 쉽지 않은 실험이다. 일단 인지적으로 까다롭고, 지급금 표를 이해하려고만 해도 상당히 집중해야 한다. 또 대부분의 비슷한 게임에서는 상대적 성공과 절대적 성공이 비례하는 반면, 최소 노력 게임은 그렇지 않다는 점에서 독특하다. 법조계에는 "어려운 사건이 나쁜 법을 만든다."라는 말이 있다. 어떤 사건에서는 사실관계가 아주 기묘하거나 여러 가지 가치가 충돌하기도 한다. 판단과 의사결정 분야에서는 다음과 같은 원칙이 적용된다. 추론 과제가 복잡하면 우리는 문제를 단순화하고자 자신만의 빠른 판단과 추정에 의존한다. 그러나 역설적이게도 복잡한 문제를 다룰 때 빠른 판단과 추정은 그리 적절하지 않다. 빠른 판단과 추정은 애초에 예외보다는 규칙을 다루기 위한 것이기 때문이다.

빠른 판단에 의존하려는 현상

흔히 '휴리스틱Heuristics(시간과 정보가 부족하여 합리적으로 판단하기 어려울 때 어림짐작하는 것-옮긴이)'이라고 부르는 빠른 판단에는 일정한 패턴이 드러난다. 빠른 판단을 거치면 어려운 문제가 그와 관련이 있으면서도 훨씬 더 쉬운 무언가로 치환된다. 뇌는 이러한 작업을 의식 바깥 영역에서 자동으로 처리한다. 예를 들어, 내가 어떤 사건의 예시를 주고 당신에게 그 사건의 빈도를 추정해 보라고 지시한다고 가정하자. 이를테면 "코로나19 감염자가 입원하는 비율은 얼마인가?" 같은 질문이다. 구글에 검색하거나 역학 자료를 참조하면 이 질문에 얼마든지 정확히 답할 수 있겠지만, 만일 이 질문에 대한 답을 스스로 추론해야 한다면 당황스러울 것이다. 이럴 땐 슬쩍 질문을 바꿀 수 있다. "이런 상황이 얼마나 자주 일어나는가?"에 답하기가 어렵다면 "내가 이 상황의 예시를 생각해 내기가 얼마나 쉬운가?"로 질문을 교체한다. 그리하여 "이 사건의 빈도는 얼마인가?"라는 질문이 "이 사건의 사례를 머릿속으로 얼마나 떠올릴 수 있는가?"로 바뀐다.

이렇게 질문을 교체하는 것은 '가용성 휴리스틱'이라고 부르는 유명한 현상이다. 통계적 빈도를 묻는 질문을 정신적 가용성을 묻는 질문으로 대체하면 유용할 때가 많다. 만일 내가 "우리 딸은 얼마나 자주 점심 도시락을 먹지 않은 채 하교하는가?"라고 스스로 질문한다면, 나는 최근의 기억을 더듬어 딸의 도시락통에서 만든 지 오래되어 축축해진 샌드위치를 발견하고 버렸던 때가 언제였나 생각해 볼 수 있다. 그런데 이 일이 마지막으로 일어난 때가 언제인지 기억나지 않거나 정말 한참을 돌이켜 생각해 봐야 한다면 나는 이것이 드문 일이라고 확신할 수 있을 것이다. 반면 이 일이 최근에 일어난 사례가 몇 가지 정도 곧바로 떠오른다면 이 일은 흔히 일어난 것일 가능성이 크다.

그러나 어떤 질문의 경우 휴리스틱을 사용하면 오히려 잘못된 방향으로 흘러갈 수도 있다. 사람들이 매우 충격적인 사건의 빈도를 과대평가하는 이유도 여기에 있다. 충격적인 사건은 언제나 뉴스로 보도되고, 어딜 가나 사람들도 한동안 그 얘기뿐이다. 또 정서적 공명을 일으켜서 우리 머릿속에 생생한 기억으로 남는다. 예를 들어 우리는 대체로 비행기 추락 사고의 빈도는 과대평가하지만, 폐색전증의 빈도는 과소평가한다. 심지어 의사조차도 희소병에 걸린 환자를 보고 나면, 얼마 후에 다른 병도 같은 병으로 진단할 가능성이 커진다. 빈도와 인지적 가용성을 정신적으로 구분하기란 전문가에게도 쉽지 않은 일이기 때문이다.

예상치 못한 지점에서 우리는 빠른 판단에 부적절하게 의존한다. 호구의 수수께끼를 풀 때도 우리는 '지위 휴리스틱'을 사용한다. 이 책의 도입부에서 나는 진정성 같은 긍정적인 목표의 가능성을 제기했다. 사람들에게 경제적, 도덕적, 사회적 딜레마 같은 복잡한 상황에서 이루고자 하는 목표가 무엇이냐고 물으면 사람들은 대체로 '진정성'이라고 대답한다. 그렇다면 무엇을 선택해야 우리의 진정성을 지킬 수 있을까? 그러나 때로 이 질문은 자기도 모르는 사이에 더 쉬운 질문으로 바뀐다. 무엇을 선택해서 내 지위를 지켜낼 것인가? 무엇을 선택해야 이 순간에 기분이 더 나아질까? 이렇게 질문이 바뀐다. 진정성은 복잡하고 자원 집약적이지만 지위는 보통 직관적이고 반사적이기 때문이다.

호구인가 아니면 구원자인가?

때로는 우리가 맡은 일이나 역할에 정해진 지침이 존재하고, 지침대로 단순히 실행하는 것이 곧 우리의 목표가 되기도 한다. 보통은 일터에 나와서 일을 하고 그 일을 효율적으로 잘 마치는 것이 옳은 일이다. 이러한 상황에서 우리는 호구 공포증을 적절한 수준으로 줄이거나 공포에 눈금을 잘 매겨야 한다. 호구 공포증은 자칫 잘못하면 우리가 일할 때 발휘하는 기본 효능에도 해를 끼칠 수 있기 때문이다. 공포에 주의를 빼앗겨 시간과 노력을 지나치게 투자하면 정작 진짜 목표로 나아가는 길에 방해가 될 수 있다.

트럼프 정부가 바로 이렇게 단순한 유형의 실수를 저지른 탓에 비평가들은 몹시 분노했다. 트럼프는 맨해튼에서 부동산 사업을 하던 시절부터 미국이 웃음거리가 되면 안 된다는 강박에 사로잡혀 있었다. 그의 강박은 국제 무역이라는 맥락에서도 부적절했을 뿐 아니라, 미국 소비자를 보호하겠다는 자신의 목표에도 몹시 부정적인 영향을 미쳤다. 2018년 트럼프 대통령은 새로운 관세 정책을 발표했다. 새로운 정책을 내놓으며 그가 내세운 논리는 무엇이었을까? 바로 미국이 중국에 바가지를 쓰고 있다는 것이었다. 트럼프는 이렇게 말했다.

"다른 나라들이 이토록 버릇없어진 이유는 자기들이 미국에서 원하는 바를 매번 100퍼센트 다 얻어갔기 때문입니다. 이제 더는 이 일을 그대로 둬서는 안 됩니다."

트럼프는 무역 전쟁을 선언했고, 전쟁에서 미국이 쉽게 이기리라 예측했다. 그러나 미국은 곧바로 패배했고 수십억 달러에 달하는 대가는 국민들의 몫으로 돌아왔다. 무역 전문가들은 그의 태도가 잘못돼도 한참 잘못됐다고 판단했다. 국제 무역은 각국 경제의 상대적 이익에 영향을 미치는 복잡한 상호의존적 체계이지, 학교 운동장에서 벌어지는 싸움이 아니다. 트럼프가 만일 다른 나라와 협력하기를 택했더라면 자신과 자신을 지지하는 유권자들에게 훨씬 더 유리했을 것이다.

사실 어떨 때는 호구가 되거나 호구처럼 보일 위험을 감수하려는 의지가 분쟁을 해결하는 유용한 도구가 될 수 있다. 나는 농담 삼아 나의 페르소나가 '상냥한 바보'라고 이야기하기도 하지만, 사실 이 말은 어느 정도 진심이다. 부학과장으로 일할 때 내게는 권한이라고 말할 수 있는 게 하나도 없었다. 대신 교수들 사이에서 심심찮게 일어나는 터무니없는 분란에 휘말리기만 했다. 그러나 내게는 뚜렷한 목표가 있었다. 나는 멋진 학자와 강연자를 고용하고, 그들을 내 곁에 잘 붙들어 두고 싶었다. 또 학생들에게 필요한 서비스와 자원이 무엇인지 파악해서 학생들을 돕고 싶었다. 부학과장 일을 한 지 몇 달쯤 지났을 때, 나는 함께 일하는 사람들이 적어도 단기적으로는 나를 호구로 생각하든 말든 개의치 않기로 마음먹었다. 호구처럼 보였다가는 지나치게 큰 대가를 치러야 하는 상황도 있지만, 이 일은 특별히 그렇지는 않을 거라 생각했기 때문이다. 때로는 본래 내 업무도 아닌 제안서를 쓰거나 초안을 작성한다고 한들 그 또한 무언가를 제안하거나 일정을 확정하는 등 내가 진짜 원하는 바를 가장 빠르게 이루는 과정 중 하나가 되기도 했다.

헌신적인 소수가 세상을 바꾼다

심리학 실험을 통해 밝혀진 바에 따르면, 몇몇 사람이 약점을 드러낼 위험을 감수하고 먼저 발 벗고 나서면 그들의 사례가 모범이 되어 집단이 함께 협력하고 목표를 달성하는 데 도움이 된다고 한다. 경영대학원 교수이자 행동론적 의사결정 연구자인 마크 J. 웨버Mark J. Weber와 J. 키스 머니건J. Keith Murnighan은 다른 참가자가 이기적으로 굴어도 일부 참가자가 꾸준히 협력하면 무슨 일이 일어나는지 확인하고자 했다. 그들은 마거릿 미드Margaret Mead의 유명한 말, "사려 깊고 헌신적인 소수의 시민이 세상을 바꿀 수 있음을 절대 의심하지 말라. 실로 세상을 바꾼 것은 언제나 그들이었다."를 실제 실험으로 옮겼다.

웨버와 머니건은 자신들의 논문에 '호구인가 아니면 구원자인가?'라는 제목을 붙였다. 그들은 실험 참가자들이 표준 공공재 게임에 참여하게 했다. 참가자 네 명이 한 팀을 이루고 각자 돈을 나눠 받았다. 그리고 그 돈을 공동 저금통에 넣을 기회가 주어졌다. 여느 때처럼 저금통에 모인 금액은 몇 배로 불어난 뒤 참가자에게 균등하게 분배될 예정이었다.

그러나 웨버와 머니건은 실험 방식에 살짝 변화를 줬다. 우선 참가자들은 게임에 한 번만 참여하지 않고 스무 번을 참여했다. 이처럼 게임을 여러 회 진행했던 다른 연구에서는 게임을 거듭할수록 사람들이 협력하는 정도가 점차 줄어들었다. 그래서 웨버와 머니건은 이런 경향을 뒤집을 수 있는지 관찰하려고 했다. 그러기 위해 그들은 네 명으로 구성한 각 집단마다 '첩자'를 한 명씩 심었다. 팀을 구성하는 네 명 중 한 사람은 다른 사람들이 어떻게 행동하느냐에 상관없이 무조건 팀을 위해 공동 자금으로 돈을 내놓았다.

연구자들은 우직하고 믿음직한 태도로 팀에 기여하는 누군가가 옆에 있으면 협력하고 싶으면서도 호구가 될까 두려워서 고민하는 사람이 호구 공포증을 상대적으로 적게 느끼리라고 예상했다. 어쩌다 실수로 협력했다 한들 나와 같은 전략을 취한 다른 누군가가 있으면 그나마 위안이 되고, 상황이 그렇게까지 나쁘게 치닫지는 않는다는 것이다. 최소한 그 집단에서 혼자 버림받는 왕따 신세는 면할 것이다. 이러한 예측은 사실로 드러났다. 계속해서 기꺼이 호구를 자처하는 사람이 생기니 연구에 참여한 다른 모든 피험자의 선택도 달라졌다. 팀에 꾸준히 기여하는 사람과 함께 게임에 참여한 다른 이들도 팀에 기여하려 했고, 이 게임은 일반적인 공공재 게임처럼 흘러가지 않았다. 호구가 곧 구원자가 된 것이다.

스스로를 지키기 위해 호구가 된 경험

때로는 자기 자신을 지키기 위해 선택적으로 호구가 되어야 할 때도 있다. 내 나이대의 사람들이 대부분 그렇듯 나도 가끔가다 한 번씩 통증을 완화하고, 기력을 회복하고, 수면의 질을 높이고, 피부 상태를 개선하는 등 건강을 개선할 방법을 찾아보곤 한다. 그때의 사연 중 다수는 책에서 털어놓기에는 다소 부끄럽고 개인적인 경험이다. 또한 이런 경험은 하나같이 겉으로 보기에는 호구의 형상을 띠고 있다. 효과가 좋다는 신약이나 기기 혹은 식단을 발견하면 처음에는 신선한 희망을 느끼지만, 이내 의심이 짙은 먹구름처럼 몰려오기 마련이다. 이거 사기 아닌가? 나는 또 표적이 된 걸까?

몇 년 전, 나는 심각한 관절 통증에 시달렸다. 널리 알려진 방법 몇 가지를 시도했고 이런 방법은 내게 잘 맞지 않았다. 나는 통증을 무시하려 애썼지만, 무시하지 못할 정도로 괴로울 때면 불안함이 밀려들었다. 나는 명상을 하고 스트레스를 피하라는 뻔한 권고를 들었다. 결국 스스로 인터넷을 뒤졌다. 때로는 동트기 전 새벽에 일어나 인터넷 안에 예상 밖의 답이 있지 않을까 찾아다녔고, 그러는 동안에도 발목과 손목은 시도 때도 없이 욱신거렸다. 구글 검색으로 의사 선생님을 찾아다닌 지 일주일 후, 나는 업무를 중단하고 뉴저지주에 있는 상업 지구로 차를 몰았다. 그리고 그곳에서 간호사가 내 팔과 다리에 봉독 주사 열여섯 대를 조심스럽게 놓는 광경을 지켜보았다.

봉독이 염증 치료에 효과가 있다고 말하는 봉독 주사 경험자들의 후기에 매달려 보기로 한 것이다. 나는 그 글에 어느 정도 일리가 있다고 판단했다. 결국 나는 봉독 요법을 포함해 독특한 치료를 다양하게 시행하는 의사를 찾아냈다. 사무실은 깔끔하고 전문적인 분위기를 풍겼다. 나는 일단 시도해 보기로 했고, 양쪽 팔에 군데군데 벌겋게 부어오른 5센트 동전만 한 상처를 여러 개 얻은 채로 사무실을 나섰다.

봉독이 정말 효과가 있었는지는 모르겠다. 주사를 맞고 나면 통증이 약간 가라앉기는 했다. 최소한 치료를 받으면서 통증이 아닌 다른 곳으로 주의를 돌릴 수 있었다. 실제로 봉독 주사를 맞은 시기와 대략 비슷한 시기에 통증은 전반적으로 가라앉았다. 물론 상관관계가 어떻고 인과관계가 어떻고 따지자면 따질 거리가 가득했지만, 아무튼 결과적으로 통증은 줄어들었다.

나는 이런 경험을 주변에 거의 털어놓지 않았다. 당황스럽고 창피한 이야기였던 탓이다. 내가 봉독 주사 비용이 얼마나 들었는지 밝히면 주변 사람들은 아마 내게서 슬슬 뒷걸음질을 칠지도 모른다. 하지만 주사 가격 말고 다른 이야기를 하자면, 나는 어느 모로 보나 속아 넘어가지는 않았다고 생각한다. 나는 내가 무엇을 하기로 한 건지 정확히 인지하고 있었다. 바로 큰돈을 들여 모험을 걸어보는 것이었다. 어쩌면 이 모험 자체가 말도 안 되는 짓이었는지도 모르지만, 나는 머릿속으로 위험 평가를 분명히 마친 상태였다.

내가 일에 집중하려 할 때, 아이들과 함께 시간을 보내려 할 때, 삶을 즐기려 할 때마다 통증은 나를 상당히 방해했다. 흔히 시도해 볼 수 있는 치료법은 효험이 없거나(이부프로펜, 타이레놀), 차마 받아들일 수 없는 부작용이 있었다(오피오이드, 미국에서 오남용 문제가 큰 마약성 진통제-옮긴이). 사람들이 일확천금을 꿈꾸며 당첨 가능성이 희박한 복권을 구매하듯 나도 단 5퍼센트, 아니 1퍼센트라도 증상이 호전될 가능성이 있다면 그만한 값을 치러볼 만하다고 생각했다.

비록 내가 겪은 것보다는 문제의 위험성이 낮고 좀 더 그럴듯한 해결책을 썼을지라도 대부분은 나와 비슷한 경험을 해 봤을 것이다. 평생 불면증을 달고 살던 남편은 아이들이 아직 어렸을 때《꿀 다이어트(The Honey Diet)》라는 책을 읽고는 이후 일 년간 매일 밤 자기 전에 꿀과 식초를 섞어 마셨다. 중년의 피로를 느낀 친구들은 방탄 커피가 효과가 좋다는 말에 혹해서 너도나도 모닝커피에 버터를 넣어 마시기 시작했다. 그런 시도를 가볍게 비난하는 말들 역시 익히 예상할 수 있다. 주변에서는 아마 이렇게 말할 것이다.

"너 아무래도 과대광고에 속은 것 같은데?"

"최신 만병통치약은 또 뭐래요?"

봉독 치료를 받는 동안 어쩌다 한 번씩 주변에 비밀을 털어놓으면, 내 비밀을 들은 사람들은 가장 의학적이면서도 가장 오해를 많이 받는 호구의 실수인 플라세보 효과를 언급하곤 했다.

"온몸이 속임수를 그대로 믿었네!"

하지만 중요한 사실은 따로 있다. 비록 내가 사람들이 조롱하는 취지를 이해한다 해도, 그들의 비난 역시 비논리적이기는 마찬가지다.

내가 플라세보 효과를 바라지 않을 이유가 대체 무엇이겠는가? 내 뇌가 통증을 멈춰주기만 한다면, 통증이 사그라든 것이 몸이 치료에 반응해 직접적인 생화학적 변화를 일으킨 결과이든 단지 플라세보 효과에 지나지 않든 상관없을 것이다. 이러나저러나 내가 가진 몸은 하나뿐인데 그 몸이 나를 고통스럽게 하고 있지 않은가. 이런 상황이면 플라세보 효과든 뭐든 제발 부탁이니 나를 좀 속여 달라고 빌기라도 할 것이다.

호구 공포증에서 벗어나는 방법

———

호구 짓은 합리적이지도 않고 비합리적이지도 않다. 단지 여러 가지 고려할 사항 중 하나일 뿐이다. 호구 짓이 우리의 선택에 어떻게 영향을 미치는지 판단하려면 그것에 이름을 붙이고 노트에 기록해 보면 된다. 어려운 결정을 내려야 할 때 때로는 그저 명쾌한 계산 한 번이면 문제를 해결할 수 있다. 내가 이루려는 목표는 무엇이고 내게 주어진 선택지는 무엇인가? 이러한 분석이 무의식적으로 일어날 때는 공포가 큰 자리를 차지한다. 이미 눈치챘을지도 모르지만, 이 책의 핵심은 바로 '호구 공포증이 유독 두드러지게 나타나는 두려움'이라는 것이다. 그러나 어떤 공포가 두드러지고 말고는 돌에 새겨진 듯 고정된 사실이 아니고, 우리가 거기에 주의를 기울일지 말지 역시 유연하게 조절할 수 있다. 어쩌면 생각보다 간단하게 호구 공포증의 무기화를 막을 수 있다. 가장 쉬운 방법은 우리가 가진 선택지를 조사하고 계산하는 것이다.

2장에서 나는 직장이나 학교에서 호구 공포증이 무기화되는 사례를 설명했다. 누군가가 개인적으로 급한 사정이 생겼으니 특별히 편의를 봐 달라고 요청한다. 예를 들어 가족이 사망했으니 기말 보고서 기한을 늦춰 달라고 부탁하는 학생의 경우다.

사무실에 찾아와서 과제 기한 연장을 요청하는 학생을 앞에 둔 채 내 머리는 여러 가지 판단을 종합하려고 빠르게 굴러간다. 나는 다음의 질문에 대한 답을 하나하나 기록하고 계산한다.

'가족상을 당했다고 해서 과제 제출 기한을 연장해 주는 것이 정당한가?'

'이 학생이 하는 말이 정말 사실일까?'

'과제 제출 기한을 연장해 주었을 때 혹은 연장해 주지 않았을 때 치러야 할 행정적 대가는 무엇인가?'

머릿속 자동 처리 시스템은 이 과제를 두고 골머리를 앓을 것이다. 이에 따라 내 마음은 무슨 요인이든 가장 두드러지는 쪽으로 고개를 돌릴 것이다. 학생에게 속을지도 모른다는 가능성은 내가 답을 추론하고 도출하는 동안 알게 모르게 비밀 임무를 열심히 수행한다. 그러다가 호구 공포증의 유발점을 적절히 자극하면 나는 사기 당할지도 모른다는 두려움 때문에 과제 제출 기한을 바꿔 주지 않는 쪽으로 마음을 굳힐 수 있다.

하지만 내 목표가 좋은 교수가 되는 것이라면(이것은 실제로도 내 목표다), 무작정 융통성 없이 구는 것은 좋은 결론이 아니다. 나는 학생들에게 계약법을 가르친다. 그러나 그와 동시에 학생의 멘토가 되어 주고, 학생을 따뜻하게 맞아주고, 전문적이고 현명하고 인도적인 사람으로서 본을 보이려고 노력한다. 나는 교수로서 내가 학생에게 변호사 자격시험 준비를 제대로 시키지 못하거나, 학생이 잘하고 있는지 신경을 충분히 써 주지 못하거나, 학생을 존중하지 않는 태도로 대할까 두렵다. 학생들이 부당하게 과제 제출 기한을 연장받지 못하게 막는 일 역시 어느 정도는 신경을 쓰겠지만 그렇게까지 중요하게 여기지는 않을 것이다. 이것은 상대적으로 중요성이 떨어지는 가치이므로, 내 의사결정에서 큰 자리를 차지해서는 안 된다. 그러나 내가 주의하지 않으면 이 중요하지도 않은 가치가 의사결정에 큰 영향을 끼칠 것이다. 눈앞에 도사리는 호구 공포증의 조짐을 무시하기란 절대 쉽지 않기 때문이다.

목표에 부합하는 의사결정을 내리는 법

인지심리학에서는 이럴 때 지나치게 기계적으로 보여서 과연 도움이 될까 싶은 개입방법을 권장한다. 바로 각각의 가치와 선택지에 점수를 매기고 계산하는 것이다. '다속성 효용이론(MAUT)'이라고 불리는 이 의사결정 접근법은 생각보다 심오하면서도 그렇게 복잡하지는 않다. 다속성 효용이론은 우리가 보통 다수의 목표나 다수의 가치가 걸린 상황에서 의사결정을 한다고 가정한다. 예를 들어, 내가 채용 공고를 올리고 누군가를 채용한다면 나는 유능하면서도 다른 사람에게 친절한 사람을 선택하려 할 것이다. 만일 내가 가족을 잃고 힘들어하는 학생의 편의를 봐줄지 말지, 혹시 편의를 봐준다면 어떻게 봐줄지 결정해야 한다면 내게는 공감과 부정행위 방지라는 두 가지 목표가 있다고 볼 수 있다.

　내 앞에 놓인 각 선택지(과제 제출 기한을 연장해 줄 것인가 말 것인가)

중 무엇을 고르느냐에 따라 내가 이루고자 하는 목표에 더 부합할 수도 있고 덜 부합할 수도 있다. 그리고 내가 두 가지 선택지를 비교해서 모든 조건을 고려할 때, 어느 선택지가 내 목표에 가장 부합하는지 확인할 방법이 필요하다. 다속성 효용이론은 내가 스스로 '의사결정 알고리즘'이 될 수 있다고 본다. 간단한 표를 하나 만들면 비용과 편익을 대략 계산할 수 있고, 각 선택지의 효용을 숫자로 매길 수도 있다. 이렇게 만든 표는 결정을 내리는 데 실제로 도움이 된다.

　이 상황에서 내게는 두 가지 선택지가 있다. 조건부 기한 연장("증빙 서류를 받아볼 수 있을까요?")과 즉시 기한 연장("저런, 유감입니다. 마감 기한을 2주 정도 미루도록 하죠.")이다. 그리고 내가 지키고 싶은 가치는 두 가지, '공감'과 '부정행위 방지'다. 각 선택지에 0에서 100까지의 점수를 매긴다고 하자. 이 선택지를 선택하면 이 두 가지 목표를 얼마나 잘 이룰 수 있을까? 나는 다음과 같이 가치를 매길 수 있다.

	공감	부정행위 방지
조건부 기한 연장	30	100
즉시 기한 연장	100	0

결국 선택지별로 점수를 합산했을 때 점수가 가장 높은 선택지가 곧 내가 고를 선택지가 될 것이다. 이 경우에는 조건부 기한 연장이라는 선택지가 이긴 듯하다. 조건부로 기한을 연장하면 부정행위를 완전히 방지할 수 있고 공감이라는 목표도 부분적으로 달성할 수 있다. 반면 즉시 기한을 연장하면 공감이라는 목표는 온전히 이룰 수 있지만 부정

행위는 전혀 방지할 수 없다. 이런 식으로 가치를 매기면 내 계산이 틀렸다는 사실이 확실히 눈에 들어온다. 이 표는 내가 실제로 생각하는 중요한 가치의 효용을 반영하지는 않는다. 호구가 되지 않는 것보다는 학생을 존중하고 인간적으로 대할 의무를 지키는 것이 훨씬 더 중요하다. 이렇게 여러 가치의 중요도가 서로 다르다면 다속성 효용이론은 그 차이 역시 점수에 반영해 계산할 수 있다고 주장한다.

　나는 실수로 학생을 의심하기보다는 실수로 너그럽게 대하는 편이 훨씬 낫다고 생각한다. 부정행위 방지도 약간은 중요하지만 솔직히 말하면 내게는 거의 중요하지 않다. 학교에는 학문적 진정성을 요구하는 다른 메커니즘(명예 규율, 블라인드 채점 등)이 충분히 있기 때문이다. 그렇다고 학생에게 속아도 아무렇지 않다는 뜻은 아니다. 나는 학생의 거짓말에 놀아나고 싶지 않다. 그러나 교수의 역할에 관한 내 신념을 고려해서 옳은 선택을 하려면 내 답의 무게를 다시 가늠해야 한다. 따라서 나는 이렇게 결론지을 것이다. 이 상황에서 내게 공감은 부정행위 방지보다 네 배쯤 더 중요하다. 그에 따라 나는 표를 수정한다. '부정행위 방지'에 해당하는 값에 4분의 1을 곱해서 점수를 적절히 낮춘다.

	공감(100퍼센트)	부정행위 방지(25퍼센트)
기한 연장 하지 않음	30	25
기한 연장	100	0

이제 내가 원하는 바가 한눈에 들어온다. 호구 공포증을 반영하는 부정행위 방지 칸에 4분의 1을 곱함으로써 내 실제 도덕률 안에 공포가

적절한 크기로 배치된다. 나는 실제로도 이런 표를 활용해 개인적으로 복잡한 여러 가지 문제에 관한 의사결정을 해왔다. 어떤 집을 사야 할 것인가? 어느 어린이집을 골라야 할 것인가? 이 자리에 누구를 채용해야 할까? 자신이 생각하는 각 가치의 무게를 숫자로 매기는 작업은 어찌 보면 다소 작위적이고 어색해 보일 수도 있다. 학생이 거짓말을 하는지 안 하는지, 이 상황에서 정답이 무엇인지, 심지어 각각의 결과에 몇 퍼센트를 곱해야 할지도 우리는 알지 못한다. 게다가 내가 부정행위 방지를 공감의 25퍼센트만큼 중요하게 여긴다는 것을 정말 사실이라고 할 수 있을까? 왜 50퍼센트, 10퍼센트는 아닐까? 사실상 나는 아무것도 확실히 알 수 없다. 그러나 비록 불완전한 측정법에 기반했더라도 이렇게 계산하면 의사결정 능력이 향상되는 것만은 확실하다.

공포심 대신 목표를 우선에 두자

호구 공포증처럼 사소한 두려움이 의사결정 과정에서 큰 비중을 차지하게 되는 이유는 우리가 평소에는 호구 공포증을 아예 고려하지 않기 때문이다. 호구 공포증은 마치 오염물질처럼 침투한다. 다속성 효용이론에서 제안하는 대로 표를 만들고 각 요소를 하나하나 분해해서 의사를 결정하면 공포를 다시 감옥에 가두고 내가 중요하게 생각하는 가치와 효용에 더는 영향을 끼치지 못하게 막을 수 있다.

사람들은 개별적인 속성 하나하나는 잘 평가하지만 각 속성의 평가 결과를 하나로 종합하는 데는 매우 서투르다. 처음으로 공공재 게임 실험을 주관한 연구원 중 한 명이었던 로빈 도스는 1979년 논문을 하나 발표했다. 이 논문에서 도스는 의사결정 시 아주 서투르게나마

장단점을 열거해 보는 것이 전체론적 판단보다 낫다며, 이 방법을 '부트스트랩핑bootstrapping(자력 해결)'이라고 칭했다. 내 판단을 한 번에 하나씩 열거하고 판단 결과를 합산하면 나는 외부의 자원이나 도움에 의지하지 않고도 판단의 질을 향상할 수 있다는 의미다. 각각의 가치를 직관적으로 판단한 뒤, 판단 결과를 기계적으로 더할 때 사람들은 더 좋은 결정을 내릴 수 있다.

만일 내가 학생을 어떻게 대해야 할지, 푸드 뱅크에 현금과 음식 중 무엇을 기부할지, 혹은 최후통첩 게임에서 내게 적은 금액을 주겠다는 제안을 수용할지 말지 결정해야 한다면, 나는 어쩔 수 없이 내가 지금 호구 짓을 하는 게 아닌지 걱정하고 의심할 것이다. 나도 어느 정도는 호구 공포증을 진지하게 받아들이지만, 문제는 과연 얼마나 진지하게 두려움을 받아들일 것인가이다. 웬만하면 호구가 되지 않는 편이 가장 낫지만, 자칫 잘못하면 가족의 죽음 때문에 슬퍼하는 학생에게 소외감을 느끼게 할 수도 있는 상황에서 내가 호구가 되느냐 마느냐는 비교적 사소한 문제일 것이다. 또, 이왕이면 속임수에 당하지 않는 편이 낫지만, 어차피 사람들이 굶주리지 않게 하려고 푸드 뱅크에 돈을 기부한다면 내 목표는 내가 기부한 돈이 최대한 효율적으로 쓰여서 굶주린 사람들에게 혜택이 최대한 많이 돌아가게 하는 것이다. 당신의 목표는 무엇인가? 그리고 그 목표를 달성하려면 어떻게 해야 하는가?

도덕적 주체성을 기준으로 삼자

―

나는 기술적인 방식을 신뢰하는 사람이라서 어떤 일의 비용과 편익을 분석하는 것을 좋아한다. 또한 전체를 뭉뚱그려서 생각하기보다 각각의 가치와 정보를 우리의 재조직된 사고 회로에 돌리면 더 나은 판단을 내릴 수 있다고 믿는다. 호구가 될지 모른다는 두려움은 의사결정을 방해하고 시선을 왜곡하며 우리의 효능감을 떨어뜨린다. 호구가 될지 모른다는 두려움은 도덕적 상상력에도 족쇄를 채운다. 나는 물론 어떤 일을 잘하고 싶기도 하지만, 동시에 올바르게 하고 싶고, 진정성 있게 일하고 싶다.

가족을 잃고 괴로워하는 학생의 예시에서는 두 가지 중요한 교훈을 찾을 수 있다. 내 가치관에 따라 그 결과를 생각해 보면 올바른 반응이 무엇인지 명백히 드러난다. 나와 신뢰 관계 범위에 있는 사람이 찾아와 자신이 괴로운 일을 당했다고 말한다면 즉시 공감과 연민을 표현해야 마땅하다. 하지만 내가 이 학생과 이전에 언쟁을 벌인 적이 있다고 가정해 보자. 나는 학생이 자기 상황을 과장하는지도 모른다고 의심할 수 있다. 이 학생의 성적이 뒤처져 있고 갈수록 초조해한다는 사실을 짐작하기 때문이다. 이 학생은 다른 과제를 늦게 제출한 적도 있다. 이 학생에게 가족의 사망에 관한 증빙 서류를 요구하면 부정행위를 성공적으로 저지할 가능성이 크다. 이런 경우 다속성 효용이론의 계산이 더 모호해지는데, 나는 그로 인해 잘못된 결정을 내릴 수 있다고 생각한다.

학생과 교수 관계에서 더 큰 권력을 쥔 사람은 교수다. 학생의 성적을 매기는 사람도 교수고, 추천서를 쓰는 사람도 교수다. 혹여 분쟁이 일어나더라도 재직권과 제도적 지지를 보장받는 사람 역시 교수다. 학생이 비통해하며 나를 찾아오면 설령 학생의 이야기에서 조금 수상한 냄새가 나더라도 나는 학생이 다음 단계를 밟아가도록 돕고 싶다. 학생을 도울 방법은 많지만 증빙 서류를 요구해서는 학생을 도울 수 없다. 가족상을 당했다고 주장하는 학생은 어쩌면 자신이 진짜로 괴로운 이유는 더 사적이고 창피해서 차마 말하지 못하고 내가 받아들일 만한 거짓말을 적당히 둘러댔는지도 모른다. 난처한 상황에 부닥쳤으나 빠져나올 방법을 찾지 못한 것일 수도 있다.

나는 단지 직업적 우선순위만 효율적으로 지키며 살기를 바라지는 않는다. 내 목표는 '도덕적 진정성'이다. 속아 넘어가는 것을 걱정할 때면 도덕 자체보다 내 생각에만 몰두하거나 헛된 망상에 빠질 수 있다. 물론, 호구 공포증은 만만치 않은 걱정거리다. 등장했다 하면 온 신경이 그쪽으로 쏠리지만, 도덕적 측면에서는 우리가 그만큼 주의를 기울일 만한 대상은 아니다.

어떨 때는 오히려 사건과 반대되는 예시에서 '도덕적 무의미성'을 발견하기가 더 쉽다. 2020년 〈애틀랜틱〉지는 도널드 트럼프가 전사한 군인을 가리켜 호구라고 비난한 말을 인용한 기사를 실었다. 묘지 방문 일정을 앞둔 아침, 고위 공무원들과 대화하던 트럼프는 이렇게 말했다.

"내가 왜 묘지에 가야 합니까? 거긴 죄다 패배자들뿐인걸."

묘지 방문 일정에 대한 다른 담화에서 트럼프는 벨로 숲에서 싸우다가 목숨을 잃은 1,800명 이상의 해병대원을 '패배자들'이라고 칭했다. 아무리 이런저런 역학을 속임수로 의심할 수 있다지만 군인까지 건드리다니! 미국인 대다수에게 군인은 진정성을 지킨 사람의 표본 그 자체다. 트럼프의 도덕 프레임은 공익을 위해 희생한 개인을 노골적으로 거부한 셈이다. 이 기사에서도 지적했듯이 트럼프는 군 복무의 개념조차 제대로 이해하지 못했다. 특히 자발적으로 복무하겠다고 자원하는 사람은 더욱 이해하지 못했다. 사람들 대부분은 전사한 군인이 패배자라는 말을 들으면 이 주장이 근본적으로 잘못되었음을 이해할 것이다. 설령 제1차 세계 대전이 도덕적으로 옳지 않다고 생각하거나 심지어 무력 분쟁 전반에 반대하는 사람이라도 군인 한 사람 한 사람은 국가에 깊이 협력하고 친사회적 희생을 감내한 사람이라 여긴다.

인정하기 싫은 사실을 인정하는 용기

계약에는 '신의성실의 의무'라고 불리는 원칙이 있다. 법학과 신입생들은 처음 신의성실의 원칙을 배울 때 크게 놀라는 경우가 많다. 이전까지는 계약법이 형식적이고 딱딱한 것이라 생각했기 때문이다. 신의성실의 원칙이란 대략 이런 것이다.

'이 합의는 진실하다. 계약자는 단지 각자 일을 각자 알아서 하는 데 그치지 않는다. 거래 당사자는 도덕적 일관성을 지킨다.'

신의성실의 원칙은 '매수자 위험 부담 원칙'을 거부한다. 일례로 1960년대에 오빌 포춘이라는 남자는 '내셔널 캐시 레지스터'라는 회사에 고용되었다가 해고당했다. 포춘이 맡은 일은 사업체에 금전 등록기를 판매하는 것이었고, 그의 고용 조건은 명확했다. 포춘은 임의고용인이었으므로 언제든 해고당할 수 있었다. 그는 얼마 되지 않는 기본급에 더해 수수료를 받았다. 거래를 성사시킬 때마다 그리고 금전 등록기를 실제로 설치하여 판매 대금을 받을 때마다 일정 비율로 수수료를 받았다. 규모가 큰 거래의 경우 그 과정은 수개월이 걸릴 수도 있었다.

내셔널 캐시 레지스터에서 일한 지 10년 차가 되었을 때 그는 큰 거래를 한 건 따냈다. 퍼스트 내셔널 뱅크 지점 여러 곳에 금전 등록기를 납품하기로 한 것이다. 그러나 거래를 따내자마자 그는 즉시 해고당했다. 그 결과 아직 다 받지 못한 판매 수수료 잔액은 물론, 앞으로 몇 년간 퍼스트 내셔널 뱅크에 금전 등록기를 판매해서 받을 수 있는 수수료까지 모두 잃고 말았다. 고용 계약 조건에 따르면 상황은 포춘에게 매우 불리해 보였다. 그는 수년간 아무런 보장도 없이 꾸준하고 충성스럽게 일한 멍청이처럼 비쳤다. 그러나 법원은 포춘이 해고당한 사태를 이렇게 해석하지 않았다. 법원이 내셔널 캐시 레지스터에 내린 판결의 핵심은 다음과 같았다.

> 본 재판부는 사측이 착취적 계약을 맺었다는 데는 동의하지 않는다. 내셔널 캐시 레지스터와 포춘은 사측이 포춘을 언제든 해고할 수 있다는 데 분명히 합의했다. 다만 모든 거래 당사자가 마땅히 그래야 하듯 양측은 상대방에게 신의성실의 원칙을 지키겠다고도 합의했다. 사측은 임의고용인을 언제든 해고할 수 있으나, 그 권한을 이용해 계약서에 명시된 고용인의 이익을 박탈해서는 안 된다. 애당초 계약이 고용인에게 수수료로 보상하겠다는 것이라면, 사측은 다른 모든 조건이 동일할 시 포춘이 성사시킨 거래는 포춘이 끝까지 맡는 것으로 암묵적으로 약속했다고 볼 수 있다.

진정성은 호구 프레임을 무너뜨린다. 이 사례에서 바보 같이 당한 포춘을 경멸하기는 쉽다. 그리고 그런 경멸은 내셔널 캐시 레지스터가 심판받아 마땅한 기회주의적 행동을 했다는 본질마저 흐릴 수 있다. 이따금 나는 사적 영역과 직업적 영역에서 이와 비슷한 상황에 부닥치고, 그럴 때면 도무지 어떻게 해야 할지 가늠하기가 힘들다고 느낀다. 내가 스스로 호구가 되는 데 동의했다는 사실을 인정하고 밝히기가 부끄럽기 때문이다. 몇 년 전 나는 고용 위원회로부터 다른 법학대학원에 방문해 달라는 요청을 받았다. '방문'이라는 표현은 실제 상황보다 비공식적으로 들릴지도 모르겠다. 하지만 이 방문 요청은 사실 시범 강의를 위한 것으로, 이 요청을 수락하면 한 학기 혹은 일 년간(보통 며칠이 아니라 몇 달간) 그쪽 학생들을 가르치고 교수진과 함께 일해야 한다. 시범 강의 기간이 끝나면 집에 돌아와서 과연 그 학교에서 나를 마음에 들어 했는지 아닌지 답을 기다려야 한다. 직업적으로 주목받는 것은 물론 감사한 일이지만, 요청에 부응해서 잘 해내기란 쉽지가 않다. 새로운 학교의 낯선 교수들에게 몇 주 연속으로 매력적이고 적극적이고 재치 있어 보여야 하는 데다 그동안 다른 가족은 일손이 부족한 채 집에서 기다리거나, 낯선 도시에서 오도 가도 못하고 함께 머물러야 한다.

나는 이러한 방문 요청에 세 차례 응했고 일자리 제의는 한 군데서도 받지 못했다. 나중에 가서는 내가 진짜 바보처럼 느껴졌다. 신규 교원을 채용하는 학교는 "연구 실적이 정말 좋으시군요." "보기 드문 유망주 아니십니까!" 등 대체로 칭찬을 아끼지 않는다. 하지만 결국 결과는 채용 제의를 받느냐 혹은 아무 답도 듣지 못하느냐로 갈린다. 학교에서 아무런 답이 없으면 그들의 눈에 차지 못했다는 뜻이다. 마지막 세 번째 시범 근무 기간이 끝나갈 때쯤 나는 이번에도 일이 잘 풀리지 않으리라는 사실을 어렴풋이 짐작할 수 있었다. 나는 무척 창피했다. 시범 근무는 공개적으로 이뤄지므로 함께 일하는 모든 사람이 내가 채용되지 못했다는 사실을 알 수밖에 없다. 창피한 건 그뿐만이 아니었다. 나는 대체 왜 그렇게 상심한 패배자가 되었을까? 이 모든 일에 동의해 놓고도 왜 이제 와서 스스로 선택한 위험을 견디지 못하겠다는 것일까?

몇 년이 흐른 뒤, 나와 비슷한 일을 겪은 몇몇 동료 교수가 자신이 겪은 쓰라린 감정을 내게 털어놓았다. 그들은 채용 방문 후 자기가 얼마나 의기소침해졌는지, 다시 마음을 가다듬기까지 얼마나 오래 걸렸는지 이야기했다. 나는 사실 괜찮지 않으면서도 괜찮은 척했던 날들을 후회했다. 그래서 이제는 공적으로든 사적으로든 내가 채용 방문 때문에 어떤 어려움을 겪었고 어떤 감정을 느꼈는지 점잔 빼지 않고 솔직히 드러내기로 마음먹었다. 내가 겪은 굴욕감을 회의나 메일로 털어놓으면서 약점이 드러난 기분이 들기도 했지만, 대부분은 내 생각에 불과했다. 내가 느낀 부끄러움은 효과적인 쿨러였다. 나는 사람들의 질문에 이렇게 대답했다.

"사실 일이 잘되진 않았지만, 그래도 좋은 인맥을 꽤 얻었어!"

"그쪽에서 아직 생각 중인가 봐."

하지만 표적이 진정하고 나면 사기꾼은 얼마든지 계속해서 사기를 칠 수 있다. 그러므로 우리는 반대로 이렇게 말할 수 있어야 한다.

"창피한 것은 사실이지만, 이게 단지 내 잘못만은 아니잖아."

"내가 이 일에 동조했을지 모른다는 사실이 부끄럽지만, 이 상황 자체가 충분히 착취적인걸."

우리는 때로 인정하기 싫은 사실과 부끄러운 경험도 솔직하게 드러낼 줄 알아야 한다.

두려운 상황에 스스로를 노출시켜라

다른 두려움과 마찬가지로 호구 공포증 역시 숙주로 삼은 인간 속에 들어앉아 자신의 몸집을 부풀린다. 호구 공포증은 마치 신경회로를 따라 흐르는 것처럼 한번 촉발되면 생각, 감정, 행동에 폭포수처럼 영향을 미친다. 인지행동 치료사는 보통 환자가 두려워하는 대상(이를테면 뱀이나 폭력적인 사람)이 무엇인지 확인한 뒤, 환자의 두려움이 행동에 영향을 미치는 과정을 추적한다. 당혹스러울 만큼 평범한 방법이지만 인지행동치료에서는 환자에게 검사지를 주고 빈칸을 채우게 한 뒤, 이 자료를 바탕으로 치료를 진행한다. 환자는 빈칸을 채워 문장을 완성한다.

'이 경험을 하고 나서 나는 _____한 감정을 느꼈다.'
'그 감정은 무의식적으로 _____라는 생각을 촉발한다.'
'그와 다르게 반응한다면 _____할 것이다.'

인지행동치료는 말 그대로 뇌 구조를 재설계함으로써 두려움이 촉발될 때 기존의 무의식적 반응보다는 대안적 반응으로 이어지게 하는 것이다. 무의식적 반응은 흔히 저지르는 실수로 가득차 있다. 인지행동치료 검사지에 첨부된, 우리가 자주 경험하는 왜곡된 생각과 감정의 목록을 보면 이것은 호구의 반응과 거의 일치한다. 자료에서는 '감정적 추론'을 경계하라고 경고하며 감정적 추론의 예시로 "바보가 된 기분이야. 그러니까 나는 바보가 맞나 봐."라는 문장을 제시한다. 또 자신에게 부적절한 꼬리표를 붙이면 안 된다고 경고한다. "나는 실수를 저질렀다." 대신 "나는 패배자야."라고 말하는 것이 그 예이다.

이 무의식적 생각과 감정은 예측 가능한 행동으로 곧바로 이어진다. 이 행동이 무엇인지 우리는 이미 일상을 통해 직관적으로 알고 있다. 만일 내가 뱀을 두려워한다면, 뱀을 마주칠 수 있다는 문제만 없었다면 관심을 가졌을 경험을 피하거나 혼자서는 도보 여행을 떠나지 않으려 할 수도 있다. 나는 뱀이 나오는 영화를 보지 않는다. 어쩌다 유튜브에 뜨는 영상처럼 욕실 배관에서 뱀이 나온다면? 나라면 절대 그 욕실을 다시 쓰지 않을 것이다.

호구가 될 때 무의식적으로 떠오르는 생각('나는 바보야! 대체 무슨 생각으로 그랬을까? 창피해 미치겠어!')은 우리가 본심을 숨기고 진정으로 원하는 대상까지 회피하게 만든다. 이러한 회피는 자연스러운 현상이지만 어쩔 수 없는 것만은 아니다. 두려움에 효과적으로 대처하려면 회피하지 말고 두려운 상황에 자신을 직접 노출해야 한다. 어떤 위험이 발생할 수 있고 내가 감당할 수 있는 위험은 무엇인지 직시해야 한다. 만일 내가 스스로 차고에 갈 수 없다면 나는 다른 사람에게 차고를 점검해 달라고 부탁해야 한다. 또한 뱀이 나오는 동영상을 보고, 기회가 닿으면 억지로라도 뱀을 만져 보기도 해야 할 것이다. 그동안 속았다는 사실을 인정하고, 이에 관해 사람들에게 이야기하고, 두려움을 겉으로 드러내는 일도 마찬가지다. 내게 일어난 일을 설명할 다른 방법은 없을까? 내가 두려워하던 상황이 상상했던 것만큼 끔찍한가?

물론 호구가 되면 실질적으로 손해를 입을 때도 있다. 호구가 된 표적은 자신에게 의미 있는 무언가를 잃어버리는 물질적, 사회적 결과에 맞닥뜨릴 수도 있다. 하지만 보통은 호구가 될 때 느끼는 것은 단지 감정에 지나지 않고, 이 감정을 진짜 중요한 다른 문제보다 더 우선시할 이유는 없다.

사람과 사람을 연결하는 힘
—

신입생들에게 계약법을 가르칠 때면 나는 강의 마지막 날에 항상 이렇게 격려사를 남긴다.

"여러분은 무척 잘하고 있고, 여러분의 성공은 제게도 무척 중요합니다."

매년 나는 가장 진실한 격려의 말을 상상해 보곤 한다. 그것은 바로 내가 학생을 가르칠 때 보편적인 의미의 '사랑'을 느낀다는 증명이기도 하다. 내 격려사는 내가 학생 때 우연히 들은 격려에 부분적으로 기초한다. 대학원을 다닐 때 나는 장학금을 받는 대가로 조교 일을 해야 했다. 나는 내 지도교수님이 학부생을 대상으로 진행하는 수업의 조교를 맡았다. 창문도 없고 왼쪽과 오른쪽 모두 가로로 금속 재질의 손잡이가 달려 있고 양쪽으로 여닫는 묵직한 문이 달린 강의실에서 교수님은 대규모 강의를 진행했다. 학생들은 여러 가지 이유로 수업 중에 강의실을 들락날락했고, 그럴 때마다 문은 끼익 소리를 내며 열리고 다시 끽 소리를 내며 닫히다가 이내 귀에 거슬리는 쾅 소리를 내며 닫혔다. 한 학생은 수업 때마다 거의 매번 물을 뜨러 간다며 자리를 떴는데, 문을 조심스레 닫지 않는 탓에 항상 쾅 소리가 났다. 하루는 수업이 끝난 다음 교수님에게 불만을 털어놓았다. 나는 그 학생의 행동이 지독하게 사려 깊지 못하다고 생각했다. 그래서 그 학생처럼 다루기 힘든 학생은 어떻게 대하느냐고 물었다.

교수님은 매우 진지한 사람으로, 약간은 무미건조하며 감상적인 것과는 거리가 먼 사람이었다. 그는 어느 모로 보나 매우 뛰어난 조언자였다. 자신은 학생들을 평가하려 하지 않는다고 답했을 때, 나는 적잖이 놀랐다. 학생을 대할 때 그의 철학은 '무조건 긍정적으로 존중하기'였다. 이제는 나 역시 어떤 상황에서도 학생들을 그 교수님처럼 대하려고 한다. '무조건적 긍정적 존중'은 20세기의 최고로 저명한 임상심리학자인 칼 로저스Carl Rogers가 개발한 심리 치료 철학이다. 무조건적 긍정적 존중은 타인의 행동이나 선택과 관계없이 타인을 배려하고 가치 있게 여기는 태도다. 타인의 행동 자체를 항상 수용한다는 뜻이 아니라, 그 사람을 있는 그대로 받아들이자는 것이다. 우리는 무조건적 긍정적 존중을 통해 자아를 실현하는 데도 도움을 얻을 수 있다.

우리 아버지는 교사였고 지금은 퇴직하셨다. 아버지는 거의 30년간 3학년을 가르쳤고 아이들을 무척 사랑했다. 한 학년을 마치면 아버지는 '3학년 오스카 시상식'을 열었다. 아버지는 한 아이에게 상을 두 개씩 수여했다. 하나는 진지한 버전, 하나는 웃긴 버전이었다. '최고 과학 실험자상'을 받은 아이가 '날뛰는 야생마상'을 받기도 했다. 날뛰는 야생마상은 자기 힘에 못 이겨 의자에서 가장 자주 떨어진 아이에게 주는 상이었다. 또 책을 가장 많이 읽어서 '다독상'을 받은 아이가 '가장 시끄러운 발야구 선수상'을 받기도 했다. 시상식을 통해 주목받고 환영받는 학생과 학부모의 기분이 얼마나 좋았을지 짐작할 수 있을 것이다. 그렇게 아버지는 무조건적 긍정적 존중을 몸소 실천했다. 나는 최근 로저스의 글을 다시 읽다가 그가 호구 공포증을 물리치는 방법을 소개한 부분을 보고 감탄했다.

> 고객 중심의 치료사는 고객의 말을 곧잘 믿어주는 친절을 발휘하고자 한다. 이때 치료사는 고객이 말하는 그대로 고객을 받아들이고, 고객의 본모습은 다를 거라며 속으로 의심하지 않는다. 치료사 입장에서 볼 때, 이 태도는 멍청한 태도가 아니다. 오히려 고객에게 신뢰를 얻을 가능성이 가장 큰 태도이다.

비록 내가 식료품점에서나 주택 담보 대출 중개인 앞에서 이런 태도를 보이지는 않을지 모르지만, 학생들을 가르칠 때나 누군가에게 조언할 때, 타인과 협력할 때, 아이를 양육할 때라면 상대방을 믿어주는 친절과 긍정적 존중은 내가 호구라는 생각에 매몰되지 않도록 나 자신을 지키는 방패이자, '평행추'가 되어 줄 것이다. 물론 대부분의 상호작용은 실제로는 위험 부담이 크지 않고, 상호작용의 목표가 항상 사랑이나 친밀함도 아닐 것이다. 그러나 나는 많은 인간관계가 비록 덧없더라도 궁극적으로는 타인과 연결되기 위한 것이라는 가능성을 진지하게 받아들이려 한다. 무조건적 긍정적 존중을 추구하면 지나치게 비현실적이거나 뜬구름 잡는 소리처럼 느껴지는 목표까지 스스로 확실히 인식할 수 있다. 애플리케이션이나 유튜브 등을 통해 명상 가이드를 듣다 보면 종종 끝에 가서 이런 질문을 들을 수 있다.

"사랑과 친절을 베푸는 태도를 여러분 삶의 다른 영역에도 적용할 수 있나요?"

내가 과연 그렇게 할 수 있을까? 그럴 수 있기를 바란다.

호구가 되는 것은 피할 수 없어도
어떤 사람이 될지는 선택할 수 있다

내가 아주 어렸을 때 우리 가족 모두와 친했던 한 부부가 있었다. 그들은 건넛마을 숲속의 조그마한 오두막에 살았다. 동화책에나 나올 법한 집이었다. 그들은 몸집이 작고 우리 부모님보다 나이가 많았으며 마치 옛날이야기에 나오는 인물 같은 분들이었다. 사실 그들은 뉴욕시에서 살다가 메인주로 온 사람들이었고, 부부 중 아내는 유명한 발달심리학자였다. 아마 그래서 어린 내 눈에도 그분이 유독 남달라 보였던 듯하다. 그녀는 어린아이에 관해서라면 빠삭했다. 그녀의 이름은 도로시였고, 급작스럽게 췌장암으로 사망하기 전까지 우리 어머니의 직업적 멘토이자 가장 친한 친구가 되어 주었다. 도로시와 우리 어머니는 둘 다 1980년대 초반 메인주의 시골에서 심리치료사로 일했다. 당시에는 고객 중 대부분이 심리학을 믿지 않았으므로 심리치료사로 일하기가 수월하지 않았다. 하지만 도로시는 심지가 곧은 사람이었다. 그녀는 우리 어머니의 어깨를 툭툭 두드리며 이렇게 말하곤 했다.

"사람들이 심리학을 믿든 안 믿든 상관없어요. 그러거나 말거나 심리 현상은 늘 일어나잖아요."

아마 속임수에 관해서도 똑같이 말할 수 있을 것이다. 우리가 속임수에 어떻게 대처하는지는 사실 중요하지 않다. 그러거나 말거나 속임수는 항상 일어난다. 우리는 두려움을 의식하거나 사기를 회피하거나 사기에 맞서 싸우거나 단념하는 등 나름의 방법으로 속임수에 대처할 수는 있지만, 사는 동안 속임수에서 완전히 벗어날 수는 없다. 이러나저러나 우리는 사기나 속임수일지 모를 각종 술수의 바다에서 헤엄치고 있다. 다른 사람들처럼 나도 무슨 일이 일어나는지 미처 파악하기도 전에 속임수의 파도에 휩쓸리기도 할 것이다.

속임수는 사회 전반에서도, 일상의 자잘한 영역에서도 일어난다. 어느 날 나는 아들이 대중교통을 이용하게 하는 대신, 내가 직접 운전해서 학교에 데려다주기로 했다. 아들이 짐이 너무 많다며 태워 달라고 부탁했기 때문이다. 그런데 나중에 알고 보니 아들의 책가방은 기껏해야 살짝 묵직한 정도였다. 나는 출근해서 한 학생의 추천서를 썼다. 학생의 좋은 면만 부각하고 학생이 내 수업에서 평균 이하의 성적을 받았다는 사실은 언급하지 않았다. 자료를 조사하는 동안 나는 애플, 구글, JSTOR(학술 자료를 찾아볼 수 있는 전자 도서관-옮긴이), 〈뉴욕타임즈〉, 아마존과 법적 분쟁이 일어날 때 주 법원이나 연방 법원을 통해 소송을 제기하지 않고 중재를 통해 해결하겠다는 데 동의했다. 약관은 한 줄도 읽지 않았고 내용도 모르지만 무작정 동의 버튼을 눌렀다. 점심을 먹은 뒤 줌으로 온라인 회의에 참석한 나는 얼굴이 조금이나마 덜 초췌해 보이도록 하는 보정 기능을 사용했다. 강의를 마치고 나서는 오후 늦게 열리는 교수진 워크숍에 갔다. 워크숍은 재미도 없고 번 거로울 뿐이지만 나는 우리가 교수진으로서 다들 마땅히 워크숍에 참 석해야 한다는 데 동의했다고 여겼다. 그러나 막상 워크숍 장소에 도 착하니 자리에는 마흔다섯 명의 교수들 중 여덟 명밖에 없었다.

사회의 일원으로 살아가는 삶은 너무나 복잡하다. 나는 전자 도서 관에서 논문을 꼭 내려 받아야 했고, 그전에 계약 조건을 읽어볼 겨를 이 없었다. 가방이 무거우니 학교에 태워 달라는 아들의 부탁은 내가 학생의 추천서에 긍정적인 내용만 쓴 것과 마찬가지로 관계적 맥락 안 에서 일어나는 일이다. 우리의 관계에는 여러 층의 의미, 추론의 규범, 미묘하고 세세한 맥락, 소소한 감정이 존재한다. 우리는 때때로 어떤 일은 눈감아 주고 되는대로 흘러가도록 내버려 둔다.

누구나 가끔은 호구가 될 수밖에 없다

———

사회심리학자 로제나 소머스Roseanna Sommers와 바네사 본스Vanessa Bohns는 '동의와 사회적 압력'을 주제로 여러 편의 글을 썼다. 나는 소머스와 본 스가 최근에 발표한 연구 논문을 읽다가 자세를 고쳐 앉았다. 그들의 논문을 통해 그간 내가 잘 안다고 여겼던 '사회적 영향력'의 의미를 다 시 생각해 볼 수 있었기 때문이다. 소머스와 본스는 연구 조교를 몇 명 고용하고, 코넬대학교 학부생을 피험자로 모집했다. 피험자가 연구실 에 도착하면 연구 조교는 두 가지 중 한 가지 행동을 취했다. 먼저 어떤 사람들에게는 설문지를 작성해 달라고 부탁하며 후속 연구에서 사용할 연구 방법의 실행 가능성을 탐구하기 위한 설문이라고 설명했다. 연구 조교는 "여러분이 지금 와 있는 곳과 비슷한 심리학 연구실에 앉아 있다고 상상해 보세요. 이제 한 실험자가 들어와서 여러분에게 '실험을 시작하기 전에 먼저 휴대폰의 잠금을 해제하고 제게 주시겠어요? 잠깐 가지고 나가서 몇 가지 확인할 사항이 있어서요.'라고 말한다면 어떻게 행동하시겠어요?"라고 묻는다.

설문에 응한 피험자는 '예측 조건'에 배정된 피험자였다. 그 외의 피험자는 '경험 조건'에 배정되었다. 경험 조건에 배정된 피험자에게는 같은 연구 조교가 인사를 건넨 뒤, "휴대폰 잠금을 해제하고 저한테 주시겠어요?"라고 직접 요청한다. "왜요?"라고 묻는 피험자에게는 "불법 애플리케이션이 깔려 있는지 점검해야 해서요."라고 답변한다.

여기서 잠시 당신이 휴대폰의 잠금을 해제하고 낯선 사람이 마음껏 들여다볼 수 있도록 건네준다고 상상해 보자. 나는 비밀이 많은 사람이 아닌데도 누군가 내 물건을 들여다본다는 사실이 몸서리치게 싫을 것 같다. 그러니 만일 누군가가 내게 "모르는 사람에게 휴대폰을 건넸을 때도 마음대로 볼 수 있게 두겠습니까?"라고 묻는다면 나는 본능적으로 "아니요. 절대 주지 않을 겁니다."라고 분명하게 대답할 것이다. 해당 연구에서 예측 조건에 배정된 피험자들도 나와 매우 비슷하게 반응했다. 예측 조건에 배정된 피험자의 73퍼센트가 연구 조교의 요청을 거절하겠다고 답했다.

그러나 연구 조교가 피험자의 눈을 바라보며 휴대폰의 잠금을 해제해서 자기에게 넘겨달라고 단도직입적으로 말하자, 요청을 거절하겠다던 피험자의 대답은 그저 말뿐인 것으로 드러났다. 경험 조건에 배정된 피험자의 무려 97퍼센트가 낯선 사람에게 휴대폰을 건네주고 그가 이것을 가지고 방 밖으로 나가도록 그냥 뒀다(참고로 연구 조교가 피험자의 휴대폰을 들여다보지는 않았다. 그저 밖에서 다섯까지 센 뒤 다시 피험자가 있는 방으로 들어왔을 뿐이다).

이 연구에서 놀라운 점은 연구 조교가 직접 부탁했을 때 나타난 반응과 효과이다. 연구 조교의 요청에 순순히 응한 피험자의 비율은 예상치보다 조금 높은 수준이 아니었다. 자기가 낯선 사람에게 휴대전화를 건네리라고는 전혀 생각지 않았던 사람들이 막상 눈앞에 상황이 닥치자 거의 모두 연구 조교의 요구에 따랐다. 피험자 네 명 중 세 명이 자신을 조교의 요구를 거절할 것으로 예상했으나 실제로 거절한 사람은 서른 명 중 한 명에 불과했다.

이처럼 호구가 되기를 두려워하는 사람도 가끔은 호구가 될 수밖에 없다. 그러나 제삼자의 눈으로 보면 낯선 사람에게 휴대전화 잠금을 풀어주지 않겠다고 거절하기가 대체 뭐가 그렇게 어려운지 이해하기 어려울 것이다. 멀리서는 거절이 식은 죽 먹기처럼 보이고, 이러한 인식은 오해를 불러일으킬 수 있다. 만일 내가 아마존 소비자 계약서를 한 줄도 읽지 않고 경솔하게 '동의합니다' 버튼을 클릭하는 모습을 본다면, 누군가는 속으로 '저 사람 조심 좀 해야겠는걸' 하고 생각할지도 모른다. 그러나 시스템이 무의식중에 우리의 행동을 유도하고, 아마존은 분명 이 시스템을 통해 내게 "뭘 굳이 하나하나 따져요?"라고 최면을 걸 것이다.

살아가는 동안 피할 수 없는 속임수들

속임수에 고분고분 넘어가도록 유도하는 사회구조는 개인에게도 영향을 미치지만 법적, 정치적 수준에서도 파문을 불러일으킬 수 있다. 이 문제는 계약 과정에서 항상 불거진다. 어떤 사람이 컴퓨터를 구매하는 과정에서 계약서에 서명한다. 그 뒤에는 참을성 없는 대기자들이 죽 늘어서 있다. 나중에 가서야 계약서 네 번째 페이지에 품질 보증 제한 사항을 설명하는 부분이 눈에 들어온다. 그리고 이 사건이 법정 소송으로 번지면 판사는 소비자에게 계약서를 읽을 기회가 있었다고 말할 것이다. 대기 줄에서 잠시 빠져나와 계약서를 읽거나 가게에 가기 전에 미리 계약서를 내려받아 읽을 수도 있었다는 것이다.

다른 이들과 마찬가지로 나도 이 난제를 가르칠 때, 1960년대 초 워싱턴 D.C.의 가구점과 고객 간에 벌어진 절망적인 법적 분쟁 사례를 활용한다. '워커-토머스 가구 회사'는 가난한 동네를 대상으로 외판원을 파견했다. 동네 주민들은 가구를 그 자리에서 덥석 구매할 만큼 돈이 많지도 않았고, 전통적인 형태의 신용 대출을 얻을 수 있을 만큼 사회적 기반이 변변치도 않았다. 외판원은 할부 계약서를 들고 다니면서 고객에게 내밀었다. 계약서 맨 위에는 크고 굵은 글씨로 이렇게 쓰여 있었다.

'서명하기 전 계약서를 읽으십시오.'

그러나 외판원은 고객에게 계약서를 건네기 전 종이 윗부분을 접어서 계약서 하단의 서명란만 보이도록 했다. 그리고 이렇게 말했다.

"그냥 여기 서명만 하면 됩니다."

오라 리 윌리엄스라는 고객은 이 가구 회사에서 5년에 걸쳐 1,400 달러어치의 가구를 구매했다. 1962년 4월, 윌리엄스가 값비싼 스테레오를 샀을 당시 빚진 금액은 총 164달러에 불과했으나, 이후 윌리엄스는 할부금을 꼬박꼬박 내지 못했다. 그러자 가구 회사는 직원을 보내스테레오와 더불어 윌리엄스가 1957년 이후로 구입한 모든 가구를 회수했다. 윌리엄스가 미처 읽지 못하고 서명한 계약서에는 모든 납부금이 '미해결된 모든 임차 물품, 청구서, 계산서에 일정한 비율로 나눠 입금된다'라고 끝맺는 빽빽한 장문의 조항이 포함되어 있었다. 그 말인즉슨, 윌리엄스가 몇 년에 걸쳐 냈던 납부금이 한 가지 품목의 대금으로 지급되지 않고 구매 물품 전반으로 퍼져나가고 있었다는 뜻이다. 아직 잔금을 다 치르지 못한 가구는 윌리엄스가 채무를 불이행하면 회수 대상이 되는 것이었다. 윌리엄스가 돈을 낼 때마다 모든 구매 물품의 대금을 조금씩 나눠서 치르는 구조였으므로, 모든 물건값을 완전히 치르기 전까지는 그중 어느 하나의 물건값만 완납하기가 불가능했다. 따라서 설령 윌리엄스가 주방과 거실에 있는 모든 물건값을 치르고도 남을 대금을 납부했더라도 새로 구매한 스테레오 할부금을 내지 않기 시작하면 지금까지 산 모든 물건이 회수 대상이 되는 구조였다. 윌리엄스는 가구 회사를 상대로 소송을 제기했다. 윌리엄스는 이 계약이 부당하고 무효이며, 이미 값을 치른 가구에 대해서는 본인이 소유권을 가져야 한다고 주장했다.

법정에서 가구 회사 측 변호사는 윌리엄스에게 이렇게 질문했다.

"계약서는 안 읽어보셨습니까? 계약 내용도 모르면서 어떻게 이 많은 가구를 다 사들일 수가 있죠?"

윌리엄스는 부아가 치밀었다. 그리고 마침내 이렇게 외쳤다.

"내가 단 한 번도 읽을 필요가 없었던 그 계약서 말이죠."

윌리엄스의 말이 옳았다. 정작 고객이 계약서를 읽어야 할 시점에는 계약서를 찬찬히 뜯어볼 겨를도 주지 않았으면서 왜 이제 와서 계약서를 읽었느니 안 읽었느니 하는 소리가 나온단 말인가? 문제의 조항은 고객이 이해하기 어렵게 쓰여 있는 데다, 심지어 아예 보이지도 않게 다른 종이로 가려져 있기까지 했다. 법정은 결국 윌리엄스의 손을 들어주었다. 윌리엄스가 계약에 동의했든 동의하지 않았든 가구 회사의 행위는 소비자를 고의적으로 이용하려는 처사로 판명되었다.

일을 하고 거래를 하다 보면 어쩔 수 없이 겪는 사기도 있다. 이런 사기는 사실상 피할 수 없는 경우가 많다. 깨알 같은 약관에 동의하지 않고는 기사를 읽을 수 없다. 말도 안 되는 상호 담보 보증 조항에 동의하는 서명을 하지 않고는 물건을 받을 수 없다. 더 광범위하게 보자면 본래 예의 바른 태도가 몸에 밴 사람은 타인의 요구를 선뜻 거절하기가 쉽지 않다. 애초에 어디 숨어 있는지도 모르는 위험을 영원히 피해 다닐 수는 없는 일이다. 현실적으로 인간이라면 살아가는 동안 크고 작은 속임수를 계속 마주할 수밖에 없다.

어떤 호구가 될 것인가?

호구가 될지 모른다는 두려움은 눈에 띄지 않게 잘 가려져 있고, 때로는 고상하게 승화되기도 한다. 우리는 두려움의 존재조차 인정하지 않고 조심스럽게 회피할 때가 많다. 그 결과 개인과 사회는 위험의 실체를 알지 못한 채 위험 곁을 스쳐 지나간다. 그러나 호구가 될지 모른다는 두려움이 무대 뒤의 스태프가 아닌 주인공이 되어 무대 한가운데를 장악하는 순간도 있다. 사람들은 누군가를 사랑할 때 호구가 되고 싶지 않을지 모르지만, 사랑하려면 어쩔 수 없이 호구가 될 위험을 감수해야 한다는 사실은 어느 정도 짐작하고 있다. 사랑은 인간이 느끼는 가장 중추적인 감정이다. 사람들은 사랑하면서 불확실성을 기꺼이 감내하고, 배반을 인정하고 용서할 것이며, 자신의 약점을 어디까지 내보일지 가늠할 것이다.

사랑 중에서도 특히 연인 간의 사랑은 속임수를 겉으로 드러내 놓고 보여준다. 애초에 유혹이라는 행위 자체가 일종의 가벼운 사기라고 볼 수 있기 때문이다. 데이팅 앱에 유독 잘 나온 사진을 올려도 괜찮을까? 관계를 막 시작했을 때 자신의 가장 멋진 모습만 보여주려 노력하는 것은 어떤가? 그 혹은 그녀가 정말 당신을 사랑하는지 아니면 그저 펨벌리 저택(제인 오스틴의 《오만과 편견》에 등장하는 부유한 남주인공의 저택-옮긴이)에 살고 싶은지는 어떻게 알 수 있는가? 관계의 친밀함을 놓고 벌이는 협상이 괴로운 이유는 '혹시 이것도 속임수가 아닐까' 하는 끊임없는 경계심이 인간관계에서 풍성한 보상을 얻고 싶은 다급한 마음과 아슬아슬하게 줄타기를 하기 때문이다.

남편을 만난 지 얼마 되지 않았을 때, 나는 그에게 정신없이 빠져들면서도 한편으로는 의심을 품었다. 남편은 당시 뉴욕대학교 4학년이었고, 고급 식당에서 그릇을 치우는 종업원으로 일했다. 우리는 브루클린에서 각자의 룸메이트와 함께 살았지만, 형편은 내 쪽이 조금 더 나았다. 이때 나는 진부하고 뻔한 방식으로 이따금 우리 사랑의 정확한 조건이 무엇인지 규명하려고 애를 썼다. 몇 번인가 나는 그에게 그가 관심 있는 대상이 '나'인지 아니면 '내가 제공하는 무언가'인지 분명히 말하라고 했다(당시 내가 남편에게 제공했던 것은 시간제 일자리 둘, 음식이 넉넉하게 든 냉장고, 장기 대출금으로 산 내 여동생의 자동차였다).

칭찬받아 마땅하게도 그는 이 질문이 정말 부질없다고 여겼다. 익살스러우면서도 진지한 성격의 철학과 전공생인 그는 사랑받는 것과 이용당하는 것의 차이를 묻는 내 질문이 '본질상 도돌이표와도 같은 형이상학적 질문'이라고 지적했다. 이 둘을 어떻게 구분할 것이며 구분해서 무엇 하겠는가? 제인 오스틴이 살아 있다면 내게 이렇게 말할 수도 있다. 내가 곧 여동생의 스바루 자동차고 스바루 자동차가 곧 나라고.

사랑에 빠지면 인간관계 속에 숨은 위험성을 있는 그대로 보기 쉽다. 우리가 경험하는 가장 사적인 관계는 무척이나 불확실하며, 이와 같은 역학은 모든 유형의 거래에도 똑같이 적용된다. 단지 여러 겹의 사회적 보호와 규범 아래에 묻혀 있을 뿐이다. 사람들은 피하지 못하는 일들에 관해 솔직히 이야기하기를 꺼린다. 그러나 자기 자신과 상대방에게 솔직해지는 것은 매우 중요하다. 진짜 중요한 문제는 '우리가 호구가 될 것이냐 아니냐'가 아니라 '어떤 호구가 될 것이냐'이기 때문이다. 도덕적 주체로서 우리는 손 놓고 있다가 그대로 '비관적인 호구'가 될지 아니면 '의도적으로 진정성 있는 호구'가 될지 선택할 수 있다.

아마도 이것이 호구가 되기를 두려워하는 사람들이 부모, 특히 어머니에게서 무언가를 배울 만한 지점일 것이다. 어머니가 되는 일은 끊임없는 사기와 불합리한 일들의 연속이다. 아이는 신체적, 감정적,

윤리적으로 즉각적인 돌봄이 필요하고, 그 요구에 계속 맞추다 보면 어머니는 이리저리 치이며 내몰리기 마련이다. 이것은 분명 호구의 게임에 가깝지만, 하루하루 아이를 키우면서 누가 그것을 신경이나 쓰겠는가? 아기가 환하게 미소 지을 때, 아기의 몸이 갑자기 불덩이처럼 달아오를 때, 학교에 다니기 시작한 아이가 친구를 사귈 때, 우리의 의사 결정 행렬은 신기하고 빛나는 보상으로 채워진다.

성인이 된 후 힘든 시기를 겪었을 때 나는 늘 부모님에게 전화를 걸곤 했다. 느낌상으로는 일주일에 천 번쯤 집 전화번호를 눌렀던 것 같다. 그러면 늘 어머니가 전화를 받았다. 나조차 내 푸념을 듣고 있기가 지겨웠고, 갚지도 못할 빚만 쌓여가는 것 같아 몹시 부끄러웠다. 불편한 마음에 죄송하다고 이야기하자, 어머니는 내게 이렇게 말했다.

"아가, 네가 내게 갚아야 할 빚은 하나도 없단다."

들어가는 글

13쪽_계약 위반을 가리켜 좋다, 나쁘다는 식의 도덕적인 용어로는 거의 표현하지 않는다: Omri Ben-Shahar, Fault in American Contract Law, (Cambridge: Cambridge University Press, 2010). See especially Steven Shavell, "Why Breach of Contract May Not Be Immoral Given the Incompleteness of Contracts," 257 – 70, and Richard Posner, "Let Us Never Blame a Contract Breaker," 3 – 19.

14쪽_일반적인 법적 기준을 훨씬 상회하는: Tess Wilkinson-Ryan and Jonathan Baron, "Moral Judgment and Moral Heuristics in Breach of Contract," Journal of Empirical Legal Studies 6, no. 2 (2009): 405 – 23, https://doi.org/10.1111/j.1740 – 1461.2009.01148.x.

15쪽_연극학적 사회생활 모형: Dmitri N. Shalin, "Interfacing Biography, Theory and History: The Case of Erving Goffman," Symbolic Interaction 37, no. 1 (2013): 2 – 40, https://doi.org/10.1002/symb.82.

15쪽_고프만의 짧은 논문: Erving Goffman, "On Cooling the Mark Out," Psychiatry 15, no. 4 (1952): 451 – 63, https://doi.org/10.1080/00332747.1952.11022896.

20쪽_가수이자 민권 운동가인 오스카 브라운 주니어: Leinz Vales, "Trump Twisting Meaning of 'the Snake' Lyrics, Say Oscar Brown Jr.'s Daughters," CNN, February 27, 2018, https://www.cnn.com/2018/02/27/politics/the-snake-africa-oscar-brown-jr-daughters-trump-don-lemon-cnntv/index.html.

20쪽_인종주의에 대항하고자 쓰였으나: "Insects, Floods and 'the Snake': What Trump's Use of Metaphors Reveals," Public Broadcasting Service, October 22, 2019, https://www.pbs.org/wgbh/frontline/article/insects-floods-and-the-snake-what-trumps-use-of-metaphors-reveals/.

1장

34쪽_'호구 공포증'이라는 용어를 만들어 냈다: Kathleen D. Vohs, Roy F. Baumeister, and

Jason Chin, "Feeling Duped: Emotional, Motivational, and Cognitive Aspects of Being Exploited by Others," Review of General Psychology 11, no. 2 (2007): 127–41, https://doi.org/10.1037/1089–2680.11.2.127.

35쪽_초기 사회심리학 실험: Samuel Gaertner and Leonard Bickman, "Effects of Race on the Elicitation of Helping Behavior: The Wrong Number Technique," Journal of Personality and Social Psychology 20, no. 2 (1971): 218–22, https://doi.org/10.1037/h0031681.

36쪽_'공짜로 돈을 드립니다' 연구: Dan Ariely cited in Vohs, Baumeister, and Chin. (This article cites D. Ariely, personal communication, April 20, 2006.)

37쪽_'공짜'가 지닌 심리적 위력: Dan Ariely,《상식 밖의 경제학》(New York: Harper Perennial, 2010).

38쪽_실제로도 테이블을 그냥 지나친 사람이 90퍼센트 이상이었다: Dan Ariely cited in Vohs, Baumeister, and Chin.

47쪽_어쩌면 나쁜 일을 겪지 않을 수도 있었다는 자각: See, e.g., Marcel Zeelenberg and Rik Pieters, "Consequences of Regret Aversion in Real Life: The Case of the Dutch Postcode Lottery," Organizational Behavior and Human Decision Processes 93, no. 2 (2004): 155–68, https://doi.org/10.1016/j.obhdp.2003.10.001.

49쪽_투자금 100달러: Daniel A. Effron and Dale T. Miller, "Reducing Exposure to Trust-Related Risks to Avoid Self-Blame," Personality and Social Psychology Bulletin 37, no. 2 (2011): 181–92, https://doi.org/10.1177/0146167210393532.

50쪽_'공유지의 비극': William Forster Lloyd, Two Lectures on the Checks to Population: Delivered Before the University of Oxford, in Michaelmas Term 1832 (United Kingdom: S. Collingewood, 1833). The theory was reinvigorated and elaborated in a 1968 article of the same name: Garrett Hardin, "The Tragedy of the Commons," Science 162, no. 3859 (1968): 1243–48, https://doi.org/10.1126/science.162.3859.1243.

51쪽_공공재 게임에서: Robyn M. Dawes, Jeanne McTavish, and Harriet Shaklee, "Behavior, Communication, and Assumptions About Other People's Behavior in a Commons Dilemma Situation," Journal of Personality and Social Psychology 35, no. 1 (1977): 1–11, https://doi.org/10.1037/0022-3514.35.1.1.

54쪽_게임을 거듭할수록 통에 넣는 금액도 점점 줄어들었다: See, e.g., Tibor Neugebauer, Javier Perote, Ulrich Schmidt, and Malte Loos, "Selfish-Biased Conditional Cooperation: On the Decline of Contributions in Repeated Public Goods Experiments," Journal of Economic Psychology 30, no. 1 (2009) 52–60, https://doi.org/10.1016/j.joep.2008.04.005.

57쪽_시각적 주목을 더 많이 받는다: Pia Dietze and Eric D. Knowles, "Social Class and the

Motivational Relevance of Other Human Beings," Psychological Science 27, no. 11 (2016): 1517 – 27, https://doi.org/10.1177/0956797616667721.

58쪽_공포의 어두운 핵심: Carrie, United States: United Artists Corp., 1976.

59쪽_피험자에게 'EEG 캡'을 씌워: Marte Otten and Kai J. Jonas, "Humiliation as an Intense Emotional Experience: Evidence from the Electro-Encephalogram," Social Neuroscience 9, no. 1 (2013): 23 – 35, https://doi.org/10.1080/17470919.2013.8556 60.

59쪽_굴욕은 적어도 부분적으로나마 열등감에서 기인하는 개인적 체험이다: Maartje Elshout, Rob M. Nelissen, and Ilja van Beest, "Conceptualising Humiliation," Cognition and Emotion 31, no. 8 (2016): 1581 – 94, https://doi.org/10.1080/02699931.2016.1249462.

62쪽_일명 '가르시아 쥐'는 모든 종류의 단맛을 거부했다: J. Garcia, D. J. Kimeldorf, and E. L. Hunt, "The Use of Ionizing Radiation as a Motivating Stimulus," Psychological Review 68, no. 6 (1961): 383 – 95, https://doi.org/10.1037/h0038361.

62쪽_'베어네즈 소스 효과': Martin E. Seligman and Joanne L. Hager, "Biological Boundaries of Learning: The Sauce-Bearnaise Syndrome," Psychology Today 6, no. 3 (1972): 59, https://doi.org/10.1037/e400472009 – 006.

2장

64쪽_아루스투크 카운티 출신의 독신남 조지 포르니어: Robert H. Sitkoff and Jesse Dukeminier, Wills, Trusts, and Estates (New York: Wolters Kluwer, 2022).

67쪽_당신은 그저 상사가 밟고 오르는 사다리 한 단에 불과해요: Dolly Parton, "9 to 5," Nashville: RCA Nashville, 1980.

69쪽_흑인은 자신들이 세운 나라의 시민이 될 자격이 없다: Ta-Nehisi Coates, "The First White President," Atlantic, May 22, 2018, https://www.theatlantic.com/magazine/archive/2017/10/the-first-white-president-ta-nehisi-coates/537909/.

70쪽_꼭두각시는 당신이겠죠: Eyder Peralta, "Watch: On Russia, Trump Tells Clinton 'You're the Puppet,'" National Public Radio, October 20, 2016, https://www.npr.org/2016/10/19/498626880/watch-on-russia-trump-tells-clinton-youre-the-puppet.

71쪽_'도덕은 패배자들이나 지키는 것': Anne Applebaum, "In Trump's World, Morality Is for Losers," Washington Post, October 28, 2021, https://www.washingtonpost.com/news/global-opinions/wp/2018/06/20/in-trumps-world-morality-is-for-losers/.

75쪽_이것을 가리켜 '스키마'라고 부른다: Susan T. Fiske and Patricia W. Linville, "What Does the Schema Concept Buy Us?," Personality and Social Psychology Bulletin 6, no. 4 (1980): 543 – 57, https://doi.org/10.1177/014616728064006.

75쪽_빈칸에 알맞은 알파벳을 넣어 단어를 만들게 하면: J. A. Debner and L. L. Jacoby, "Unconscious Perception: Attention, Awareness, and Control," Journal of Experimental Psychology: Learning, Memory, and Cognition 20, no. 2 (1994), 304 – 317, https://doi.org/10.1037/0278 – 7393.20.2.304.

76쪽_스크립트라고도 불리는 스키마: Mark W. Baldwin, "Relational Schemas and the Processing of Social Information," Psychological Bulletin 112, no. 3 (1992): 461 – 84, https://doi.org/10.1037/0033 – 2909.112.3.461.

81쪽_내쉬 균형: John F. Nash, "Equilibrium Points in N-Person Games," Proceedings of the National Academy of Sciences 36, no. 1 (1950): 48 – 49, https://doi.org/10.1073/pnas.36.1.48.

84쪽_월스트리트 게임: Varda Liberman, Steven M. Samuels, and Lee Ross, "The Name of the Game: Predictive Power of Reputations versus Situational Labels in Determining Prisoner's Dilemma Game Moves," Personality and Social Psychology Bulletin 30, no. 9 (2004): 1175 – 85, https://doi.org/10.1177/0146167204264004.

85쪽_이기심의 규범: Rebecca K. Ratner and Dale T. Miller, "The Norm of Self-Interest and Its Effects on Social Action," Journal of Personality and Social Psychology 81, no. 1 (2001): 5 – 16, https://doi.org/10.1037/0022 – 3514.81.1.5.

87쪽_이기심 때문이라고 둘러대는 쪽: Dale T. Miller, "The Norm of Self-Interest," American Psychologist 54, no. 12 (1999): 1053 – 60, https://doi.org/10.1037/0003 – 066x.54.12.1053.

93쪽_감사받을 확률은 백만장자보다 높다: Jesse Eisinger and Paul Kiel, "Why the Rich Don't Get Audited," New York Times, May 3, 2019, https://www.nytimes.com/2019/05/03/sunday-review/tax-rich-irs.html.

94쪽_내가 일을 제대로 하고 있는지 봐야겠다는 이유였다: Tressie McMillan Cottom, "I Am Already Behind," essaying (blog), June 3, 2021, https://tressie.substack.com/p/i-am-already-behind.

94쪽_흑인이면서 살아가는 것: Brandon Griggs, "Here Are All the Mundane Activities for Which Police Were Called on African-Americans This Year," CNN, December 28, 2018, https://www.cnn.com/2018/12/20/us/living-while-black-police-calls-trnd/index.html.

95쪽_지위를 깎아내리는 수단: Simone Browne, Dark Matters: On the Surveillance of

Blackness (Raleigh, NC: Duke University Press, 2015).

95쪽_한 경관이 사소한 구실을 핑계 삼아 한 가족의 차를 멈춰 세운 뒤 그들에게 횡포를 부리며 분노한 일화: The Ferguson Report: Department of Justice Investigation of the Ferguson Police Department, introduction by Theodore M. Shaw (New York: New Press, 2015).

3장

102쪽_'호구가 되기 싫어 일을 게을리하는 경우'를 포착하기 위해: Norbert L. Kerr, "Motivation Losses in Small Groups: A Social Dilemma Analysis," Journal of Personality and Social Psychology 45, no. 4 (1983): 819 – 28, https://doi. org/10.1037/0022 – 3514.45.4.819.

107쪽_배반 회피: Jonathan J. Koehler and Andrew D. Gershoff, "Betrayal Aversion: When Agents of Protection Become Agents of Harm," Organizational Behavior and Human Decision Processes 90, no. 2 (2003): 244 – 61, https://doi.org/10.1016/ S0749 – 5978(02)00518 – 6.

109쪽_본래 '투자자 게임'이라는 별명으로 불리던 이 게임: Joyce Berg, John Dickhaut, and Kevin McCabe, "Trust, Reciprocity, and Social History," Games and Economic Behavior 10, no. 1 (1995): 122 – 42, https://doi.org/10.1006/game.1995.1027.

111쪽_투자자들이 두려워한 것이 바로 배신당할 위험이었음을 보여주고자: Iris Bohnet and Richard Zeckhauser, "Trust, Risk and Betrayal," Journal of Economic Behavior & Organization 55, no. 4 (2004): 467 – 84, https://doi.org/10.1016/j.jebo.2003.11.004.

121쪽_'복지'는 탐탁지 않게 여긴다: Colin Campbell and S. Michael Gaddis, "'I Don't Agree with Giving Cash': A Survey Experiment Examining Support for Public Assistance," Social Science Quarterly 98, no. 5 (2017): 1352 – 73, https://doi. org/10.1111/ssqu.12338.

123쪽_보험료가 무서운 줄 모르고 치솟고 있습니다: Sarah Kliff, "GOP Legislator Says Healthy People Lead 'Good Lives,' Should Get Cheaper Health Insurance," Vox, May 2, 2017, https://www.vox.com/policy-and-politics/2017/5/2/15514006/ mo-brooks-preexisting-conditions.

126쪽_복지에 대한 미국인의 견해: Martin Gilens, 《왜 미국인들은 복지를 싫어하는가》 (Chicago: University of Chicago Press, 2000).

127쪽_피 흘리는 심장: Westbrook Pegler, "Fair Enough," New York World-Telegram, January 7, 1938.

130쪽_교수들 간의 짤막한 일화: Victoria Husted Medvec, "What Might Have Been, What Almost Was, What Used to Be: Subjective Determinants of Satisfaction," PhD diss., Cornell University, 1995.

132쪽_이혼 협상: Tess Wilkinson-Ryan and Jonathan Baron, "The Effect of Conflicting Moral and Legal Rules on Bargaining Behavior: The Case of No-Fault Divorce," Journal of Legal Studies 37, no. 1 (2008): 315–38, https://doi.org/10.1086/588265.

4장

139쪽_권총을 소지하며 이것을 기꺼이 쓰려고 하는: Paul Stenquist, "Road Rage, 'Zipper Merging' and a Stress-Free Path Through Traffic," New York Times, July 10, 2021, https://www.nytimes.com/2021/07/10/business/road-rage-zipper-merging.html.

141쪽_넘어지는 자판기 밑에 깔리고 만다: Kathleen D. Vohs, Roy F. Baumeister, and Jason Chin, "Feeling Duped: Emotional, Motivational, and Cognitive Aspects of Being Exploited by Others," Review of General Psychology 11, no. 2 (2007): 127–41, https://doi.org/10.1037/1089-2680.11.2.127.

141쪽_최후통첩 게임: Werner Güth, Rolf Schmittberger, and Bernd Schwarze, "An Experimental Analysis of Ultimatum Bargaining," Journal of Economic Behavior & Organization 3, no. 4 (1982): 367–88, https://doi.org/10.1016/0167-2681(82)90011-7.

142쪽_합리적 행위자: will try to maximize their own welfare: See, e.g., Ariel Rubinstein, "Perfect Equilibrium in a Bargaining Model," Econometrica 50, no. 1 (1982): 97, https://doi.org/10.2307/1912531.

142쪽_대부분의 사람이 학술 논문 하나 읽지 않고도 게임 결과를 예측할 수 있을 것이다: For a cross-cultural study of Ultimatum Game results, see Alvin E. Roth, Vesna Prasnikar, Masahiro Okuno-Fujiwara, and Shmuel Zamir, "Bargaining and Market Behavior in Jerusalem, Ljubljana, Pittsburgh, and Tokyo: An Experimental Study," American Economic Review (1991): 1068–95, http://www.jstor.org/stable/2006907. The line graphs on page 1089 show the consistent fall-off of acceptances, across study locations, for offers of less than 20–30 percent of the total.

145쪽_응답자가 제안자에게 메시지를 보낼 수 있도록: E. Xiao and Daniel Houser, "Emotion Expression in Human Punishment Behavior," Proceedings of the National Academy of Sciences 102, no. 20 (2005): 7398–401, https://doi.org/10.1073/

pnas.0502399102.

145쪽_더 나은 대우를 요구하는 것: Michael Bang Petersen, Daniel Sznycer, Leda Cosmides, and John Tooby, "Who Deserves Help? Evolutionary Psychology, Social Emotions, and Public Opinion About Welfare," Political Psychology 33, no. 3 (2012): 398, https://doi.org/10.1111/j.1467‑9221.2012.00883.x.

146쪽_이기적인 팀원을 처벌할 수 있도록: Ernst Fehr and Simon Gächter, "Altruistic Punishment in Humans," Nature 415, no. 6868 (2002): 137‑40, https://doi.org/10.1038/415137a.

148쪽_남자들 손에 죽을까 봐 무서워서 그렇죠: Margaret Atwood, "Writing the Male Character," in Second Words: Selected Critical Prose (Boston: Beacon, 1984), 413.

149쪽_여성이 부정을 저질렀다는 비난은 흔히 연인 간의 폭력으로 이어져서: Marjorie Pichon, Sarah Treves‑Kagan, Erin Stern, Nambusi Kyegombe, Heidi Stöckl, and Ana M. Buller, "A Mixed‑Methods Systematic Review: Infidelity, Romantic Jealousy and Intimate Partner Violence Against Women," International Journal of Environmental Research and Public Health 17, no. 16 (2020): 5682, https://doi.org/10.3390/ijerph17165682.

149쪽_명예를 회복했으니: Margo I. Wilson and Martin Daly, "Male Sexual Proprietariness and Violence Against Wives," Current Directions in Psychological Science 5, no. 1 (1996): 2‑7, https://doi.org/10.1111/1467‑8721.ep10772668.

150쪽_완벽한 최고의 신사를 두고: "Transcript of Video Manifesto by Suspected UC‑Santa Barbara Shooter," Washington Post, May 24, 2014, https://www.washingtonpost.com/national/transcript-of-video-manifesto-by-suspected-uc-santa-barbara-shooter/2014/05/24/04da4618-e381‑11e3‑9743-bb9b59cde7b9_story.html.

151쪽_심지어 아내를 살해한 책임도 덜어줄 만큼: Margo I. Wilson and Martin Daly, "Male Sexual Proprietariness and Violence Against Wives," Current Directions in Psychological Science 5, no. 1 (1996): 2‑7.

151쪽_선천적으로 신뢰할 수 없는 것: Jane Schneider, "Of Vigilance and Virgins: Honor, Shame and Access to Resources in Mediterranean Societies," Ethnology 10, no. 1 (1971): 22, https://doi.org/10.2307/3772796.

151쪽_성전환 여성을 향한 폭력을 정당화: Talia Mae Bettcher, "Evil Deceivers and Make‑Believers: On Transphobic Violence and the Politics of Illusion," Hypatia 22, no. 3 (2007): 43‑65, https://doi.org/10.1111/j.1527‑2001.2007.tb01090.x.

152쪽_어느 남자인들 미치지 않고 배기겠어요?: Tim Reiterman, Jessica Garrison, and Christine Hanley, "Trying to Understand Eddie's Life—and Death," Los Angeles

Times, October 20, 2002, https://www.latimes.com/archives/la-xpm-2002-oct-20-me-eddie20-story.html.

152쪽_이리 가까이 와 봐. 아주 벌벌 떨게 해줄게: Ivan Natividad, "Why Is AntiTrans Violence on the Rise in America?," Berkeley News, November 22, 2021, https://news.berkeley.edu/2021/06/25/why-is-anti-trans-violence-on-the-rise-in-america/.

153쪽_평소와 전혀 다른 규칙: Greg Sargent, "That Wrenching Video Alone Makes an Utterly Damning Case Against Trump," Washington Post, February 10, 2021, https://www.washingtonpost.com/opinions/2021/02/09/that-wrenching-video-alone-makes-an-utterly-damning-case-against-trump/.

154쪽_폭도의 앞에는 언제나 '두려움의 형상'이 어른거린다: Du Bois, W. E. Burghardt, "The Shape of Fear," North American Review 223, no. 831 (1926): 294–95, http://www.jstor.org/stable/25110229.

154쪽_사람이 온 힘을 동원해 맞받아치는 수준을 뛰어넘어: Fon Louise Gordon, Caste & Class: The Black Experience in Arkansas, 1880–1920 (Athens, GA: University of Georgia Press, 2007), 50.

155쪽_거짓말과 중상모략을 통해: Adolf Hitler, 《나의 투쟁》 (London: Hurst & Blackett, 1938).

155쪽_악랄한 속임수: Adolf Hitler, transcript of speech delivered at the Reichstag, Berlin, Germany, January, 30, 1939, https://www.ushmm.org/learn/timeline-of-events/1939–1941/hitler-speech-to-german-parliament.

156쪽_한 독자는 다음의 문제를 제시하며: Cited in Tess Wilkinson-Ryan, "Breaching the Mortgage Contract: the Behavioral Economics of Strategic Default," Vanderbilt Law Review 64, no. 5 (2011): 1547.

159쪽_상대방이 부주의했기 때문이다: Tess Wilkinson-Ryan and Jonathan Baron, "Moral Judgment and Moral Heuristics in Breach of Contract," Journal of Empirical Legal Studies 6, no. 2 (2009): 405–423, https://doi.org/10.1111/j.1740–1461.2009.01148.x.

160쪽_피험자의 답변이 어떤 감정과 연결되는지: Tess Wilkinson-Ryan and David A. Hoffman, "Breach Is for Suckers," Vanderbilt Law Review 63, no. 4 (2010): 1001.

161쪽_모욕적 메시지를 철회한다: Jean Hampton, "An Expressive Theory of Retribution," in Retributivism and Its Critics: Papers of the Special Nordic Conference Held at the University of Toronto, 25–27 June 1990 (Germany: Steiner, 1992), 13.

161쪽_사기 범죄에 대한 반응 실험: Kenworthey Bilz, "Testing the Expressive Theory of Punishment," Journal of Empirical Legal Studies 13, no. 2 (2016): 358–92, https://doi.org/10.1111/jels.12118.

163쪽_계급을 무시하고 기어오른다: See, e.g., Brittany Farr, "Breach by Violence: The Forgotten History of Sharecropper Litigation in the Post-Slavery South," UCLA Law Review 69 (forthcoming 2022).

165쪽_미국 안에서 감사 대상이 어떻게 분배되는지에 관한 기사: Jesse Eisinger and Paul Kiel, "Who's More Likely to Be Audited: A Person Making $20,000—or $400,000?," ProPublica, December 12, 2018, https://www.propublica.org/article/earned-income-tax-credit-irs-audit-working-poor.

166쪽_감사율을 더욱 높일 것이다: Dorothy A. Brown, "The IRS Is Targeting the Poorest Americans," Atlantic, July 27, 2021, https://www.theatlantic.com/ideas/archive/2021/07/how-race-plays-tax-policing/619570/.

167쪽_분배 정의 실현의 의무: Aditi Bagchi, "Distributive Justice and Contract," in Philosophical Foundations of Contract Law (Oxford, UK: Oxford University Press, 2014), 193–212, https://doi.org/10.1093/acprof:oso/9780198713012.003.0011.

5장

170쪽_관계적 계약 이론: Ian R. Macneil, "Contracts: Adjustment of LongTerm Economic Relations Under Classical, Neoclassical, and Relational Contract Law," Northwestern University Law Review 72, no. 6 (1978): 854.

171쪽_윌리엄스의 에세이: Patricia J. Williams, "The Pain of Word Bondage," in The Alchemy of Race and Rights (Cambridge, MA: Harvard University Press, 1991), 146–65.

174쪽_그래야 물건을 훔쳤다고 억울하게 의심받지 않는다: Lawrence Otis Graham, "I taught my black kids that their elite upbringing would protect them from discrimination. I was wrong," Washington Post, November 6, 2014, https://www.washingtonpost.com/posteverything/wp/2014/11/06/i-taught-my-black-kids-that-their-elite-upbringing-would-protect-them-from-discrimination-i-was-wrong/.

175쪽_〈하버드 크림슨〉과의 인터뷰: Kathleen Cronin, "Jim Sidanius," Crimson, September 14, 2017, https://www.thecrimson.com/article/2017/9/14/fifteen-professors-2017-jim-sidanius/.

175쪽_집단 간 억압: Jim Sidanius and Felicia Pratto, Social Dominance: An Intergroup Theory of Social Hierarchy and Oppression (Cambridge, UK: Cambridge University Press, 2001).

177쪽_집단 간 편견을 구성하는 믿음: Susan T. Fiske, Amy J. C. Cuddy, and Peter Glick,

"Universal Dimensions of Social Cognition: Warmth and Competence," Trends in Cognitive Sciences 11, no. 2 (2007): 77 – 83, https://doi.org/10.1016/j. tics.2006.11.005.

179쪽_다음과 같은 표: Amy J. Cuddy, Susan T. Fiske, and Peter Glick, "The Bias Map: Behaviors from Intergroup Affect and Stereotypes," Journal of Personality and Social Psychology 92, no. 4 (2007): 631 – 48, https://doi.org/10.1037/0022 – 3514.92.4.631.

181쪽_그러자 기적이 일어났다: James Sullivan, History of New York State: 1523 – 1927 (New York: Lewis Historical Publishing Company, 1927), cited in Peter Francis, "The Beads That Did 'Not' Buy Manhattan Island," New York History 78, no. 4 (1997): 411 – 28, http://www.jstor.org/stable/43460452.

181쪽_순진한 인디언의 마음을 기쁨으로 채워준: James Grant Wilson, Memorial History of the City of New-York and the Hudson River Valley: From Its First Settlement to the Year 1892 (New York: New York Historical Co., 1892), cited in Francis, "The Beads That Did Not Buy Manhattan Island."

181쪽_토착민이 속이기 쉽고 순진하다는 이론: Camilla Townsend, "Burying the White Gods: New Perspectives on the Conquest of Mexico," American Historical Review 108, no. 3 (2003): 659 – 87, https://doi.org/10.1086/529592.

182쪽_집시에게서 도둑맞은 경험: Louis E. Jackson and C. R. Hellyer, A Vocabulary of Criminal Slang: With Some Examples of Common Usages (Portland, OR: Modern Printing Co., 1914), 41.

182쪽_경마장 내기: "Peer Apologises for Using Term 'Welching' in Lords Debate," BBC News, June 23, 2015, https://www.bbc.com/news/uk-politics-33238925.

182쪽_고집스럽게 가격을 깎는다: William Safire, "Slur Patrol," New York Times, July 4, 1993, https://www.nytimes.com/1993/07/04/magazine/on-language-slur-patrol.html.

182쪽_유대인이 '기만적'이라는 이유: Samuel Oppenheim, The Early History of the Jews in New York, 1654 – 1664: Some New Matter on the Subject (New York: American Jewish Historical Society, 1909), 5.

182쪽_위험한 반유대주의 편견: Susan T. Fiske, Amy J. Cuddy, Peter Glick, and Jun Xu, "A Model of (Often Mixed) Stereotype Content: Competence and Warmth Respectively Follow from Perceived Status and Competition," Journal of Personality and Social Psychology 82, no. 6 (2002): 878 – 902, https://doi.org/10.1037/0022 – 3514.82.6.878.

183쪽_소로스가 시위대에 자금을 댔다는 소문: Associated Press, "As George Floyd Protests Swept the Country, so Did George Soros Conspiracy Theories," Los

Angeles Times, June 22, 2020, https://www.latimes.com/world-nation/story/2020-06-22/george-soros-conspiracy-theories-surge-amid-george-floyd-protests.

183쪽_이주민에게 돈을 댔다는 의혹: Joel Achenbach, "A Conspiracy Theory About George Soros and a Migrant Caravan Inspired Horror," Washington Post, October 29, 2018, https://www.washingtonpost.com/national/a-conspiracy-theory-about-george-soros-and-a-migrant-caravan-inspired-horror/2018/10/28/52df587e-dae6–11e8-b732–3c72cbf131f2_story.html.

184쪽_아시아인에 대한 편견의 핵심: Monica H. Lin, Virginia S. Kwan, Anna Cheung, and Susan T. Fiske, "Stereotype Content Model Explains Prejudice for an Envied Outgroup: Scale of Anti-Asian American Stereotypes," Personality and Social Psychology Bulletin 31, no. 1 (2005): 34–47, https://doi.org/10.1177/0146167204271320.

184쪽_모범적인 소수자 집단: David Crystal, "Asian Americans and the Myth of the Model Minority," Social Casework 70, no. 7 (1989): 405–13, https://doi.org/10.1177/104438948907000702.

185쪽_아시아인 공격이 급증하는 원동력: "More than 9,000 Anti-Asian Incidents Have Been Reported Since the Pandemic Began," NPR, August 12, 2021, https://www.npr.org/2021/08/12/1027236499/anti-asian-hate-crimes-assaults-pandemic-incidents-aapi.

185쪽_노예가 반란을 일으키거나 탈출할까 우려해서: See, e.g., John W. Blassingame, The Slave Community: Plantation Life in the Antebellum South (New York: Oxford University Press, 1972).

186쪽_그 정도면 자기 선택 아닌가?: Elias Leight, "Kanye West Says 400 Years of Slavery 'Sounds Like a Choice,'" Rolling Stone, June 25, 2018, https://www.rollingstone.com/music/music-news/kanye-west-says-400-years-of-slavery-sounds-like-a-choice-628849/.

186쪽_충성스럽고 유순하다는 환상: Michael Twitty, "Aunt Jemima and Uncle Ben Deserve Retirement. They're Racist Myths of Happy Black Servitude," NBCNews.com, June 21, 2020, https://www.nbcnews.com/think/opinion/aunt-jemima-uncle-ben-deserve-retirement-they-re-racist-myths-ncna1231623.

187쪽_흑인 남자에 대해 경고하며: Randy Billings, "Lepage in Spotlight for Saying Drug Dealers Impregnate 'White Girls,'" Press Herald, November 30, 2017, https://www.pressherald.com/2016/01/07/lepage-accused-of-making-racist-comment-at-bridgton-meeting/.

188쪽_투표 사기: Alexa Ura, "Texas Court of Criminal Appeals Will Review Crystal Mason's Controversial Illegal-Voting Conviction," Texas Tribune, March 31, 2021, https://www.texastribune.org/2021/03/31/crystal-mason-texas-voting-ruling/.

188쪽_학교 배정 사기: John Nickerson, "Bridgeport Woman Arrested for Registering Son in Norwalk School," Stamford Advocate, April 16, 2011, https://www.stamfordadvocate.com/policereports/article/Bridgeport-woman-arrested-for-registering-son-in-1340009.php.

188쪽_제대로 교육받지 못했던 빛: LaToya Baldwin Clark, "Stealing Education," UCLA Law Review 68 (2021): 575.

188쪽_스포츠에서 사기를 저질렀다고: Laura Wagner, "An Anti-Doping Agent Occupied Serena Williams's Property and Everyone Is Being Squirrelly About It," Deadspin, June 27, 2018, https://deadspin.com/an-anti-doping-agent-occupied-serena-williams-s-propert-1826993294.

189쪽_'성별 사기'를 저질렀다는 의심: Anna North, "'I Am a Woman and I Am Fast': What Caster Semenya's Story Says About Gender and Race in Sports," Vox, May 3, 2019, https://www.vox.com/identities/2019/5/3/18526723/caster-semenya-800-gender-race-intersex-athletes.

192쪽_같은 집이라도 더 높은 감정가: See, e.g., Brook Endale, "Home Appraisal Increased by Almost $100,000 After Black Family Hid Their Race," USA Today, September 13, 2021, https://www.usatoday.com/story/money/nation-now/2021/09/13/home-appraisal-grew-almost-100-000-after-black-family-hid-their-race/8316884002/.

192쪽_이베이에서 판매자의 인종이 미치는 영향을 알아보는 실험: Ian Ayres, Mahzarin Banaji, and Christine Jolls, "Race Effects on eBay," RAND Journal of Economics 46, no. 4 (2015): 891-917, https://doi.org/10.1111/1756-2171.12115.

193쪽_흑인 구매자가 치르는 비용: Ian Ayres, "Fair Driving: Gender and Race Discrimination in Retail Car Negotiations," Harvard Law Review 104, no. 4 (1991): 817, https://doi.org/10.2307/1341506.

196쪽_백인 미국인보다 주택을 보유할 확률이 훨씬 낮음: Natalie Campisi, "The Black Homeownership Gap Is Worse. Here's What's Being Done," Forbes, June 18, 2021, https://www.forbes.com/advisor/mortgages/black-homeownership-gap/.

196쪽_변호사 몇 명을 표본으로 선정하고: Jean Braucher, Dov Cohen, and Robert M. Lawless, "Race, Attorney Influence, and Bankruptcy Chapter Choice," Journal of

Empirical Legal Studies 9, no. 3 (2012): 393 – 429, https://doi.org/10.1111/j.1740 – 1461.2012.01264.x.

197쪽_편법으로 빚에서 벗어나는: 151 Cong. Rec. E. 737, E737, cited in Sara Sternberg Greene, "The Failed Reform: Congressional Crackdown on Repeat Chapter 13 Bankruptcy Filers," American Bankruptcy Law Journal 89 (2015): 241 – 68.

198쪽_제도를 남용하는 기회주의적이고 전략적인 행위자: A. Mechele Dickerson, "Racial Steering in Bankruptcy," American Bankruptcy Institute Law Review 20 (2012): 623 – 50.

198쪽_인종차별적 분노: Emmitt Y. Riley and Clarissa Peterson, "I Can't Breathe," National Review of Black Politics 1, no. 4 (2020): 496 – 515, https://doi.org/10.1525/nrbp.2020.1.4.496.

199쪽_현대 인종차별 척도: John B. McConahay, Betty B. Hardee, and Valerie Batts, "Has Racism Declined in America?," Journal of Conflict Resolution 25, no. 4 (1981): 563 – 79, https://doi.org/10.1177/002200278102500401.

200쪽_'백인 역차별'이라는 새로운 불평등: Michael I. Norton and Samuel R. Sommers, "Whites See Racism as a Zero-Sum Game That They Are Now Losing," Perspectives on Psychological Science 6, no. 3 (2011): 215 – 18, https://doi.org/10.1177/1745691611406922.

6장

202쪽_피어스 판사: Randy E. Barnett and Nathan Oman, Contracts: Cases and Doctrine (Boston: Aspen Publishing/Wolters Kluwer, 2021).

202쪽_데번포트 무용 학교: Vokes v. Arthur Murray, Inc., LexisNexis (District Court of Appeal of Florida, Second District 1968).

205쪽_비타민 광고나 호르몬 광고: Charles of the Ritz Distributors Corp. v. Federal Trade Commission (Circuit Court of Appeals, Second Circuit 1944).

206쪽_성관계 중 여성의 역할: Laurie A. Rudman and Peter Samuel Glick, The Social Psychology of Gender How Power and Intimacy Shape Gender Relations (New York: Guilford Press, 2021), 237.

207쪽_여자는 속이기 쉽다: Laura J. Kray, Jessica A. Kennedy, and Alex B. Van Zant, "Not Competent Enough to Know the Difference? Gender Stereotypes About Women's Ease of Being Misled Predict Negotiator Deception," Organizational Behavior and Human Decision Processes 125, no. 2 (2014): 61 – 72, https://doi.

org/10.1016/j.obhdp.2014.06.002.

209쪽_아름다운 바보: Francis Scott Fitzgerald, 《위대한 개츠비》 (New York: Scribner, 1925).

211쪽_여자는 뇌가 작아서: See, e.g., Susan Sleeth Mosedale, "Science Corrupted: Victorian Biologists Consider 'The Woman Question,'" Journal of the History of Biology 11, no. 1 (1978): 1 – 55, http://www.jstor.org/stable/4330691.

211쪽_벰 성역할 목록: Sandra L. Bem, "The Measurement of Psychological Androgyny," Journal of Consulting and Clinical Psychology 42, no. 2 (1974): 155 – 62, https://doi.org/10.1037/h0036215.

214쪽_성 규범 내에 지시와 허용이 뒤얽혀: Deborah A. Prentice and Erica Carranza, "What Women and Men Should Be, Shouldn't Be, Are Allowed to Be, and Don't Have to Be: The Contents of Prescriptive Gender Stereotypes," Psychology of Women Quarterly 26, no. 4 (2002): 269 – 81, https://doi.org/10.1111/1471 – 6402. t01 – 1 – 00066.

219쪽_편견은 차별이 아닌 척 양의 탈을 쓰고 등장한다: Peter Glick and Susan T. Fiske, "The Ambivalent Sexism Inventory: Differentiating Hostile and Benevolent Sexism," Journal of Personality and Social Psychology 70, no. 3 (March 1996): 491 – 512, https://doi.org/10.1037/0022 – 3514.70.3.491.

222쪽_성적 파트너가 정절을 지키는지 삼엄하게 경계하는 남자: See, e.g., Aaron T. Goetz and Kayla Causey, "Sex Differences in Perceptions of Infidelity: Men Often Assume the Worst," Evolutionary Psychology 7, no. 2 (April 2009), 253 – 63, https://doi.org/10.1177/147470490900700208.

229쪽_가면 증후군: Pauline Rose Clance and Suzanne Ament Imes, "The Imposter Phenomenon in High Achieving Women: Dynamics and Therapeutic Intervention," Psychotherapy: Theory, Research & Practice 15, no. 3 (1978): 241 – 47, https://doi.org/10.1037/h0086006.

7장

232쪽_수백 명의 미국인: Meryl Kornfield, "Why Hundreds of QAnon Supporters Showed Up in Dallas, Expecting JFK Jr.'s Return," Washington Post, November 4, 2021, https://www.washingtonpost.com/nation/2021/11/02/qanon-jfk-jr-dallas/.

232쪽_코밋 핑퐁: Kate Samuelson, "Pizzagate: What to Know About the Conspiracy Theory," Time, December 5, 2016, https://time.com/4590255/pizzagate-fake-news-what-to-know/.

232쪽_누군가의 체포나 처형으로: S. Sardarizadeh and O. Robinson, "Biden Inauguration Leaves QAnon Believers in Disarray," BBC News, January 21, 2021, https://www.bbc.com/news/blogs-trending-55746304.

233쪽_예언된 어느 날짜: "Fact Check—False QAnon Claims About Hilary [sic] Clinton Being Taken to Guantanamo Bay," Reuters, March 10, 2021, https://www.reuters.com/article/factcheck-clinton-guantanamo/fact-check-false-qanon-claims-about-hilary-clinton-being-taken-to-guantanamo-bay-idUSL1N2L81OU.

233쪽_때가 아닌 것뿐이니까: Michael Williams and Catherine Marfin, "QAnon Supporters Gather in Downtown Dallas Expecting JFK Jr. to Reappear," Dallas News, November 2, 2021, https://www.dallasnews.com/news/2021/11/02/qanon-supporters-gather-in-downtown-dallas-expecting-jfk-jr-to-reappear/.

238쪽_예일대학교 지하 실험실: Stanley Milgram, "Behavioral Study of Obedience," Journal of Abnormal and Social Psychology 67, no. 4 (1963): 371, https://doi.org/10.1037/h0040525.

238쪽_피그만 침공: Irving L. Janis, Victims of Groupthink: A Psychological Study of Foreign-Policy Decisions and Fiascoes (Boston: Houghton Mifflin, 1972).

238쪽_홀로코스트에 비춰: Radio 4 in Four, "How the Holocaust Created a New Field of Science: The Science of Evil," BBC, n.d., retrieved May 12, 2022, https://www.bbc.co.uk/programmes/articles/4B9rmwvZwQN45rckdzQKxp2/how-the-holocaust-created-a-new-field-of-science-the-science-of-evil.

239쪽_맥락을 배제하면 개별 행위는 의미를 잃어버린다: Solomon E. Asch, Social Psychology (New York: Prentice-Hall, 1952), 61.

243쪽_간단한 추첨 게임: Sunita Sah, George Loewenstein, and Daylian Cain, "Insinuation Anxiety: Concern That Advice Rejection Will Signal Distrust After Conflict of Interest Disclosures," Personality and Social Psychology Bulletin 45, no. 7 (2019): 1099–1112, https://doi.org/10.1177/0146167218805991.

248쪽_종말론 교파의 신도를 관찰하면서: Leon Festinger, Henry W. Riecken, and Stanley Schachter, When Prophecy Fails: A Social and Psychological Study of a Modern Group That Predicted the Destruction of the World (New York: Harper Torchbooks, 1956).

251쪽_신고식 문화 연구: Elliot Aronson and Judson Mills, "The Effect of Severity of Initiation on Liking for a Group," Journal of Abnormal and Social Psychology 59, no. 2 (1959): 177–81, https://doi.org/10.1037/h0047195.

253쪽_의사소통 연구: Alexander H. Jordan and Benoît Monin, "From Sucker to Saint:

Moralization in Response to Self-Threat," Psychological Science 19, no. 8 (2008): 809 – 15, https://doi.org/10.1111/j.1467 – 9280.2008.02161.x.

258쪽_불균등 분배 연구: A. Falk, E. Fehr, and U. Fischbacher, "On the Nature of Fair Behavior," Economic Inquiry 41, no. 1 (2003), 20 – 26, https://doi.org/10.1093/ei/41.1.20.

259쪽_모호한 기본금 연구: Werner Guth, Steffen Huck, and Peter Ockenfels, "Two-Level Ultimatum Bargaining with Incomplete Information: An Experimental Study," Economic Journal 106, no. 436 (1996): 593 – 604, https://doi.org/10.2307/2235565.

260쪽_경매 연구: E. Hoffman, K. McCabe, K. Shachat, and V. Smith, "Preferences, Property Rights, and Anonymity in Bargaining Games," Games and Economic Behavior 7, no. 3 (1994), 346 – 80, https://doi.org/10.1006/game.1994.1056.

262쪽_소비자에게 가혹한 계약 사례: Tess Wilkinson-Ryan, "The Perverse Consequences of Disclosing Standard Terms," Cornell Law Review 103 (2017): 117.

264쪽_기업이 계약을 파기할 때: Uriel Haran, "A Person-Organization Discontinuity in Contract Perception: Why Corporations Can Get Away with Breaking Contracts but Individuals Cannot," Management Science 59, no. 12 (2013): 2837 – 53, https://doi.org/10.1287/mnsc.2013.1745.

264쪽_공정한 세상 가설: Melvin J. Lerner, "The Belief in a Just World," in The Belief in a Just World: A Fundamental Delusion (New York: Plenum,1980), 9 – 30, https://doi.org/10.1007/978-1-4899-0448-5_2.

265쪽_개인의 스트레스 반응: Melvin J. Lerner and Dale T. Miller, "Just World Research and the Attribution Process: Looking Back and Ahead," Psychological Bulletin 85, no. 5 (1978): 1030 – 51, https://doi.org/10.1037/0033 – 2909.85.5.1030.

266쪽_체제를 정당화하고자 하는 욕구: John T. Jost, Mahzarin R. Banaji, and Brian A. Nosek, "A Decade of System Justification Theory: Accumulated Evidence of Conscious and Unconscious Bolstering of the Status Quo," Political Psychology 25, no. 6 (2004): 881 – 919, https://doi.org/10.1111/j.1467 – 9221.2004.00402.x.

267쪽_사람이 저항하는 이유와 저항하지 않는 이유: John T. Jost, "Why Men and Women Do and Don't Rebel," in A Theory of System Justification (Cambridge, MA: Harvard University Press, 2020), 249 – 74, https://doi.org/10.2307/j.ctv13qfw6w.14.

8장

271쪽_세상에서 가장 중요한 직업: Ann Crittenden, The Price of Motherhood: Why the

Most Important Job in the World Is Still the Least Valued (New York: Henry Holt, 2002).

273쪽_생체 시계: Richard Cohen, "The Clock Is Ticking for the Career Woman," Washington Post, March 16, 1978, https://www.washingtonpost.com/archive/local/1978/03/16/the-clock-is-ticking-for-the-career-woman/bd566aa8-fd7d-43da-9be9-ad025759d0a4/.

276쪽_아무런 의문도 품지 않고 무지하기를: Adrienne Rich, Of Woman Born: Motherhood as Experience and Institution (London: Virago, 1991).

278쪽_현명하지 못하게 행동한 대가: Cynthia Lee Starnes, "Mothers as Suckers: Pity, Partnership, and Divorce Discourse," Iowa Law Review 90 (2005), 1513–52.

278쪽_어머니라는 사실 자체가 무능력하다는 속성을 만들어 내는 것일까?: Amy J. Cuddy, Susan T. Fiske, and Peter Glick, "When Professionals Become Mothers, Warmth Doesn't Cut the Ice," Journal of Social Issues 60, no. 4 (2004): 701–18, https://doi.org/10.1111/j.0022-4537.2004.00381.x.

288쪽_육아 능력에 대한 인식: Judith S. Bridges, Claire Etaugh, and Janet Barnes-Farrell, "Trait Judgments of Stay-at-Home and Employed Parents: A Function of Social Role and/or Shifting Standards?," Psychology of Women Quarterly 26, no. 2 (2002): 140–50, https://doi.org/10.1111/1471-6402.00052.

290쪽_육아 실수에 대한 처벌: Amy S. Walzer and Alexander M. Czopp, "Mother Knows Best So Mother Fails Most: Benevolent Stereotypes and the Punishment of Parenting Mistakes," Current Research in Social Psychology 16, no. 12 (January 2011), https://doi.org/2014-37827-001.

291쪽_비율이 타 인종에 비해 몹시 불균형적인: Dorothy E. Roberts, "The Racial Geography of Child Welfare," Child Welfare 87, no. 2 (2008): 125–50, https://www.jstor.org/stable/48623038.

292쪽_생활 보조금을 받는 여성: D. Gauthier, "Political Contractarianism," Journal of Political Philosophy 5, no. 2 (1997): 136, https://doi-org.proxy.library.upenn.edu/10.1111/1467-9760.00027.

293쪽_그런 어머니의 모습은 흑인으로 그려진다: Dorothy E. Roberts, "Unshackling Black Motherhood," Michigan Law Review 95, no. 4 (1997): 938, https://doi.org/10.2307/1290050.

294쪽_복지 혜택이 '어머니를 양산한다': Charles Murray, "Does Welfare Bring More Babies?," National Affairs, Spring 1994, https://www.nationalaffairs.com/public_interest/detail/does-welfare-bring-more-babies.

295쪽_인종과 아이큐: Eric Turkheimer, Kathryn Paige Harden, and Richard E. Nisbett,

"Charles Murray Is Once Again Peddling Junk Science About Race and IQ," Vox, May 18, 2017, https://www.vox.com/the-big-idea/2017/5/18/15655638/charles-murray-race-iq-sam-harris-science-free-speech.

295쪽_주 정부에 아동 수당을 제한할 권한을 주었고: "Text of President Clinton's Announcement on Welfare Legislation," New York Times, August 1, 1996, https://www.nytimes.com/1996/08/01/us/text-of-president-clinton-s-announcement-on-welfare-legislation.html.

295쪽_흑인 성모 마리아를 숭배하지 않는다: Dorothy E. Roberts, "The Value of Black Mothers' Work," Connecticut Law Review 26, no. 3 (1993): 871.

296쪽_재생산 과정을 단계 단계마다 오염시키는 것: Dorothy E. Roberts, Killing the Black Body: Race, Reproduction, and the Meaning of Liberty (New York: Vintage, 1999).

297쪽_라틴계 여성과 그들의 출산 문제를 지목하는 현상: Leo R. Chavez, "A Glass Half Empty: Latina Reproduction and Public Discourse," Human Organization 63, no. 2 (2004): 173-88, https://doi.org/10.17730/humo.63.2.hmk4m0mfey10n51k.

300쪽_아버지의 혜택을 빼앗는 제도: U.K. House of Commons Hansard, May 13, 1975; cited by S. J. Lundberg, R. A. Pollak, and T. J. Wales in "Do Husbands and Wives Pool Their Resources? Evidence from the U.K. Child Benefit," Journal of Human Resources 32, no. 3 (1997): 463. https://doi.org/10.2307/146179.

9장

310쪽_최소 노력 게임: John B. Van Huyck, Raymond C. Battalio, and Richard O. Beil, "Tacit Coordination Games, Strategic Uncertainty, and Coordination Failure," American Economic Review 80, no. 1 (1990): 234-48, https://www.jstor.org/stable/2006745.

315쪽_가용성 휴리스틱: Amos Tversky and Daniel Kahneman, "Availability: A Heuristic for Judging Frequency and Probability," Cognitive Psychology 5, no. 2 (1973): 207-32, https://doi.org/10.1016/0010-0285(73)90033-9.

319쪽_마거릿 미드의 유명한 말: J. Mark Weber and J. Keith Murnighan, "Suckers or Saviors? Consistent Contributors in Social Dilemmas," Journal of Personality and Social Psychology 95, no. 6 (2008): 1340-53, https://doi.org/10.1037/a0012454.

325쪽_다속성 효용이론(MAUT): George P. Huber, "Methods for Quantifying Subjective Probabilities and Multi Attribute Utilities," Decision Sciences 5, no. 3 (1974): 430-58, https://doi.org/10.1111/j.1540-5915.1974.tb00630.x.

329쪽_부트스트래핑: Robyn M. Dawes, "The Robust Beauty of Improper Linear Models in Decision Making," American Psychologist 34, no. 7 (1979): 571 – 82, https://doi.org/10.1037/0003 – 066x.34.7.571.

340쪽_신뢰를 얻을 가능성: C. R. Rogers and R. C. Sanford, "Client-Centered Psychotherapy," in H. I. Kaplan and B. J. Sadock, eds., Comprehensive Textbook of Psychiatry, vol. 4 (Baltimore: Williams & Wilkins, 1984), 1382.

마치는 글

345쪽_몇 가지 확인할 사항이 있어서요: Roseanna Sommers and Vanessa K. Bohns, "The Voluntariness of Voluntary Consent: Consent Searches and the Psychology of Compliance," Yale Law Journal 128, no. 7 (2018): 1962.

347쪽_1960년대 초 워싱턴 D.C.의 가구점과 고객: Williams v. Walker-Thomas Furniture Co., 350 F.2d 445 (United States Court of Appeals for the District of Columbia Circuit, 1965).

•찾아보기•

호구의 심리학

초판 1쇄 인쇄 2024년(단기 4357년) 1월 12일
초판 1쇄 발행 2024년(단기 4357년) 1월 19일

지은이 | 테스 윌킨슨 라이언
옮긴이 | 김하린
펴낸이 | 심남숙
펴낸곳 | ㈜한문화멀티미디어
등록 | 1990. 11. 28 제21-209호
주소 | 서울시 광진구 능동로43길 3-5 동인빌딩 3층 (04915)
전화 | 영업부 2016-3500 편집부 2016-3507
홈페이지 | http://www.hanmunhwa.com

운영이사 | 이미향
편집 | 강정화 최연실
기획 · 홍보 | 진정근
디자인 · 제작 | 이정희
경영 | 강윤정 조동희
회계 | 김옥희
영업 | 이광우

만든 사람들
책임 편집 | 한지윤   디자인 | 풀밭의 여치blog.naver.com/srladu
인쇄 | 천일문화사

ISBN 978-89-5699-467-3   03180